江苏高教评论

2019

江苏省高等教育学会 编

南京大学出版社

图书在版编目(CIP)数据

江苏高教评论. 2019/江苏省高等教育学会编.
—南京：南京大学出版社，2020.9
ISBN 978 - 7 - 305 - 23808 - 6

Ⅰ. ①江…　Ⅱ. ①江…　Ⅲ. ①高等教育－江苏－文集
Ⅳ. ①G649.285.3－53

中国版本图书馆 CIP 数据核字(2020)第 178202 号

出版发行　南京大学出版社
社　　址　南京市汉口路 22 号　　　邮　　编　210093
出 版 人　金鑫荣

书　　名　**江苏高教评论 2019**
编　　者　江苏省高等教育学会
责任编辑　刘　飞　　　　　　　　编辑热线　025 - 83592146

照　　排　南京开卷文化传媒有限公司
印　　刷　广东虎彩云印刷有限公司
开　　本　787×960　1/16　印张 21.5　字数 397 千
版　　次　2020 年 9 月第 1 版　2020 年 9 月第 1 次印刷
ISBN 978 - 7 - 305 - 23808 - 6
定　　价　58.00 元

网　　址:http://www.njupco.com
官方微博:http://weibo.com/njupco
官方微信号:njupress
销售咨询热线:(025)83594756

目录

特　稿

高校学生发展的理论、制度与评价研究

高等教育现代化的实现路径研究

高职院校提升人才培养质量的途径与策略研究

高校课程与教学新业态的探索性研究

研究生论坛

编者按:2019 年学术年会邀请到数十位嘉宾莅临会议现场分享学术报告,既有教育行政领导,也有知名学者专家。囿于篇幅,学会根据录音整理了部分嘉宾的报告内容;另有报告嘉宾提供了规范性的学术论文,在本书其他部分呈现,以飨读者。特稿部分按报告次序呈现,不分先后。

在江苏省高等教育学会 2019 年
学术年会开幕式上的致辞①

张大良②

尊敬的各位领导、各位代表,同志们:

当前,全国各地都在认真学习宣传贯彻落实党的十九届四中全会精神,我们要准确把握党中央专题研究坚持和完善中国特色社会主义制度、推进国家治理体系和治理能力现代化重大问题的战略考量;准确把握四中全会《决定》总结的"十三个坚持"的显著优势,推动各方面制度更加成熟更加定型,把我国的制度优势更好转化为治理效能;准确把握《决定》对坚持和完善党的领导制度体系、人民当家作主制度体系、中国特色社会主义法治体系等十三个方面作出的重大部署,为国家推进现代化、实现长治久安所提供的一整套更完备、更稳定、更管用的制度体系;我们要以总结历史和面向未来的统一、保持定力和改革创新的统一、问题导向和目标导向的统一,深刻领会各项制度必须坚持的根本点、完善和发展的方向,确保党的十九届四中全会精神在高等教育领域全面落实到位;我们要把深入学习贯彻全会精神,与深入学习贯彻习近平新时代中国特色

---

① 本文为中国高等教育学会副会长张大良教授在江苏省高等教育学会 2019 年学术年会开幕式上的致辞,部分有删减。

② 作者简介:张大良,中国高等教育学会副会长。曾担任南京大学教务处处长、浦口校区主任、副校长、党委副书记,江南大学党委书记,教育部高等教育司司长。2006 年 4 月至 2007 年 12 月(挂职)任无锡市人民政府副市长。曾获国家级教学成果一等奖、二等奖。

1

社会主义思想、学习贯彻习近平总书记关于教育的重要论述结合起来,与开展"不忘初心、牢记使命"主题教育结合起来,与我们正在做的工作结合起来,真正在学懂弄通做实上下功夫,充分发挥学术组织的智库作用,在学习贯彻的同时加强理论研究,着眼于高等教育现代化,坚决破除制约高等教育事业发展的体制机制障碍,形成充满活力、富有效率、更加开放、有利于高质量发展的高等教育体制机制。我们要进一步增强"四个意识"、坚定"四个自信"、做到"两个维护",切实强化制度意识,带头维护制度权威,自觉尊崇制度、严格执行制度、坚决维护制度,努力提升高等教育治理能力和治理水平,推进高等教育强国和强省建设。

今年是新中国成立 70 周年。70 年来,在中国共产党坚强领导下,高等教育风雨兼程、砥砺前行、成果辉煌,始终与国家发展同向同行,为经济社会发展提供了强大的人才和智力支撑。从新中国成立之初 12 万在校大学生到高等教育规模世界第一;从学苏联模式、学欧美经验到扎根中国大地办大学;从扩大招生到内涵发展、全面提质;从"211 工程"和"985 工程"重点建设到世界一流大学和一流学科建设,我国高等教育走出了一条具有中国特色的现代化道路。截至 2018 年,全国有普通高校 2 663 所,是 1998 年的 2.6 倍;高等教育在学总规模 3 833 万人,是 1998 年的 4.5 倍;高等教育毛入学率为 48.1%,是 1998 年的 4.9 倍。我国已建成世界最大规模的高等教育体系。数据显示,高校作为主要完成单位获得 2018 年度国家科学技术奖三大奖通用项目占全国总项数的 82.6%,产出哲学社会科学研究成果占全国的 80%,在凝聚态物理、超级计算机、量子通信等领域取得一批标志性成果。137 所"双一流"建设高校承担了 63% 的国家自然科学基金重点项目、69% 的国家自然科学基金重大研究计划、73% 的国家社会科学基金重大项目。

江苏高教和全国一样,以"奋进之笔",书写了一部 70 年开拓与奋斗、梦想与辉煌的壮丽发展篇章。江苏高教贯彻落实党中央、国务院的大政方针和省委、省政府的决策部署,以办好人民满意的教育为导向,落实高等教育优先发展战略,实现了多元化、系统化创新发展,成就辉煌、经验丰厚,堪称全国典范。

一是规模大,学科专业类型齐全。江苏现有普通高校 167 所,总数全国第一、占比 13.4%,其中本科院校 52 所、高职高专 90 所、独立学院 25 所;本科在校生 112 万,位居全国第三(排河南、广东之后);本科院校专业设置覆盖专业目录中除军事学以外的 12 个学科门类;高职院校专业设置实现了 19 个类别全覆盖。

二是领跑发展进程,层次类型结构比较合理。江苏高等教育毛入学率在

2000 年就突破了 15％，提前进入高等教育大众化阶段；2014 年突破了 50％（达到 51％），提前进入高等教育普及化阶段。江苏的普通高等教育、成人高等教育、高等职业教育、研究生教育、民办高等教育等类型齐全、健康发展。

三是高端人才、领军人才汇聚，拥有高素质的师资队伍。江苏高校是拥有中科院和工程院院士，教育部"长江学者奖励计划"特聘教授、讲座教授，"青年长江学者"，国家杰出青年基金获得者，国家科技重大专项、"973 计划""863 计划"等重大项目首席科学家，"万人计划"科技创新领军人才、哲学社会科学领军人才、"百千万"工程领军人才、教学名师、青年拔尖人才等杰出人才数量和取得成果最多的省份之一。

四是在全国最早提出教育现代化。2005 年江苏就发布了《关于加快建设教育强省率先基本实现教育现代化的决定》，2010 年成为国家高等教育综合改革试点省份，努力走在全国教育改革发展的前列。江苏在推进教育现代化和高等教育高质量发展进程中，坚持以立德树人为根本任务，着力增强服务地方能力，主动对接现代产业发展需要，主动适应人民群众对高等教育的多样化需要，不断增强人民群众的获得感和满意度。

五是创设了丰富的改革经验和有效的发展模式，为我国高等教育现代化建设提供了重要参考和借鉴。江苏经验主要体现在"四个坚持"：坚持统筹谋划，坚持内涵发展，坚持改革创新，坚持服务发展。2010 年以来在苏北苏中新设置一批普通高校，有 6 所独立学院迁至苏北苏中地市办学，目前全省所有设区的城市都有本科院校，每个县市都有高职院校。江苏大力实施优势学科、品牌专业、特聘教授、协同创新"四大专项"，以此引领内涵建设；实施拔尖创新人才培养和研究生教育创新等工程，深化人才培养模式改革；开展教学评估、专业认证（管理），逐步建立起较为完善的质量保障体系；在高校人才培养、招生就业与内部治理模式等方面深化改革，不断激发高校发展活力，尤其是 2018 年以来，江苏省教育厅牵头实施高校融入江苏发展的"教育界与产业界对话对接系列活动"，在药业、文化、生态、金融、乡村振兴等方面，提供了及时的科技保障、人才支撑和智力支持。

总之，江苏高校牢牢把握治理现代化、发展多元化、办学协同化、供给多样化、培养个性化、手段信息化、水平国际化等关键要素和趋势特征，做创新理念的实践者、创新能力的开拓者、创新成果的创造者，正在以人才、科技等优势，主动适应、真心服务、大力支撑、创新引领江苏经济社会发展，正在围绕长三角区域一体化发展、创新驱动发展、乡村振兴、中国制造 2025、互联网＋、大众创业万众创新、"一带一路"等国家重大战略，加强内涵建设，提高办学水平，提升服务

特稿

能力,为国家发展出力、贡献,为"强富美高新江苏"建设赋能、加油。

　　今天与会的代表覆盖类型多元,既有不少知名学者、高教专家,又有许多高校领导、办学管理者和实践者,希望大家借助江苏省高等教育学会搭建的这个交流平台和智库,为推进江苏高等教育现代化献计献策,形成政策建议,提供资政服务,为建设高等教育强省做出贡献!

超越过度专业教育

——70 年高等教育教学嬗变①

别敦荣②

大学教学改革要改什么？我认为要从这两个方面来进行改革：一是超越过度专业教育，二是要消除"水课"。

首先来谈谈过度专业教育。

1949 年以前还不存在真正所谓的专才教育。因为专才教育往往是建立在工业化和社会职业专业化比较发达的基础上。不论是清末时期还是在民国时期，我国工业化发展都处于初步阶段，社会职业专业化程度才刚刚开始，大学培养专才的用武之地非常有限。另外，当时大学的专业化程度不可能很高，当时的专才教育与后来的专业教育之间存在重要差异。正因为如此，当时大学教育基本上是通才教育，大学只设系科、不设专业。自 1952 年开始，我国的专业教育才得到发展，也由此渐渐出现过度的现象。

出现过度，主要是有以下几个原因：第一，我国的院系调整。国家在发展综合大学的基础上，大力发展专门学院和专科学校，它们的任务是根据国家的需要、培养各种专门的高级技术人才。而综合性大学的任务则是培养科学研究人才和中等学校、高等学校的师资。第二，全面学习苏联的高等教育经验。学习苏联高等教育经验主要是围绕专业教育展开的，苏联专业教育模式完全彻底地替代了我国大学原有的通才教育模式，此后在很长一段时期，通才和通才教育

① 本文为厦门大学教育研究院院长、厦门大学高等教育发展研究中心主任别敦荣教授在江苏省高等教育学会 2019 年学术年会上所作的主旨学术报告，文章根据现场报告内容整理，部分有删减。

② 作者简介：别敦荣，厦门大学教育研究院教授、院长、博士生导师，国家人文社科重点研究基地——厦门大学高等教育发展研究中心主任。兼任山东省高等教育专家咨询委员会委员、中国高教学会院校研究会副理事长、中国学位与研究生教育学会研究生教育专业委员会副理事长、中国教育发展战略学会高等教育专业委员会副理事长、中国高教学会常务理事等。长期参与教育部高等教育政策咨询研究，主持国家级、省部级课题多项，曾主持 40 余所大学战略与规划的编制，曾赴法、美、日、加、俄等 10 多个国家和地区讲学、访学，曾受邀为国内外 300 多所大学作学术报告。主要研究高等教育原理、大学战略与规划、大学教学与评估等，出版了《世界一流大学教育理念》《现代大学制度原理与实践》《高等学校教学论》《大学教学原理与方法》等 30 余部著作，发表了 300 多篇学术论文。

特稿

在我国高校无人提及,专业教育成为我国高等教育的唯一选择。第三,受计划经济体制的影响。专业教育在我国高校地位的确立与我国当时政治经济发展形势有密切关系,与全面实行的计划经济体制有密切关系,在一定意义上,它能更好地满足计划经济体制下经济社会发展的要求。第四,第一个五年计划对人才培养的需求。教育部于1952年提出:"以培养工业建设人才和师资为重点,发展专门学院,整顿和加强综合性大学。"

专业教育不是问题,但专业教育的绝对化、过度化,便是一个不能忽视的问题。专业教育自引入我国便注定会成为一种过度教育模式,主要表现为:在所有各级各类高校实施过度专业教育,过分放大了它的适应性,忽视了不同层次、不同类型高等教育人才培养的特点;全国高校教育教学过程的过度专业化使专业教育绝对化,且过度专业教育刚性,孤立地实施更使其获得了至高无上的地位和影响力;有限的社会适应性和人的片面发展追求弱化了其教育功能,窄化了各级各类高校的人才培养能力;过度专业教育背离了高等教育以人的养成为根本的宗旨,以培养能够满足经济生产需要的人为目的,而不是基于人的全面自由发展的需要。过度专业教育与专业教育不是一个概念,虽然专业教育是高等教育的基本属性,但过度专业教育已经背离了专业教育精神。

改革开放以来,计划经济体制的逐渐松动和国门开放后世界文化科技发展成果的涌入使过度专业教育的适应性捉襟见肘。提高高等教育人才培养能力、提升人才素质、满足新的经济社会发展需要、满足人的多样性发展要求,成为我国各级各类高校面临的新形势和新任务,过度专业教育由此有了一些突破。微观上:一些高校允许学生在公共课和专业课之外,选修一到两门课程;在无法突破专业限制的情况下,个别高校开展了主辅修制的改革;有的高校开始允许学生转换专业。宏观上:教育部对全国高校专业设置进行了多次调整。每次调整的具体动机都有所不同,但改变专业设置过于狭窄、社会适应性不强的问题是一条不变的主线,每次调整都力图减少专业数量、扩大所设专业的覆盖面,以优化专业结构,使专业设置能够更好地满足经济社会发展的需求。2010年,中共中央、国务院发布的《国家中长期教育改革和发展规划纲要(2010—2020年)》指出:把育人为本作为教育工作的根本,关心每一个学生,促进每个学生主动地、生动活泼地发展,尊重教育规律和学生身心发展规律,为每个学生提供适合的教育,努力造就数以亿计的高素质劳动者、数以千万计的专门人才和一大批拔尖创新人才。在国家政策激励下,高校破解过度专业教育的努力也渐次从多方面展开,如提出与实践文化素质教育、开设人文讲座、学科大类招生和培养、成立实验学院、开展创新创业教育等。

突破过度专业教育可能是比较容易的，但要超越过度专业教育则要困难得多。过度专业教育依然根基牢固，改革仍然任重道远。超越过度专业教育，既是一场高等教育教学模式改革，更是一场高等教育教学思想革命。超越过度教育，走向多样化的专业教育，是未来我国高等教育教学发展的方向。

那么，我们怎么发展多样化的专业教育呢？第一，要求各高校根据自身办学定位，明确有自身特色的人才培养目标。不同高校因其办学层次不同、学校类型各异，所要培养人才的知识、能力和素质要求存在较大差异，体现在专业教育的方式方法上也应有明显的不同。第二，要求不同学科专业根据自身逻辑和规律建构专业教育体系。不同学科专业不但知识体系差异悬殊，而且影响人发展的方式也存在明显差异。学科专业教育必须尊重学科专业特点，根据不同学科专业的发展规律来组织教育教学方案和实施过程。第三，要求专业教育走出专业本身，在与其他专业和学科的融合中实现更大的教育价值。实施多样化的专业教育，就要使专业具有开放性，所有专业都拥有适度的弹性，不同专业之间可以相通。

接着我们来谈谈大学教学改革的第二个方面，即消除"水课"。

什么是"水课"？我认为凡是符合以下标准之一的课就是"水课"：一是照本宣科的课。即照着教材讲，对着PPT念的课。二是老师唱"独角戏"的课。即老师从头讲到尾的课。三是"满堂灌"的课。四是让老师讲出"病"的课。这个"病"就是职业倦怠感，即从教学中老师感受不到个人的价值，无成功感；从教学中感受不到教学的乐趣，无快乐感；从教学中体会不到学生的成长，学生与老师产生隔绝感。五是让学生被动学习的课。

在现代社会中，传授知识已经不再是大学课程的根本目的，实现学生的高质量发展、建设性发展才是关键。目前我国国内的大学普遍存在"一本书现象"，即教一本书、学一本书、考一本书。学生只知道学教材，而很少读一些有价值的学术专著，这是极不利于学生的发展的，我们要从传统教学走向现代教学。

那么我们如何进行教学改革、减少直至消除"水课"呢？这不单单是老师和学生的任务，这与我们的教学管理、培养方案的修订、教育行政部门对学校教学的要求等高度相关，所以改革是一个系统工程。在这个工程中，可以找一个突破点，我认为从老师的方向去努力是一个可能的方向。

通过老师教学的改革和探索，建立新的教学形态，要抓好几个环节，其中最关键的是教学设计这个环节。教学设计要设计好这三个方面：第一，设计教学内容。教学内容中既要包含教师教的内容，也包括学生学的内容。学生要掌握的知识有三个层面，即学科领域的知识、未知的知识、经验知识。在这些知识中,学生看不懂的、找不到的、不会的内容,就是老师要教的内容。第二,设计教学问题。教学问题包括教师教的问题和学生学的问题。对于已知的知识,老师要以问题的形式进行教学,改变原有的陈述式的教学方式,激发学生的学习兴趣,从而使学生运用知识解决问题。对于一些需要深入思考、具有探索性的问题,以布置作业的方式要求学生去完成。第三,设计教学组织方式。老师要设计好学生的课前学习时间和课堂教学时间,课堂上要用一半的时间进行教学,另一半的时间则拿来给学生进行课前学习的展示、交流和汇报,这样的课堂才是老师和学生共同完成的课堂,才是课前学习和课堂学习结合的课堂,才是教材学习和课程领域知识整合学习相结合的课堂。这样的教学,对于学生来说才是有意义的,对于老师来说才是具有挑战性的,这也正是高等教育现代化的根本之处。

(文字整理:南京信息工程大学马克思主义学院 2019 级硕士研究生王紫荆)

以培养一流人才为引领，扎实推进高质量教学

——南京师范大学建设一流本科教育的思考和探索①

陈国祥②

人才培养是高等教育的中心职能，立德树人是我国高等教育的根本任务。在实现这一中心职能和根本任务的过程中，高质量的教学是支点，是关键，也是抓手。因此，高质量教学是推进高等教育现代化的基础工作，也是高等教育内涵式发展的核心任务。

南京师范大学有着 117 年的师范传统，与生俱来地重视教育教学的文化，在长期办学中形成了"厚生育人"的教育传统。在国家"双一流"和江苏高水平大学建设的进程中，南京师范大学围绕时代需求和高等教育的"质量革命"，同时结合自身的办学传统、层次定位、优势特色，提出了培养"具有家国情怀、国际视野、厚生品格、创新素养的一流人才"的新目标。在这一目标的引领下，扎实推进高质量教学，奋力建设一流本科教育。

一、建设一流本科教育的形势与动因

首先，提高教学质量是全球高等教育当前面临的共同课题。不久前，美国的未来本科教育大学委员会的联合主席迈克尔·麦弗逊等人在美国艺术和科学院会议上，发表了《提高教学质量：提升大学学习体验》的报告。报告强调："对教育质量的严格考查必须在高等教育未来的思考中占据中心地位。""教育

---

① 本文为南京师范大学校长陈国祥教授在江苏省高等教育学会 2019 年学术年会书记校长论坛上所作的专题报告，文章根据现场报告内容整理，部分有删减。

② 作者简介：陈国祥，南京师范大学校长、教授、博士生导师。历任南京师范大学生命科学学院副院长、科技处副处长、处长。2007 年 9 月任南京师范大学副校长；2013 年 12 月任南京体育学院党委书记；2015 年 6 月任南京体育学院党委书记、院长；2016 年 6 月任南京体育学院党委书记；2017 年 6 月起任南京师范大学校长、党委副书记。2018 年 1 月当选江苏省第十二届政协常委，兼任江苏省体育科学学会理事长。从事学科专业为植物学，先后主持 4 项国家自然科学基金及多项省部级教改、科研项目。以第一作者和通讯作者发表专业论文 100 余篇，其中 SCI(e)论文 30 余篇。

特稿

9

质量"关注的是"大学课堂和教学环境如何培养和塑造学生的知识体系、行为能力、价值观以及实现人生价值的方法",核心是"高质量教学体验和深度学习"。我们可以发现,中国、美国大学在这一点上的认知、理念是完全一致的。换句话说,在高等教育普及化背景下,如何大规模提高教育质量,是世界高等教育最具代表性、最前沿、难度最高的问题。

其次,新一轮科技革命对高等教育人才培养提出了新挑战。新兴科技的快速发展,不仅重塑了高校教学内容和载体,而且对知识获取方式和传授方式、教和学的关系都产生了变革性的影响。近年来,我国提出了"四新"——新工科、新文科、新农科、新医科的建设,在育人方式上也强调"三合"——与行业单位合作、学科交叉融合、与"互联网＋"和人工智能等新兴技术结合,并形成中国特色的培养体系。"四新"是我国对这一挑战的主动回应,可以说是提供中国方案、探索中国经验的尝试。

第三,我国高等教育正在掀起一场"质量革命"。这一"质量革命"的总目标是习近平总书记在全国教育大会上提出的要"形成更高水平的人才培养体系"。"成都会议"之后,教育部等相关部委出台了一系列提升举措,建设"金专""金课"和"高地"。中国高等教育已经从"强调质量的重要性和意义"的层面,进入到"提升质量的路径逐步明确,实施举措系统落地"的阶段。

第四,从南京师范大学自身内部来讲,虽然南师大有重视教学的传统,但在人才培养和教育教学工作上也面临着新的挑战。在学校从师范为主向综合化发展转型过程中,在从教学为主型大学发展到教学研究型大学,再到当前建设研究型大学的过程中,在本科教育方面的工作精力、管理的体制机制、条件资源、评价体系,离高水平大学的办学目标,离立德树人的要求,离学生、家长、社会的期待还存在一定的差距,这也是众多高校共同面临的一些问题。因此,无论从内部环境还是外部形势来看,都迫切需要我们建立高质量教学体系,全面提高人才培养质量。

二、建设一流本科教育的理念与思路

首先在理念上实现"四个转变"。第一,人才培养从学校办学的"并列功能"向"中心功能"转变。学校办学的科学研究、文化传承、对外交流、社会服务功能都需要反哺到人才培养这一中心功能上,都要为人才培养服务。第二,从"以教师教为中心"向"以学生发展为中心"转变。倡导回归教育的本真,以学生学到了什么、学会了什么来评判教育的成效。同时要引导学生刻苦学习,从注重"教得好"向"学得好"转变。第三,培养目标由知识本位向价值本位转变。大学尤其是本科教育是青年学生思想观念、价值取向、精神风貌的成型期,习近平总书记在学校师生座谈会中强调"青少年阶段是人生的拔节孕穗期,最需要精心引导和栽培"。因此,我们要把握好青年学生成长成才的关键时期,把价值观教育作为落实"立德树人"的奠基性内容。第四,培养模式由"独立培养"向"协同培养"转变。大学的人才培养正在从校内培养、自主培养、本土培养逐步向校际协同培养、行业合作培养、国际联合培养转变。教育部提出的"四个新",其中一个特征就是强调合作培养。很多学科专业包括一些文科学院,都可以加强与行业的互动,探索协同培养的新机制。

在改革思路上,坚持目标导向、问题导向、需求导向相结合,着力抓好本科教育的内涵建设、文化建设和条件建设。首先,提出人才培养的基本思路和规格目标。坚持以立德树人为根本,遵循高等教育规律和人才成长规律,牢固树立以学生发展为中心的理念,以"双一流"建设为动力,以完成人才培养模式为先导,以优质教学资源建设为抓手,以体制机制建设为保障,推动育人文化氛围建设,构建具有南师特色的本科人才培养体系,为我国基础教育和各行各业培养具有家国情怀、国际视野、厚生品格、创新素养的一流人才。其次,确立一流本科教育建设的近期和中长期目标。经过 5 年建设,形成全员、全过程、全方位的育人格局;建成一批一流专业,形成一批在国内有重要影响的教学团队、优质课程与教材;育人氛围浓厚,科教融合、协同育人迈上新台阶,体制机制保障有力;基本建成具有南师特色的高水平大学本科人才培养体系,本科教育总体水平居于国内一流行列。到 2035 年,学校培养能力明显提升,培养质量显著提高,学生综合素质大幅增强,形成充满活力的育人环境,建成国内一流、国际知名的高水平本科教育。

三、建设一流本科教育的举措与成效

第一,构建立德树人的系统落实机制。首先,构建思想政治理论课程、博雅教育课程、学科专业课程"三位一体"的思政教育教学体系。在"思政课程"建设方面,依托学校马克思主义 A 类学科、全国重点马克思主义学院的优势,本学期开设了《习近平新时代中国特色社会主义思想概论》必修课程;在"课程思政"建设方面,培育了一批示范课程、教学名师和团队。其次,全面推进"三全育人"改革。实施"本科生思政教育质量提升工程""思政强音计划",探索构建"333"思想政治工作体系:夯实日常思政教育、网络阵地、公寓社区三大阵地,抓牢辅导员、班主任导师、管理人员三支队伍,开展迎新季、学风季、毕业季"三季"教育。学院层面,构建微观的一体化育人体系。例如,教育科学学院探索构建"协同式"学科党建长效机制、"渗透式"课程思政教育模式、"涵养式"教学组织运行方式、"整体贯通式"实践互动平台,成为全国首批"三全育人"综合改革50家试点院系之一。

第二,创新人才培养模式。首先,开展大类招生、大类培养改革。目前,大类招生、大类培养的专业类总数达到17个,覆盖45个专业、16个学院。其次,探索拔尖创新人才培养模式。学校持续实施"英才计划",提供优越的学习条件,实施个性化培养方案;创新荣誉学院建设模式,采用导师制,在全校任选专业;推动一流建设学科与强化院合办"李旭旦班""陶行知班",探索拔尖创新人才交叉培养;建好国家文科(汉语言文学)、理科(生物科技)基地班;实施好卓越法律人才计划、卓越教师计划,力争"六卓越一拔尖计划2.0版"新突破。再次,推进创新创业教育改革,促进专业教育与双创教育深度融合,构建融理论教学、实践实训、平台基地、支持保障为一体的双创教育体系。最后,探索协同合作育人机制。一方面,推进与行业单位合作培养。学校与南瑞集团共建了电气与自动化学院,探索新工科人才培养模式;与省委宣传部共建了马克思主义学院、新闻与传播学院,推进新文科人才培养。另一方面,深化国际合作培养,学校在81所海外大学实施了"学生海外学习计划",依托"111引智计划"、孔子学院等平台,开展国际合作育人。

第三,建设一流专业与一流课程。一方面,打造一流"金专"。提升内涵建设,创建一流专业,构建国家、省、校三级一流专业培育建设体系;推进师范专业认证,规划工程专业认证,组织有条件的专业参加国际认证。另一方面,建设一批"金课"。制定课程建设标准,提升学业挑战度,打造"南师金课";推进课程资源建设,扩大优质教学资源受益面;实施过程考核,立项建设100门过程性考核示范课程,加强学生思考力、判断力、沟通力和批判性思维培养。

第四,实施教书育人能力提升工程。首先,探索师德建设长效机制。学校成立了党委教师工作部和师德师风领导小组,对违反师德师风行为一票否决。拓展培育途径,开设了"新教师研习营",组织"名师教学沙龙",定制"名师工作坊";强化典型引领,组织"师德师风"系列宣讲,举办"师德先进个人""师德标兵"等评选表彰。其次,提升教师教学能力。实施青年教师教学能力提升"十个一"计划;塑造以教学团队为单位的新型基层教学组织;坚持教授为本科生上课制度。最后,改革教师评价体系。新设年度本科优秀教学奖,完善奕熙精英教师奖评选,强化教师育人奖表彰;修订教学为主型教授、副教授评聘标准,体现向本科教育倾斜。

　　第五,推动教师教育创新发展。首先,重塑培育卓越师资的培养目标。以"强化学科专业"为导向,启动新一轮教师教育改革,用"四有好老师""四个引路人""四个相统一"统领教师教育培养指向,在"家国情怀、国际视野、厚生品格、创新素养"的本科人才培养规格基础上,着力培养具有鲜明南京师范大学底色,满足基础教育改革发展需要的卓越师资。其次,创新师范生培养模式。实行"大类招生,大类培养"机制;建立"共同培养,共同负责"机制;强化实践导向,完善教师素养养成机制。最后,突出"师范优先"的条件保障。优化教师教育师资"四支队伍"建设,建立了教师教育实训中心、智慧教室和国家级校外实践教学基地。

　　　　　　(文字整理:南京信息工程大学马克思主义学院2018级硕士研究生吴芝青)

高等师范教育质量提升:"GPS"模式与思路[①]

华桂宏[②]

一、牢记师范教育使命,努力提高培养质量

江苏师范大学始建于 1952 年,是江苏省人民政府和教育部共建高校,区域引领性示范高校,坚守苏北 67 年,铸就了深厚的教师教育底蕴,形成了鲜明的教师教育特色。目前,学校有 16 个普通本科师范专业,基本全覆盖,教师教育类专业学生已成为学校学生的主体,占 50% 左右。学校累计培养师范类毕业生和教育硕士 7 万余名,对 2 万余名中小学教师进行了学历补偿教育,开展在职教师培训 3 万余人次。2019 年师范专业录取本科生 2 502 人,占比 53.13%。2011 年,学校启动实施卓越教师培养工作,实现了卓越教师职前培养、职后培训一体化。目前,学校已获国家级教学成果奖 9 项,其中 5 项是和中小学合作。在专业建设方面,学校拥有国家精品在线开放课程 15 门,20 个省级品牌、一流专业、特色专业中,师范类专业 12 个、占比 60%。11 个省重点专业类中,其中师范类专业 9 个、占比 82%。4 个江苏省品牌专业建设工程一期建设项目全部为师范类专业,占比 100%。学校一直致力于构建"UGS 三方协同"的师范生培养模式,"U"代表高校,"G"代表政府,"S"代表中小学。学校在实践探索的基础

---

① 本文为江苏师范大学党委书记华桂宏教授在江苏省高等教育学会 2019 年学术年会书记校长论坛上所作的专题报告,文章根据现场报告内容整理,部分有删减。

② 作者简介:华桂宏,江苏师范大学党委书记,经济学教授(二级)、博士、博士生导师。教育部高等学校经济学类专业教学指导委员会委员(2018—2022),中华外国经济学说研究会副会长,江苏省商业会计学会会长,江苏省重点培育智库——江苏师范大学"一带一路研究院"院长。主要从事宏观经济学、发展经济学与金融发展理论的教学与研究工作,主持国家社科基金、国家统计科学规划重点项目等省级以上课题 10 余项。出版个人专著《有效供给与经济发展》等 2 部,合著《供给学派》《走进欧元》等著作 5 部,合作撰写《经济学基础》《国际金融学》等教材 3 部,发表学术论文 80 余篇。2003 年入选江苏省跨世纪人才培养"333 工程"第二层次。获"全省优秀哲学社会科学工作者"称号和"江苏省有突出贡献的中青年专家"荣誉。获"高等教育国家级教学成果奖"二等奖 2 项和江苏省政府哲学社会科学优秀成果二、三等奖 4 项。

上形成了以"优势互补、资源共享、联动发展"为目标的人才培养三方协同创新机制。"三方协同泰州模式"获教育部教师工作司充分肯定。

二、专业认证与"GPS"师范生质量提升模式

高等师范教育研究没有"范式"(paradigm),我们的研究尚处于"初级阶段","共同语言"还不多,迫切需要我们进行研究。"范式"的概念和理论是美国著名科学哲学家托马斯·塞缪尔·库恩提出并在《科学革命的结构》(The Structure of Scientific Revolutions)(1970)中系统阐述的。简言之,按既定的用法,范式就是一种公认的模型或模式,是科学家集团所共同接受的一组假说、理论、准则和方法的总和。目前,以"学生中心、结果导向、持续改进"的师范专业认证理念已成为共识,并基于此展开不同模式的探究。

"GPS"师范生质量工程提升模式,"G"即"Goals",把培养"四有好老师"作为目标导向;"P"即"Problems",师范生培养过程中遇到的问题,包括痛点问题、热点问题、难点问题;"S"即"Solutions",针对出现的问题、系统化的解决方案。

"培养高素质教师队伍"是党的十九大中关于我国教师队伍建设提出的总体要求。《中共中央国务院关于全面深化新时代教师队伍建设改革的意见》进一步提出"造就党和人民满意的高素质专业化创新型教师队伍"的发展目标,从源头上提升教师培养质量,培养"有理想信念、有道德情操、有扎实学识、有仁爱之心"的四有好老师,提升师范生培养质量势在必行。《教师教育振兴行动计划(2018—2022年)》明确了"创新教师教育模式,培养未来卓越教师"的目标任务。有效的师范生培养模式,是提升师范生培养质量的必要条件。培养什么人,是教育的首要问题。提升师范生质量,必须紧紧围绕培养"四有好老师"的总体要求,优化培养目标。师范生培养目标的制定过程中,需要在立德树人根本任务的指引下,通过教师的广泛讨论,成为大家广泛理解和认同的、内化到教师日常教育教学中的目标。

师范生培养过程中遇到的问题,总结为痛点问题、热点问题、难点问题。首先在痛点问题上,通过科学的诊断,发现影响师范生培养质量的短板所在,尤其是在课程结构及课程设置对培养目标的支持、教育实习与课程之间的互动、单个教师的教学与师范生培养全过程的联系等。其次,在热点问题上,当前经济社会加速变革,科技日新月异,师范生培养模式和路径需要加强适应性,通过自身的不断革命跟上社会发展的步伐。大数据、云计算、物联网、人工智能等现代信息技术的发展正在不断地向教育领域渗透。高质量的师范生培养意味着培

养出的师范生需要具备能够应对社会变化的能力。最后,在难点问题上,注重对师范生培养过程中所遇到的问题进行大样本调查和科学研究,发现产生问题根底所在,找出导致各种问题的主要矛盾,增强解决方案的针对性、有效性和可靠性。

关于系统化的解决方案,主要从三个方面来谈。第一,强化师范生培养内部运行系统的严密性。从培养目标、课程方案、教学策略、管理体制、师范生评价等方面完善师范生培养的内部运行系统。在培养目标方面,重点强化培养目标的前瞻性与可解释性,以及全体教师对目标认同感。在课程设置与课程结构方面,重点考虑三个方面:一是未来教师核心素养对当前师范生培养的要求;二是与培养目标之间的课程关联;三是任课教师自身专业胜任能力。在教学方面,需要着重考虑如何转变为以学生的学为中心。在管理方面,重点强化教师对师范生培养整个方案和师范生成长全过程的理解,进行全过程管控。在评价方面,健全评价对师范生培养改进的反馈机制,充分发挥各类评价的反馈作用。第二,培育有效的外部保障系统。一是在时间、空间及经费等多方面为师范生培养过程提供适时支持;二是加强第三方评价,从与内部评价不同的视角进行评价与反馈,尤其要加强有关数据的收集,并将评价过程中所得数据作为师范生培养改进措施的支撑;三是强化外部监督机制,避免师范生培养方向的偏差。第三,推进师范生培养结构性变革。要探索师范生培养的微观模式,探索理论课程与实践课程的融合模式、师范生的实践模式、师范生进出机制等。从宏观模式的角度,要加强教师职前职后教育一体化、本硕一体化等方面的探索。

三、基于"GPS"模式的师范生培养"三问"

第一问,关于师范生培养目标的特异性方面。"四有好老师"的标准是有理想信念、有道德情操、有扎实学识、有仁爱之心。苏霍姆林斯基说过:"没有爱就没有教育。"叶圣陶先生曾经这样评价教师:"教师就是捧着一颗心来,不带半根草去。"那到底什么人群适合就读师范专业?肯定不是高分。什么样的教育能够植入"仁爱"基因?肯定不仅仅是知识传授抑或课堂教学。什么质量的"结果"是认证的标准?目前以"结果导向"的认证方式急需深究和细化。

第二问,关于师范生培养过程的复杂性。知识、能力与素养是平行关系吗?知识获得与能力培养只占"好老师"的四分之一,"经师易得,人师难求"。专业知识在师范生的"知识框"中所占比例多少为宜?现在急需培养更多适应多学科教学的乡村教师。课程设计与传授怎么才能够以学生为中心?怎么以学生能够成为"人师"为中心？"自主、合作、探究"为主要特征的研究型教学有效吗？现在的师范生有多少不是"放羊式"的实习？"UGS 三方协同"培养模式怎么才能够各负其责和有机联动？现有的教学创新并不能解决以上师范生培养中出现的相关问题,值得进一步深思。

第三问,关于师范生培养改革的支撑性。为什么存在大量编制内教师不在教学岗位的问题上？为什么曾经教师热衷于"家教"？因为教师行为约束和淘汰机制缺失。为什么师范生教育投入需要加大？因为经费缺乏已经使得师范院校的环境、条件远不如普通中小学了。"放羊式"实习教学的重要原因是经费投入的不足。为什么实践教学的"UGS"联动不尽人意？原因包括不能胜任、无法协调和不愿接受,期望"UGS 三方协同"能够成为师范生联动培养的常态。

路漫漫其修远兮,吾将上下而求索。教师教育学科亟待提上议事日程,教师教育研究亟待加强！

（文字整理:南京信息工程大学马克思主义学院 2017 级硕士研究生华玉珠）

特稿

提高课堂教学质量与学生发展质量的若干实践与体会①

陈小虎②

高等教育虽然普及化了，但仍然是精英化和普及化并存的状态。报告围绕这一特征，从立德树人、人才、毕业与成人成才、课堂教学状态、教学管理和管理教学、教学、学生发展、质量、中国理念等九个方面展开论述。

追根溯源，"立德树人"这一表述的来源是分开的。"立德"出自《左传·襄公二十四年》："太上有立德，其次有立功，其次有立言，虽久不废，此谓三不朽"；"树人"出自《管子·权修》篇："一年之计在于树谷，十年之计在于树木，终身之计在于树人。""立德树人"是一个现代词，这是江苏首创的，目前所知最早见于苏州工业园区一所学校的校训——"立德树人，明智育人"。"立德树人"被确定为教育根本任务，是 2006 年胡锦涛总书记在中央政治局第 34 次集体学习会上讲话时提出的。后来，党的十八大报告以正式文件的方式将"立德树人"明确为根本任务。立德树人的内涵有四个方面：其一，立德树人是理念与实践的统一，重在实践；其二，立德树人是各类教育的根本任务，不能局限于学校教育；其三，立德树人是学校承担主体责任；其四，立德树人具有终身教育的内涵。

关于人才的话题，是我们应该树立怎样的人才观。首先，我们要回答好"什么是人"的问题。人是能够学习和创造工具、知识，并使用之从事劳动的高级动物，是我们之所以存在的过程。其次，人才观的视角不同、定义也不同。比如，社会人才观和学校人才观是不一样的，观察角度不一样，得到的结论也不一样。

① 本文为金陵科技学院党委书记陈小虎教授在江苏省高等教育学会 2019 年学术年会书记校长论坛上所作的专题报告，文章根据现场报告内容整理，部分有删减。

② 作者简介：陈小虎，金陵科技学院党委书记，教授，博士生导师。先后主持教育部、江苏省高校自然科学基金等科研项目数十项，在电力系统优化调度、风电场与电力系统并网理论及相关控制技术等方面有较深研究，发表专业学术论文二十多篇、教研教改论文二十多篇，主编国家级规划教材两部，多次荣获国家教学成果二等奖、江苏省教学成果奖等，是享受国务院特殊津贴专家及江苏省"333 工程"第二层次培养对象、江苏省"6 大人才高峰"第三批次资助对象。现兼任国家高等教育教学指导委员会电工类分指委委员、全国高等学校教学研究会副理事长、江苏省电工技术学会副理事长。

其三,关于人才的种类。就本科来说,我梳理出关于"人才"的种类有 34 种提法,如,"应用型""复合型""技术型""技能型""服务型""职业型"等。工科类人才的表述达 33 种。其四,要以动态的眼光、全局的视角判断人才。学校里学生迁移的环境特征和将来从事工作之间有着密切关系。比如,清华、北大学生迁移环境的过程,跟其他学校是存在差异的。环境育人十分重要,普通院校需要做好毕业生的跟踪调查,从而倒逼学校就业率的提升。

我们的学生可以分为几类:第一类是天才,非常稀少;第二类是好学的人;第三类是带着明确目的学习的;第四类是被逼成才;第五类是勉强毕业的。前面三类是学生的状态,后面两类是考生的状态。

从大的分类来看,主课堂有理论课堂和实践课堂两类。理论课堂教学中,按照师生所花时间精力来划分为五种状态:第一种是双沉默状态。课堂上老师放录像,没有交流。第二种是 1.5 沉默状态。老师以放录像为主、说话少,与学生几乎没有交流。第三种是单沉默状态。老师在课堂上单方面讲述,对学生不予理会。第四种是简单问答状态。老师只问"会了没有"与"懂了没有"等。第五种包含互动式、讨论式、质疑式、研究互学式等状态。

关于教学管理和管理教学。第一,教学管理和管理教学要区分开。教学管理是所有人的事,管理教学是教务处的事,责任到位,各司其职。第二,课堂教学的主体责任在教师,重点解决"七个来"的事:课前预习起来、走进课堂来、坐到前排来、把头抬起来、笔记做起来、问题提出来、同学忙起来。

教学要充分把握其六个属性:一是教师与学生的统一,二是教风与学风的统一,三是结果和过程的统一,四是服务与生产的统一,五是教学与科研的统一,六是教学与技术的统一。

学生发展首先要回答三个问题。第一,学生是谁?对于学生要学会接纳并因材施教。第二,学生要发展什么?第三,学生怎么发展?要合并回答上述三个问题,学生在校园内和校园外实现发展,从教育的角度看是首先要解决在校内怎么让学生发展。校内发展要完成的四件事:一是由中学生变成大学生,二是由学科知识学习向专门专业人才转变,三是由未成年人向成年人转变,四是由学校的人向社会人的转变。

人才质量的五个属性:一是全面性。一个人要德、智、体、美、劳全面发展。二是专门性。就业需要专门性人才。三是持续性。可以持续保持优秀的人才能称为人才。四是数量性。各个方面都可以用数量说话。五是公认性。被公开承认的程度。

中国理念来源《中国教育现代化 2035》八大理念:更加注重以德为先,更加

特稿

注重全面发展,更加注重面向人人,更加注重终身学习,更加注重因材施教,更加注重知行合一,更加注重融合发展,更加注重共建共享。希望学生学习的知识一定要和中国实际相结合,有文化自信,用实践检验学习成果。

《庄子·内篇·养生主》云:"吾生也有涯,而知也无涯。以有涯随无涯,殆已;已而为知者,殆而已矣。"这对我们理解"应用型"有帮助,学校知道自己、面对自己、谋准自己、做对自己、做成自己、做好自己、做强自己就可以了。

(文字整理:南京信息工程大学马克思主义学院 2018 级硕士研究生陈美玲)

以立德树人为根本　全面深化"三教改革" 推进学校事业高质量发展①

孙　进②

坚持把立德树人作为根本任务,是办好高职教育的根本方针。习近平总书记多次走进学校,在与师生座谈时多次阐述立德树人的重要意义,强调要全面贯彻党的教育方针,落实立德树人的根本任务,培养德智体美劳全面发展的社会主义建设者和接班人。

一、高职教育教学改革面临的新形势

(一) 欣逢新机遇

全国教育大会指明办学新方向:习总书记在全国教育大会上特别强调培养什么人是教育的首要问题,我国是中国共产党领导的社会主义国家,这就决定了我们的教育必须把培养社会主义建设者和接班人作为根本目标。

落实立德树人根本任务:党的十九大要求落实立德树人根本任务,将立德树人的定位置于全面发展之上,为我们加快推进高职教育的教育教学改革指明了方向。

国务院"职教 20 条"提出新要求:《国家职业教育改革实施方案》颁布,就确

① 本文为江苏建筑职业技术学院党委记孙进教授在江苏省高等教育学会 2019 年学术年会书记校长论坛上所作的专题报告,文章根据现场报告内容整理,部分有删减。

② 作者简介:孙进,江苏建筑职业技术学院党委书记,法学博士,教授,硕士生导师。徐州市优秀专家,徐州市"十佳文明"职工,徐州市"五一劳动奖章"获得者。兼任淮海战役暨区域红色文化研究会副会长、徐州市历史学会副会长等职务。担任中国煤炭教育协会副理事长、中国高校科技期刊高职高专学报专委会主任委员、江苏省高职高专思政课教指委副主任委员。主要研究领域和方向为马克思主义与中国现代化研究、高校思想政治教育研究和高等教育管理研究。近年来,主持国家教学资源库建设 1 项,主持部省级科研课题 4 项,在权威期刊、核心期刊上发表论文 20 多篇,出版《毛泽东平等思想研究》等专著 3 部。研究成果获国家教学成果二等奖一项、江苏省教学成果奖一等奖、二等奖各一项,获江苏省哲学社会科学优秀成果二等奖、三等奖各一项。

特稿

立习近平新时代中国特色社会主义思想的指导地位、构建育训并重职业教育体系、着力培养高素质劳动者和技术技能人才等提出新要求,高职院校需要紧跟形势,积极推动教育教学改革。

"双高计划"立项建设提供了新的契机:国家对职业教育的重视、产业对职业教育的渴求以及职业教育传承积淀的优势,汇聚成推动高等职业教育实现更高质量发展的强大动力,学校党委研究"双高"建设,提出了"计划不改,目标不转,力度不减,定力不变"的要求,全校师生集中力量瞄准国际一流高职院校的建设目标努力奋斗。

(二)勇担新使命

建筑产业形态的新发展:建筑业是我国国民经济的支柱产业,就业容量大、产业链长、关联度高,对推进我国新型工业化和城镇化建设,转移农村富余劳动力等持续发挥着不可替代的重要作用,国家"一带一路"的倡议拉动沿线国家整体建设,潜在的建筑市场非常大,全面超越中国公司在海外修路架桥的传统模式,规模高达万亿美元,中国的建筑企业在非洲的市场的占有率高达54.9%。

职业教育形态的新变化:伴随着科学技术进步和产业的转型升级,职业教育正在发生新的变化,一是职业教育基本上完成由政府举办为主向政府统筹管理、社会多元办学的格局转变,二是由追求规模扩张向提升质量转变,三是由参照普通教育办学模式向企业社会参与、专业特色鲜明的类型教育转变。

建设人才培养的新目标:产业转型升级对建筑人才培养提出了新的目标,传统的建筑业的发展模式粗放,人力浪费高,科技含量低耗能高,环境污染严重,建筑专业技术技能人才短缺,到2020年建筑业中级工以上建筑工人的需求量要达到300万人,而目前只有130万人,人才的缺口巨大,迫使我们整个建筑业必须进行转型升级,装配式建筑、建筑信息模型、绿色建筑等新技术的推广和应用,使得建筑业进入提档升级、转型发展的新时期。

二、全面深化"三教"改革的新实践

"三教"改革既是高职院校深化教育教学改革的基础工程,也是核心工程,更是我们职业教育改革中最难而又必须要面对的问题。完善职业教育和培训体系、创新德技并修、工学结合的育人机制,建立职业教育的标准体系,1+X证书制度的试点,高水平实训基地的建设等重大的改革任务,最终都要落实到立德树人根本任务当中,体现在教师、教材、教法的改革中。当前,学校把全面深化"三教"改革作为全面提升人才培养质量的基础工程来抓。

关于"三教"改革的总体思路:落实立德树人的根本任务,落实国务院的"职教"20条,主动服务建筑产业的升级和区域经济社会发展,融合人才培养需求侧和供给侧的要求,以现代专业群和专业集群建设为抓手,厘清群内的专业关系和课程体系。

"三教"改革的具体路径:营造产教深度融合的生态,以专业群为单元,以课程为核心重构资源整合,规划教师发展和学生发展体系,打造校企混编和国际混编两种混编教学创新团队,开发公共平台类、技术平台类、专业方向类、个性培养类和德育素养类五类立体化教材,构建国家级、省级、校级三级在线开放课程群,推进教学方式方法改革。

"三教"改革的总体做法:建立课程中心,开发"学习标准"、创建"学习超市"、建设"学习资源",设计"学习菜单"、构建"学习空间"、推动"课堂革命",鼓励专业、团队、资源跨界融合,培养德技并修的复合型高素质技术技能人才。

(一)教师改革

唱好引、培、评合奏曲。

"引":学校六大发展战略的第一大战略就是人才强校战略,紧紧围绕着人才培养的迫切需要,择优选聘,既引进学术水平高的专家,也引进现场经验丰富的能手;既引进有海外留学背景的人才,也要考虑国内的、本土的佼佼者,建立完善的师资队伍建设工作体系,建立多元化、多模式、多层次的引进模式。

"培":实施"师资队伍二维X梯度有序培养方案"是学校师资队伍建设实现个人与学校发展统一的重要举措,全面升级"产教双师工程",制定两个培养方案的主体文件,配套11项制度措施,激发教师攻读博士提升自身能力。

"评":改进评价机制,对教师的每一个成长节点进行良性的评价,建立成长档案袋,完善师资管理制度体系,保障客观评价每位教师及教学团队,积极稳妥地推进职称评审改革,完善绩效工资改革、进修制度改革等。

(二)教材改革

构建教材研究、开发、使用、检查、评价的一体化建设体系,开发动态更新的新型活页式、工作手册式的公共平台类、技术平台类、专业方向类、个性培养类和德育素养类五类立体化教材。

突出教材内容的思想性:学校着力推进课程思政项目建设,挖掘学校特色文化,打造"军校纪律文化、煤炭奉献文化、建筑质量文化"的校本德育课程体系,着力推进"劳技结合"导向的教学改革,同时将课改成效固化到校本教材的开发中,对所有使用教材的思想性、学理性和实用性严格把关。

实现教材形态的立体化:大力推进线上线下融合式立体化教材的开发,建成校企"双元"开发服务企业最新需求新课程与新教材的平台,打造 33 部集成在线教学资源的立体化教材,有效激发了学生学习兴趣。

强化教材更新的动态化:以建筑工程技术、建筑钢结构工程技术 2 个专业为试点,编制了全套 14 部活页化工作手册式的自编教材,注重将行业企业新技术、新工艺、新规范纳入教材,保障了教材的科学性、前瞻性和适应性,覆盖了全校 36 个建筑类专业。

(三)教法改革

大力建设三类智慧教学场景,拓展学生立体化学习空间,助力教师运用信息化技术实现教学改革。学校智慧课栈、探究型智慧教室、研讨型智慧教室等三类智慧教学场景已覆盖全部教学楼,满足线上学习、线下体验和智慧教学的功能需求,实现了服务教师智慧化教、学生泛在化学的目标。

建场景:通过整合信息化教学资源、立体化教材和智慧化教学环境,构建了立体化学习空间,广泛运用启发式、探究式、讨论式、参与式等教学方法,极大提升了课堂效果。

创形态:全部专业核心课程实施项目化教学、线上线下混合式教学、研讨式学习与团队协作化实践,以学习过程和成果评价学习效果,打造一批线上、线下和线上线下混合式金课,项目教学、案例教学、情境教学、模块化教学已在全校范围内普及。

转方式:学校力推教学做合一,转变技能培养模式,学校"建筑技术馆"保障建筑类专业全面实现学做合一,理实一体教学模式促进了课堂教学革命,设计了虚拟实训→模拟实训→实操训练→创新训练四个层次递进式培养学生岗位技能,有效解决了建筑类专业技能实训反复次数多、耗时长、耗材成本高的矛盾。

三、着力推进更高质量发展的新愿景

(一)加强党对学校事业的全面领导

班子运行状态、学校政治生态、事业发展势态,是加强党对学校事业全面领导的重要抓手,也是推进学校高质量发展的根本保证。

班子运行状态:新一届党委领导班子成立之初,明确提出"全身心投入工作之中,全心全意为师生服务,以上率下,身体力行,公平公正,廉洁奉公,肝胆相照,坦诚交流,坚持原则,坚守底线"的50字要求,保证班子良好的运行状态。

学校政治生态:全校上下团结一心,共同奋斗,扎实开展"不忘初心、牢记使命"主题教育,深化学校综合改革,成功组织了江苏职教周、40年校庆等一系列重大活动以及"双高"申报等重大项目,省、市领导对学校的建设发展和政治生态给予高度肯定。

事业发展势态:学校近年来先后被评为全国毕业生就业典型经验高校,全国高等职业院校服务贡献50强、教学资源50强、国际影响力50强等,全国高职院校竞争力排行榜逐年攀升,学校内涵式高质量发展的态势已经形成。学校以正党风,带动校风、教风、学风建设,涌现出一批优秀的中青年教师。

(二) 培养复合型高素质人才成长生态

以"信息技术+""新技术+"方式升级专业群,融合需求侧和供给侧,对接产业或职业岗位的能力需求遴选教学内容,根据学习者的认知规律和心理特点将教学内容科学序化形成体系。构建公共平台、技术平台、专业方向和个性化课程体系,突出各专业交叉融合发展,形成网状逻辑结构课程群,实现底层可共享、中层可融合、高层可互选。突破院系、专业间的壁垒,建立跨专业教学组织,建立专业群内部联系的沟通机制,在更大口径内整合资源。依托建设项目和共享资源形成中心,释放潜能,高效合作,建立柔性的群内和群间协同机制。完善学分累积转换机制,实施多样化人才培养,创建"学习超市",鼓励跨专业群选课和选课程模块,增强分模块课程组的选课指导和设计"学习菜单",公开模块课程组的学习标准,提高学生自主选择权,加强学习自主性教育,实现学生"一主多辅"的岗位复合及跨界能力复合,实现学生可持续发展,营造和培育复合型高素质人才成长生态。

(三) 实施"以文化人"工程强基铸魂

学校深化实施铸魂、强基、百花工程,构建"三位一体"文化育人实施体系。系统推进大学生文化素质中心、工程素质中心和体能拓展中心"三个素质中心"建设。在学校40年办学历史中,积淀形成了强调绝对服从、牺牲精神的军校文化,无私奉献、艰苦奋斗的煤炭文化,质量第一、创新意识的建筑文化。这是学校把"三个文化"融入人才培养全过程,开展特色文化育人的根本依托。

实施铸魂工程,开展有灵魂的教育:发挥红色文化"爱国、牺牲、奉献"内涵在校园文化中的方向引领作用,立足培养什么人、怎样培养人、为谁培养人,使学生既要成为红色革命文化的传承者和践行者,又要成为品德高尚、技艺精湛的高素质技能人才。

实施强基工程,弘扬传承中国优秀传统文化:举办首届礼射国际学术研讨会,以射艺为载体,推动中国文化走出去,承办全国大学生射箭锦标赛,树立校园品牌新形象,推进中国礼射文化展览馆建设,凝铸和推进中国传统礼射文化研习传播。

实施百花工程,坚持以师生成长发展为中心:大学生龙狮队、垒球队等学生社团在全国斩金夺银,大学生管乐团、教师合唱团、女教工旗袍社在校园百花齐放,汉文化和剪纸等非遗文化与专业融生共长。另外,学校统筹推进教室文化、餐厅文化、宿舍文化、橱窗文化、道旗文化、灯箱文化等物质文化建设;深入开展专业文化、课程文化、校企文化等建设;创新开展网络文化建设,新媒体作品4次登陆学习强国平台。

坚持以习近平新时代中国特色社会主义思想为指导,以立德树人为根本,全面深化"三教"改革,提升人才培养培训质量,将其培养成为"学业有成就、品格有文化、发展有后劲、人生有辉煌"的社会主义建设者和接班人,打造新时代高职建设类人才培养的"中国品牌"。

超越"现代性"的中国教育现代化：
人的现代化视角①

现代化到底是个什么东西呢？以前的现代化就是那一串串可以测量的指标，一幢幢可以观看的楼房，一堆堆可触摸的硬件，因此在评估院的现代化指标中可能有：你的房子有多少？是否可以达标？你的师生比有多少？是否可以？你又拥有多少图书？有多少学生拥有计算机？都是这些东西。但是没有这些东西又是不行的，就像一个人没钱是不行的，但钱多也麻烦，实际上教育现代化也是这样，学校盖得很漂亮，但是不一定有多高的教育质量。因此，对现代化追求这种外在的东西可能需要反思一下。反思的问题是：教育现代化的初心是什么？最终归宿是什么？这才是教育现代化的"正题"。教育现代化的具体措施和落实固然重要，但其深层意义上的理解，关乎是否把事做到"点子"上，是否真正实现了教育的现代化。

有的事情并不是做得越多越好，如果做偏的话，会越做越麻烦，要做到点子上。做任何事情之前要知道为什么要做这个事情，如果这个都不明确的话，会越做越差。因此在这种意义上，需要考虑现代化到底是什么意思？现代化到底是什么？现代化到底要追求什么？中国的现代化应该追求什么？这是做理论研究应该思考的一些问题。因此，今天讨论的主题是超越"现代化"的中国教育现代化：人的现代化视角。

一、提升人的现代性是教育现代化的灵魂

首先要理解"现代化"这个词，"现代化"这个词既是个动词也是个名词，作

① 本文为教育部长江学者冯建军教授在江苏省高等教育学会 2019 年学术年会上所作的特邀学术报告，文章根据现场报告内容整理，部分有删减。

② 作者简介：冯建军，南京师范大学道德教育研究所所长，教育科学学院副院长，教育部长江学者特聘教授，兼任国家教材委员会"大中小学德育一体化"专家委员会委员，中国教育学会中青年教育理论工作者分会理事长。

为动词就是化成现代的一个过程,什么时候化成现代呢？只有从传统的社会来化成现代社会,所以作为一个动词的话,则表示现代化是个过程。但它也可以做成一个名词,现代化作为一个名词,表示的一种状态。现代化应该是什么样的状态？评估员在制定指标的时候,把基础教育现代化应该是什么样的,给出了一系列的指标,所以如果是作为一个过程,又是作为一个状态,其实是两者合一的过程发展到现在就是那种状态,因此现代化的意思是人类社会从传统的社会向现代社会的转型。

什么是传统社会？是农业社会;什么是现代社会？是工业社会。社会现代化不是今天才提出来,它实际上是传统社会到现代社会的一个过程,传统社会是一个农业社会,近代社会是一个工业社会,如果仅仅这样子说的话毫无意义,因为没有具体的说法,我们应该知道传统社会有哪些不一样的东西,现代社会又有哪些不一样的东西。农业社会在经济上是自然经济、小农经济;在政治上,是一种依附的等级社会、专制社会,人治是政治运行的基本形式;在文化上,强调宗教权威、神灵崇拜,重视道德教化和礼仪规约;在生态上,人与自然混沌不分;在人的发展上,个人缺少独立性,没有独立人格。而工业社会,在经济上,由自然经济转变为工业经济、商品经济、市场经济;政治上,由等级依附转变为公民自由平等,民主化、法制化成为现代社会管理的基本方式;在文化上,科学启蒙愚昧,技术成为工业社会的主导,理性成为工业文化的范式;在生态上,人改造自然的能力增强,以至走向天人对立,出现了人类中心主义;在人的发展上,从"依赖性的人"转变为"独立性的人",主体性不断张扬。

其次,现代化的关键选择性是人的现代性。香港中文大学金耀基先生把现代化分为器物技能的层次、制度的层次和思想行为的层次。在现代化的整体转型过程中,物质和制度层面的转型是显性的、基础性的,而社会心理、社会人格的转型,即人的现代化则是隐性的、深层的。决定现代化的不是器物,也不是制度,而是人的思想观念。

20世纪80年代,亚历克斯·英格尔斯在《从传统人到现代人》一书中提到:"如果一个国家的人民缺乏能够赋予先进制度以生命力的广泛的现代的心理基础,如果掌握和运用先进制度的人本身在心理、思想、态度和行为上还没有经历一场向现代性的转变。那么,失败和畸形的发展是不可避免的。"我们曾经有一个阶段认为现代化就是技术的现代化,因此可以借鉴西方的技术。技术可以借,机器可以买,制度甚至可以借鉴,这都没问题,但问题在于不可以把中国人都换成美国人。这就说明了现代化的关键还在于人,有了技术没人会用,这个问题现在容易解决。最大的问题是有了制度没人珍惜,人人都想钻制度的空子,这就是现代化最麻烦的事情,人的因素是最关键的。

英格尔斯还在书中强调说:"在任何社会和任何时代,人都是现代化进程中的基本要素。只有国民在心理和行为上都发生了转变,形成了现代的人格,现代的政治、经济和文化机构中的行政人员都获得了人格的现代性,这个社会才能称作是真正的现代社会。"如果政府运行的是现代的制度,公务人员却是用传统的思想,这肯定不是一个现代的社会,肯定做不成现代社会的事情,这是英格尔斯讲得比较浅显的道理。现代化的核心是人的现代化,这是 80 年代我们就已经认识到了一个观点。那人的现代化是什么呢? 包括什么呢? 英格尔斯通过对六个发展中国家个人现代性的比较研究,概括了现代人性格的四个主要特征:即他是一个消息灵通、参与的公民;他拥有相当明显的个人效率感;就他与传统影响力的关系来说,他是非常独立且自主的;他对新经验和新理念都易于接受,心胸是开放的,认知上有很大的弹性,这就是英格尔斯讲的现代人的特性。现代人的特性在改革开放的中国表现得非常明显,改革开放的中国有一个说法是:时间就是金钱,效率就是生命,我们要用宽广的胸怀来面对世界。

英格尔斯主要用实证的方法进行调查,归纳出六个发展中国家现代人的一些特征。可以从理论上来讲现代化的核心是人的现代化,人的现代化实际上是促进人的现代性的一个提升,因此有一个很重要的词是"现代性",大部分人都知道现代性包括什么东西,我们现在就生活在现代性的社会里。按照哲学上一般的说法,现代性包括三个要素,前面两个要素是没有争议的,第一个就是个人主体性,一个是个人,一个是主体性,就人与自然之间的关系而言,人与自然是原始地融合在一块。现代化另一个关键的东西就是乐观主义,只有独立了,人类靠技术就可以获得幸福,这是乐观主义体现。

二、教育现代化的核心在于促进人的现代化,提升人的现代性

教育现代化是从传统教育向现代教育的转型和发展过程,理解教育现代化的关键在于理解教育现代性。教育的现代性表现在器物、制度和思想观念方面,如教育制度的人道性、理性化、民主性、法治性、专业性等。教育是培养人的社会活动,其活动的主体是人,强调人的现代化在教育现代化中的核心地位具有特殊的意义。促进人的现代化是教育现代化的核心。不以人为核心的教育现代化会使教育失去灵魂。人的现代化是指人的现代性的增长,也就是传统的思想、行为习惯在慢慢地消减,现代性的因素、思想观念和思维、行为习惯不断增长,并占到主导地位的过程。人的现代性指个人主体性、理性精神、效率意

识、参与意识和对新事物的开放态度等。这就是人的现代性的体现。

随着社会的发展,从工业社会到后工业社会的跨境,现代化也正经历第二次转变,如果农业社会到工业社会的转变称为第一次现代化或者叫做现代化的1.0版本,从工业社会到后工业社会是第二次现代化叫做现代化的2.0版本。近代以来的现代化其实是现代化的1.0版本,这个1.0版本上就是要说的第一个观点,我们现代化的关键就是现代性的增长,教育的现代化就是促进人的现代性的增长。现在到了第二次现代化,从工业化到后工业化的时代,在这种情况下教育现代化怎样进行? 中国真到了后工业社会了吗? 不能只看到北京和上海的情况,还应该看到西部的地区,还要看到农村落后的情况,中国不只是北京、上海,学校也不只是人大附中也不只是北大。因此这是一个麻烦事,我们真的都到了第二次现代化了吗? 如果不知道如何判断现在这个情况,第一次现代化以发展提升现代性为核心,从第一次现代化到第二次现代化,西方后现代主义思潮对于工业化和现代化消极地进行批判。第一次现代性的增长是个好事儿,比如说技术是个好事情,因为科学技术启蒙了愚昧,但问题是把技术至上,技术独尊的时候,这技术还是好事吗? 这是需要反思的,因此后现代就开始反思现代性的问题了,说技术理性、工具理性超越价值理性,功利性淹没了人文性。对于自然的控制和开发破坏了人自身生存的生态环境。

这就是对第一次现代化的反思,反思不是抛弃和否定。现代化是一个过程,是一个连续的、持续发展的过程。正如哈贝马斯所说,"现代性是一个未完成的方案",反思现代性不是推翻现代性,是为了修补和完善现代性。对现代性典型的三个东西做一个反思,看他往哪儿发展。

1. 对个人主义的反思

因为现代化源于西方,中国是后发的国家,中国是学习西方现代化的过程,因此现代性的东西也源于西方,西方人的思维方式和我们是不一样的,西方的第一个哲学的原理是笛卡尔的"我思故我在"。他说的两个词,一是我,不是我们,是我,我就是个体,是思不是情,思是理性,所以我思故我在就奠定了西方两个东西,一个是个人主义,一个是理性主义。西方人做事是讲理的,是讲个人的,所以西方人谈论个人和国家之间关系的时候,会考虑国家给我做什么,保证我个人的自由和权利不受侵犯。而中国人的思维方式是我能为国家做什么,赋予国家的富强,是不一样的思维方式,现代性的第一个观念就是对个人主义的反思,个人主义作为民主社会的产物,从依附性的个人到独立的个人,使个人在一个平等的社会中具有独立性和主体性,从而解放了人,这是非常重要的一方面。

有了独立的人格,这是对人的一个极大的解放,最明显的表现就是改革开放后市场经济的出现,如果没有计划经济的情况下,基本上每一个人都是一个工具而已,你是被别人指挥着做事的,市场经济出现了之后,每一个人都成为一个主体,面向市场的时候没有人告诉你怎么做,只有你自己想着怎么去做。但市场经济也带来一个问题,大家都追求利益,但它确实是解放了个人,所以这是积极的一面。但还是要看到个人主义,把个人作为一个单子式存在,人与人之间像豺狼一样,每一个人都想多占别人的便宜,每个人占到你的时候都想把你吃掉,为了你不被吃掉,我们都在形成一个制度,那个制度的第一个原则就是正义和公平。这就是罗尔斯的《正义论》第一段提到的,任何一个制度首先是公平,公平的意思,不就是想多占别人一点便宜吗?每一个人都像豺狼一样,导致了社群生活的衰落和诸多的社会疾病,不关我的事情,我是不问的,这就是个人主义所导致的问题。因此他讲个人主义今天已经发展到像癌症一样的危险了,每个人只顾自己的东西,而不顾别人的事情,公共生活就没有人做了。

针对个人主义的问题,20世纪80年代就出现了社群主义,社群主义认为:"对人类的美好生活而言,社群是一种基本的且不可取代的组成要素。"每个人都生活在社群之中,社群赋予了个人的身份,这个社群有小的社群,比如一个小的单位就是一个社群,整个中国也是一个社群,大小不一样,现在深刻地认识到社群其实赋予了我们个人。因此我们作为一个中国人,只有当中国富强了之后我们才有自尊,我们是社群的语言,社群赋予了我们的身份。经过对个人主义的反思,社群主义确立了人的共生共在,成为现代性的新起点。全球化、后工业化为人的共生共在提出了客观要求,也为其实现提供了现实条件。所以我们现在要反思的是现代性的个体主义走向后个体主义。

2. 对主体性的反思,走向主体间性

主体性也是个好事,因为一个人没有主体性就没有人格,没有主体性就没有权利。奋斗的过程就是一个不断地争取权利的过程,一个人的主体性就是一个人标志,它表现为人格,它表现为权利。现代性的增强就是主体性不断增强的过程。但是主体性是什么,主体性是主客关系当中所表现出来的特性,如果一个人把另外一个人越压榨,主体性越强,因为是主客关系。主体性是个人主义的伴生物,个人从人身依附中独立出来,获得了主体性。主体性在人类解放中具有积极的作用,成为人的现代性的重要标志。主体性集中表现为积极性、自主性、创造性。人类社会的发展,就是不断高扬人的主体性的历史。主体性是主客关系中所显现出来的积极态势,主体性导致了主体对客体的占有性。随着主体性的不断张扬,20世纪后期,战争冲突、霸权主义、恐怖主义、环境危机等问题日益暴露出来,将人类引入了风险社会和危机事件频发的境地,哲学家们由此不得不开始进行反思和消解个人主体性的工作。主体间性改变了主体性的性质,使主体性由对客体的占有和支配,转变为对另一主体的尊重,双方都是主体,主体与主体之间是一种平等交往关系。在主体间性的事业当中,你我平等,你我共生共赢,这是主体间性。因此也有人说:"真正的主体性,只有在主体间的交往关系中,也就在主体与主体的相互的承认和尊重的时候才有可能存在。"人与人之间只有在主体间的时候才真正意义上是主体性,这就是对主体性的反思。

3. 对技术理性的反思,回归价值理性

亚里士多德曾说:"人是理性的动物。"但是,笛卡尔的"我思故我在"之后,理性就转化成了科学理性。近代科学技术的进步,科学理性与技术结合,就转化为技术理性。技术理性增强了人类改造自然、改造世界的能力,拓展了人的体力和脑力,给人类带来了解放。"但也带来了一种广泛的不安:技术理性不仅已经扩展了它的范围,而且也有控制我们生活的威胁。"

现在我们需要反思,技术理性会给我们带来什么?技术使我们有了征服自然的能力,但是有时候我们又沦为了技术的产物、技术的附属。不是人去支配技术,而是技术支配了人。因此存在主义和法兰克福学派对技术理性进行了深入的批判:"工业社会中,技术连同官僚政治和西方世界的精神危机,导致了人的平均化、机械化、大众化。"20世纪后期的哲学家批判技术理性的霸权和对价值理性的僭越,主张回归价值理性,回归生活世界。现代价值理性不否定技术理性,但要引导技术理性的发展,实现技术理性与价值理性的统一。

现代化是提升人的现代性,第二步实际上发现现代性都是有问题的,那怎么办呢?当人们说这个事好的时候,又突然说这个事是有问题的,究竟要不要发展现代性?这就关系到我们培养学生时,到底是培养学生的理性还是不培养学生的理性?是培养孩子的独立人格还是不培养独立人格,这是一个选择。

这个选择有很多种方式,西方不存在选择的问题,因为西方的现代化是内生的。西方的现代化是现代性出了问题之后自动会转到这个事情,这就像一个人生病感冒之后,不吃药,不打针,让他尽情地感冒,以至于感冒到一定程度的时候它自然会好,因为人是有抵抗力的。西方的现代性就是这样,让它充分发展,出了问题之后再寻求解决的途径。我们是否也采取这种方法?让它充分发展出了问题再说,还是在发展的过程中出现问题立马解决。中国的第一次现代化没有完成可以让它继续进行,但是不能让它这样充分地进行下去,一定要像吃感冒药一样把坏事拦住。这就是今天所说的第二次现代化。如果这个实验证明成功的话,弯道超车也不需要了,因为中国的第一次现代性并没有成熟,第一次现代性成熟之后,自然就会转成第二次现代性。是否可以在第一次现代化发展时,第二次现代性已做好发展准备,实行一个弯道超车? 按照这样的话,我们就超越了第一次教育现代化,走综合教育现代化之路。发达国家的现代化发展是内生的,创造了现代西方社会的物质繁荣,但也承受了理性的专制、人性的淡化、亲情的泯灭、精神的空虚等"现代病"。这种现代病今天中国社会也已经出现了,中国的社会是一个熟人的社会,现在我们也变成了陌生人的社会。熟人的社会是靠感情的,陌生人的社会是靠规则的。中国的现代化该怎么走?"只能从我们的现状出发,不能模仿西方国家。我们与西方发达国家不同,现阶段集中了过去、现在和未来的多重矛盾和问题",我们的国家既有传统的东西,又有现代性的东西,还有后现代性的东西。三个东西集中在一块,该怎么去做,该怎样去选择? 现阶段我国处于第一次现代化时期,因此,教育现代化应服务于第一次现代化,根据工业化、市场化的要求,打造适合工业社会的现代教育。在形态上,追求教育普及化和标准化,关注教育外延发展,以理性的方式促进教育治理的民主化、法治化,提高教育效率;在内涵上,着眼于教育现代性的发展,实施主体教育和技术教育,发展人的主体性,培育人的技术理性。这些东西都是第一次现代化应该做的事情,也是第一次现代化的标准。问题是现阶段实行的现代化还必须要关注前现代的东西和后现代的东西。中国现在是三种东西交织在一块,既有传统的东西又有现代的东西,还有后现代的东西。因为现代化是传统而来,是一个连续不断的过程,所以不可以割裂传统。

习近平总书记已经深深地意识到传统文化与中国优秀传统文化的重要性,也意识到文化自信和文化自觉的重要性,这也是现在正在努力改进的问题。中国传统的东西很多都是好的东西,有的东西光靠现代性的制度,不一定能够起作用。所以我们要在很大的程度上使传统的东西在后现代再生。后现代的信息化、自动化、智能化、全球化、生态化,都会给我们带来一系列的挑战。比如人工智能会给教育带来什么样的挑战? 人工智能出现之后,信息技术会全然颠覆我们现在这一套的东西。对学校老师提出要求,对心理人才也提出要求,这些东西都是后现代的东西,我们要接受。所以现阶段中国的现代化的 2.0 阶段既要完成 2.0 的任务,也要完成 1.0 阶段没有完成的任务,这就是我们的一个选择。

三、在人的发展上，要超越人的现代性

第一个还是提升人的现代性，这是教育现代化的当务之急。因为有的人在有些地方还存在着人质、奴才的心理，这都是我们的现代性当中要解决的一个人思想观念上的问题。

第二个是要超越现代性和引导人的现代性的发展，现代性当中讲理性，科学管理就是现代性的一个产物，如果对老师都用上班打卡的方式，老师可能会觉得没有尊严。《学会生存》里提到："教育要以人文主义为基础，尊重生命和人类的尊严。"温家宝总理曾经很多次谈到让农民工有尊严的生活，有尊严的工作。我们已经进入了新时代，习近平总书记说人民对美好生活的需求将是我们主要的东西，尊严还是很重要的。

第三个就是应对和迎接后现代社会的到来，应对知识化、信息化、智能化、生态化、全球化等对人的发展的挑战。现代社会是知识化的社会，好多知识都可以在网上找到，而教育主要是要教人一些智慧，教人批判性思维的能力。现在出现了这样的一个智能化的社会，越来越需要高端的技术。未来的人其实分为两部分：一部分是发明技术的人；一部分是使用技术的人。发明技术的人，对技术的要求是非常高的，而使用技术的人会慢慢变成傻瓜。所以，人文的东西，变得更加重要。生产力提高技术发展之后，闲暇时间多了反而是件麻烦的事情，我们现在是为工作而奋斗，以后我们可能会思考做点什么事情来打发时间，所以当你今天非常忙的时候，你会感觉时间不够用，等到退休的时候，就会感觉到还不如忙的时候。退休是一次再次的社会化，社会化的问题就是在智能化时代，我们也会面临被迫赋闲的问题，这将会对我们人类产生一系列的艰巨挑战。

（文字整理：南京信息工程大学管理工程学院 2018 级硕士研究生童沁妍）

多样资本与新时代高等教育发展[①]

胡钦晓[②]

一、高等教育与资本的概念

中国高等教育进入了一个新时代,从数量上,已经进入一种后大众化时代并即将进入普及化阶段;从目标上,开始从外延发展走向内涵发展;从模式上,开始由"后发外生型"发展到"齐步走",甚至是"领跑"阶段。国务院关于双一流建设总体方案明确指出,到本世纪中叶,一流大学和一流学科的数量和实力进入世界前列,基本建成高等教育强国。我们说,无论是高等教育强国,还是一流大学、一流学科,既是一个时间概念,也是一个空间概念,更是一个比较的概念。无论是"first-class""top",还是"best""powerful",都是基于比较的概念。

一般谈到资本,人们耳熟能详的是资本主义。马克思的名言:资本从来到人世间,从头到脚都滴着血和肮脏的东西,使人们对资本产生了天然的排斥。事实上,在《辞海》中资本的内涵可以包括:能够带来剩余价值的价值;社会主义市场经济条件下,企业的固定和流动资产;会计学专业所指的资本金等。无论是《辞海》还是《汉语大词典》,都已经超越了马克思主义意义上的资本含义。从中西方词源学来看,资本是一种客观存在,能够带来价值增值,既可以用于资本主义制度分析,也可用于社会主义制度分析;既可以用于个体分析,也可以用于

① 本文为教育部青年长江学者、曲阜师范大学党委常委、副校长胡钦晓教授在江苏省高等教育学会 2019 年学术年会上所作的特邀学术报告,文章根据现场报告内容整理,部分有删减。

② 作者简介:胡钦晓,曲阜师范大学党委常委、副校长,教育学博士,教授,博士生导师,青年长江学者(2017)、泰山学者特聘专家,全国"五一"劳动奖章获得者,享受国务院政府特殊津贴,山东省有突出贡献的中青年专家,改革开放四十周年山东省社会科学名家,密歇根大学(安娜堡)访学学者,中国高等教育学会高等教育专业理论委员会常务理事。主要研究方向为高等教育学原理、高等教育历史与比较。在曲阜师范大学工作期间,历任科研处副处长、社会科学管理办公室主任、社会科学处处长、教务处处长兼教学研究与评估中心主任,2019 年 6 月以来任曲阜师范大学党委常委、副校长。近年来在《教育研究》《高等教育研究》等学术期刊上发表论文 40 余篇,出版学术专著 3 部。先后主持国家社科基金项目等省部级以上课题 7 项,获全国教育科学研究优秀成果二等奖 2 项、山东省社会科学优秀成果一等奖 2 项等。

特稿

组织的分析。我们认为,学术研究应当还原资本的多样性内涵。事实上,马克思正是借用了资本能够带来剩余价值,来分析资本主义的剥削关系。受马克思影响,法国社会学家皮尔埃·布迪厄对资本进行社会学的解读。他认为,资本是竞争者之间的力量或权力,是需要不断积累的一种运动,与转盘赌博截然不同。古典经济学家强调经济资本竞争,他们认为土地、劳动、物质资本是实现经济增长的三个基本要素。舒尔茨和贝克尔把人力资本引到了经济学的分析,资本的概念在学界开始向广义扩展。布迪厄认为除非人们引进资本的一切形式,而不只是考虑经济理论认可的那种形式,否则是不可能对社会界的结构和作用加以解释的。对于大学来说,至少有四种资本形式:一是经济资本,二是社会资本,三是文化资本,四是学术资本。

二、大学经济资本

所谓经济资本就是大学的物质资本、自然资本、金融资本。物质资本主要包括校园建筑、实验室、图书馆、图书资料等。自然资本也是非常重要的,大学是在城市还是在乡村,是在沿海还是在内地,都影响着大学发展。对于兰州大学的人才流失,我们可以说孔雀东南飞,西北有沙漠,这里主要强调的是大学自然资本的重要性。经济资本包括政府拨款、学生学费、慈善捐款等,是能够以货币来衡量的。新时代的中国大学,已不似京师大学堂那样,官僚气息浓厚,国家内忧外患;也不似西南联大时期,日寇侵略,战火纷飞。当下,中国已经是世界第二大经济体,国家也已经能够给大学提供一个丰厚的经济支撑,"双一流"建设方案明确指出,经费由中央财政支持,接下来应该思考的问题,就是经费如何支持,以及如何使经费具有可持续性等。我们应该摆脱以前直接由政府拨款的模式,加强第三部门绩效评价,形成动态资助的管理模式。政府充分发挥监管作用,加强精准支持,避免因权力产生的"跑部钱进"的腐败现象。另外,从高等教育公平的角度来看,这种支持还要向西部高校进行倾斜。最后,要加强新时代一流大学自身的造血功能,使其发展成为能够凭借自身力量不断探求创新,能够处理自己事务的创业型大学。

三、大学社会资本

社会资本是一种网络关系,是指大学在意识形态、道德规范、习俗惯例等非正式制度的影响和制约下,通过长期交往、合作互惠,进而在形成的一系列互动的网络关系基础上积累起来的资源总和。大学社会资本主要是由大学内部网络关系、大学外部网络关系和制约大学内外部网络关系的非正式制度组成。非正式制度，实际上是新制度主义经济学里面的一个概念。其中，忠诚是非正式制度一个核心元素，对于大学教师而言，就是要忠诚于自己的学科，要忠诚于自己的大学。大学的国际化，大学与政府的关系，大学与社会的关系，大学与大学之间的关系等，都是大学社会资本的应有之义。就大学的国际化而言，我们既不能盲目崇外，也不能夜郎自大；就大学与政府的关系而言，多元协同治理是大学社会资本发展的一个重要方向。此外，大学章程与大学办学自主权落实，大学多元发展和动态调整，都属于大学社会资本强化建设的层面。"双一流"建设中期考核后，能不能做到动态调整，可能是下一步"双一流"建设的一个重要层面，这直接关乎大学间的良性竞争。

四、大学文化资本

按照布迪厄的说法，文化资本分为三个层面：一是具体的文化资本，所谓具体文化资本，是指依赖于精神和肉体的持久"性情"的存在，从宏观上来看，北大之自由，清华之严谨，哈佛之开放，耶鲁之保守，都属于大学有机体的持久"性情"。二是大学的客观化文化资本，主要是以文化产品的形式存在，比如说哈佛雕像和北大红楼，这些都是能够直观看到的。三是大学的体制文化资本，主要是指经过官方认可的组织和规章制度，譬如董事会制度、大学章程、学位制度等，为大学"披上了一层完全原始性的财富面纱"。大学文化资本是非常重要的，能够发挥对人才培养、发展科学、服务社会的方向指引、精神凝聚和动力保障等作用。精神层面的意识形态是大学文化资本的核心，这就要求，中国特色高等教育要讲清楚举什么旗，走什么路，大学培养什么人，如何培养人，为谁培养人这样的基本原则问题。建设中国特色社会主义大学，最根本或者最标志性的，恰恰就蕴含在大学文化资本之中。关于大学文化资本的构建，从人的因素来看，一流大学需要一流的学者，一流的领导，著名大学的成长都和大学校长密切相关，校长的性情，会直接影响到学校发展。从物的因素来看，一流大学往往具备标志性的校徽、博物馆、雕塑等。从体制的因素看，一流大学往往伴随卓越的体制创新，比如牛津的导师制，哈佛的选修制，德国的讲座教授制，等等。从文化资本来看，中国一流大学的建设，应该弘扬传统文化，紧跟时代精神，锻造中国风格。

五、大学学术资本

学术资本在范围上要小于人力资本和智力资本，在程度上要高于人力资本和智力资本。高深知识和学术声望是学术资本的核心要素。从中外高等教育史发展来看,经济资本并非高等教育竞争的核心因素,中世纪时期,行会性质的大学既没有稳定校舍,也没有图书馆、实验室,但是大学仍然得以产生并发展壮大,社会资本也非高等教育竞争的核心要素,19世纪德国大学能够在国家一元资助下,迅速超过其他欧洲大学并占领世界高等教育之巅长达一个世纪之久,依靠的是对"纯粹知识"的追求,对真理的不懈探索;文化资本也非高等教育竞争的核心要素,芝加哥大学在20多年的时间里,就发展成为堪与哈佛、耶鲁等历史名校比肩的世界一流大学。大学是从事高深知识的场所。这一基本性质界定了学术资本是大学诸多资本中最为核心、最为重要的资本形式。管理学之父彼得·德鲁克(Peter F. Drucker)认为,每一个社会部门或组织的存在,都是为了使人们的生活和社会有所不同。无论社会如何变化,医院都不会去卖鞋,也不会大规模进军教育领域,它们的主要任务仍然是救治病人。当大学的学术创新思想趋于泯灭,当大学掌握的高深知识趋于陈旧或者不再稀缺,大学的学术声望必然滑落,大学在竞争中也就处于劣势。

学术自由是学术资本积累的基本底线,没有了学术自由就没有学术进步,创新资源也就没有了;道德规范是学术资本积累的内在诉求,中世纪大学后期,学术道德的沦丧,知识交易的过度商品化,都是造成中世纪传统大学走向衰落的一个非常重要的原因;法律制度是学术资本积累的外在保障,仅靠单纯的道德规范约束,有时候是非常无力、非常软弱的;学术创新是学术资本积累的不竭动力,高深知识是一个历史的、发展的、比较的概念,作为中世纪原生型大学的萨莱诺大学(Salerno)最终走向衰落,一个重要原因就是萨莱诺大学在学术上不再追求进步。

总之,学术资本需要学术自由,需要道德规范,需要法律制度,需要学术创新,同时也需要学术自信。急于求得国外大学的认可,抑或是邯郸学步,高等教育发展只能是亦步亦趋。用中国话语,研究好中国问题,讲好中国故事,是新时代高等教育形成中国特色、中国风格和中国气派的重要保障!学术只有不忘记人类福祉,不忘记国家富强,才能够砥砺前行,永不懈怠;学术只有坚持价值信仰,恪守道德规范,才能抵制外界侵蚀,不迷失自我。唯有此,学术才能够不为物欲横流所淹没,新时代中国高等教育基业才能够由大变强。

(文字整理:南京信息工程大学马克思主义学院2019级硕士研究生余苗)

坚持"学生为本"更需"教师为要"

——中国高等教育改革发展理念嬗变再思考

龚　放①

"前事不忘，后事之师。"今天我们纪念"五四"运动 100 周年，纪念新中国成立 70 周年，检阅和反思中国近现代高等教育走过的坎坷历程和取得的可喜进展时，不能忘记 100 年前曾经发生在我们身边的历史性教育变革，即陶行知倡导将"教授法"改为"教学法"。

一、百年之变：改一字而彰显教育哲学迥异

兴办新学，创设师范，是上个世纪之交中国教育嬗变的一个趋势。最早提出"师范是教育之母"的张謇，在光绪二十七年（1901 年）春就修书两江总督刘坤一"请先立师范学校"，但未得其明确支持。"二十八年春，复以为言"，刘坤一遂在 5 月 8 日邀请张謇、缪荃荪、罗振玉等学者名流商议兴办学堂事宜，接受了张謇的建言并达成共识：兴学育才的主要困难是师资匮乏和资金短缺，兴学"应从师范学堂入手"②。未料此议方出，即遭众多官宦士绅的反对，反对者的理由在今人看来实在啼笑皆非："中国他事不如人，宁读书犹待人授法耶！"③然而在一百年前，这种论调却冠冕堂皇，大行其道。因为他们所理解的"教育"，不过是会圈注、明句读而已，无须"待人授法"。只要有学问和功名，就能够开馆收徒、启蒙教习，更无须办学堂专门研习和造就。

① 作者简介：龚放，江苏江阴人，南京大学教育研究院教授，博士研究生导师，常州大学高等教育研究院特聘教授。该文发表于《江苏高教》2020 年第 1 期，题目为《唯有确立"教师为要"方能落实"学生为本"——对我国大学教学理念嬗变的再思考》。
② 《刘坤一遗集》（第五册），第 2299 页。
③ 张謇．通州师范学校议．转引自舒新城编：中国近代教育史资料[M]．人民教育出版社，1961．

1903 年制定、1904 年初颁布的《癸卯学制》，改变了沿袭千年的官学、私学与书院"三足鼎立"的格局，为中国现代学制的建立奠定了基础。不仅师范学堂次第建立，而且"教授法"也逐步在清末民初不同类型和不同层次的学校"登堂入室"，渐成惯习。这应该说是一个了不起的进步了。但 1918 年从美国留学归来的陶行知却慧眼独具，认定"教授法"之名甚为不妥，大有正名的必要。而且这不仅是名称问题，还关系到教育的实质和内涵。"教授法"反映了当时人们对教育的理解是："先生只管教，学生只管受教。"而这种情形又"以大学为最坏，导师叫教授，先生以被称为教授为荣，他的方法叫做教授法，他好像拿知识来赈济人的"，却很少考虑学生，很少考虑学生"学"的一个方面，不注意启发学生学习的自觉性，不考虑增强学生的自学能力。陶行知力主突出"学"在教育过程中的地位与重要性，力主"以教学法代替教授法"，"在南京高等师范学校教务会议席上辩论两小时不能通过，我也因此不接受教育专修科主任名义"。①

我们看到，20 世纪的最初二十年，不仅是中国社会发生急剧动荡和深刻变革的二十年，也是中国近现代教育革故鼎新、改弦更张的二十年。其中与教育学、教学法相关的两次重大争执和两次重要变革，都发生在江苏，发生在南京。这令我们这些后辈深感震撼，更觉自豪！

从"宁读书犹待人授法耶"的诘问，到"教授法"步入学堂，获得认可，是第一次争执、第一次变革。其核心问题在于是否承认"教育"、"讲授"应该"得法"？教育是否"成一学问"？是否需要研习？是否值得探究？而从"教授法"改为"教学法"，是第二次争执、第二次变革，争论的实质关系到如何看待"教"与"学"的地位和二者关系，是"教主宰学""教掌控学"，抑或"教为学而设""教以学为先"？是"教学分离"，还是"教学合一"？

其实，早在 1918 年 5 月，陶行知就在《师范生应有之观念》一文中强调，学校教育应以学生为中心，指出"教育者，乃为教养学生而设，全以学生为中心，故开办学校、聘请老师，无一非为学生也"②。这一观点能在 100 年前的中国提出，确实十分前卫，甚至有些学者教授觉得未免"惊世骇俗"。当陶行知在南高师教务会议上正式提出改"教授法"为"教学法"的动议时，曾经引发激烈的争论，甚至有人斥之为"标新立异""哗众取宠"。阻力太大，陶行知的动议未获通过。他并未气馁，一边继续向同事释明自己的观点，一边在报刊发表文章陈情辨析，如1919 年 2 月发表的《教学合一》一文，就评析传统的教育思想和教育方法"重教太过""教学分离"的流弊，并阐释"教学合一"的三大理由："先生的责任在教学

① 陶行知.教学做合一.陶行知全集[M].成都:四川教育出版社,2005.

② 陶行知.师范生应有之观念.陶行知全集[M].四川教育出版社,2005.

生学""先生教的法子必须根据学的法子""先生须一面教一面学"。当时正值"五四"运动风起云涌,新思潮和新观点纷至沓来,陶行知因势利导,反复陈情,终于引起教育界同仁态度转变,反对声浪也渐行渐低。1919 年 5 月,在郭秉文校长的支持下,身为南高师教务主任的陶行知毅然决定:将所有关于"教授法"的说法一律更名"教学法"。由于陶行知、郭秉文等在学界的声望和影响,更由于改得合理,符合教育的基本原理和客观实际,南高师的"标新立异"终于得到教育界的认可,"教学法"的提法便因此而风行全国。[①]

今天看来,当年陶行知力主将"教授法"更名为"教学法",看似一字之变,却彰显了教育哲学的天差地别!

其一,改变了传统的将教育视为"授受""施加影响"和"批量生产"过程的理念,将教育过程看作"教"与"学"互动、合一的过程。

其二,改变了教育诸要素中最重要的两大要素的地位与角色关系,由"教育者"和"受教育者"的关系变为"教"与"学"的关系,二者是平等的,各自独立又相互依存的。

其三,赋予"学生"和"学生发展"以前所未有的价值与意义,学生不再是从属、被动的角色,而成为教育过程关注的中心,成为教育发生发展的出发点与落脚点。学生的学习、学生的成长与发展成为教育的初衷和本意,教师必须围绕学生的成长与发展来设计教学活动,必须根据学生已有的基础与未来发展的需要与可能,来选择教学方法、组织教学内容、确定教学节奏,用陶行知的话说,就是"先生的责任在教学生学","先生教的法子必须根据学的法子"。

二、百年之功:跟上国际教育的发展趋势

从全球范围看,教育哲学的钟摆由"教"转向"学"已经有一百多年的历史。有学者追根溯源,认为最早提出"以学生为中心"这一概念的,是 1905 年撰写《三位历史性教育家:裴斯泰洛齐、福禄贝尔和赫尔伯特》的英国学者弗兰克·H.海沃德。后来,这一观点经美国教育哲学家杜威的阐发而在教育界产生更大影响[②]。

20 世纪初美国"新教育"和"进步教育"的领军人物杜威之所以被公认为"现代教育理论的代表",首先在于他对传统教育"课堂中心""教材中心""教师中

---

① 王德滋,龚放,冒荣等.南京大学百年史[M].南京:南京大学出版社,2002.

② O'Sullivan, M. (2003). The reconceptualisation of learner-centred approaches: A Nambian case study. International Journal of Educational Development. In Press.

心"的"旧三中心论"犀利透彻、鞭辟入里的批判。在杜威看来,传统教育最大的弊端,是严重忽视甚至完全无视学生(儿童)发展的需要与成长的规律,"学校的重心在儿童之外,在教师、在教科书以及你所高兴的任何地方,唯独不在儿童自己即时的本能和活动之中。"杜威认为,除旧布新、存利去弊的根本出路,在于教育重心的转移和教育立足点的转移。"这里,儿童变成了太阳,而教育的一切措施则围绕着他们转动;儿童是中心,教育措施便围绕着他们而组织起来。"杜威认为这是一场"和哥白尼把天文学的中心从地球转到太阳一样的那种革命"①。

很显然,杜威的这些思想深刻地影响了陶行知对教育目标、教育过程、教育特性和教育本质的认识。陶行知犹如普罗米修斯一样,将他在美国哥伦比亚大学留学时耳濡目染的杜威教育思想的精髓,将国际教育研究前沿的"火种"带回风雨如磐的中国。他在留学回国后到南京高等师范学校任教,一再提出将"教授法"改为"教学法"的动议,他的"教学合一"和"学生中心"思想,既脱胎于杜威的"儿童是太阳"和"新三中心论",同时,也凝结着他对教育,特别是对大学教育问题与症结的深刻认识和犀利分析。

陶行知的倡导和实践开启了中国教育哲学的转化与革新,钟摆开始由"教"朝"学"转向,使得中国大学教育跟上世界教育哲学发展的进程。尽管有过反复,有过曲折,甚至一度与国际高等教育发展潮流脱节和背离,但就总体而言,这一百年来,特别是新中国成立70年来,我国的教育研究和教育实践仍然跟上了国际发展的步伐。

20世纪60年代以后,美国人本主义心理学派的创始人卡尔·R.罗杰斯将自己在临床心理治疗领域首创的"患者中心疗法"理论,推广、移植到人类活动的其他领域中去,在教育领域倡导"以学生为中心"的教育观,不仅极大地冲击了传统的教育理念、学习理念,而且在全世界范围内引起了广泛的关注。他主张,学生的学习是一种经验学习,必须以学生经验的生长为中心,以学生的自发性与主动性为学习动机。因此,教育的目标是促进学生变化和使学生学会学习,培养学生成为能够适应变化和知道如何学习的、有独特人格特征而又充分发挥作用的"自由人"。罗杰斯强调,在达到这一目标的过程中,教师要贯彻"非指导性"教学的理论与策略,即教师要尊重学生、珍视学生,在感情上和思想上与学生产生共鸣;应像治疗者对来访者一样对学生产生同情式理解,从学生的内心深处了解学生的反应,敏感地意识到学生对教育与学习的看法;要信任学生,并同时感受到学生的信任,这样才会取得理想的教育效果②。

① 约翰·杜威.杜威教育论著选[M].赵祥麟、王承绪译.上海:华东师范大学出版社,1981.
② 车文博.人本主义心理学[M].杭州:浙江教育出版社,2003.

20 世纪 80 年代中期,美国和欧洲先后加快了高等教育的钟摆由"教"向"学"倾斜的节奏。

　　美国高质量高等教育研究小组 1984 年 10 月的研究报告《投身学习:发挥美国高等教育的潜力》提出:"学生投身学习"也许是美国改善本科教育"最重要的一条";而教授对大一新生的指导,则是"大学生教育中最薄弱的环节之一"。1986 年 5 月,卡内基教育和经济论坛的研究文本《国家为培养 21 世纪的教师作准备》更明确指出:"学校教学工作的中心必须从教转到学上来。学生应从被动地获得知识和一般技能转到积极地运用知识去解决问题,这种转移将提高而不是削弱教师的作用。"①值得注意的是,美国的学者和研究组织在推进由"教"转向"学"的进程时,仍然不忘记重申教师的角色和作用,防止弱化教师影响和地位。

　　在此同时,欧洲学者开始旗帜鲜明地主张"以学生为中心",但他们将其置于学生学习的框架之中。学者兰德(Brandes)和金尼斯(Ginnis)1986 年出版的《以学生为中心的学习指导》一书,首次提出"以学生为中心的学习"概念,并将这一概念解释为"学生要对计划课程负责或者至少对参与选择课程负责……学生应对自己的行为、参与和学习负有百分之百的责任"②。世纪之交,对"以学生为中心的学习"的概念理解有所拓展,如麦克赫默(MacHemer)就把"以学生为中心的学习"的含义解读为把学生放在中心地位的一种学和教的方法③。2009 年召开的鲁汶会议标志着欧盟官方正式接受"以学生为中心的学习"理念。会议发布的《鲁汶公报》"重申高等教育机构教学使命的重要性,以及目前正在进行的基于学习成果的课程改革的必要性。'以学生为中心的学习'要求赋予学生充分的自由,革新教与学的方法,建立有效的学习支持和指导体系,课程设计关注学生的需要等。"④国内有学者研究了欧洲学者的论著和博洛尼亚进程启动以来重要的官方文件,得出结论:当前,"以学生为中心的学习"已成为欧洲高等教育界的新话语,成为欧洲高等教育改革的核心命题⑤。

　　① 美国卡内基教育和经济论坛.国家为培养 21 世纪的教师作准备.吕达,周满生主编.当代外国教育改革著名文献·美国卷[M].北京:人民教育出版社,2004.

　　② Brandes D, Cinnis P. A Guide to Student Centred Learning[M]. Oxford:Blackwell,1986.

　　③ Mechemer P L, Crawford P. Student Perceptions of Active Learning in a Large Cross-Disciplinary Classroom[J]. Active Learning in Higher Education,2007,(1).

　　④ The Conference of European Ministers Responsible for Higher Education. The Bologna Process 2020—The European Higher Education Area in the New.

　　⑤ 刘海燕.以学生为中心的学习:欧洲高等教育教学改革的核心命题[J].教育研究,2018(8).

三、百年反思：坚持"学生为本"，更需"教师为要"

一百年后的今天，我们来看陶行知的教育哲学，仍然为其前卫、明晰的理念和深入浅出的阐释所折服。当然，需要反思的是，我们对教育、教学本质内涵及要素互动的理解，是否仍有深化与拓展的空间？我们对"教"与"学"角色互动和影响交互的认识，是否仍有深化和拓展的需要与可能？

（一）"以学生为中心"易生歧义，"学生为本"更准确科学

关于教育的基本构成要素，学术界众说不一。比较有代表性的有三要素、四要素、五要素甚至"六要素说"。南京师大教育系编的《教育学》"三要素说"，主张"教育活动的要素有教育者、受教育者和教育影响"；同样是"三要素说"，王道俊、王汉澜主编的《教育学》把教育活动的基本要素分为教育者、受教育者和教育措施；而陈桂生在其著作《教育原理》中把教育活动的要素分为教育主体、客体和教育资料；全国十二所重点师范大学联合编写的《教育学基础》则认为教育活动的基本要素包括教育者、学习者和教育影响。所以顾明远先生主编的《教育大辞典》对教育要素的定义就采用"三要素说"："教育要素是指构成教育活动的成分和决定教育发展的内在条件。就教育实践活动而言，其构成要素有：① 教育者，以其自身的活动来引起、促进受教育者的身心发生合乎目的的发展和变化；② 受教育者，以其接受教育影响后发生合乎目的的变化来体现教育过程的完成；③ 教育影响，是教育实践活动的手段，是置于教育者和受教育者之间并把它们联系起来的一切中介的总和，如教科书、教学方法、教育技术手段以及教学组织形式等。"①而有些学者专家将"三要素说"中的"教育影响"拆分为"教育内容和教育手段"，或者更进一步细分为"教育方法、教育内容和教育环境"，甚至加上一个"教育手段"，于是就形成了教育的"四要素说""五要素"甚至"六要素说"。

尽管众说纷纭，然而诸说都认同的两个要素，就是"教育者"和"受教育者"（或者称之为"客体""学习者"）。如同劳动者是生产力三要素中最重要、最有活力的要素一样，"教"和"学"其实是教育诸要素中最重要的不可或缺的两个因素。对此，德国学者卡尔·雅斯贝尔斯阐释毫不含糊："在考虑大学理念的时候，我们必须得考虑一下某些对于这个理念来说既是先决条件又是限制因素的

---

① 顾明远.教育大辞典[M].上海：上海教育出版社,1998.

事实。"而他首先关注的是"聚集到大学里来的人,他们的态度和能力"①。人的因素是雅斯贝尔斯在探讨教育特性和教育本质时最看重、最关注的。而学校教育中的"人"区分为两大群体——教师与学生。雅氏最为人所称道的一句名言就是:"一所大学的性格是由它们的教授们所决定的。"很显然,在雅斯贝尔斯看来,教授对大学而言是非同小可、举足轻重的。教授的水平与品位,决定着大学的水平与品位,教授的价值取向与理想追求,也左右着大学的取向与追求。当然,他还说过另一句名言:"大学生活对学生的仰仗并不少于教授。在一所学生资质不称的学校里,最好的教授都会举步维艰。"也就是说,学生的资质好坏、素养高下和需求强弱,也制约着教授与校长的理想追求与实践效能,让他们或者如鱼得水,或者举步维艰。

那么,在学校教育过程中最不可或缺的两个要素教师和学生之间,究竟孰轻孰重? 孰主孰从(或者"孰主数次")? 他们一定是相互对立、非此即彼的吗? 或者他们之间一定是此消彼长、你下我上吗? 我们否定了"教师中心说",就一定要将"学生中心说"捧上神坛吗? 时至今日,传统的把教师和学生分别视为教育的"主体"和"客体"已经差不多"OUT"了,那么笼统地把教师和学生看作教育的"双主体",能否自圆其说? 或者,仅仅将学生视作"主体"和"中心",就能万事大吉,就能无往而不胜?

是否需要把教育的过程看作"教授"与"学习"两个既相互区分而又相互衔接甚至交叉的环节? 教师应当是"教"的过程的主导者和设计者,而学生理应成为"学"("认知"或者用更时髦的提法"自我建构")的主体? 在陶行知看来,这一过程尽管可以拆分,但仍然可以"合一",也必须是"合一"的。其原因就在于,二者都应当服从于学生的情感发展和认知发展的真实需要,都必须统一于学生成人、成才的客观规律,而不是教育者仅仅从主观认知或者想当然的逻辑推演出发。教师的"教"引发、推进学生的"学",而学生的"学"既深化对"教"的认识和领悟,更有可能"触类旁通""融会贯通"甚至"豁然贯通"。

从整个教育的纵向过程看,不同阶段教师的主导作用和学生的主动性、独立性占比有所不同,就从小学、中学到大学,此消彼长,各有不同;即便在大学,大一、大二、大三和大四也不能等量齐观。其总的趋势是:教是为了不教。其总的原则是:教是为了学。

一百年前陶行知振聋发聩的呼吁和果断决绝的提议,其实是为了纠正多少年来人们对教育过程中最基本、最关键的两个要素——"教"与"学"的相互关系

① 卡尔·雅斯贝尔斯著.大学之理念[M].邱立波译.上海:上海人民出版社,2007.

建国70年高校教学改革的回顾与启示

与地位的偏见。而且,陶行知当年强调"教学合一"并主张"以学生为中心",完全是基于一个基本理念,即"教育者,乃为教养学生而设,全以学生为中心,故开办学校、聘请老师,无一非为学生也"。关键的一点是,陶行知所强调的"以学生为中心",是就办学者与教育者而言,他是在为多少年来被忽略甚至被无视的学生张目、发声,他是在对办学者、执教者喊话:尔等的所言所行,所思所虑,都必须以学生的发展与成长为中心,为学生而设,为学生而教,所有的目标设置、课程设计、内容安排、方法选择、环节衔接等,都必须为学生着想,替学生考虑,以学生为中心,以学生的发展与成长为出发点和立足点。就这个意义上可以说,20世纪90年代中期国家教委柳斌副主任曾经概括的三句话:"一切为了学生,为了一切学生,为了学生的一切。"可以说是得其真髓之见!

但是,很遗憾,在学习和理解陶行知的"教学合一"和"以学生为中心"的过程中,我们出现了诸多误解或曲解,一方面,将"以学生为中心"误读为学生为上,学生至上,一切由学生说了算,以学生的喜好、选择为准绳、为止规,从原来无视学生需求及可能的一个极端,走向无原则地迁就、迎合学生喜好的另一个极端。另一方面,也有意无意地削弱了教师的地位与作用,特别是未理解教师在落实和把握"以学生为中心"思想与原则过程中的关键作用和责任。这就导致了教育发展的两难现状,一方面,"以学生发展与成长为中心"的办学思想和教育教学改革思路往往仅仅停留在设想、规划、方案和口号阶段,远未变成现实的行动;另一方面,教师的地位与作用从来没有像今天这样被虚化或者矮化,如同有学者所指出的那样,行政主导,学生至上,"教师夹在两大强势群体中间——大张旗鼓地提及的以学生为中心和现实中存在的以行政为中心,可能会显得非常的渺小,非常的矮化"。① 我还要补充一句,教师会表现为非常的无为和无奈!

由此,我认为,"学生为本"的提法,似乎更加简洁,也更加准确和科学,更接近或契合陶行知的本意。因为它明确地宣告:只有学生的发展与成长,才是教育的初心和原委,才是办学的根本宗旨,才是教育者(教授)的使命所在和成功准绳。相对而言,"以学生为中心"则容易产生差异,容易导致误解,事实上也出现了"矮化"教师地位和"弱化"教师责任的消极现象。

教育部教育发展研究中心副主任马陆亭郑重提出,大学办学应当回到"以教师为中心"、为主轴的轨道,我认同他的阐释。但考虑到"以xx为中心"的表述同样可能产生歧义,导致误解,因此建议,是否可以双管齐下,将"学生为本"

---

① 马陆亭.大学应明确以教师为中心——对一种流行观念的反思[J].探索与争鸣,2017(8).

与"教师为要"相提并论,作为现代大学办学的两条基本原则,它们如同鸟之两翼、车之两轮,互为犄角、互为表里,不可或缺也不可偏废!

反思之二:"学生为本"离不开"教师为要"

强调学校教育,特别是大学教育必须坚持"学生为本",是说学生的成人成才,学生的认知发展与素质提高,才是教师的天职和使命,才是学校教育的本义和初心。对教授而言,他的成功绝非"自拉自唱"或"自我作秀",也不仅仅是自己学术的发展和研究的突进,他成功的标志首先是学生的成长与发展,是促进和引导学生尽快进入深化学习、认知与"自我建构"的阶段。对大学而言,培养和造就既能够自由、全面发展又能够适应社会发展、促进社会进步的千百万合格人才,是其基本功能和首要职责。大学本科教育和研究生教育的成功标志是:学生最终能够独立自主地发现、思考、研究和解决问题。

主张"教师为要",首先是说教师是办学最重要的资源,是真正的办学要素和"关键角色"。有了足够数量和高水平的教师,才可能办一流的教育,建设一流的大学。不仅因为教授的视野、品位和追求决定了大学的视野、品位和追求,同时也因为只有教授们真正把学生的发展与成长作为自己的天职和使命,愿意花时间和精力去了解学生、研究学生,把握不同个性和特质的学生发展的路径、节奏和方向,"学生为本"的办学理念和育人信条才能落到实处。诚如陶行知所言:先生的"教"应该和学生的"学"联络,先生"教"的成功和有效,取决于能否悉心研究"学"并"吃透"学生的"学"。"他所注意的中心点,从书本上移到学生身上来了。不像从前一样拿学生来配书本,现在是拿书本来配学生了……凡是学生需要的,他都拿来给他们。"而且,教授的责任在教学生学,不仅教授教的法子必须与学生的学相关联,必须根据学生的基础和需求而定,而且,教授的教应该和自己的学(研究)联络,"有了这样的联络,然后先生学生都能自得自动,都有机会找那无价的新理了。"①学生也能够被教授带到学问的前沿,掌握探究新知的方法和诀窍,能够"不教而学""自得自动"了。

我们赋以学生与教师平等并独立自主的地位,丝毫不意味着减轻了教师的负担与责任。布鲁贝克指出:"每一代大学生都是对教师才智的一个新挑战。"②其实,又何止才智呢? 每一代大学生都是对教授的学养、师德、才情与智慧的全新挑战。恰恰相反,被激发出求知欲望和创新意识、质疑批判精神的学生,会成为教授的"磨刀石"和"淬火石"。

---

① 陶行知.教学合一.1919年2月24日《时报》副刊《世界教育新思潮》。

② [美]约翰·S.布鲁贝克.高等教育哲学[M].王承绪等译.杭州:浙江教育出版社,1987.

青年学子的敏锐反应和"初生牛犊不怕虎"的诘难和质疑,足以成为挑战教授权威、考验教授智慧、磨砺教授锋芒的刀石,往往有助于教授打破思维定式、拓展新的思路。这双向的互动往往产生共鸣,相互的争辩往往激起具有"无限的可能性"的创新火花,使得师生交往臻于共同探险并共生、"创生"的理想境界。

反思之三:只有坚持"教师为要",方能真正落实"学生为本"

国际著名学者帕斯卡雷拉(E.Pascarella)、特伦兹尼(P.Terenzini)曾经在《大学怎样影响学生的发展》中提出了一个核心理念:"教学的质量高低、大学对学生所产生的影响,在很大程度上是由学生个体的学习努力程度和学习参与程度所决定的,卓越的大学应当把政策、管理、资源配置等落脚和围绕在鼓励学生更好地参与到学习中来。"[①]

事实上,教育之所以不同于工业生产中的铸造、加工和形塑,不同于养殖业的喂鸡、填鸭,就在于教育并非一个简单地"施加影响"或者"批量生产"的过程,学校教育所面对的是一个个有思想、有个性和不同兴趣爱好的活生生的人。他们对学习的认知与追求,他们对学习的投入程度和方法、路径,决定他们学习的进展与效能。在这个意义上说,高等教育质量就取决于学生投身学习的意愿,也取决于学生学习是否得法。前者决定学习的强度,后者决定学习的效度。

1984年10月美国高质量高等教育研究小组即以《投身学习:发挥美国高等教育的潜力》为题,并将"学生的学习和成长能够达到最大限度"作为"高质量"的诠释。"我们的目标必须是充分发挥个人的才能……我们希望并且帮助所有的学生最大限度地发挥他们的能力。"[②]

那么,学生如何才能做到"投身学习"和"学而不厌"呢?

孔夫子将"学而不厌"与"诲人不倦"二者并举。他本意是在陈述一位君子、学人励学敦行、修身养性的两个重要环节。但他同时也揭示了"教"的不倦与学的不厌之间的关联。大学生要做到"学而不厌",离不开教授的"诲人不倦"。换言之,学生的"投身学习",有赖于教授的"献身教书育人"。

因为学生对大学教育真谛的领悟,离不开教授的点拨;学生对学科专业的理解和兴趣养成,离不开教授的引导或敲打;学生对既有知识的学习、批判与反

---

① E.T.Pascarella & P.T. Terenzini, How College Affects Students: A Third Decade of Research[M], San Francisco: Jossey-Bass Publishers, 2005, P.602.

② 美国高质量教育委员会.国家处在危险之中:教育改革势在必行.吕达,周满生主编.当代外国教育改革著名文献·美国卷[M].北京:人民教育出版社,2004.

思,创新思维的形成,以及专研方法的掌握,更需要教师的示范、指点和激励。

我试举四例,加以说明——

其一,唐睿康:从"逃离化学"到"深爱化学"

长江学者、浙江大学生物矿化与生物材料学科带头人唐睿康,1991 年进入南京大学基础学科强化部学习。由于"审美疲劳",中学时就获得化学奥林匹克金奖的唐睿康进入南大后曾经两次想要"逃离化学"。后来唐睿康自己在《我与化学的不解之缘》中动情地说:"……很幸运的是,我在一所好大学里遇到了很多好老师,他们将有点自以为是但事实上又是无知的我引入到化学这个奇妙的世界中……老师根据我的实际情况让我离开课堂进入实验室接触科学研究。那时候的我才拨开了通往化学世界的一条小门缝,发现这并不是个'古老而狭隘'的房间,而是一片支撑人类发展的广阔天空。我的科学研究是从表面活性剂起步的,但这个方向是硬性分配的……随着研究的开展,我逐渐意识到这么一个简单和无聊的化学研究课题其实充满了太多的神奇!"①

南大化学系丁漪等教授通过严厉批评、"硬性分配"和探究引路等多管齐下,终于使得"学而生厌"并想"逃离化学"的唐睿康回心转意并"深爱化学"、投身化学,成长为开辟我国生物矿化新前沿的领军人物。

其二,季理真:从高考数学"垫底"到数学教授

谁也没想到,当代国际知名数学家季理真当年的高考数学成绩居然垫底!1980 年季理真参加高考,因为色弱限考,最后被杭州大学的数学专业录取。除了英语,季理真的数学成绩是其他科目中考得最差的,而且"杭大数学系 80 级 120 多位学生中,我的数学分数是最低的"。"值得庆幸的是,大一时我遇见了微积分老师沈康身,他影响了我一生。他是一位精通古代数学史的数学家,他认真地订正我的作业,经常表扬我……我备受鼓舞,学习更加努力,成绩也不断进步。年底系里组织数学竞赛,我拿了第一名,这太令人兴奋了。"②他不断蝉联第一。1985 年,季理真先后赴美国加州大学圣地亚哥分校和东北大学读博,师从数学大师丘成桐攻博。"能跟丘教授学习是非常幸运的,他对我的数学和生活有着非常大的影响。"像一首歌中所唱的那样,"多少年后我就成了你"。后来季理真成为美国密歇根大学数学系教授,在几何、拓扑及数论等主流学科的交叉融合领域有所建树,曾荣获 P.Sloan 研究奖、Simons 奖等,从 2002 年起他兼任

---

① 唐睿康.我与化学的不解之缘.http://www.news.zju.edu.cn/news.php? id=32634.
② 易蓉蓉.季理真:追求真爱的数学人[N].科学时报,2009-3-18.

浙江大学数学科学研究中心光彪特聘教授。

我们在感叹国际数学大师丘成桐"强将手下无弱兵"之前,难道不应首先为沈康身教授喝彩点赞吗? 正是他的"诲人不倦"、循循善诱,最终点化顽石成为金,让一个数学"垫底"的差生后来居上,发展成长为当代数学名家。

其三,龚昌德:"激情四射的热运动"

2012年7月21日,南京大学举行龚昌德院士从教六十周年庆典时,国家微结构实验室主任、中科院院士邢定钰教授深情地回忆说:"本科期间龚昌德先生讲'热运动'时,一整堂课就是龚先生本人的'热运动',他时而台上,时而台下,模仿分子热运动,向教室的墙壁撞去⋯⋯这样的讲解使学生们印象深刻,终生难忘。"①十多年后邢定钰有机会参加"文革"后首次研究生考试,脑海中油然而生的,依然是龚先生"激情四射的教学"的"热运动"神态!

龚昌德教授对本科教学如此投入,如此"入戏",以至于他的教学神情与体态,让昔日的学生时隔多年仍然清晰如昨。龚先生在热力学乃至物理学领域的造诣与建树,更如同前进路上的标杆一样,影响了学生专业定向甚至人生道路的选择!

其四,杨振宁:专业改向牵动中美三位名教授

2005年杨振宁教授访问南大时,曾经召开过一个小型座谈会,我有幸参加,亲耳聆听杨教授讲述他当年专业改向的痛苦与幸运。20世纪40年代是实验物理学大行其道、极其火爆的岁月,杨振宁赴美留学时,也下决心要做一个优秀的实验物理学家。但他的动手能力实在"让人不敢恭维"。所以芝加哥大学物理实验室众所皆知:"凡是有爆炸声的地方,一定有杨振宁。"被誉为"氢弹之父"的泰勒教授观察杨振宁多日,郑重建议杨振宁发挥特长,转向理论物理研究:"不必坚持一定要写一篇实验论文,你已经写了一篇理论论文,我建议你把它充实一下作为博士论文,我可以做你的导师。"

几乎在同时,远在中国清华大学的赵忠尧和王竹溪两位教授也为杨振宁的研究改向而联名给校长梅贻琦写信:"⋯⋯以目前美国情形,高电压实验较难进行,可否略予变通,以应时宜。查高电压实验之目的,在研究原子核物理。杨君对原子核物理之理论,尚有门径,赴美深造,适得其时。"②

---

① http://news.nju.edu.cn/show.php? id=27859.

② 尺素情怀——清华学人手札展.http://www.artmuseum.tsinghua.edu.cn/cpsj/zlxx/zlhg/201710/t20171023.

杨振宁钟爱实验物理但最终改学理论物理的故事，因为有幸聆听杨振宁教授自己的回忆而印象尤其深刻，我曾经多次在学术报告或文章中引述这个事例。2016 年通过清华学人手札展看到与之相关的赵、王两位教授给校长梅贻琦的手札，尺素深情，更加令人感佩！第一，即便像杨振宁这样的科学奇才，其禀赋和能力出众但在不同领域、方向也有高下之分，在专业方向选择时也需要教师的点拨。第二，只有那些与学生联系密切而又关心甚切的老师，才能对学生禀赋才能的长短优劣了然在胸，对其未来发展的指导才如此中肯剀切！擅长实验的赵忠尧是杨振宁在西南联大读本科时的"普通物理学"老师，统计物理权威王竹溪则是杨振宁的硕士论文导师，他们对这位学生的关注和关爱，居然从本科阶段一直延伸到他出国深造和攻博阶段。而他们对学生才能、学识和禀赋的全面、深入的了解，也为指导杨振宁扬长避短、卓然成才提供了坚实的基础。美国"氢弹之父"泰勒教授，清华的赵、王两位著名教授和梅贻琦校长，以不同范式介入了杨振宁学科专业领域转换的过程，成就了这位诺贝尔物理学奖获得者的学术与人生，给我们留下了大学教育史上一段佳话！它无可置疑地验证了习近平总书记的一个判断："一个人遇到好老师是人生的幸运……"同时也昭示了一条办学的铁律：只有教授潜心教学，才有学生投身学习；而学生的"学而不厌"，完全仰赖于教授的"诲人不倦"！

　　不见大师久矣！我们今天面临的现实是：不仅大学教学的漂移现象日趋严重，而且教授"心不在焉"和"神不守舍"的比重日见增加，我们很难找到我前面例证中像龚昌德、沈康身、泰勒、赵忠尧和王竹溪那样钟爱教育、关注学生和潜心教学的好老师！我们的问题是，忽视教师在办大学与教育教学过程中的关键作用与首要地位久矣！不恰当地理解"学生为中心"和忘怀"教师为要"久矣！

　　我们是否应当大声疾呼："魂兮归来！"我们能不能逆势而上，重振"教师为要""学生为本"的雄风？在纪念陶行知改"教授法"为"教学法"100 周年的今天，在回顾和总结共和国大学教育 70 年成就和教训的今天，我们需要直面现实，回答挑战！

我国会计学专业教学改革 20 年：
研究热点、特征及趋势

——基于 CiteSpace 知识图谱的可视化分析①

吴丽君　陈建明　赵红梅　马慧敏　戴理达　戴　昕②

一、引　言

　　会计是经济的重要组成部分,会计学科在社会科学领域占据着举足轻重的地位③。会计学专业肩负着为国家培养高技能和高素质会计人才的重任,教学改革和研究是提高人才培养质量的重要途径。在一定时期会计学专业教学改革进展缓慢,直至 2001 年我国正式加入 WTO,经济融入国际经济体系,会计环境随之发生了根本性的变化,会计行业充满了新的挑战,对高素质会计专业人才的渴求愈发强烈④,会计学专业教学改革的研究开始步入快车道。2012 年教育部印发了《国家教育事业发展第十二个五年规划》,指出要提高人才培养质量和落实教学改革等重大举措,高校教师对于教学改革的研究开始加速。2017 年国务院印发《国家教育事业发展第十三个五年规划》,指出要深化本科教育教学改革,加大对课程建设、教学改革的常态化投入,全面提升高等学校教学水平,进一步体现了对高等教育教学改革的高度重视。2018 年"新时代高教 40 条"中指出要围绕激发学生学习兴趣和潜能深化教学改革,改革教学管理制度,推动课堂教学革命,将教学改革的重要性推向了一个新的台阶。

　　然而会计学专业的教学改革如何改？向何处去？具体如何实施等系列问题一直困扰着广大高校教务管理部门和一线教师。只有理清来时的路,才能更

---

　　①　基金项目:江苏省现代教育技术研究课题(2017 - R - 54875)。

　　②　作者简介:吴丽君,女,徐州工程学院副教授,主要研究方向为财务管理理论与实务。

　　③　王君,卢章平. 近 5 年我国会计学研究热点可视化分析[J]. 会计之友(中旬刊),2010(10):105 - 108.

　　④　戴月娥. 加入 WTO 呼唤高素质会计专业人才[J]. 能源技术经济,2000(4):59 - 61.

好把握未来的方向。对 20 年来学者的研究成果进行梳理,从中提炼出具有指导意义的信息至关重要。然而,尚无文献对会计学专业教学改革的作者、机构、关键词、研究热点、可能的研究方向等进行可视化的深入分析。大数据时代的到来为学者们进行深层次的信息挖掘提供了便利,将文献计量学应用到浩瀚的文献信息中,绘制科学知识图谱并实现知识可视化,从而直观揭示科学知识的研究热点、发展趋势和演进历程,探究学科之间的相互影响关系①,已经成为某一领域主题进行文献分析的主要手段。科学知识图谱的应用使研究结果更加直观和客观,有效避免了传统文献研究在大量文献中的迷失和主观判断的偏颇②。目前知识图谱分析软件已有十几种,其中 CiteSpace 更侧重于分析学科研究前沿的演变趋势,功能比较完善,可以凸显核心项目。基于各大中英文数据库利用 CiteSpace 软件对某一研究主题进行文献可视化研究已成为国内外学者研究的热点③,在计算机科学、信息科学、科技、教育及农业等 60 多个领域得到广泛应用④。

基于上述分析,本文借助 CiteSpace 可视化分析软件和文献计量方法,对会计学专业教学改革自 1999 年以来 20 年的文献进行梳理和信息挖掘,通过绘制知识图谱揭示教学改革研究中的主题脉络、热点、特征、演进规律及发展趋势,旨在为会计学专业教学改革的研究提供科学的参考依据,助推教学改革的纵深研究。

二、研究设计

(一) 数据来源及处理

本文数据源自世界上最大的连续动态更新的中国学术期刊全文数据库——中国知网(CNKI)数据库,全文文献总量 5 400 万篇。相比专著和研究报告等文献,期刊具有研究报道的及时性、连续性和新颖性等特点,因此文中文献

---

① 胡泽文,孙建军,武夷山.国内知识图谱应用研究综述[J].图书情报工作,2013,57(3):131 - 137.

② 王恩军,李如密.高等教育质量研究十年:研究热点、趋势与前沿——基于知识图谱的可视化分析[J].现代大学教育,2016(05):71 - 79.

③ 黎怡姗,吴大放,刘艳艳.耕地生态风险评价研究热点与趋势—基于 CiteSpace 可视化分析[J].农业资源与环境学报,2019,36(4):502 - 512.

④ 张良,袁梅.改革开放以来民族教育信息化研究的热点与脉络演进—基于 CiteSpace 知识图谱软件的量化分析[J].民族教育研究,2018,29(06):39 - 47.

来源界定为期刊。以"会计学专业教学改革"为主题,采用高级检索功能进行文献检索。综合考虑教学研究论文在 SCI、EI、CSSCI 来源期刊及核心期刊上发表的难度和文章质量,将来源类别限定为全部期刊,但剔除学术影响力较小即总被引频次为 0 的文献①。时间跨度设定为 1999—2018 年(数据采集时间为 2019年 8 月 17 日),共计 20 年(考虑年度数据完整性,2019 年度文献不用),共检索出相关文献 1 812 条。对检索出的文献进一步梳理,采用"在结果中检索"不断剔除含非会计专业、中职、职高等条目并人工剔除非研究类的文献后,剩余文献1 076 条,以 Refworks 格式导出作为研究分析样本,最后采用 CiteSpace 软件进行可视化研究分析。

(二) 研究工具及方法

本文借助 CiteSpace 5.3.R4 软件对数据进行知识图谱分析。CiteSpace 是由美国德雷克塞尔大学华裔学者陈超美教授在科学计量学、数据可视化背景下基于 Java 语言开发的一款科学文献数据挖掘和可视化分析软件,通过大数据分析蕴含的潜在知识,以可视化图形的形式呈现出科学知识的结构、规律和分布情况②。Cite Space 可以进行作者、机构或者国家的合作网络分析;主题、关键词或 WoS 分类的共现分析;文献的共被引分析、作者的共被引分析以及期刊的共被引分析;文献的耦合分析等。通过提取和汇聚信息间的关联特征全面揭示某一知识领域的主题脉络、发展趋势的动态演进、研究热点及转折点,亦可采用突变检测捕捉热点主题和学术前沿③。

文中主要采用关键词共现分析、聚类分析和内容分析法对会计学专业教学改革的研究现状、热点及演进特征进行探讨。关键词共现是指多个关键词出现同一篇文献中的现象,可用于揭示和研究某领域关注点间的网络关系。关键词之间的共现关系和强度,是分析研究热点和发展动态的重要依据。具体操作中通过节点大小反映主题、关键词或者领域的频次。聚类分析是对指标进行分类的一种多元统计分析方法,在软件中主要采用特征提取算法将特征明显的关键词进行分类。文献计量分析方法并不能分析文献自身的具体内容,因此不足以

---

① 韩维栋,薛秦芬,王丽珍.挖掘高被引论文有利于提高科技期刊的学术影响力[J].中国科技期刊研究,2010,21(4):514-518.

② Lin Z, Wu C, Hong W. Visualization analysis of ecological assets/values research by knowledge mapping[J]. Acta Ecologica Sinica, 2015, 35(5):142-154.

③ 孙威,毛凌潇.基于 CiteSpace 方法的京津冀协同发展研究演化[J].地理学报,2018,73(12):114-127.

全面反映所研究对象的本质特征和发展趋势①。基于此,增加内容分析法来分析研究对象的潜性和隐含信息,进而全面把握研究对象的性质和特征。

CiteSpace 软件运行参数设置如下:时间区间为 1999—2018,时间切片设置为 1 年,文本处理功能设置为默认,选择关键词突变检测(Burst Terms),节点类型分别选择作者、机构和关键词共被引,分析数据阈值设置为 TopN10,Thresholding(C、CC、CCV)值默认,网络连线强度采用 Cosine 算法,使用"寻径网络""修剪切片网""合并网"修剪图谱网络,采用关键词提取和对数似然率算法(LLR)进行聚类命名。

三、文献特征分析

(一) 文献数量特征分析

图 1 为会计学专业教学改革研究文献出版数量及增量时间分布图(1999—2018 年度)。可以看出,20 年来该领域研究总体呈增长趋势,可分为三个阶段:① 2003 年前,低速平稳增长阶段。研究文献数量较少,说明对于该领域的研究尚未引起重视。② 2004—2008 年,缓慢增长阶段。研究文献逐渐增多,这是由于 2001 年 12 月中国正式加入 WTO,新的经济形势下会计教育必须适应世界经济一体化的大趋势,会计教育教学改革势在必行②。2006 年底财政部关于印发《企业会计准则应用指南》,新会计准则的实施为会计专业相关理论的研究提供了依据,教学改革也随之进行。③ 2009—2018 年,快速增长阶段。研究成果丰硕,峰值出现在 2016 年,共计 133 篇,相比 1999 年增长 40 余倍,充分说明近10 年会计专业教学改革研究热情空前高涨。分析认为,主要由于 2012 年《国家教育事业发展第十二个五年规划》的出台和实施;2014 企业会计准则的大规模修订;2015 年以后翻转课堂、慕课、微课、"互联网＋"等新兴教学手段的不断涌现;2016 年我国正式成为工程教育专业认证《华盛顿协议》会员,2017 年《国家教育事业发展第十三个五年规划》的实施,2018 年教育部《教育信息化 2.0 行动计划》及"新时代高教 40 条"等文件的颁布和实施。国家层面对于高等教育质量的重视促进了高校及教师对于教学改革研究的深度和广度加大。2018 年发

---

① 胡亦武,杨康.我国农民工问题研究 40 年:脉络、特征与趋势——基于 CiteSpace V 的可视化研究[J].华南理工大学学报(社会科学版),2019,21(4):100 - 110.

② 张金贵.我国加入 WTO 对会计的新要求[J].江苏科技大学学报(社会科学版),2001,1(3):53 - 57.

文量下降是由于期刊发表的滞后性,即 2018 年发表的文献被引用至少是 2019 年以后才能体现出来。

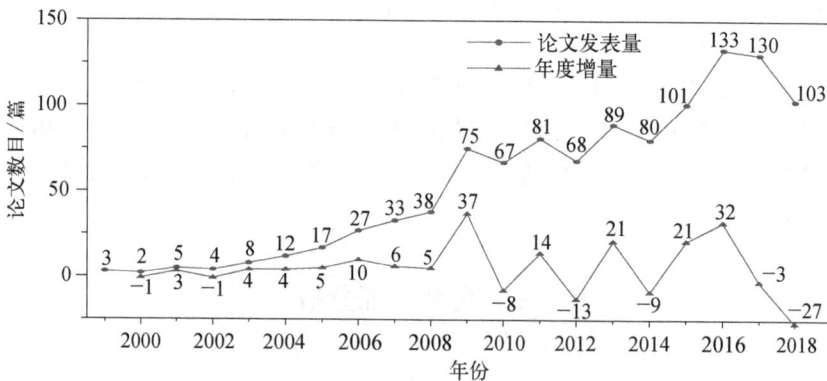

图 1　会计学专业教学改革研究文献出版数量及增量时间分布图(1999—2018 年)

(二) 文献分布特征及高被引文献分析

统计表明,样本文献被引次数前 10 位中获得国家社科基金资助的文献仅有 3 篇,其余均为各省教育厅项目资助,高水平项目资助率较低。全部文献中在中文社会科学索引和核心期刊上发文仅 80 篇,整体发文期刊层次偏低,代表性期刊缺位,研究水平和质量需要提升。图 2 为作者及研究机构共现分析图谱,图中节点表示作者或研究机构,连线代表作者间或机构间的合作关系。节点大小(或字号大小)与作者或机构发文量呈正相关,连线粗细代表两者之间的合作关系强度,节点颜色由冷到暖代表发文时间由远及近。可以看出,作者连载数量仅有 2 个,表明仅有两组作者之间存在合作关系,合作程度较低。其中朱燕群个人发文量最多,梳理朱燕群文献发现高职院校、会计专业、会计实训、教学改革、翻转课堂等构成其发文主题,呈现了会计学专业教学改革的部分热点。研究机构共现图谱显示各节点间无连线,网络聚类信度较差,说明会计学教学改革领域尚未形成跨机构合作研究,学术交流亟待加强。同时可看出湖南财经工业职业技术学院、江西理工大学应用科学学院、山东商务职业学院、湖南理工职业技术学院等机构是会计学教学改革研究领域的热点机构,但本科层次院校参与较少。表 1 为 1999—2018 年前 10 篇高被引文献,梳理高被引文献能够反映该领域当前的研究基础,可以看出研究主要集中在人才培养模式改革(如文献 1、4、5、7 和 10)、实践教学改革(如文献 2、6、8 和 9)和课程改革(如文献 3、5 和 8),基本上涵盖了宏观的顶层设计到微观具体实施路径。部分文献虽不是核心期刊,但获得了较高的引用率,主要在于文章的选题切中当前的研究热点(如文献 8)。综合分析,该领域本科院校的参与度需要提升,具有会计学二级学科国家重点学科或会计学国家特色专业的著名高校的引领示范作用并未发挥,研究群体和研究机构间的合作与交流亟须加强,发文期刊群松散、权威性期刊缺位,研究深度和广度有待提升。

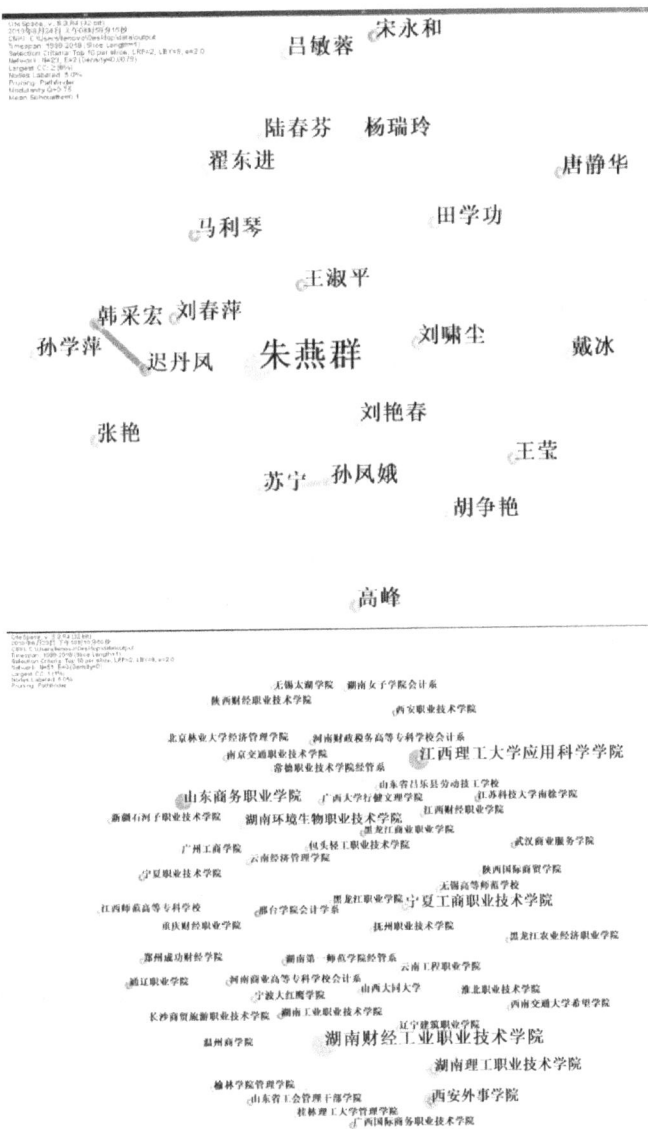

图 2 作者及研究机构共现分析图谱

表 1　1999—2018 年前 10 篇高被引文献

序号	篇名	作者	刊名	发表时间	被引次数
1	我国高校会计人才培养模式研究——基于美国十所高校会计学教育的实地调研	何玉润；李晓慧	会计研究	2013	150
2	现代职业教育背景下会计技能教学改革与创新	李芸达；陈国平；范丽红；费金华	会计研究	2015	136
3	"翻转课堂"下"基础会计"课程的教学改革	齐励；康乐；	教育与职业	2014	49
4	当前我国高职院校会计专业人才培养模式的研究视阈	范莹莹；刘峥	经济研究导刊	2011	32
5	基于应用型人才培养的《中级财务会计》课程教学改革探索	薛静	财会通讯	2011	31
6	加强会计实践教学 提高人才培养质量	于阳	无锡教育学院学报	2005	31
7	应用型人才培养模式下的"管理会计"课程教学方法改革	张云娜	教育与职业	2015	30
8	翻转课堂的微课程改革在实训课程教学中的实证研究——以高职院校会计电算化实训课程为例	李爱红	河南财政税务高等专科学校学报	2013	30
9	职业技能竞赛对优化会计专业教学改革的影响及作用研究	杨奇；王媚莎；李庭华	经济研究导刊	2012	30
10	创新人才培养模式下的高职会计教学改革	向新梅；徐培江	教育与职业	2014	27

根据中国知网(CNKI)数据整理。

四、会计学专业教学改革研究热点、演化路径及趋势

(一)基于关键词共现的研究热点分析

图 3 为会计学专业教学改革研究的关键词共现图谱(1999—2018 年),表 2

为频次前 20 位的高频关键词及中心性。关键词是对某一研究主题的高度概括,建立高频关键词共现网络知识图谱可以分析该领域的主研究热点和研究进展,中心性反映节点在网络中的地位,是连接两个不同领域的关键枢纽,中心性大于 0.1 时表明该节点在知识结构演变中处于核心地位且扮演着重要角色。Modularity 和 Silhouette 两参数用来判定聚类效果[1],Modularity 取值介于 0 和 1 之间,越大表明聚类效果越好,大于 0.3 时聚类显著,Silhouette 评估网络同质性,越接近 1 说明同质性越好,大于 0.7 时,聚类信度较高。本研究中图谱共有网络节点 51 个,连载数量 57 个,网络密度为 0.044 7,Modularity 和 Silhouette 两参数值分别为 0.693 6 和 0.885 6,充分说明关键词共现网络连接紧密,社团结构显著,聚类信度高。图中节点大小代表关键词出现的频次,连线粗细代表关键词共现关系强度,颜色由冷到暖代表时间由远及近,可以体现该领域的研究动向。近 20 年来学者对于教学改革领域研究的议题较多,主要集中在教学改革会计专业、会计电算化、高职院校、高职教育、管理会计、基础会计、成本会计、实践教学、会计信息化、翻转课堂等。"高职"属性关键词频繁出现是由于高职院校的参与度较高,印证了前述分析。结合图 3 和表 2 可以看出,教学改革、会计专业、会计教学、会计电算化、管理会计等 20 个热点词构成了会计学专业教学改革的主要知识网络,频次为 1 950 次,占所有关键词总频次的 85.1%,基本表征出了该领域近年来的研究重点和热点。其中互联网+,现代职业教育和翻转课堂等连线颜色呈橘黄色暖色调,表明这些关键主题正成为当前的研究热点。教学改革、会计教学、会计电算化、会计教育连线较粗且为冷色调,表明它们之间在先前研究中有较强的共现关系。会计技能、现代职业教育、创新、互联网+连线稍粗但为暖色调,说明它们之间是近两年刚形成的较强的共现关系。以关键词的大节点为中心,周围通常会聚集相近主题的小节点,从而构成关键词聚类,会计学专业教学改革研究的关键词聚类图谱见图 3。聚类后从♯0 开始编号,聚类规模越大,包含的成员数越多,则编号越小。可以看出本领域共形成教学改革、基础会计、会计专业、管理会计、实践教学、会计、会计技能和高校等八大研究聚类,代表了我国目前会计学专业教学改革研究的热点。以♯0 聚类为例,热点关键词会计教育、会计电算化、会计信息化、成本会计、会计实训、翻转课堂、会计信息系统等共同聚类成教学改革大类。以聚类♯6 为例,会计技能、创新、现代职业教育、职业教育共同构成了聚类会计技能大类。结合图 3、图 4 和表 2,可将会计学专业教学改革的研究热点分为四条主题脉络。脉络一:"教学改革—会计教学—会计电算

---

① 陈悦,陈超美,刘则渊.CiteSpace 知识图谱的方法论功能[J].科学学研究,2015,33(2):242-253.

建国 70 年高校教学改革的回顾与启示

化—会计信息化—互联网＋"。脉络二:"会计人才—高职高专—基础会计—课程—实践"。脉络三:"会计教育—教学改革—管理会计—能力培养"。脉络四:"会计技能—职业教育—创新—现代职业教育"。

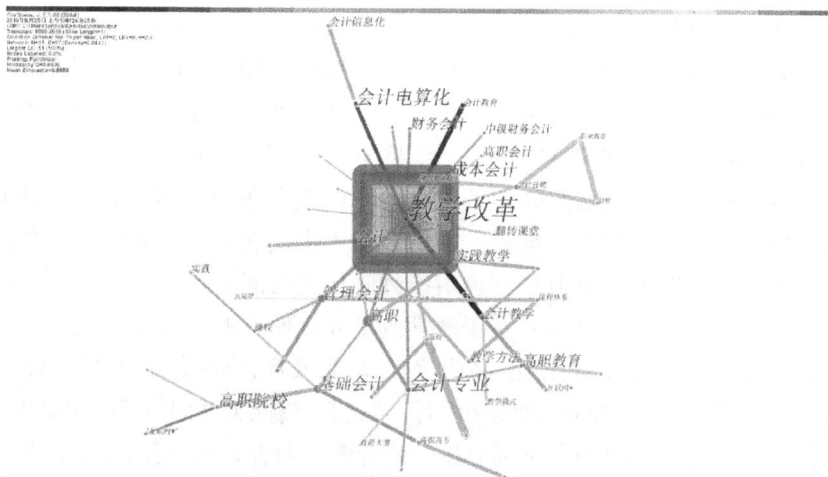

图3 会计学专业教学改革研究的关键词共现图谱(1999—2018年)

表2 频次前20位的高频关键词及中心性

序号	关键词	频次	中心性	序号	关键词	频次	中心性
1	教学改革	1039	0.67	11	实践教学	36	0.41
2	会计专业	148	0.08	12	会计教学	35	0.22
3	会计电算化	108	0.25	13	财务会计	36	0.11
4	高职院校	82	0.17	14	高职会计	26	0.02
5	管理会计	68	0.89	15	教学方法	23	0.23
6	基础会计	67	0.36	16	中级财务会计	22	0.00
7	成本会计	55	0.08	17	会计信息化	19	0.17
8	高职	50	0.22	18	翻转课堂	16	0.04
9	高职教育	49	0.20	19	实践	14	0.20
10	会计	43	0.29	20	创新	14	0.15

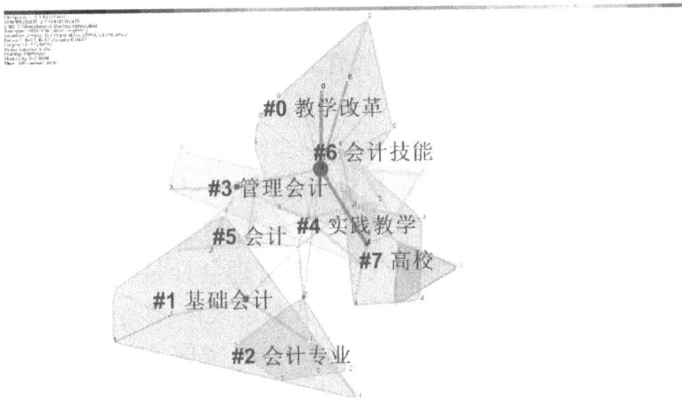

图 4　会计学专业教学改革研究的关键词聚类图谱

(二) 基于时间线图的研究热点演变趋势分析

为掌握关键词所代表的研究热点随时间的动态演进路径,探究聚类所反映研究领域的时间特征以及热点关键词研究的兴起、繁荣及衰落过程,基于关键词共现网络采用时区(Time line)功能绘制研究热点演进路线如图 5 所示。相同聚类的文献放置在同一水平线上,时间从左到右由远及近,同一聚类中文献数量反映了该聚类领域研究成果的丰硕程度和重要性。可以看出 20 年来所有研究热点的演进全部都是基于会计学专业教学改革展开,不同时期不同的研究热点承担着各自的改革重任。随着国家政策的调整,部分研究热点已经逐渐没落,部分研究热点被进一步延拓,研究与政策之间表现出良好的互动性。以时间为经,聚类为纬,分析如下:

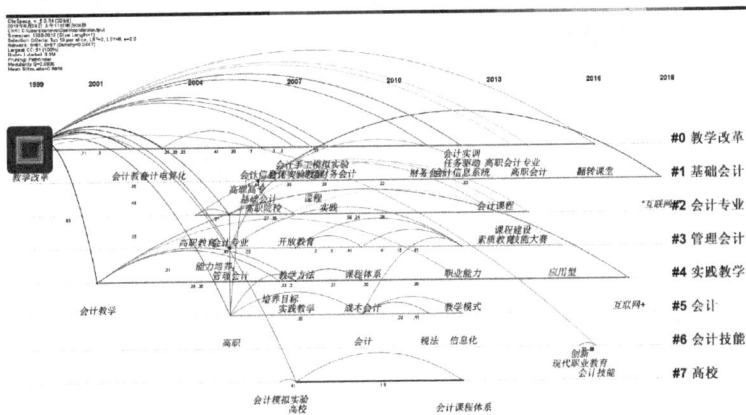

图 5　研究热点演进路线

建国 70 年高校教学改革的回顾与启示

61

（1）2003 年之前，聚类＃0 教学改革和＃4 会计教学先后出现，并一直延续。研究热点主要在会计教学、会计教育和会计电算化方面，研究主题相对单一，发文量也较少。会计电算化方面的研究绝大多数集中在高职高专院校，这与高职高专的人才培养定位高度契合。

（2）2004—2007 年其余聚类依次全部出现，研究主题逐步丰富，发文量渐增。研究热点主要集中在基础会计、管理会计、高职高专、实践教学、教学方法、人才培养及会计信息化等方面。基础会计和管理会计是会计学专业的核心课程，围绕两门课程进行了课程体系建设、实践教学改革、教学方法改革以及培养目标优化等研究。2006 年 5 月《2006—2020 年国家信息化发展战略》发布，使得上一阶段期会计电算化的研究热点逐步转向会计信息化研究。此外，"高职高专"及"高职教育"等具有"高职"属性的关键词成为本阶段的一大亮点和热点，这主要得益于 2006 年 6 月国家《现代职业教育体系建设规划（2014—2020年）》的出台，明确了高职院校的地位，加快了高等职业学校改革步伐，高职教育迎来了春天，该阶段文献表明高职院校对人才培养的定位更加明确——以培养应用技能型人才为主。

（3）2008—2014 年无新的聚类出现，研究依然停留在前述聚类主题上，但研究内容呈现精细化和衍生化趋势，发文量急剧增加。课程体系建设更加完善，新的教学模式层出不穷，更加实用的教学方法脱颖而出。现代化企业对于人才的渴求使得学术界对学生职业能力和素质教育的讨论进入深水区。《国家中长期人才发展规划纲要（2010—2020 年）》《会计行业中长期人才发展规划（2010—2020 年）》的相继发布助推了这一进程。

（4）2015—2018 年，在大数据、"互联网＋"、新一代人工智能等国家重大战略背景下，翻转课堂、应用型、现代职业教育、"互联网＋"和创新等热点词崭露头角，会计学专业教学改革的新方向呼之欲出。2015 年 10 月教育部等三部门联合印发的《关于引导部分地方普通本科高校向应用型转变的指导意见》及2017 年国务院发布《国家教育事业发展"十三五"规划》，均提到将推动具备条件的普通本科高校向应用型院校转变，高等教育结构性调整时代已经到来，"应用型"成为关键热点词实属必然。在《现代职业教育体系建设规划（2014—2020年）》实施期间，学者已经认识到会计学专业教学必须突出职业性[1]，强调能力本位的职业教育成为会计人员适应知识更新和学会快速学习的重要途径[2]，2019年《国家职业教育改革实施方案》的出台对会计学专业在现代职业教育方面的

---

① 王桂云，谷振海.职业技术教育会计教学应突出职业性[J].教育与职业，2009(21):96-97.

② 倪爱东.能力本位下的会计职业教育研究[J].教育与职业，2012(09):142-143.

影响将会进一步增强。2018 年教育部《教育信息化 2.0 行动计划》的出台助推"互联网＋"从民间研究走向了国家战略,会计学专业教学改革从浅层融合应用向深度创新发展转变已是大势所趋,"互联网＋"条件下的会计学专业人才培养新模式构建将会逐步增多,"互联网＋会计"时代已经来临。此外,借助"互联网＋"的东风,翻转课堂的研究进一步深化和丰富。但同时也应看出该阶段网络节点分散且分支较多,文献量集中爆发但主题内容发散,说明了当前会计学专业教学改革领域的复杂性。

(三) 基于突变检测的研究前沿分析

关键词突变检测是表征某一时间段文献中突现的关键词,其突变强度在一定程度上反映了所属议题的被关注程度[①],以此可以确定未来的发展趋势和研究前沿[②]。通过突变检测,梳理出突变率最高的 8 个关键词,如图 6 所示。图中 Strength,Begin,End 分别表示突变强度,关键词开始年份,关键词结束年份。可以看出,"教学改革"突变强度最大,且持续时间较长,说明教学改革在长时间内受到学者的重视,同时学者们开始关注会计教育。此后,作为会计学专业基础课程的"基础会计"和核心课程的"中级财务会计"的教学改革开始引起学者的高度重视,"基础会计"课程主要学习会计的基本方法和理论,而"中级财务会计"是对前者的延伸,两门课程融会贯通是学好本专业知识的关键。在一段时期内企业对于毕业生过高的期望与毕业生实践动手能力不足形成了强烈反差,随着《国家教育事业发展第十二个五年规划》和《现代职业教育体系建设规划(2014—2020 年)》实施,扩大应用型和技能型人才培养比例成为地方高校的主要任务,实践教学和学生实践动手能力的培养越来越得到社会和教育界的关注。因此,以"技能大赛"为基石的"会计技能"培养的重要性日益凸显,以"全国大学生会计信息化技能大赛"为代表的高水平赛事得到了政府、高校和企业的共同认可,"以赛促学,以赛促教,以赛促就业"的人才培养模式在全国各层次高校普遍推广。教学过程与企业工作过程,教学内容与岗位能力要求形成了深度对接,培养了大量会计信息化处理和财务综合技能型人才。就延续性而言,"会计技能"将会是未来一段时间内学界关注的热点。此外,随着"互联网＋教育"时代的到来,"翻转课堂"的研究掀起了高潮,成为近两年高度关注

---

① 胡亦武,杨康.我国农民工问题研究 40 年:脉络、特征与趋势——基于 CiteSpace Ⅴ 的可视化研究[J].华南理工大学学报(社会科学版),2019,21(4):100 - 110.

② 陈绍辉,王岩.中国社会思潮研究的科学知识图谱分析——基于 CiteSpace 和 Vosviewer 的综合应用[J].上海交通大学学报(哲学社会科学版),2018,26(6):24 - 32.

建国 70 年高校教学改革的回顾与启示

的热点。《现代职业教育体系建设规划(2014—2020 年)》的实施使得"现代职业教育"成为学界备受关注的对象,成为近几年的研究热点,2019 年 1 月《国家职业教育改革实施方案》的出台预示着在未来相当长的时间内该研究热点将会持续。同时可以看出突变词表现出两大类特征:2015 年之前延续继承、交替出现和 2016 年以后的集中出现。其中会计技能、翻转课堂和现代职业教育是持续到 2018 年的热点关键词,可以认为它们代表当前会计学教学改革研究领域的前沿话题。

Top 8 Keywords with thd Strongest Citation Bursts

Keywords	Year	Strength	Begin	End	1999-2018
教学改革	1999	8.735 3	1999	2004	
会计教育	1999	4.106 5	2002	2008	
基础会计	1999	3.712 7	2010	2012	
中级财务会计	1999	5.475 7	2013	2014	
技能大赛	1999	3.581 8	2014	2015	
会计技能	1999	3.868 5	2015	2018	
翻转课堂	1999	4.391 9	2016	2018	
现代职业教育	1999	3.179 9	2016	2018	

图 6 会计学专业教学改革关键词突变检测图谱

结合研究现状和时代背景,未来会计学专业教学改革将会在以下三个方面进行探索。

1. 立足前沿,推进现代信息技术与会计教育教学深度融合

未来,教学改革仍将是会计学专业学者关注的焦点。党的十九大做出中国特色社会主义进入新时代的重大判断,开启了建设教育强国的新征程,强化了能力为先的人才培养理念。教育信息化已成为系统性变革的内生变量,将不断推动教育理念更新和模式变革。《中共中央国务院关于全面深化新时代教师队伍建设改革的意见》对于提升教师和学生信息素养提出了明确要求。教师要主动适应信息化、人工智能等新技术的变革,学生要加强课内外一体化的信息技术知识、技能、应用能力的培育。在大数据、"互联网+"、新一代人工智能等国家重大战略背景下,会计基本理论加速延拓,"互联网+会计"教育理论更加丰富,会计职能发生巨变,核算手段日益更新,传统会计系统也必将向互联网系统演变,"云会计"应运而生,企业财务部门面临诸多机遇与挑战。

高校作为人才输出主战场,人才培养模式将倒逼革新。传统会计专业"理实一体化"[①]、"四位一体"[②]等人才培养模式和"填鸭式"教学模式将受到极大冲击[③]。传统"板书＋PPT"等教学手段将逐步融合现代信息技术。"互联网＋"人才培养新模式将逐步涌现,MOOC[④]、翻转课堂[⑤]以及混合式教学[⑥]等新兴教学模式会逐步推广和普及,微课等现代教学手段所占比重将日益增加[⑦]。主动适应变革,培养具有全面财务管理视野及扎实会计信息化处理能力的高技术复合型会计人才[⑧]和优化传统本科会计教育目标,创新会计本科教学模式是会计学专业发展的必由之路[⑨]。"基础会计""管理会计"等理论课程和会计实训的课程改革路径将不断优化[⑩],师资队伍建设、教材建设、实训实验室建设将深度融合大数据、"互联网＋"及人工智能理念。

2. 与时俱进,破解会计行业与高校人才培养供需矛盾难题

会计人才在经济社会发展中具有基础性、战略性和关键性等属性,高素质会计人才决定了会计行业的核心竞争力。随着经济全球化深入发展,企业跨国经营和资本跨境流动日趋常态化,《国家中长期人才发展规划纲要(2010—2020 年)》《会计行业中长期人才发展规划(2010—2020 年)》对加快培养具有创新创业能力的高技能人才提出了新的要求。具备扎实的基础知识、全面的财务管理和国际化视野、较强的会计信息化处理能力以及符合国际化环境的

---

① 杨淑媛,周航,刘胜达. 会计人才培养视域下"四位一体"教学模式的构建[J].黑龙江高教研究,2013,31(03):147-149.

② 张炳红. 对高职会计理实一体化教学模式改革的思考[J].教育与职业,2017(13):85-88.

③ 张宝贤,唐建荣."互联网＋"下会计教学模式的变革与创新[J].财会月刊,2017(36):80-85.

④ 李艳."MOOC＋翻转课堂"会计学教学模式的设计与实现[J].实验室研究与探索,2018,37(05):222-225.

⑤ 程平,孙瑜. 基于春秋战国翻转课堂的会计信息化教学研究——以重庆理工大学会计信息化国家级精品课程为例[J].财会通讯,2017(25):35-37.

⑥ 缪启军."互联网＋"背景下会计课程混合教学模式探索——基于蓝墨云班课平台的实践[J].财会月刊,2017(33):78-83.

⑦ 丁慧琼,陈芳. 微课等现代教学手段在高职"跨境电商会计"教学中的应用[J].职教论坛,2016(14):71-74.

⑧ 章君."互联网＋"人工智能视域下高职院校会计专业改革研究[J].中国职业技术教育,2019(11):58-63.

⑨ 程瑶."互联网＋"时代会计本科教育教学变革思考[J].财会通讯,2019(1):40-44.

⑩ 李玲."互联网＋"背景下会计实训效果优化路径探析[J].职业技术教育,2019,40(17):49-52.

会计人才将会愈发紧缺①。当前高校会计学人才培养滞后企业需求已是不争事实,人才培养方案制定、课程设置、师资队伍建设、实训实践等环节都与企业实际需求存在较大差距,破解会计行业与高校人才培养供需矛盾难题已迫在眉睫。缺少政府、企业参与,高校单方面的人才培养模式和教学模式的改革收效甚微,政—产—学—研—用深度协同人才培养模式提供了新的研究思路②。此外,《国家职业教育改革实施方案》的出台为高校职业教育指明了方向:推进高等职业教育高质量发展和完善高层次应用型人才培养体系。不同层次高校对于会计学人才培养的精准定位至关重要,教学改革过程如何突出职业教育特色和应用型人才内涵③,培养企业所需技能型人才尤为关键。在此背景下会计学专业学者如何破解上述难题值得进一步深入探究。

3. 融合创新,推动新兴技术下的会计学专业课堂教学革命

国家对高等教育质量的重视程度日益增加,2018 年 6 月教育部"新高教 40条"的颁布把我国对本科教育和本科人才培养的重视推到了新高度。淘汰"水课"、打造"金课"已成为共识。当前,内部学生学情改变的影响与外部学习方式(移动式、碎片化学习等)变革的冲击相互交织,教师驾驭课堂难度加大。40 多年来,我国大学教学改革涉及了诸多方面,作为教学主阵地的课堂却没有成为改革的重点,教学效果没有得到实质性的提高,推进大学课堂革命刻不容缓④。离开教师能动性实践的教学改革难以转化成实际的教育成果,调动教师主体能动性,实现"学生中心"的课堂生态变革势在必行⑤。高校思政课程的课堂革命已经走在前列⑥,可以为会计学课堂革命提供一些有益的借鉴。在大数据、人工智能和互联网+等新兴技术背景下,信息技术与教育教学的深度融合已然成为课堂教学颠覆式创新变革的核心驱动力⑦,如何边破边立,不断寻找突破口,构建会计专业的新课堂、新思维和新范式从而真正提高课堂教学质量值得会计学领域教育工作者深思和研究。

---

① 陈英,林梅,吴海平.国际化会计人才培养研究——基于高校与企业视角[J].黑龙江高教研究,2015(10):150-151.

② 王良芬,赵赛南.战略性新兴产业人才培养探讨[J].中国高校科技,2018(11):57-59.

③ 李明娟.以职业能力为本位的应用型会计人才培养策略研究[J].教育探索,2015(3):46-49

④ 别敦荣.大学课堂革命的主要任务、重点、难点和突破口[J].中国高教研究,2019(6):1-7.

⑤ 蔡瑶,徐玉生.加强师资队伍建设 推动高校思政课课堂教学革命[J].中国高等教育,2018(23):18-20.

⑥ 刘武根.高校思想政治理论课"课堂革命"与道路认同[J].思想教育研究,2019(2):62-66.

⑦ 蔡宝来.人工智能赋能课堂革命:实质与理念[J].教育发展研究,2019,39(2):8-14.

五、结　语

　　基于 CNKI 数据库中 1999—2018 年会计学专业教学改革领域的 1076 篇文献,采用知识图谱分析方法梳理了样本数据,得到作者、研究机构的共现图谱,关键词的聚类图谱和演进路径,并对关键词进行了突变分析,结果表明:

　　(1)会计学专业教学改革领域的发文量分为低速平稳、缓慢增长和快速增长三个阶段,与国家政策密切相关。本科层次院校参与较少,高水平院校和专业的引领示范作用并未发挥,研究群体和机构间的合作与交流相对缺乏,研究质量、深度和广度有待提高。

　　(2)基于关键词共现和聚类图谱,确定了该领域研究所形成的八大研究聚类,四条研究脉络,20 个高频关键词,梳理和分析了近 20 年的会计学专业教学改革领域的研究热点和主题脉络。

　　(3)基于时间线图研究热点演变趋势,以时间为经,聚类为纬,结合国家和行业政策逐步分析关键词的演进路径,呈现了 20 年来该领域研究历程。

　　(4)基于关键词突变检测分析指出立足前沿,推进现代信息技术与会计教育教学深度融合;与时俱进,破解会计行业与高校人才培养供需矛盾难题;融合创新,推动新兴技术下的会计学专业课堂教学革命是未来该领域三个值得深入研究的方向。

参考文献:

　　[1]徐春蕾,王志超,薛雅卓.基于 CiteSpace 的奥马哈系统的国内外研究热点可视化分析[J].护理研究,2018,32(23):3758-3762.

　　[2]何尹杰,吴大放,刘艳艳.城市轨道交通对土地利用的影响研究综述——基于 CiteSpace 的计量分析[J].地球科学进展,2018,33(12):1259-1271.

　　[3]罗彪,林慧.我国科技成果转化现状分析——基于 CiteSpace 的文献计量分析[J].中国高校科技,2018(12):78-81.

　　[4]Chen C. CiteSpace Ⅱ: Detecting and visualizing emerging trends and transient patterns in scientific literature[J]. Journal of the Association for Information Science & Technology, 2014, 57(3):359-377.

　　[5]谢卫红,李杰,董策.国内制造业转型升级研究热点与趋势——基于 CiteSpace 的知识图谱分析[J].广东工业大学学报,2018,35(6):9-17.

　　[6]胡春阳,刘秉镰,廖信林.中国区域协调发展政策的研究热点及前沿动态——基于 CiteSpace 可视化知识图谱的分析[J].华南师范大学学报(社会科学版),2017(5):98-109,191.

　　[7]牛士华.高职院校产学研用、校企协同人才培养机制研究[J].中国职业技术教育,2015(20):89-93.

传承创新，追求卓越

——新时期中医药大学一流本科教育建设的思考与路径①

陈　明　牛　浩②

2018 年，全国高等学校本科教育工作会议"以本为本，四个回归"讲话[1]和《教育部关于加快建设高水平本科教育全面提高人才培养能力的意见》[2]相继出台，强调本科教育的基础地位。当前，健康中国战略已上升为国家战略，国家卫生事业的发展对中医药人才培养提出新的挑战。如何传承好、发展好、利用好中医药文化，顺应"双一流"建设要求，培养一流中医药人才，实现高水平、有特色、国际化的培养目标，是中医药高等教育需要面对的现实问题。

一、当前中医药大学一流本科教育面临的时代背景

十九大报告中提出的"七大发展战略"无一不与高等教育密切相关。习近平总书记指出，"我们对高等教育的需要比以往任何时候都更加迫切……"[3]当前，国家以"中国特色、世界一流"为核心统筹推进"双一流"建设，为最具中国特色、最具原创优势、最具国际竞争力的中医药学科发展提供了难得的历史机遇。中医药事业发展的相关建设规划、战略规划相继出台，新医科建设列入国家"六卓越一拔尖"人才培养计划。[4]2015 年底，北京等五所名中医药院校"创建世界一流中医药大学合作联盟"成立，当前我们需要发挥中医药的五大资源优势，向世界传播中医药文化，讲好中医药故事。而这些事业的发展均需要高素质、善创新、国际化的一流中医药人才支撑。

当今世界各国尤其是发达国家大学把人才培养的本质职能进一步强化和凸显。越是顶尖的大学，越是重视本科教育，本科教育被这些大学视为保持卓越的看家本领和成就核心竞争力的制胜法宝，"回归本科教育"已经成为国际高

---

　　① 基金项目：2012 年度国家社会科学基金（12&ZD114）；2014 年度江苏省社会科学基金（14JYB010）；2017 年度校中医学品牌专业教改项目（NZYZYXPPJG2017－12）。

　　② 作者简介：陈明，南京中医药大学教务处副处长、副研究员；牛浩，南京中医药大学教研科科长。

等教育的共识和趋势。一流大学本科教育一般具有六个基本特征,即精英教育的人才培养理念、高质量的生源、通识教育的课程体系、研究性的教学模式、高水平的教学队伍和严格的淘汰制度。[5]一流本科教育的逻辑出发点和归宿只能是本科生基本的、自由的、可持续的、充分的、创造性的发展。[6]

与此同时,新一轮科技革命和产业变革浪潮扑面而来,人工智能、大数据技术、智慧医疗迅猛发展,对行业业态、课堂革命、科技创新组织方式将产生颠覆性影响。中医药教育需要转换发展动能,思考如何守正创新,主动求新求变,争创新优势,培养具有中医药一流特质的拔尖创新人才,实现与时代发展的同频共振。

二、当前中医药院校一流本科教育工作面临的主要问题

(一) 一流本科教育存在的共性问题

长期以来,各类高校排行榜对科研的评价比重相对较高,SCI、EI 等各种量化指标吸引了大学校长及教师的注意力,这种评价导向无疑削弱了本科教学的主体地位。因此在经费投入、资源配置、师资队伍培养等方面教育教学相对弱化。现有本科教育中教学的资源提供与学生需求存在差距、教师教学学术水平与一流人才培养存在差距、学院的专业办学主体性不足,基层教学组织建设缺位等现象普遍存在。此外,一流本科教育的建设标准是什么?是否所有的高校都要建成 C9 的模样?这样的路径依赖和成长惯性是最适切的教育吗?不同类型的大学特质如何传承与升华,如何做到各美其美,美美与共?这也是大家比较关心的问题。

(二) 中医药大学一流本科教育的个性问题

中医药大学目前培养的人才虽然医者仁心,成熟稳重,但经常让人感觉暮气沉沉,缺少创新的动力与活力,缺少追求卓越的朝气与锐气。传统师承等人才培养的特色优势没有得到很好的发展利用,培养的人才缺乏传统文化底蕴、中医临证思维、现代科学素养及国际发展视野,不能满足中医药事业发展需要与社会需求。[7]事实上,世界一流本科教育是没有固定模式的,每个一流本科教育都会蕴含着本土深沉的文明底色,扎根于独特的文化土壤中,有其历史使命和自身价值观,有实力为推动社会文明发展提供实质性的动力和借鉴。中医学作为原创性的医学科学,具有其独特优势。随着中医药与现代医学的融合发

展,中医药文化的自信、自觉、自强如何传扬光大？如何体现中医药人才培养的质量、绩效与创新度？如何实施分类评价，让中医药高等教育人才培养实现教育自信、教育自觉与教育自强是中医药大学一流本科教育的个性问题。

三、中医药院校一流本科教育之建设方略

基于以上的形势与存在的问题，中医药院校一流本科教育之建设方略是传承、创新、追求卓越。

（一）传承是中医药教育人才培养之根基

中医药是中国文化的"活化石"[8]，其文化精髓、核心价值应该要传承。具体来说，要传承中医药文化"大医精诚""顺势适时"的优秀基因特质，对专业的核心价值观进行思想引领、文化传承、专业信念、责任担当、事业追求，形成各专业核心价值。要传承中医药整体观、辩证施治的基本特点，综合分析，统筹施策。凝聚全校智慧，激发学院动能，集合各部门力量，针对本科教育发展存在的深层矛盾和突出问题，整合校内外资源，重点发力，瞄准本科教育关键领域和核心环节，精准施策，形成高站位思考、高起点谋划、高标准推进的一流本科建设格局。要传承中医药"急则治其本，缓则治其标"的治疗原则，有所为，有所不为。现阶段针对卓越医师需要实施的七大工程，结合本校现有工作基础，抓重点进行建设，把有限的资源投入到重点领域建设中，利用国家平台的机遇实现一流人才培养的目标。平时工作中要不断完善现代大学治理体系，针对院系教学主体地位发挥不到位、师生服务能力不足、质量保障体系落后等弊病诟病有的放矢。

（二）创新是中医药教育人才培养之动力

创新是一流本科建设动力源泉，要顺应时代发展要求，遵循医学教育教学规律，更新教育思想观念，坚持内涵发展，通过保障教师教学发展、教学团队成长和基层教学组织建设的体制机制创新，为一流本科发展添活力；要明确人才培养目标和规格，完善课程体系和教学内容，重视能力和素质培养，优化本科人才培养模式，创新教学方法和手段，为本科教育教学改革增动力；要坚持教学医疗融通，倡导教学科研融合，推动治理结构和运行机制创新，为高层次开放协同谋合力；要营造优良的校园文化和育人氛围，完善有效的本科教育教学管理服务体系，创新本科人才培养评价机制，为教学质量提升蓄内力。

（三）卓越是中医药教育人才培养之灵魂

要以培养卓越的中医药人才为目标，以提升学生的自主学习、自我发展、批判性思维、团队合作、国际素养等核心能力素养为动力，以一流学科建设为引领，针对中医药教育存在的问题，给出卓越中医药人才培养之方案，培养"德行高尚、学识扎实、具备科学精神和国际视野"一流中医药人才。要构建一支品德高尚、学术卓越、教学优秀的高水平师资队伍，以追求卓越教学为动力，引导教师潜心教学和科研，全身心投入一线课堂教学，能够对中医药教育教学有体会、有观点、有研究，产生中医药教育的思想家、教育家。要以质量文化建设为抓手，借鉴应用大数据分析之成果，通过健全教学管理质量体系，跟踪教育教学过程，规范教育教学秩序，完善以质量为核心的教学综合评价体系，加强教学质量外部评价，形成有效保障教学质量和人才培养质量的体制机制，培育争创一流、追求卓越的文化土壤。

四、中医药院校一流本科教育建设路径

当前中医药高等教育的发展应在传承中体现创新性，在创新中体现时代性，在规范中体现发展性。主要建设路径是实施一流专业、一流课程、一流师资、一流实践教学体系、一流质量文化等五大建设工程。

（一）基于社会需求，彰显中医药特色的一流专业建设工程

调整优化专业结构，加强专业建设。中医药院校专业调整应去库存、调结构，完善专业布局。按照大学部制的管理模式明确专业的学科归属，以学科研究成果带动专业的建设与发展。围绕覆盖全生命周期的专业布局，优化专业结构，针对本校专业建设现状，制订专业建设规划，做好存量升级、增量优化、余量消减。可以有计划地建设符合本校专业建设特点的高峰、高原及高地专业，借力国家一流专业建设的东风，促进本校医药类的优势专业保持国内第一梯队领先优势，建设高峰专业。统筹协调其他医药类专业及中外合作办学专业提档升级，建设高原专业。其他类专业适应大健康时代社会需求，建设面向未来、适应需求、理念先进、保障有力的高地专业。形成以中医药为主体，多学科协调发展的人才培养体系。

制定科学合理的人才培养方案。针对新时期对人才培养的要求，更新人才培养理念和培养模式，遵循中医药人才培养规律，与医学人才培养及现代高等

教育规律相结合,优化课程模块、强化专业特色、突出实践创新能力培养。确立科学定位、特色鲜明的培养目标,构建兼容并蓄、能力导向的知识结构,形成层次分明、优化整合的课程体系,突出技能培养、创新创业的实践体系,坚守严谨规范、保证质量的毕业要求。实施拔尖创新型卓越医师、卓越药师人才培养计划,加强通识教育、融合创新课程体系、注重过程性管理与评价、重视实践能力、开展国际交流,培养学贯中西、追求卓越、国际视野、大师潜质的中医拔尖创新人才,培养崇尚科学、追求真理、德才兼备、勇于担当,具有国际视野与创新能力的药学精英。

(二)深化课程综合改革的一流课程建设工程

以信息技术与教育教学深度融合为突破口,深化中医药课程综合改革。在国家"双万"计划实施过程中,中医药院校也应借力开展在线开放课程建设。要提前谋划,超前布局,制订学校课程建设规划,统筹专业课程建设。重视在线开放课程的资源建设、运行及使用,在一流专业中遴选建设优质核心课程,重点打造特色鲜明、优势突出,在全国和行业内有较高知名度和影响力的中医药品牌金课,走出国门,传播中医药文化,讲好中医药故事。要以学为中心重构课堂教学模式。教学改革的深处是课堂,可围绕经典、核心、优势课程,强化教学设计,开展综合设计性教学,包括 PBL、CBL 等案例式教学、情景式教学、研讨式教学、线上线下混合式教学等教学活动,通过模块化、系统性的教学设计讲授四大经典,讲授医学基础课。通过实践动手、小组合作深化理论应用、团队精神、科学探索。将课堂搬到门诊、病房、实验室、企业、竞赛现场,训练学生中医临证思维、技能操作及处理复杂问题的能力。建设智慧课堂、智慧实验室,建立慕课学分认定制度,初步形成适应学生自主学习、自主管理、自主服务需求的学习云服务体系,增强学生的学习获得感。通过鼓励开展以学生为主体、教师为主导的教学活动,使师生成为学习的共同体和成长的共同体,不断深化中医药课程综合改革。

以课程群建设为抓手,加强中医药课程教学团队建设。课程是教育思想、教育目标和教育内容的主要载体,是学校教育教学活动的基本依据,直接影响人才培养质量。课程教学团队的构建与培育也至关重要。可以学科为依托,专业核心课程群为核心,构建高水平教学团队。应成立中医经典课、中医临床课、中药(药)学基础课、中药(药)学专业课等课程群。原则上以 3 门及以上中医药专业核心课程为主,结合相关选修课程设立课程群。每个课程群由教学经验丰富、年资高、组织管理能力强的教学名师担任。课程群下设相关课程组,下设数量不等的专业课程和实践环节。课程组由专业教授统筹管理。通过课程群体系的设立理清中医药主干专业的必修课和选修课,理顺各课程间的体系结构,通过学科发展带动教学团队、课程建设及教育教学研究工作。

推进教材建设。加强品牌专业床边教学规划教材建设,构建床边教学立体化教材体系,切实推动医学类专业临床课程的教学质量。与兄弟高校合作,加大国家级、省级重点教材建设的扶持力度,确保每年立项数量及验收通过率。鼓励教师编写双语教学教材、校本教材。

(三)崇尚卓越教学、提升教学学术能力的一流师资建设工程

师德师风建设。一流师资建设的关键之一是教师的职业操守。坚持把师德师风作为教师素质评价的第一标准,坚持教授为本科生授课制。围绕中医药独特的"学贯中西、至精至诚"的办学理念和"仁德、仁术、仁人"的教育理念,加强思政课程和课程思政的融合。围绕"思想引领、知识传授、能力提升"三位一体的课程建设目标,深入挖掘每门课程的德育内涵和元素,改革教师教学工作评价机制,坚持价值引领,探索建立杏林教师教学荣誉体系,加大对教学表现优秀、教学业绩突出教师的奖励力度和覆盖面。努力倡导建立两支教师队伍,一是善于临床、乐于教学的岐黄名师,二是精于科研,科教融合,能解决中医药事业发展中重要问题的教学科研名师。通过教学名师的宣传促进教师师德修养和职业道德的提升,营造全校追求卓越教学的风气。

教学学术能力建设。这是一流师资建设的另一个关键因素。强化教师教学发展工作的顶层设计与长远规划,构建分类化的教师教学能力培养体系。出台《教师教学分类化发展实施方案》,联合相关单位共同推进与实施"中医经典传承师资培养计划""科教双师型师资培养计划""新教师岗位胜任培训计划""骨干教师卓越计划""名师领航计划"等五大工程项目,探索构建中医药大学教师教学能力促进体系。加强基层学术组织建设,优化梯队结构,通过课程群的建设开展个性化的教学发展活动,充分发挥基层教研组织在课程教学改革和教师教学能力提升方面的积极作用。推进附属医院教学联盟建设。强化各附属医院临床课程教研室建设,推进集体备课制度的常态化实施,实施临床教师教学能力提升计划,力争有实力的附属医院入选国家级临床师资培训中心示范项目。

(四)协同互动、重在创新的一流实践教学体系建设工程

加强医教协同,校企协同。全面实施"三融通"中医临床教学体系,提升附

属医院特别是直属附属医院在卓越医学人才培养中的参与度、贡献度,以统一目标定位、统一建设标准、统一组织管理、统一质量控制、统一教学要求为核心机制,形成制度衔接、资源融通、医教互动的良好局面。要打破学校、医院壁垒,建立附属医院教学联盟,开展附属医院综合评价及分类建设指导,提升附属医院综合发展水平。加强与相关企业合作培养医药人才,构建协同共享的实践教学平台,保障本科专业教育紧密联系生产实际,对接产业前沿。选派教师赴高水平企业、科研院所锻炼,提升教师实践能力。

实践创新体系建设。① 加强实践教学平台建设。全面加强实验室及虚拟仿真教学中心建设,设立重点培育建设对象,投入经费及人力物力资源,构建功能集约、开放共享、管理高效的中医药国家级实验教学示范中心与国家虚拟仿真实验教学中心。② 开展实验教学改革。加强实验室开放与管理,丰富和优化实验教学内容,设置综合设计型实验项目,建设优质在线实验教学资源,为学生自主式、合作式、协作式、研究式学习提供更加开放的学习环境。③ 打破学科壁垒,加强创新创业课程体系建设。将创新创业课程、大创项目、学科竞赛及其他相关课内外活动纳入学分管理体系,进行学分认定。将创新创业教育融入人才培养全过程,采取"传统课堂教学""在线网络研习""课外活动与竞赛""校外实践体验"四课堂联动,实现多学科思维融通、复合能力及创新素质的培养层层推进、逐步提高。通过中医经典大赛、临床技能操作大赛、互联网+创新创业大赛等实战训练加强学生核心能力培养。

(五)严格标准、完善机制、坚守大学精神的一流质量文化建设工程

完善学习评价,严格毕业标准。突出学生中心,进行学情调研分析,围绕产出导向,进行学生学习效果评价,发挥教学质量保障与决策平台在教与学的过程性评价中的作用,提高学业挑战度,严格毕业标准。优化评价指标体系和评价方法,注重对于学生学习效果和教学资源使用效率的考评。[9]与第三方评价机构合作,对中医药行业毕业生进行培养质量中长期跟踪评价,健全评价结果反馈和改进工作的机制。

完善教学质量保障机制建设,提升师生服务水平。强化学院本科教学的主体地位,建立学院教学情况年度汇报考核制度,健全基层基本教学组织教研室建设。可以从三个方面机制建设着手。一是建立健全绩效评价机制,强化动态考核,建立评议制度,加大本科教育工作考核权重,注重教学型师资梯队培养。二是完善协同育人培养机制,正确处理好教学与科研的关系,科研与教学融通,

科研反哺教学,实现科教协同。在解决临床重大民生实际问题、中医药资源的科学研究、满足医疗卫生的健康需求中培养中医药拔尖创新人才。三是落实政策与经费保障机制,实行本科教学工作一把手负责制,加强对本科教学经费投入,对智慧教室改造、实验室建设、教学管理信息化建设等重点项目持续支持,提升内控质效。

坚守大学精神。深入发掘中医药文化和校本文化的优秀基因,培育创新动能,强化价值引领。当前就是要弘扬中医药传统文化精髓及中医核心价值,在坚守中医原创思维的基础上,审时度势,吐故纳新,兼容并蓄,培养国家卫生及健康事业需要的人才。要在全校范围积蓄和激发深沉持久的文化力量,让大医精诚、争创一流、追求卓越的教学文化和管理文化在中医药院校落地生根、蔚然成风。

人才培养是大学四大职能的首要职能。人才培养涉及大学功能定位和管理理念调整,涉及大学治理体制和资源配置方式调整,涉及大学管理体系及组织方式调整,涉及大学人文精神和文化的创新。[10]这是一项系统工程,需要长期奋斗,久久为功。中医药大学虽然特色鲜明,但特色不能停滞消解萎靡,需要不断包容创新才能成为优势、成为核心竞争力。[11]中医药大学一流本科教育在新的历史时期需要主动识变、应变、求变,抓住发展机遇,找准自己的地位。在传承创新、追求卓越的道路上砥砺前行,以点带线、以线带面地开展专业、课程、师资、实践教学及质量文化建设。只有这样才能既建出一流本科之形,还具有一流本科之魂。

参考文献:

[1] 新华网.教育部:坚持以本为本 推进四个回归 加快建设高水平本科教育[EB/OL].(2018－06－21)[2019－08－04].http://education.news.cn/2018－06/21/c_129898414.htm.

[2] 中华人民共和国教育部.教育部关于加快建设高水平本科教育全面提高人才培养能力的意见.[EB/OL].(2018－10－08)[2019－08－04].http://www.moe.gov.cn/srcsite/A08/s7056/201810/t20181017_351887.html.

[3] 习近平总书记在全国高校思想政治工作会议上的重要讲话[N].人民日报,2016－12－09(01)

[4] 新华网.教育部启动实施六卓越一拔尖计划.[EB/OL].(2019－04－29)[2019－08－04].http://www.xinhuanet.com/politics/2019－04/29/c_1210122557.htm.

[5] 王强,周刚,朱启超,仲辉等.一流大学本科教育的基本特征[J].现代教育科学,2009(5):46－50.

[6]李硕豪.论一流本科教育的基本特征[J].中国高教研究.2018(7):12－16.

[7][11]郑晓红等.中国特色世界一流中医药大学的建设标准与路径[J].中医杂志,

2017,58(4):280-284.

[8] 让中医药文化"活化石"更璀璨[N].新华日报,2017-03-09(14).

[9] 钟秉林,方芳.一流本科教育是"双一流"建设的重要内涵[J].中国大学教学,2016(4):4-8.

[10] 袁靖宇.高校人才培养方案修订的若干问题[J].中国高教研究,2019(2):6-9.

美国农学高等教育对我国农学实用新型人才培养的启示

童丽丽①

农业为我国立国之本。要解决好"三农"问题,大力实施乡村振兴战略,加快我国农业产业化、现代化发展,需要培养一批高素质的农业人才[1]。高校作为人才的重要培养基地,每年为我国输送着大量的农学人才。目前,我国对农业的大规模投入已为我国农业的新型开发和经营奠定了良好的基础,并产生了良好的正面影响。在土地规模、技术装备、资金投入、经营理念、农产品供给等方面,实现了资源的合理优化配置,解决"三农"问题成效明显[2]。现阶段我国农业的进一步发展的瓶颈是缺乏足够合格的实用型专业技术人才以及经营管理人才,这为我国的农学高等教育提出了挑战。

笔者于 2019 年春季作为访问学者,全程参与了纽约州立大学(State University of New York,简称 SUNY)农业与技术学院(Cobleskill 分校)农业与资源学院的农学专业学科的教学过程,并与该学院的多位老师进行了多次访谈,对美国农学的高等教育有一定的认识。本文在分析该校农学教学特点的基础上,阐述了该校的教学特色对我国农学高等教育的启示,探讨了我国农学实用新型人才的培养模式。

一、美国纽约州立大学农业与技术学院农学课程的特点

纽约州立大学是全球最大的大学,也是美国最大、最全面的州立大学教育系统。位于纽约州的科贝尔斯基(Cobleskill)的农业与技术学院是 SUNY 系统中的一所公立教育院校,于 1911 年获得办学资格,1916 年正式成立。该校连续四年被列入美国世界新闻报道周刊的最佳综合学院的榜单,以农学著称,因其灵活的教学方式及考核方式,特别受到世界各地部分高中生乃至成年人的青

---

① 作者简介:童丽丽,博士,金陵科技学院园艺园林学院教授,研究方向为园林植物的应用。

睬。学校拥有学生 2 500 人,教职员工 100 余人。

(一) Moodle 网络教学发达,教学互动良好

该校每一位授课老师都有自己所教课程的 Moodle,授课老师把自己上课的 PPT 及讲稿放在网上,供该校选择该门课程的学生登录查阅及下载。同时,师生可以利用 Moodle 进行互动。学生有问题也可以在网上咨询老师。学生的电子报告均由本人的校内邮箱发至老师的学校邮箱。教师在网上批改学生的电子报告时会对学生提交的报告进行查重。如果重复率高,会给予零分或不及格处理。授课老师每周都必须有两个半天或以上的办公时间(office hour),学生有问题,就可以在授课老师的办公时间来求教于老师,这非常有利于教学效果的及时反馈,也有助于学生成绩的提高和综合素质的全面发展。

(二) 课程设计合理,小班化授课,强调学生动手能力

该校的前序课程执行力度大。如果前序课程没达到合格的要求,必须经过重修合格方能选修后续课程。因此,学生在学习新的课程前基本已经掌握了较好的基本功,为学习后续的高难度课程打下良好的基础。

美国农学学科的课程均为实践性很强的课程,一般理论课与实验课时比例为 1∶2 或 1∶1。理论课每次 1 节课,每节课时长 50 分钟,这非常有助于老师与学生的注意力的集中,也使教学内容更加地简洁、实用,而实验课每次 2—3 节课,一些科目还会有一个 2—3 天的外出实习。

小班化授课是该校的特色。每一个班的人数不超过 20 人,理论课环节一般不分班上课,实验课则需进行分班上课。

(三) 上课采用签到制度,上课形式与考核手段多样

任课老师上课采用签到制,学生每次上课都要签到或点名,出席率作为平时成绩的一个组成部分。

课堂上老师会经常提问,学生们会被激发当场回答问题。学生上课时进行自我陈述(self-presentation)。实践课采用户外实习、调查的形式。在老师的实践教学中,会融入植物、土壤学、栽培学、病虫害防治等农学各方面的内容。

考核手段多样,考核的目的是为了不断帮助学生巩固已学习的知识。每门课有两次大规模的考试:一次期中考试,一次期末考试。每隔一周小测验一次,为了让学生不断加强记忆。此外,还有 report 或 project 要完成。考试形式有时开卷,有时闭卷。

二、美国农学教学对我国农学实用新型人才培养的启示

(一) 注重知识的全面性,实践课时必须小班化授课

在农学科目的教书育人中,任课老师需明确教学的目标,强调学生的动手能力。要注重知识的全面性,在教学中融入农学的多门课程乃至多门学科交叉的知识,扩展学生的知识面。在当下的互联网时代,学生除了掌握农学的基本学科知识,还需要与时俱进,掌握网络时代下物联网、电子商务,以及必要的经济学、社会学、文学等知识。

理论环节可采用大班上课,实践环节必须要采用小班化授课,以有助于每一位同学都得到动手能力的锻炼,更有利于任课老师对上课效果的质量控制。

(二) 多媒体教学以图片为主,进一步完善网络教学平台的建设

目前国内的农学课程基本采用了多媒体上课,但是一些授课老师的多媒体课件的 PPT 里以文字介绍较多,无法给学生以足够的感性认识,所以需要进行一定的改进。建议多媒体课件应该以图片为主,文字需要任课老师根据图片来进行补充。

目前各高校正在推广的网络平台以慕课等网络课程居多,这与纽约州立大学农业与技术学院的 Moodle 有些类似,然而,我国的慕课或网课等建设的难度和成本都比 Moodle 要大很多,所以建设的力度并不是很普及。因此,我们需要进一步加强与完善网络教学平台的建设,让老师和学生在网络上进行教学的互动,及时反馈教学的效果。

(三) 改革对任课老师及学生的考核制度

目前我国大多数农科院校是教学与科研相结合的,任课老师既要忙教学,又要忙科研,无法完全一心于教学。可借鉴国外本科教育机制,搞科研的主要在研究所、研究型大学,而非研究型大学的主要任务为教学。改革对任课老师的考核制度,教学和科研相分离,让从事教学的老师全身心投入教学中,从事科研岗位的老师可以安心科学研究。

同时,需要加强对学生的考核制度,提倡淘汰制,增加期中考试及平时的小测验,增加学生的实践教学的自我陈述环节,不符合考核要求的学生要及时找

谈话,不能迁就学生。如果达不到要求,就应该无法正常毕业。学生是高校的产品,故应重视学生的质量,不能盲目追求学生的数量。

三、我国农学实用新型人才的培养模式的探讨

(一)培养有一定理论基础且动手能力较强的实用型农业人才

在全球经济一体化的今天,中国农学类课程的教育体制应与美国等发达国家的农学类相关课程接轨,明确"以学为主,实践优先"的教学理念[3],在实践—理论—实践中不断提升农学类学生的理论与实践能力,最终达到提高学生的综合应用能力,培养既有理论基础又有动手能力的实用型农业人才,满足用人市场对该领域人才的需求。

(二)为学生提供合适的实习基地,实习需满足一定的课时,培养学生对农学的热爱

科技园、苗圃、蔬菜基地等实习基地均是当今农科大学生岗位前培训的最好场所。农科的学生需要在实习基地实习一定的课时数,这样才能达到实用型高素质农科人才的标准。学生在实习基地通过实践,可以及时了解到未来将要从事的职业,了解该职业的发展方向。同时,学生可以通过实习,培养自己对职业的热爱。

(三)学习美国农学教育的优点,提高对农学大学生的学习要求

农业作为一门古老的朝阳产业,与市民的日常生活息息相关。在今天的信息时代,高精尖的农业离开不了日新月异的生物技术。生物学、生命科学、生态学、美学等都是学生们需要掌握的。

要与国际最新技术接轨,我们需要学习美国农学教育的优点,需要为我国农学的大学生们适当增负,提高对农学学科大学生的学习要求,优化我国农学新型人才的培养模式,培养高质量的新型农科实用型人才,让学生能较好地掌握最新的技术,具备实用型农业人才需要具备的素质,积极把知识转化为生产力,推动生产的发展,促进我国传统农业良性循环发展,共同建立农业生态圈。

参考文献:

[1] 李敏.广东省农业人才培养模式探索[J].南方农机,2019(15):88 - 89.

[2] 肖继坪,梁社往,陈疏影,等.新时代下高等农业院校人才培养指导意见探索[J].中国管理信息化,2018,21(09):217 - 218.

[3] 孔海燕.美国高校"园林树木学"及相关课程教学的调查与借鉴[J].中国林业教育,2016,34(05):73 - 78.

建国70年高校教学改革的回顾与启示

高质量教学的理论研究与实践探索

基于学习共同体的学生支持服务

章　玳①

"互联网＋"时代,通信技术、计算机网络和新媒体技术推动了现代远程教育的发展,大数据技术在教育领域得到应用,学生支持服务模式从粗放式向精准性、个性化模式发展已成趋势。面对新形势、新技术的挑战,构建学生支持服务模式成为一项新的系统工程。国务院关于印发国家教育事业发展"十三五"规划的通知(国发〔2017〕4 号)指出,要积极发展"互联网＋教育",探索建立"互联网＋教育"管理规范,支持"互联网＋教育"教学新模式,发展互联网教育服务新业态。② 学习共同体是学生支持服务的前提和载体,"互联网＋教育"推动了学习共同体的发展,学习共同体的理念为学生支持服务模式的构建提供了新的思路。

一、共同体与学习共同体概念的界定

共同体是社会学的基本概念,由德国著名社会学家和哲学家斐迪南·滕尼斯(Ferdinand Tönnies)在 1881 年的名著《共同体与社会》中提出。他认为,人类社会是以共同体的形式出现的,共同体存在于建立在自然基础上的群体,如家庭、宗族中;此外也存在于历史上形成的联合体,如村庄、城市中;存在于思想的联合体,如友谊、师徒关系中。③ 马克斯·韦伯(Max Weber)认为,共同体是

---

① 作者简介:章玳,江苏开放大学教授,研究方向为远程教育、成人教育课程与教学论。

② 国务院关于印发国家教育事业发展"十三五"规划的通知(国发〔2017〕4 号)[EB/OL].[2017 - 01 - 19].http://www.gov.cn/zhengce/content/2017 - 01/19/content_5161341.htm.

③ 〔德〕斐迪南·滕尼斯著.共同体与社会:纯粹社会学的基本概念[M].林荣远译.北京:商务印书馆,1999.

建立在情感、精神、传统与责任基础上的社会群体。① 虽然众学者对共同体概念的具体理解存在差异,但在基本观点上具有一致性,即共同体是一个基于共同体成员共同愿景的基础上建立起来的联合体。共同体最重要的特征是共同的关系与参与。

学习共同体最早出现在 20 世纪 90 年代,进入 21 世纪后逐渐成为教育学界关注的焦点。笔者认为,学习共同体是指由教师和学生构成的群体,包括教师-教师、学生-学生、教师-学生多向交互的群体。群体中每个成员参与到学习、合作、评价中,并且从中获得来自他人的支持,学生在协商、合作过程中获得认知、情感、态度等方面的改善。学习共同体特征是有效的参与、共同的责任及学习活动中的交互合作。构建学习共同体的目标是为学习者提供学习机会,在各个不同的学习者、教师、专家或实践从业者所组建的学习共同体中,通过学习活动,实现代际或同辈之间的异质交互,最终达到学习者个体的发展。

二、基于学习共同体的学生支持服务演进逻辑

学生支持服务是远程教育中的特有概念,国外远程教育界多用学生支持服务,传入我国后,学界对其有多种译法,如学习支持服务、学习支援服务、教学支持服务等。虽然名词术语有所区别,但就支持服务的内容来说,它们是基本相同的,本文采用学习支持服务的称法。

面向学生的学习支持服务是专门为方便学习者的学习而开展的各类支持活动,从学习者的角度谈学习、谈服务,更符合远程开放教育以学习者为中心的理念。1978 年,英国开放大学校本部地区中心办公室主任大卫·西沃特(David Sewart)提出,远程教育机构除了提供教学包外,还必须具有咨询和教学辅导的作用。教师要对学生有更多的持续的关心,提供适合每个学生需要的学习支持服务。② 丁兴富是我国最早将学习支持服务引入我国的学者,他将学习支持服务界定为:师生之间或者学生之间的人际面授交流活动和基于信息通信技术媒体的双向交流;远程学生在远程学习时接收到的各种信息的、资源的、人员的和设施的支助服务的总和。③

在学习共同体中,教师应该做的不是简化问题和情境,而是要及时提供原理、工具、情感等方面的支持。莫勒(L.Moller)划分了远程教育中学习共同体的

---

① [德]马克斯·韦伯著.社会学的基本概念[M].胡景北译.上海:上海人民出版社,2000.
② 黄清云.国外远程教育的发展与研究[M].上海:上海教育出版社,2000.
③ 丁兴富.论远程教育中的学习支助服务(上)[J].中国电化教育,2002(3):56-59.

三个构面,即学术性支持、认知性支持和人际性支持。①

"互联网+"时代,学习者的需求及学习支持服务的方式及手段已发生了变化。信息技术直接影响社会网络的形成、结构与发展,学习平台由资源静态呈现平台转为师生教学交互平台。网络支持下的学习共同体催生新的学习支持服务模式,所以,我们有必要重新定义面向学生的学习支持服务。基于学习共同体视角,我们认为,从广义上说,学习支持服务是指远程教育院校通过构建以学生为中心的学习环境,向学生提供学习资源,使其完成学业,提高道德、职业素养及终身学习能力等全方位的支持活动。从狭义上说,学习支持服务是远程教育院校为确保学生的学习行为真实有效地发生,对学生学习过程提供的教学交互及相关支持的活动措施,主要包括人力支持、技术支持、资源支持、学习过程支持、管理支持及文化(情感)支持。

(1)人力支持。人力支持是指学习者学习所涉及的人员帮助,包括远程教育院校教师、教学管理人员、技术人员、学习者(学习同伴)及其他社会成员等对学生遇到的各种学术与非学术问题提供帮助与服务。现行的人力支持出现新形态,包括教师、学习伙伴、管理人员及技术人员等组成的学习支持服务团队。

(2)技术支持。技术支持是指支持远程开放教育得以开展的各种技术和学习设施,包括各类信息服务系统、信息传播媒体以及配套运作软件等。技术支持主要为学习者提供视听设施、通信设施和学习平台及计算机网络学习环境。

(3)资源支持。主要指学习资源支持,学习资源支持是指为远程教育学习者提供的各种课程材料、学习材料,包括印刷教材、音像教材、多媒体课件、交互式电视点播系统视频、网络课程、微课及电子图书馆等。

(4)学习过程支持。学习过程支持是指教师在学习条件、学习方法和相关媒体设施上为学生正常学习提供的各种信息咨询和有效指导与帮助,包括学习活动内容的设计、对学习过程的支持及学生学习方法的指导等。

(5)管理支持。管理支持是指远程教育院校对教与学行为的监控、管理与服务,主要包括教学管理支持(教学组织与实施、教学管理制度)、教务行政支持(招生、考试、学籍)、人文关怀支持以及其他方面的管理服务等。

(6)文化(情感)支持。文化(情感)支持是专门针对远程学习缺乏交流而提供的,主要是指教师及管理人员在师生互动中给予学生情感上的支持,包括言语、非言语的关心,积极鼓励、尊重学生,也包括帮助学生组织学习小组、创设学习社区、提供心理咨询活动,开展专业技能竞赛活动,举办开学、毕业典礼活动等。

---

① oller, L. Designing Communities of Learners for Asynchronous Distance Education [J]. Educational Technology Research & Development ,1998,46(4):115-122.

三、"3＋n"整合式学习支持服务模式实施路径

学习共同体中远程教育院校必须尊重学生的主体地位,动态了解学生的需求,提供学习支持服务,帮助学生提高认知水平及技能水平,更要逐步完善远程开放教育各环节的学习支持服务工作,创新学习支持服务模式。学习支持服务模式是建立在学习支持服务理论基础之上,为实现教学目标,将学习支持服务诸要素以特定的方式结合形成相对稳定的框架及流程。近年来,江苏开放大学进行了"3＋n"整合模式的探索并取得一定成效。

(一)"3＋n"整合式学习支持服务模式

在开放大学"开放、责任、质量、多样化、国际化"核心理念下,学习支持服务目标是一切为了学生,为了一切的学生,使学生真正成为学习的主体。江苏开放大学建立了"3＋n"整合式学习支持服务模式。"3"即课程教学团队、教学管理团队、专业管理团队三支团队;"n"即根据学生学习需求组成多个学生学习小组。通过组建三支团队,实现学习支持服务的团队支持,同时,全面推进小组协作学习,在团队教师引领下,通过各个小组成员之间互帮、互助、协作支持,提高学生学习的有效性。

1. 学习支持服务组织层:团队支持

(1)课程教学团队。课程教学团队是课程组织与实施的基础和保证。江苏开放大学建立课程教学团队,课程教学团队与课程教学实施团队在首席主持负责下,形成"紧密层"和"松散层"。紧密层由核心教师构成,参与教学运行设计,修订网上教学资源,人员相对稳定;松散层由骨干教师构成,做好面授辅导工作,并保证一定数量的学生参与网上教学实践活动。紧密层人数控制在 6 人左右,松散层 10 人左右。通过课程教学团队建设,形成开放教育的团队合作机制,提高教师学习支持服务的整体水平。

(2)教学管理团队。江苏开放大学尝试组建教学管理团队,即整合教务管理、考试管理、学籍管理三支团队,形成开放大学系统的团队合作分享机制。充分发挥系统管理队伍的骨干作用,完善教学管理规章制度,优化学籍管理工作流程,促进业务研讨和教学管理经验交流,改进学籍管理的方法和手段,提高教学管理人员学习支持服务的整体水平。

(3)专业管理团队。专业管理团队是通过专业教师对学生进行间接性辅导

的团队。江苏开放大学针对现有的 29 个专业,一是聘请了 19 位本校教师担任专业负责人,共同管理 27 个专业;二是针对 2 个实践性教学要求较强的专业(旅游专业和汽车维修专业),聘请了 2 位从事职教系统多年的教师担任专业负责人;三是聘请系外的两位专家担任相关专业的带头人,组建了一支既有理论研究水平,又有实践经验,还有开放教育管理能力的专业管理团队。团队针对在线学习环境不断进行教育教学研究,使学生的学习同市场结合,为学生提供了良好的学习支持服务。

2. 学习支持服务组织层:小组学习

教师团队提供的学习支持服务利用小组学习的形式能够更加容易传达给学习者自身。学习小组是重要的学习共同体。在学习共同体中,学习者彼此之间的交互会对其认知活动产生促进作用。小组学习不再以教师为主,而是以学生为主体,良好的学习伙伴及学习小组对小组中成员的学习效率产生着决定性的影响。由课程团队教师组织引导学生组建学习小组,通过组员之间的互帮、互助,相互促学、协作学习,可以达到有效学习的目标。

江苏开放大学建立了持续探索和推进小组学习的助学机制。每学期根据学生学习需求和学生人数组成 n 个学生学习小组,促使学生与学生间互相支持。学习小组具有许多功能,如:

(1) 形成互助。使小组成员产生归属感,成员在学习过程中互相帮助、共同学习,共同提高,高效率地完成学习任务。

(2) 产生激励。开展学习小组活动能够激发学生学习的兴趣。具有不同优势的学生组合在一起,每个成员受到关爱与尊重。学生在小组学习中相互激励,能够消除学生独立学习的孤独感和乏味感,保持学习动力。

(3) 提供榜样。小组学习中提供榜样,示范榜样的行为,对良好的榜样行为予以积极的强化,会使其他学生习得良好的学习行为。

(4) 强化责任。为避免有学生无所事事,学习小组中,必须使每位学生承担一定的学习任务。学习成功取决于所有组员个人的学习。明确个人承担的学习责任,可以实现学生之间的互相影响,达到自我完善。

江苏开放大学每学年坚持学生优秀学习小组评选活动。经专家评审,评选出最佳学习小组、最活跃学习小组、最具人气学习小组,学习小组组长特别贡献奖等,有效地促进了学生的学习。

(二) 学习支持服务活动层:学术支持与非学术支持

学习共同体中,以学生为主体,教师及管理者由教育教学活动的"管理者"

转变成学生学习的"服务者"。为调动学生学习积极性、提高学习效率,我们探索了学术性和非学术性的学习支持服务的有效性。

1. 学术支持

江苏开放大学根据课程开设情况,动态配置课程负责人,为保证课程教学的质量,严控质量关。

(1)完善教师空间和学生空间。各学习中心按照教务管理系统的学生选课数据,按照模板,将教师与新生的选课数据全部导入学习网。各教学点根据管理员操作指南完成学生分班和配置辅导教师工作。要求所有教师和学生进入平台后,首先熟悉平台空间的各项功能。

(2)教师做好学习支持的准备。分部课程责任教师登录课程,修改课程设置,设定课程模块,补充、完善、整合课程教学资源,设计教学活动等,做好教学准备。各学习中心课程辅导教师登录平台进入课程,熟悉课程的教学设计、课程教学辅导资源、课程教学活动主题,思考如何引导学生有效学习。在线下,各学习中心利用开学典礼和其他有效的方式,对学生开展开放大学学习网的学习培训,让学生了解在学习网上如何有效开展学习。

(3)了解学习者学习需求。进行有效的学习支持服务前提之一是获取学习者学习需求数据。一是利用平台自带的问卷调查表;二是分部课程负责人自行设计创建调查问卷。通过问卷调查来收集学习者年龄分布、学习动机、学习风格、职业状况等数据,帮助学习者实现有效的课程学习。

(4)提供清晰易学的学习资源。对于网络核心课程,江苏开放大学要求课程负责人在自建区这一阵地做好文章,结合有关规范做好教学活动设计的补充、导学、助学和评学。要求自建资源区资源分为三个模块:

首先是课程简介。课程简介是整个课程的引领,内容包括简单介绍课程的性质、学习要求及必要的支持服务联系方式,也可以包括对课程导学、教师介绍等。

其次是教学活动。教学活动是开展日常辅导答疑和网上实时教学活动的区域。根据平台提供的讨论区的功能,设置课程学习问题讨论区、教学点学习问题讨论区、网上实时教学活动讨论区及公共讨论区等。主题要求清晰,便于学生快速查找,进入该区参与学习与交流讨论。

再次是作业辅导与期末复习。这是为学生通过终结性考试提供的期末复习要求及复习迎考的相关资料,包括近三年试卷、综合练习等。对于省开选修课,以"7+1模块"(课程简介、教学活动、教学文件、教学辅导、多媒体资源、作业讲评与自测、期末复习及拓展学习)单元化的布局方式,保持课程版面统一、结构统一、评价统一,最大程度地体现大规模在线教学的辨识度,为学生学习提供方便,不至于因为每门课界面、栏目不同造成混乱。

以规定模式,统一要求的同时,也鼓励教师进行教学资源呈现形式的改革和创新,支持教师参与网络核心试点课程的研究和探索,要求教师在研究的基础上,积极采用单元模式呈现课程教学资源,以增加学习支持服务的多元化和趣味性。

(5)充分开展课程讨论活动。为使教学活动顺利开展,课程负责人在课程正式学习前都建立了"破冰活动"区,用以活跃学习气氛,拉近师生、生生间的距离。江苏开放大学100%配置相应的辅导教师,辅导教师和课程责任教师组成课程教学团队,就各自的工作职责、内容进行分工,保证每一位学生能够顺利进入课程学习、完成形考任务。

2. 非学术支持

管理和服务质量的好坏会直接对学生的学习经历产生积极或消极的影响。教学管理人员工作水平和质量直接影响学校学生管理与服务的质量。江苏开放大学制定了教学管理人员的管理办法,并明确考核评价机制,形成定量和定性考核的相关标准,充分吸收先进的"围学"理念,根据学习网的运行方式,梳理了教学管理流程,对每一个环节把关,为学习者提供了良好的教学管理服务。

(1)积极推进课程考核改革,规范考试管理工作流程,严抓考风考纪。进行适应开放教育学生学习成果的考核改革是远程教学改革的重点之一。在精心组织并实施国开统设课程考核改革工作的同时,制定了非统设课程考核改革方案,积极探索建立以能力为核心的学习评价模式,科学设计评价主体、评价内容、评价方式等,实现学习与评价一体化。根据"六网融通"模式要求及学习网的特点,对学生学习内容、学习过程、网上学习行为等方面提出了明确的考核要求,尤其是对学生网上学习行为的评定提供了规范、量化的考核依据,量化指标具体,考核标准明晰。

(2)技术支持为学习共同体的构建打下了良好的基础。江苏开放大学不断加强校园信息化和数字化资源建设,升级改造网络设施,建设成了集教学、演示功能于一体的学习广场。校园网主干带宽达到 10 G,出口带宽 1 200 M,形成了遍布全省的高速、便捷的远程教育网络;更新改造了基于"云计算技术"、服务全省办学系统的数据中心,数据中心可以提供约 400 台服务器的运算能力、约 100 T 的存储能力;升级改造了校园无线网(WLAN),实现校园无线信号无盲区覆盖;配置了"多媒体实时讨论系统";完成了数字图书馆的运行维护工作,更新电子期刊约 8 000 种,新增期刊索引约 80 G;建成全省多个云教室并投入使用,构建"泛在学习"环境,合作研制了"移动学习系统",应用虚拟仿真技术构建数字化网上实验教学环境,开发实训模块 47 个。有的学习中心还开发了掌上学院(手机版 IOS 系统),有步骤有计划地推进数字化校园建设,建了微格教室,并初步形成了一站式自助学习支持服务中心。

(3) 情感支持在学习共同体中起着至关重要的作用。江苏开放大学配备专门的心理辅导教师,适时对学有困难的学生进行心理疏导,提供帮助。采取各种措施,增加学生间的交流机会,如开展学习竞赛、班级主题活动、学习小组活动等,使学生相互督促、相互鼓励,形成良好的学习氛围。为加强系统凝聚力,每年开展优秀学生和优秀学习小组评选活动,积极鼓励学生开展自主学习,提升学习能力。

(三) 学习支持服务保障层:评价及保障措施

1. 制定学习支持服务评价标准

学习支持服务评价,是对学习支持服务中一系列内容及学习活动的设计、组织、开展的过程和结果与实际教与学过程中的教学目标、学生需求是否相符,或者相符程度的高低进行的一种价值判断。学习支持服务评价标准是保障制度建设的重要内容。基于英国开放远程学习委员会的评估指标,结合自身的学习支持服务工作的实践,学校制定了学习支持服务评价指标。学习支持服务评价的一级指标有人力支持、技术支持、资源支持、学习过程支持、管理支持、文化(情感)支持 6 个,二级指标 15 个。学习支持服务评价标准为开展学习支持服务活动提供了依据。

2. 围绕学习者进行学习支持服务评价

学生是课程活动的对象,学校教学质量的高低主要体现在学生身上。学生对学习支持服务的评价,可以为院校提升学习支持服务质量提供反馈信息,有利于学习支持服务模式的不断完善。江苏开放大学在兼顾外在评价(社会大众、同行评价)和内在评价(学校自身及学习者评价)的基础上,特别针对学习者,从学习者的满意度、感知度、成功率及毕业论文通过率等方面进行评价。

(1) 学习者满意度、感知度。远程教育院校的存续需要学生良好的满意度与感知度。"学习者满意度"主要了解"为学生提供了怎样的学习支持服务的"

问题,而"学习者感知度"主要了解"学生需要什么样的支持服务",对他们而言是否最为合适有效。对学生的问卷调查,有助于提高学习支持服务质量。江苏开放大学持续在网上开展学生满意度抽样调查,结果表明,学生对教学过程的学习体验满意度很高。教学整体满意度、教学辅导满意度、教学资源满意度、教学支持服务满意度等几项主要调查项分别达到 97.14%、98.13%、93.95%、98.33%。

(2)课程合格率。课程合格率正常体现为学生毕业率,课程合格率与满意度之间存在着正相关性。近年来,江苏开放大学学生上网学习行为及课程合格率呈上升趋势。

(3)毕业论文(学位)通过率。完成毕业论文的写作,是完成学业的标志性指标,是提高学生实践能力、学以致用的重要环节。教师对学生毕业论文的指导是对学生进行支持服务的重要教学活动。可以说毕业论文(学位)通过率是开放教育教学质量的直接反映。

(4)自主学习能力及终身学习能力的提升。近年来,培养学生能力已成为世界各国各级教育的主流倾向,对学生的测试或评价已从关注学科知识转向关注学生的能力发展。边实践、边探索,江苏开放大学注重对学生自主学习能力及终身学习能力(学生的职业能力、具体职业情境中的综合能力)的培养,现已初显成效。

3. 学习支持服务保障措施

江苏开放大学探索制定了一整套学习支持服务规章制度、工作流程和操作手册,规范了教学支持和管理支持工作;通过集中与分片、专项与综合培训相结合的形式,保障了学生学习支持服务的工作成效。

(1)加强各类团队建设。明确教师、管理人员及技术人员职责,制定团队支持服务的标准。充分发挥办学系统师资优势,加快整合系统内教师,打造强有力的课程教学团队、教学管理团队及专业管理团队等,形成专兼结合的教师团队。

(2)加强教学规范化建设与管理。积极探索教育教学规律,加强教学规范化建设与管理,切实提高教学质量。适应开放大学转型发展,全面推进网络核心课程的试点工作,探索基于网络核心课程的教学支持服务规范与秩序。每次将教学检查结果与学习支持服务活动作记录,并存档。

(3)加强学习支持服务者的支持培训。每学期组织有针对性的教学培训、教学管理培训及学籍业务专题研讨会或培训会,让教师及管理人员掌握最新、最准确的教学及管理相关政策措施，及时调整工作流程为学生做好支持服务。

（4）边实践、边研究，以研究推动实践。近年来，江苏开放大学在实践基础上总结电大/开放大学的办学经验，探索并编制了"学习支持服务解决方案"，指导开放大学教学工作，帮助学习者实现自主学习，提高了远程学习的质量和效果。

四、结束语

学习支持服务的本质是社会性的，支持服务体现了学习共同体内在的属性。构建学习共同体可以为学习者提供更优质的学习支持服务。"互联网＋时代"赋予学习共同体新的意涵，由师生、生生组成的学习共同体有利于形成学习者自我驱动、相互尊重和相互合作的学习氛围。基于学习共同体的学习支持服务有利于建立起一对一、一对多、多对一、多对多的对话方式。如果教师没有继续学习和有效合作，就不可能使学生成为继续学习者和有效合作者。[1] 通过学习支持服务帮助学习者发展为学习共同体中的实践者是远程开放教育的当然追求，这需要学习共同体中的专职与兼职教师在新的教学场域中重新定位。

① 迈克尔·富兰.变革的力量——透视教育改革[M].北京:教育科学出版社,2004.

高职院校教学"诊改"的质量文化建设研究①

秦步祥　成中平②

一、关于教学"诊改"与质量文化

2015 年,教育部发布《关于建立职业院校教学工作诊断与改进制度的通知》(教职成厅〔2015〕2 号)和《高等职业院校内部质量保证体系诊断与改进指导方案(试行)》(教职成司函〔2015〕168 号),这两个重要文件拉开了职业院校教学"诊改"工作的序幕,全面开启职业院校履行人才培养工作质量保证主体责任的质量管理新时代。通知指出:"各职业院校要切实履行人才培养质量保证主体责任,建立周期性常态化的教学工作诊断与改进制度,开展多维度多层面的诊断与改进工作,构建校内全员全方位全过程的质量保证制度体系。"随着教育质量成为高职院校广泛关注的焦点,各高职院校纷纷响应新要求,积极探索教学质量诊断与改进的常态机制,但从实际情况看,不少高职院校在教学质量诊断与改进工作的实施过程中,建立和完善内部质量保证体系,习惯性注重"硬件基础设施的建设",不重视"软性文化的根植",实际偏离了教学质量"诊改"制度设计初衷,结果非常不利于长效性的质量保证机制建设,最终教学"诊改"对教学质量改善收效甚微,以质量文化为核心的教育质量发展理念没有充分确立。

质量文化建设是落实高职院校"诊改"工作机制的软性手段,是学校教育实践的积淀和学校质量管理的灵魂,体现学校的办学理念和办学宗旨,对学校质量管理具有重要的导向作用[1]。关于高校质量文化建设的内容,学术界研究得比较少,但到目前为止尚没有形成一个公认的高校质量文化的标准定义。在我国最早是 2000 年盐城工学院刘德仿副院长给出的定义:高校质量文化是指高

①　基金项目:泰州职业技术学院 2019 年职教研究(一般)课题"用诊改手段,构建汽车专业建设内部质量保证体系的实现"(编号 ZY201914,主持人秦步祥)的阶段性研究成果。
②　作者简介:秦步祥,江苏泰兴人,泰州职业技术学院副教授,高级工程师,主要从事职业教育教学研究;成中平,泰州职业技术学院汽车教研室教师。

等学校在长期教育教学过程中自觉形成的涉及质量空间的价值观念、规章制度、道德规范、环境意识及传统、习惯等"软件"的总和[2]。他的这一定义得到了多人的赞同。但大多人认同的高校质量文化的定义应包括几个关键要素：① 它是高校在长期的教育教学改革实践中所形成的被全体师生员工所认可并内化的；② 它是关于高校的教育教学质量、人才培养质量、教学过程工程实施质量以及管理质量等一切工作质量的；③ 它包括了质量价值观、质量理念、质量行为、质量方针、质量目标、质量意识、质量保证体系、质量形象、质量制度、质量奖励、质量监督、质量环境、质量习惯、质量道德规范等精神的、物化的、行为的、制度的诸多要素；④ 高校质量文化不是前述诸要素的简单堆积，而是它们之间相互影响、相互作用而形成的有机综合体[3]。

笔者认为一个优秀的校园质量文化共性，主要具有如下四个基本特征：第一，"质量就是生命"融化在全体教职员工头脑里，并作为一种生存意识，实践在学校的教育行为中。第二，以质量为核心的学校管理体系。第三，以组织精神为内核，以质量为红线，融入在学校的规章制度建设中，并形成制度文化的完整体系。第四，以社会满意的办学质量、优秀的毕业生和服务作为唯一的公关语言。

二、质量文化建设的作用

关于高职院校质量文化的功能，理论界进行了探讨，观点虽不同，但基本趋于一致，概括起来主要高校质量文化有四大主要功能[4]：

1. 约束功能

约束功能是对学校及全体教职员工的质量行为、质量态度起无形的约束作用，从而"产生一种自我约束的功能"。其原因是：质量文化中的核心质量价值体系是被学校全体教职员工所共同认可和维护，为实现学校的质量发展目标而自觉追求和自觉遵守的共同的质量信念、价值观和行为准则，是一种群体文化和团队意识[5]。一切有悖于这个质量价值体系的质量行为、质量态度、质量观念，都会被全体师生教职工拒斥。

2. 激励功能

表现在两个方面：一是以柔性的内控机制来规范和激励全体教职员工的质量行为，激发学校及全体教职员工对质量的热情和关注，从而达到学校质量管理的目标；二是高校质量文化是在长期的培养人才教育活动过程中所形成的、具有本校特色的管理思想和精神理念等,一旦被质量文化认可,就会产生一种无形或有形的褒奖,从而更加强化了学校及全体教职员工的质量行为和质量态度。

3. 凝聚功能

共同的质量目标和行为规范,增强了学校内部在提高质量方面的凝聚力和协作力,共同的质量观和责任感,增强了整个学校解决质量问题的荣辱感和使命感,从而形成一种强大的精神力量和动力机制。

4. 导向功能

质量文化一旦形成,不会因学校领导人的更换而轻易变更,也不会因其他因素的影响而消失,而是具有长期效益。一种优秀的质量文化一旦被社会公众所认同,它就等于"为学校作了不花钱的广告"而形成一定品牌,而高校品牌的归根结底是高校质量文化的建设,品牌能提升高校在社会上的办学地位,增加学校的美誉度[6]。

三、质量文化建设的必要性

加强高校质量文化建设,有学者已有探索。在我国高职持续发展的形势下,不断满足广大群众日益增长的接受高质量的高职教育的需要,稳定与提高教学质量,实现教育可持续发展,具有重要的现实意义。主要表现在三方面:一是适应社会发展的需要。社会对高职毕业生质量提出了全新的要求,促使人才培养进一步更新教育质量观念,从而客观上要求高职院校建设具有竞争优势的质量文化。二是学校可持续发展和内部质量保障体系建设的客观要求。教育面向未来,改变了学校的服务体系。社会对人才培养要求是从昨天的知识型,到今天的技能型,再到明天的素质综合型人才,培养要求越来越高,这就要求在人才培养过程中形成的质量保证体系提出了更高标准,要求学校建立与之相适应的质量文化。三是实施教育"诊改",彻底摒弃旧行为、建设新内涵的需要。

四、质量文化如何建设

质量文化建设是一个复杂的问题,是一项长期、全方位的系统工程,涉及社会、高校、学生、用人单位等方方面面,需要做许多艰苦细致的工作。但对于高职院校建设质量文化的具体途径,由于侧重点不同,理论界的观点也不完全相同,概括起来重点抓以下几个方面:

1. 强化质量意识和信念,培育质量精神

影响质量的第一因素是人的质量意识,没有"质量第一的思想信念,就不可能有一流的工作,一流的服务,一流的产品质量""产品质量是人的精神和物质相结合的产物"[7]。树立质量高于一切、"一切为了有利于学生发展"的价值观,并将这一种质量价值观念变成全体教职员工的经久不衰的工作精神和作风。为此需做好:对全校师生教职员工开展的质量文化和质量意识教育、质量管理知识和专业技术教育;利用现代化的新闻传播媒介和宣传,广泛开展各种文化活动,如质量月专题活动,技能大比拼、课堂教学技能大比武活动,来灌输实现质量文化的教化和塑造,强化学校和全体教职员工的质量意识和思想信念,更新质量观念,激发他们的质量热情。

2. 健全质量管理规范和制度

质量改进是提升教学工作水平永恒的研究主题,教学质量的提升隐藏在精细化管理中,精细管理体现在质量文化建设。而高职院校质量文化建设隐藏在学校长远决策、具体政策和日常管理系统中,建设虽然有难度,但是重点抓好教学质量目标、质量标准、工作标准制定工作;建立内部质量保障体系,健全质量管理的行为规范和规章制度,付诸实施质量奖罚政策,厉行法制,这是强化质量意识的必要手段,也是学校全体师生教职员工必须遵守的"硬约束"。

3. 突出质量主线,务实"诊改"实效

质量是永恒的主题,改进是提升教学质量的重要抓手。因此,强化质量保证体系运行,将质量方针、目标及措施分解落实于各教育教学环境及相关的责任人中去。务实"诊改"要有实效,就是针对质量保证体系推进过程中暴露出来的不足,重视学校、专业、课程、教职员工、学生等质量生成主体,查找质量生成过程中的各种"问题",只有为了学生发展的自我诊断,才能实现诊断过程的全面性、客观性,才能促进问题的解决。

"诊改"重点从有利于把学生培养成为高素质技术技能型人才出发,是聚焦一切有利于学生未来发展。学校从自身查找决策指挥、人才培养设计、资源建设、质量生成、支持服务、监督控制六大系统的运行环节中存在的"短肋",探索

解决"问题"的改进对策,调动第三方力量,形成多主体多维度评价机制,让"诊改"工作方案有效落到实处,确保高职院校内部质量保证体系顺畅运行,最终使教育教学和人才培养的质量不断提高[8]。

4. 量力而行,推进信息化管理平台建设

高校推进信息化建设,有利于强化人才培养工作状态数据在"诊改"工作的基础作用,促进高职院校进一步加强人才培养工作状态数据管理系统的建设与应用,完善预警功能,提升学校教学运行管理信息化水平。在国家《加快推进教育现代化实施方案(2018—2022 年)》《中国教育现代化 2035》《教育信息化 2.0行动计划》《国家职业教育改革实施方案(2018—2022 年)》《高等职业院校内部质量保证体系诊断与改进指导方案(试行)》启动相关工作的通知等文件中都有明确规定,推进教育管理信息化,是人才培养模式改革和教学方式改革的需要,是学校自身高质量发展的需要,是构建内部质量保障体系的需要,也是学校治理模式改革的需要。

可靠信息依赖于现代教育信息技术的应用。目前,各高职院校生源来源多样性、人才培养方案多样性、教学形式多样性、考核方式多样性。因此,推进管理精准化和决策科学化管理,必须强化教育信息化管理,形成现代化的教育管理与监测体系,为教育行政部门决策提供参考。加快推进信息化管理平台建设,有利于学校真实信息及时获取,及时监控质量状态,及时调整管理目标和要求,及时诊断与改进方案和防止问题的发生,及时沟通,准确地评估学校各部门的能力,使学校管理运行通畅有效。因此,高校在信息化建设推进时,一要明确阶段性实现目标,健全"诊改"信息工作平台;二要量力而行,信息化建设模式选择可靠,大数据预警监测系统方便使用;三要整体的规划顶层设计科学,定位准确。

五、"诊改"质量文化培育和建设的思考

1. 以需求关注为焦点的原则——让社会、行企、雇主、学生、学生家长更满意

高职院校办学依存于社会,因而应理解社会、行企当前和未来的需求,满足社会、行企、雇主、学生需求并争取超过他们的期望。因此,高职院校对于方针和战略的制订,在质量文化培育和建设中必须全面地理解社会,用人单位对于

学校培养出的学生对知识、技能、素养、可持续发展等方面的需求和期望;谋求在社会、行企、雇主、学校、学生、家长的需求和期望之间的平衡,并将这些需求和期望传达至整个学校每个部门和教职员工;定期地测定社会、雇主、毕业生的满意度并为此而努力,处理好管理与他们之间的关系。学校教科研、师资培训、资金源管理,一切服从教育教学中心,一切为满足社会、行企、雇主、学生家长做好服务为宗旨,在日常管理中不断改进,提高高职院校人才培养办学水平,满足社会需求的业绩。

2. 强化党政领导的原则——使学校发展有方向

高职院校质量文化是高职院校及全体教职员工质量活动的反映,质量文化培育是一个长期而复杂的过程,在培育质量文化时需要依靠党政领导者的积极推动,建立学校相互统一的宗旨、方向和内部环境,设定具有挑战性的目标,领导所创造的环境能使学校师生员工充分参与实现学校目标的活动[9]。

高职院校质量文化是学校领导的质量理念、意识和质量行为的体现。因此,领导要明确地提出学校未来的前景,系统研究质量文化建设工作,精心策划,形成全面、系统、长远的培育和建设规划,明确职责,成立专门机构或由有关部门具体负责,并提供必要的资源保障;领导要了解外部环境条件的变化并对此作出响应,要营造具有自身特色质量文化的环境,充分考虑到包括以企业、雇主、学生家长、学校、师生员工和社会等所有受益者的需求。

高职院校党政领导是质量文化建设中的倡导者、决策者、推动者、组织者和指挥者,在质量文化建设中加强学习、转变观念、以身作则起领导的模范带头作用。在学校的质量文化建设中,领导要明确职责,形成党政工团齐抓共管、各方分工负责,并指导各部门整体推进突出重点、由浅入深、持之以恒。组织师生员工参加各类进修和培训,不断追求自我成长和自我发展;组织教师对学校的质量观念和质量目标进行深入了解,时刻把追求高质量作为自身的教学理念,并将其融入到学校的组织结构、教学活动和文化中,从而促进学校教学质量的提高。

高职院校在质量文化培育和建设中,应以现代教育思想和创新的质量观为指导,建立具有一支经充分授权、充满激情、信息灵通和稳定的师资队伍,把质量管理付诸于行动和实践,千万抓好内部沟通这个重要环节。在行政管理层面上,高层领导和各级管理领导要注重充分开放式的交流和真诚的收集教学资讯,听取基层意见并反馈和分析,塑造和谐尊重的气氛,建设有效沟通的网络,鼓舞、激励和承认教职员工的贡献,使各个层次树立价值共享和精神道德典范的质量文化建设格局。否则,再好的质量意识、质量观念也会变成纸上谈兵、空中楼阁。

3. 全员参与的原则——使教学管理聚合力强

高职院校质量文化是全体教职员工在教学实践中形成的群体质量精神和价值观念。各级人员都是学校的根本,在质量文化培育中要承认个体在质量保证中的作用,充分发挥和调动教职员工和学生的积极性,引导他们参与学校的决策、管理和各项质量活动,主动承担起解决问题的责任,并运用各种激励方式来增强教职员工的质量意识,主动地寻求机会进行改进不足,主动地寻求机会来加强他们的技能、知识和经验。全员参与必须坚持以人为本,就是突出人的发展,质量文化的培育靠人去教育创造、靠人体现。学校要深入贯彻"以人为本"管理理念,尊重老师、欣赏学生是全员参与的根本前提。以人为本,就是将工作的出发点放在他人的角度来思考,强调对人心的理解和他人选择的尊重,是高职院校质量文化建设的核心与本质,只有大家的充分参与才能使他们的才干为学校工作带来收益。

高职院校质量文化是一种群体文化,具有广泛的群众性和全员性。要使广大教职员工具有浓厚的质量意识,必须努力营造质量氛围。因此,高职院校质量文化建设必须充分调动广大师生员工参与的积极性,组织广大师生和教职员工了解学校的方针和战略目标的制订,并积极地参与,能够有效地对改进组织的方针和战略目标作出贡献。全员参与质量文化建设培育,要让全体师生员工作为学校一名成员而感到骄傲和自豪,学校积极为学生创造条件和环境,促进学生的全面健康发展;合理设置教师岗位,确定岗位责任、权限和利益,并为教职员工提供必要的培训、提供良好的工作条件,积极地开展有助于个人成长和发展的活动,让教师创造从工作中得到满足感的机会。

4. 过程管理的方法的原则——使教学管理更流畅

现代质量管理理论认为:过程的输出就是该过程的产品,产品质量不是检测与评估出来的,而是工作过程质量决定着产品最终质量,产品的最终质量靠优化设计和全过程的质量控制来实现。从这个理论角度出发,高等教育的产品是社会需要的合格人才,人才质量的好差在于学校教育的全过程的工作质量来决定的。

教育教学质量受多种因素的影响与制约,培养合格人才主要抓好学校各层级的管理活动过程、教育资源管理过程、教师"教的质量"与学生"学的质量"管理活动过程、教育教学监测过程等"四大过程"基础管理。从综合意义上讲,它是一种与能达到教学目标及要求的学生、教师、管理者、领导、服务、培养全过程、教学环境相联系的动态概念,其核心是教学质量必须达到学生培养及教学规定的需要及社会、行企、雇主、学生家长等潜在需要。因此,高职院校质量文化的培育与建设要将相关的资源和活动作为过程来进行管理,才可以更高效地达到预期的目的。

教育质量与过程内部和过程间是相互关联和相互作用的,站在学校培养人才角度看,学生从进校到学生毕业的人才培养每一项工作都是人才培养的大过程中的每一组小过程,这个大过程包含许多小过程:如人才培养方案设计、课程设计、课堂教学、技能实操、课外活动与实践、日常管理与素质教育、毕业综合实践、学工服务等,这些过程又可以细分更多过程。这就要求在人才培养的每一个小阶段都要给予明确的规定,对过程进行管理的职责、权限和义务以及实现预期的目标设定,并要求每个教学环节和每个服务点都要有明确的任务、工作标准、方法和质量过程管理监控点,并对过程测量、监视的结果进行分析。注重从起始阶段开始过程的步骤、活动、流程、控制措施、培训需求、教学设备、方法、信息、材料和其他资源,使教学过程全程始终处于受控状态,让每一个教育教学管理和服务等过程,能够增强结果的可预见性,更好地使用资源,能够以降低成本、避免失误、控制偏差,以达到预期的结果,这种结果始终关联社会需求及人才培养目标。

5. 管理的系统方法的原则——使教学管理更透明

质量管理体系就是一个由过程、过程链、过程网络组成的系统,对于这样的一个系统进行管理,当然采用系统的管理方法进行管理。系统方法的重点是过程,但必须注意:高职院校质量文化是共性与个性的统一体,一个系统可以有多个过程构成,但一个过程也可能就是一个系统,系统和过程都是相对的。每所高职院校的性质、学校定位、办学理念、历史地位、文化传统、发展方向、所处环境、学科专业设置、学校师生来源等也存在较大差异。因此,高职院校质量文化培育和建设在遵循高职院校办学的普遍规律情况下,又要立足自身实际,在学习和借鉴国内外先进高职院校质量文化成果的基础上,围绕学校质量方针、质量目标,逐步建立和形成具有适应自身发展的管理特色和质量价值体系。

管理的系统方法有系统分析、系统工程、系统管理。具体的技术方法有系统分析、成本效益法(CEA)、价值工程、最优化技术、计划协调技术(PERT)、风险分析等。应用"管理的系统方法"原则,在质量体系管理过程中,控制协调组织,理顺管理职责来解决一些过程环节中存在无人管理的"缺环",这些缺环所在的过程,往往是工作难度大的"鸡肋",重点控制。另一个控制重点是高职院校的教育教学过程多,识别、控制好各过程间的"接口",控制和处理不好过程间的接口同样会降低体系的有效性和稳定性。因此,不断对教育教学过程的有效性(测控)进行广泛的评审,了解问题产生的原因(诊)并适时地进行改进(改)体系。

6. 持续改进的原则——使教学质量提升有目标

任何一所高职院校质量文化,都是一个在不断积淀、继承、学习、总结、创新管理的过程上逐步形成的管理文化。质量改进是永恒的目标,因此,质量文化的继承和持续改进也是学校发展和生存必需的永恒主题,这是质量文化的精髓。高职院校激活持续改进的动力有两个;一个内动力就是来自于社会、行企、雇主、学生及学生家长对学校的期望与要求的更新和提高、变化和发展,这就驱使高职院校持续改进要与社会的需求和学生的发展联系起来,持续地改进教育教学全过程。另一个内动力就是高职院校不断追求卓越,达到新的目标活动,反过来,目标又是持续改进的动力。

随着高等教育以适应社会文化环境、政治经济的深刻变化以及自身的不断发展,持续改进是一种持续不断的活动,持续改进不是有问题才进行改进,而是每个过程(包括改进过程)都存在改进的机会,要积极寻找改进的机会。高职院校持续改进是不断满足社会对教育日益增长的需求,改进的对象是毕业生质量、过程和管理体系,持续改进是一种螺旋上升的循环活动。

持续改进的重要手段是 PDCA 循环,不断创新、纠正和预防措施是改进的重要组成部分,也是改进的一种方法。因此,高职院校在推行质量文化培育和建设过程中,变革教育质量观,树立现代质量观念,给全体师生员工要设定实际的和具有挑战性的改进目标,并提供资源加以实现。

7. 基于事实的决策方法的原则——使教学管理决策更科学

成功的结果来自于有效的决策,一是建立在客观事实的基础上,一是采用科学合理的决策方法。高校在为实现某一目标的管理中,"基于事实的决策方法"就是说,决策必须在掌握现有的信息和经验的基础上,依据客观事实,分析客观条件,提出备选方案择优选出并实施最佳方案,对实施方案的过程进行监测和检查,及时调整和改进实施方案。

决策的依据是以客观事实为基础的精确度、可靠性信息。高职院校进行质量文化培育和建设,有效的决策是建立在对数据和信息进行合乎逻辑和直观的分析基础上。高职院校人才培养状态基础数据的真实性的采集工作涉及全校各个部门,"诊改"质量源于基础办学数据真实。因此,采集众多数据必须真实,否则,"诊改"工作就无法保证质量。

决策应当采用科学分析的方法。科学的分析和判断应该是建立在客观基础上的。因此提升学校信息化水平,建立信息化全覆盖、全量数据采集、监测预警的数据信息平台越来越显现出强大的支撑作用,学校可以依据充分的信息和数据,制定出切合学校实际的发展方向和战略、制订出更具实际、更具有挑战性的方针和目标。

"诊改"过程中获取真实的信息,往往依赖于充分的、有效的沟通,诊断的信息基于管理的事实。建立学校与劳动力市场、高校管理层与教师之间的交流和反馈机制,特别是通过雇主调研、学生跟踪调查、课程评价等方式,搭建学校、劳动力市场、学生、老师以及利益相关方之间交流与对话平台,将质量"诊改"、质量保障牢牢地根植于学校的质量文化建设中[10]。

8. 践行"8 字螺旋"的原则——务实"诊改"有路线

《教育部办公厅关于建立职业院校教学工作诊断与改进制度的通知》中提出:"以诊断与改进为手段,促使高职院校在学校、专业、课程、教师、学生不同层面建立起完整且相对独立的自我质量保证机制。"而激活这种机制的载体和流程便是培育"8 字形质量改进螺旋"(简称"8 字螺旋",见图 1)。

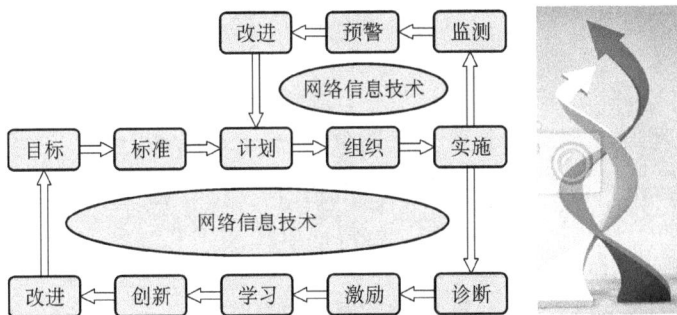

图 1 "8 字形"质量改进螺旋

现代质量观认为,质量是指产品、服务或工作对需求方的满足程度。"8 字螺旋"涉及每位师生员工,事关工作(学习)方式、流程、形态的深刻变化,需要有个认识理解的过程。积极培育"8 字螺旋"正是以自主设定的目标为起点,"迫使"主体主动查证服务对象、摸清实际需求、定制质量标准、致力持续改进、追求零缺陷育人,有利于各层面主体自觉树立现代质量观;根本意义在于营造教学工作"持续良性运行、上下左右联动、自觉改进提升"的动力机制,其关键在于"诊断"与"激励"两个环节。其中,诊断的作用是找准定位、发现问题、寻找关联,诊断强调的是"自我"、是"数据说话";而且"说话"的数据主要是来自常态化采集的过程数据,倚重的是动态轨迹,而不是静态截屏。激励的主要依据来自"自我诊断",激励的目的则是以诊断结果为主要依据,奖励先进、鞭策后进,激发主体学习、创新的内生动力[10]。

每所学校都有不同的质量文化,随着网络信息技术在教育各个领域的深度应用,"8字螺旋"建立兼顾"动静两态"(如图2),实现"三全"(全员、全过程、全方位)的质量保证,这是质量管理追求的理想境界,其核心是使每个人都成为质量保证的责任主体。高职院校根据不同的质量文化制定自己的人才培养方案、教育标准和质量要求,并兼顾多样需求,保证主体,实施过程质量管理,找出影响质量的关键控制点,建立各过程控制点的有机联系和制衡。需要注意的是,不能用规章制度简单地代替质量标准,质量标准应该是可操作、可检验的,质量目标是可测量的。

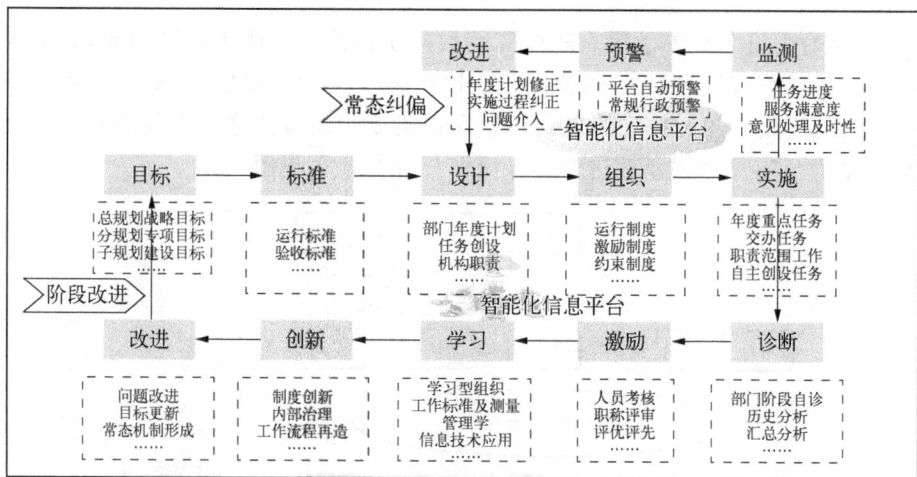

图2 "8字螺旋"动静两态

结 语

质量文化是质量管理的基础和灵魂。高职院校"诊改"工作要从根本上保证和提高教学质量,就必须加强质量文化的培育和建设。为此,要采取强化质量文化建设的信念和意识、制定明确的质量标准、质量目标,夯实质量文化建设基础等措施,并遵循以需求关注为焦点、领导推动、全员参与、过程管理、管理的系统、持续改进、基于事实的决策、"8字螺旋"等原则。

参考文献:

[1] 冯莉莉,姚跃.教学质量诊改机制创新研究[J].九江职业技术学院学报,2018(04):1-4.

[2] 刘德仿.论高校质量文化的构建[J].盐城工学院学报,2000(3):5-8.

[3] 李更良,我国高职院校质量文化建设研究综述[J].河北交通教育,2018(04):14-15.

[4] 何茂勋.高校质量文化论纲[J].高教论坛,2004(03):144.

[5] 唐大光.高校质量文化及其培育研究[J].国家教育行政学院学报,2009(5)P23.

[6] 李伯亭.浅论质量文化——兼谈建设有中国特色质量文化[J].中州学刊,1993(03):23-24.

[7] 徐志坚.质量与精神文明建设[N].人民日报,1991年5月15日.

[8] 冯胜清.学校自我诊断的根本是为了学生发展[N].中国教育报,2016年9月20日第5版.

[9] 王寿斌."问题"切入:高职院校教学"诊改"工作的推进策略[J].浙江工贸职业技术学院学报,2018(03):3-5.

[10] 汪建云.培育"8字螺旋",夯实诊改基础[N].中国教育报,2017年11月07日第11版.

[11] 熊发涯.高职院校落实诊断与改进制度完善质量保证体系的思考[J].黄冈职业技术学院学报,2016(06):12-15.

高质量教学的理论研究与实践探索

文化立场:地域文化课程教学的根本逻辑①

王利平②

地域文化课程是我国高校乃至中小学的一种重要的课程类型,开课规模巨大,教育影响广泛,近年来发展十分迅速。然而,课程建设和教学改革却相对滞后,尤其"地域文化课程应当坚持何种文化立场"这样的根本问题,应当得到学界的理论观照。

可以说,任何一种文化形态都有着主体文化选择的自觉性和意识形态的适切性。文化从来不是中性的,其中的价值观、思维方式、核心思想必然包含着文化主体相对稳固的文化立场。从受教育者的角度看,地域文化课程的着眼点,应当是学生重新认识古老传统的文化生命力,坚定自身的文化立场。而从教育者的角度看,教师的文化立场决定了地域文化课程教学内容的选择、教学方法的设计、文化理念的传达,关系到学生文化自信的建立,关系到社会主义文化建设的协同性。因此,明晰"文化立场"是地域文化课程改革的关键性工程。

一、坚守中华文化的"同一性",增强文化凝聚力

20世纪80年代以来,西方国家的多元文化主义思潮不断泛化,区域群体、社区群体、少数族裔、弱势群体等少数派文化在谋求政治承认、文化权利的同时,力图控制政治权、占有话语权、控制社会资源。其危害是,在一定程度上解构了文化共识与社会共同价值,瓦解了国家认同,侵蚀了政府的政治合法性,造成了社会的文化分裂,乃至政治分裂和国家分裂,族权政治、极端分离主义成为国家乃至地区稳定的挥之不去的梦魇。对此,作为地域文化的教育工作者,我

---

① 本文在江苏省高等教育学会2019年学术年会上作了专题报告。

② 作者简介:王利平,南京交通职业技术学院素质教育研究所所长、副教授,香港中文大学访问学者,教育部全国职业院校劳动教育研究院研究员,中华美学会马克思主义美学专业指导委员会委员,中国中外文艺理论学会会员,中国文化管理学会会员,微方传媒(南京)有限公司艺术顾问。在CSSCI、全国中文核心期刊发表学术成果10余篇,主持教育部人文社会科学基金项目1项、省级课题7项,主要研究方向为学生思想政治教育。

们必须高度警惕。

在数千年的文化积累中,我国不同地域的语言文字、价值观念、思维方式、生活习惯、风俗礼仪相互影响、渗透,形成了中华文化多源一体、兼容并蓄的文化形态。在多元共生共处中,不同的地域文化的共通性不断增强。中华文化与地域文化是主流与支流、共性与个性、一般与个别的关系。中华文化的同一性是各民族、各地区文化相互借鉴、吸收的基础上演变出的普遍属性。尽管在中华文化谱系内,有多个具有特色的、强势的地域文化,它们在特定区域的文化影响力甚至强于整体的文化精神,但中华文化的"同一性"是不容否定的。

文化统一是国家统一的基础。英国历史学家汤因比提出,"在统一的大前提下,人类也能够允许一些差异,这样人类的文化将会更加丰富多彩"①。也就是说,不同的族群、地域文化只有在同一社会中才能实现相互并存,共同发展。同一性是中华民族文化认同的基础,每一个中华民族成员都有双重认同,其中对于中华民族的认同是最高层次的认同。② 强调文化的同一性,是将不同地域、不同民族的华夏子民整合、凝聚为一个文化整体,维系中华民族统一的内在需要。

回到教育层面,脱离中华文化的整体,把地域文化看作异种文化、独立的文化现象,以地域文化的特性分裂中华文化的整体性,是地域文化课程教学必须警惕的倾向。它一方面扭曲文化关系,不利于学生整体文化观的形成,另一方面,助长文化独立主义,影响文化与政治大局的稳定。

地域文化课程教学必须在"同一性"的文化立场下坚守中华文化本位,强化学生对于中华文化精神的整体认知,重点强化学生对中华文化的深刻认同和情感归依。第一,教师必须运用马克思主义基本原理,辩证地处理地域文化与中华文化体系的关系。要把地域文化同文化整体、其他文化、文化要素之间的关系,看成广泛联系而又相互影响、相互促进的,要在学生的文化观中坚决否定地域文化的独立性。第二,教师不能囿于地域文化的狭小领域,必须在中华文化的整体语境、总体脉络中考察其本质特征、形成原因、主要影响以及不同要素之间的联系。在展示中华文化的全貌图景的基础上,引导学生由面及点认识地域文化所处的文化方位,包括其在文化史上的时间方位、不同地域文化互动的空间方位、文化发展的逻辑方位。进而,在认识了地域文化的特征后,再重新回到中华文化的本源,引导学生由点及面地全面理解地域文化及其整体关系。

① 阿诺德·约瑟夫·汤因比.历史研究[M].上海:上海人民出版社,2000:395.
② 何星亮.中华民族文化的多样性、同一性与互补性[J].思想战线,2010(1):9-13.

高质量教学的理论研究与实践探索

二、坚持地域文化的自为性,理解中华文化的多样性

我们也不能在共性认知中抹杀地域文化的文化个性。因不同的地形地貌、族裔部落、历史走势,不同地域发展出了迥然不同的文化特质,构成了五彩斑斓、多元共融的中华文化格局。根据俞晓群主编的《中国地域文化丛书》,全国的地域文化可以划分为齐鲁文化、荆楚文化、燕赵文化、岭南文化等 24 种。[①] 这些地域文化形态,既存在着人文气质、理想诉求、价值关怀的内在不同,又存在着人群人格、风俗礼仪、衣食住行、艺术风格、语言形式等外在的巨大差异。承认文化的多样性,是我们应当秉承的现代文化观。

地域文化课程教学改革首先要尊重地域文化的自在自为性。在文化史上,不同的地域文化之间发生过碰撞、冲突,但优秀地域文化不但没有消亡,反而世代相传,其自我的特性标签愈益明显。经过长期积淀孕育,地域文化内部相似的文化要素不断集聚、酝酿,而成为一个连续完整、自足自证的文化统一体,同周遭的地理环境、人文氛围形成了极具附着性、依赖性、稳定性的关系。"区域文化自守在自己的地域范围内,以自己所在区域为根本所在。因此,它与其他区域文化之间虽有一定的联系,但没有依存关系,而是独善自处,自成体系。"[②] 地域文化作为一个相对独立的文化系统,有其自身的发展规律、进程。在教学中,教师不应当回避某一地域文化形态与其他本地、外来文化之间的冲突,也不应回避它在社会变革中的繁荣与衰败,要带领学生分析地域文化保持恒久旺盛生命力的自然生态基础等内在基因。

地域文化课程的开设,意在改变素质教育课程单一、模式雷同的问题。在教学观念上,教师要高度重视地域文化差异性的巨大的文化和教育价值,将其视为打破现有素质教育模式同质化,实现差异化、本地化的重要策略。在教学内容的选择上,教师要选取地域文化中最具地方特色、影响本地居民最多、最具代表性的文化样本。在教学方法上,教师要减少理论传授,力求以实践教学的方式将原汁原味的地域文化传达给学生,从而以细部剖析的方式打开学生新的文化视野。

与此相关,要谨防学生走向文化偏执主义、狭隘主义。费孝通先生认为,"东方文明的一个基点就是崇尚以德服人,反对以力服人,强调包容性,使不同群体能和平共处",因此,在 80 寿诞时提出了文化建构的两条基本原则:"各美

---

① 俞小群.中国地域文化丛书[M].沈阳:辽宁教育出版社,1988:1 – 2.

② 虞和平.关于地域文化研究的几个问题[J].湖南社会科学,2018(3):166 – 170.

其美,美人之美,美美与共,天下大同","多元一体",建立"共处守则"①。有鉴于此,教师要从传播学视角,借助某一典型文化的发展历程,向学生阐述不同文化形态之间相互碰撞、借鉴的演变过程,引导学生更透彻、更细腻地把握中华文化多元共融、包容并存的特征,帮助学生形成"和而不同、多元共生"的富有包容精神的文化观。

进一步延伸,地域文化课程教学改革要培养学生的文化平等观念,使之成为促进不同文化族群团结的力量。某一地域内部的族群矛盾,常常源自文化冲突。相互抨击、诋毁、打压,不利于本区域良好文化生态的生成,也是部分地域文化遭遇生存困境的动因之一。消除文化间的误解和偏见,达到给予文化对话的文化宽容境界,才能为人类的和平共处做人文价值观的铺垫。② 建设本区域良性、和谐的文化生态,推动不同文化族群的共同发展,应当是地域文化课程的文化使命。在课堂教学中,教师可以促成不同文化族群的对话交流,向学生呈示不同文化形态的发生条件、历史基础、思想逻辑、演变进路以及矛盾的焦点、可能的共性,引发学生的思考。以此,引导学生尊重他方文化理念,充分认识文化多样性的意义,树立通过对话解决文化冲突的理性精神。

三、坚持地域文化的本地性,增进本地理解和归属感

长期以来,我国各层次的国民教育实行整齐划一的课程体系,使用全国统一教材,完全脱离本地文化语境,缺乏所在区域的文化贴合性、针对性。在这个意义上,我们必须重新考量地域文化课程对于区域发展的重要职能。

其一,增进学生的本地知识。地方性知识是指某一区域的人民或民族在自己长期的生活和发展过程中所自主生产、享用和传递的知识体系,包括以文字形式保存的地方文明和以非文字形式保持的地方民俗、习惯、信仰和思维方式。③ 课程教学要引导学生深入了解本地社会、经济、文化状况,了解本地人民创造的物质、精神成果,理解本地独特的人文精神、优秀的文化遗留、代表性文化人物,融入本地知识体系。

其二,增强学生的本地文化认同。文化认同是凝聚本地族群共同体的精神纽带,是这个共同体生命延续的精神基础,比政治认同、社会认同、族群认同等具有更深远、更深刻的影响。地方大学的办学宗旨之一,就是培养、吸纳符合本

① 费孝通.文化与文化自觉[M].北京:群言出版社,2016.
② 费孝通.反思·对话·文化自觉[J].北京大学学报(哲学社会科学版),1997(3):15.
③ 蒋红斌.地方性知识与地方课程开发——批判性反思[J].教育研究与实验,2003(4):69-72.

高质量教学的理论研究与实践探索

地要求的优秀人才,服务地方社会经济发展。尤其在当前全国各大城市人才争夺大战的背景下,留住人才,强化本地文化认同,使之成为建设本区域的人才力量,更加迫切。地域文化课程,要引导学生肯定性体认本地群体文化特质、价值理念,使学生在文化秩序、观念、身份上融入本地话语体系。

其三,培养学生的本地文化归属感。地域文化课程要着力消除外来学生对于本地文化的陌生感、疏离感、异质感,使学生保持同本地文化要求的同一性和同构关系,在自觉融入本地文化群体后产生文化的落实感。只有"告别别处",真正把异乡当作故乡,外来学生才能同本地人民群众一道,成为一个本地发展的主动积极的维护者、建设者。

美国著名心理学家爱利克·埃里克森(Erik H Erikson)提出了"自我同一性"理论,他认为,"最令人满意的同一感被体验为一种心理社会的安宁之感。它最明显的伴随情况是一种个人身体上的自在之感,一种自知何去何从之感,以及一种预期能获得有价值的人们承认的内在保证"①。当前,我国城市间的人才竞争不再仅仅限于待遇留人,还应该注重文化留人,使得外来学生同本地文化产生"自我整合"②,给予留下来的外来学生充分的尊重、平等的对待,帮助他们实现异地的文化融合,获得文化心理上的安全感、文化心态上的从容感。

这对地域文化课程教学改革提出了极高的要求。教师要明确自己的教学工作实质上是一种文化的内化过程,教学目标是促进外来学生的本地文化融入。教学环境的设计要创设本地情境,介绍本地的山川景观、气候变化、地理方位,把学生带入本地的自然语境;张贴、展示本地代表性的艺术、人物,并辅之以学生熟知的歌曲、影视及事件,把学生带入本地的人文语境。课程要改变理论讲授的单一教学模式,着重实施体验式的实践教学,引导学生走出局促的校园语境,以开放的文化心态面对活生生的本地现实,构建对本地文化的理性认识。

这就要引入三种适应性的地域文化教学模式。① 文化的田野考察。教师应当引导学生祛除文化偏见,以平等的文化心态、科学探究的探索精神拥抱地域民间文化。学生应当根据自己的兴趣确立考察主题,深入文化现场进行实地实证考察,对本地的各种生活方式、礼仪习俗、行为习惯、社会禁忌进行研究。深入文化发生地,对代表性文化现象的地理气候、人文环境等进行文化发生学考察。通过研究对象深度访谈、文献资料查阅,在田野记录基础上深入研究其文化流变、文化影响,据此深入分析研究地域文化特征,撰写明确的文化论断。② 典型文化案例探究。教学既要给学生关于地域文化发展的全景式的认知,又

---

① 埃里克·H·埃里克森.同一性:青少年与危机[M].杭州:浙江教育出版社,1998.
② Erik H. Erikson. Childhood and Society[M]. New York:W·W·Norton, 1963:261.

要重点突出本地代表性文化现象。典型性应当体现在,这种文化现象在当地社区被绝大多数土著居民普遍认同、在其文化心态中影响深刻、对当地文化演变具有关键性作用,同其他地域文化相比具有明显的差异性、独特性。③ 开展"学做一体"的文化传承人工作坊。发展体验式、融入式、反思式的地域文化实践教学,引导学生在文化实践中切身理解地域文化,升腾传承优秀地域文化的责任感和自觉性,使之成为本地文化传承与发展的文化主体。

四、坚持文化的人民性,确立人民为中心的文化史观

马克思主义认为,人民是社会物质财富、精神财富的创造者,是实现社会变革的决定力量。历史活动是群众的事业,人民群众才是文化史的主体。

但是,考察主流著作、典籍,我们会发现,整个中国文化史是一部精英文化史,其书写对象主要是官员、学者、诗人、艺术家、科学家、军事家、商人,他们的价值观、审美观、人生观成为中国文化史的主流思想。中国文化史还是一部政治文化史,其书写对象主要是帝王、将相王侯,政治斗争、社会改革、群雄争霸是其主要书写内容,充斥着王权至上、独裁专断、阴谋叛乱、骄奢淫逸、成王败寇等庸俗的文化观。这样的文化史,掩盖了人民群众的主体性,没有把人民群众及其社会创造、贡献作为主要书写对象,违背了"人民群众是历史的创造者"的马克思主义唯物史观,是不健全的文化史。其传达的文化观没有很好地反映人民群众的文化诉求、价值理念,有悖于社会主义核心价值观,与现代理性精神不符,一定程度上说,是应当扬弃的文化史。而且,因没有扎根人民群众的丰厚土壤中,其文化叙事不能接地气,悬置感、务虚倾向明显。

每一种文化或话语实践都必须不断地确定自己的立场。① 在地域文化课程教学中,教师必须秉承马克思主义唯物史观,贯彻文化的人民立场。一是在文化理念传达上,要引导学生认识文化的人民主体性:灿烂辉煌的地域文化是人民群众所创造、所共享的先进文化成果,其丰富的社会实践是中华文化的宝贵素材和源头活水;地域文化的主要叙事对象是劳动群众为主体的社会基本成员及其创造的文化产品。二是在价值评价上,要以是否满足了人民群众的文化需要、契合了人民群众的价值理念、体现了最广大人民的人心向背和根本利益,作为地域文化价值的衡量标准。三是在教学内容的选择上,要选取真切地反映人民生活的疾苦和对未来美好生活的向往与憧憬的文化形式,重点应当是人民群

---

① 王逢振.全球化和文化同一性[J].马克思主义与现实,1998(6):55-56.

众的创造发明和工艺革新、人民群众所喜闻乐见的民间文艺等,从中理解本区域人民群众的核心文化理念、价值准则。这就解决了地域文化的"主体是谁""为谁服务""依靠谁来发展"的根本性问题。

具体到地域文化课程教学改革,教师首先要引导学生摒弃精英主义的文化立场,放弃文化精英的优越感和救赎习气,不是以高高在上的宣讲者身份对人民群众进行教育、规劝,而是弯下腰来,以向人民群众学习的姿态去学习课程;不是以观察、审视的视角去看待群众生活,而是把自己看作本地群众的一员投入普通生活中。其次,教师应当要求学生走进居民聚居区,同被调查对象共同居住、生活,零距离接触本地的普通民众,感受他们的喜怒哀乐,融入人民群众的生活。培养学生对本地民众的亲近感和共情性理解,以融入社会群体为切入点融入本地文化。再次,要引导学生对地域民间文化资源进行再挖掘、再阐释,指导学生通过走访、交谈、采集、调查民俗事象,对地域世俗生活实行深度参与式观察。指导学生研究婚丧嫁娶、节日庆典、饮食起居、社交礼仪、庙会游赏、神话传说、祭祀祈福、宗祠族规等民俗文化蕴含的审美特征、文化心态、道德认同、艺术演变,重新认识民间文化对于本地及中华文化发展的价值和贡献。最后,教师还应当探索高校教师、土著居民、文化传承人多导师联合执教模式,让人民群众走入课堂,成为学生们学习地域文化的领路人,促进外来学生同本地群众的密切交流。鼓励学生在地域文化传承人的指导下,从人民的伟大文化实践中汲取创作营养和素材,创作新型的地域文化作品,把地域文化的人民性进一步固化、延伸。

实证研究:以五问反思报告为载体的新型学业测评①

张淑娟②　孙　芸　张晓军　吴慧芳　赵金辉

一、本科教育学业测评现状

当前,学业测评被专家称之为本科教育中"最短的短板"③。高等教育专家认为,在所有教学实践中,学业测评是最重要的环节,也是最不可或缺的环节。对于此,Boud 和 Falchikov④指出,学生可以逃掉烂教学,但逃不掉烂测评。然而,当前的学业测评是不准确的,是失灵的,难以达到以评促学的目的⑤。在这种学业测评模式下,很多大学生变成了只会考试的大"考生"⑥。同时专家指出,要想改变学生的学习行为就得改变学业测评[3]。可见,探索新的学业测评方案是本科教育改革的重要内容。

同时,学业测评是大学生"最痛的痛点",即大学生对学业测评体验最差是本科教育面临的一个不争的事实。英国本科教育研究院的学生满意度调查发

---

① 本文在江苏省高等教育学会 2019 年学术年会上作了专题报告。本研究成果得到"教育部高等学校给排水科学与工程专业教学指导分委员会教学改革项目(编号 GPSJZW2019 - 42)"资助。

② 作者简介:张淑娟,女,河北曲阳人,南京工业大学城市建设学院,副研究员,博士,专注于学生元认知能力培养方案的设计与实践。

③ 赵炬明.聚焦设计:实践与方法(上)——美国"以学生为中心"的本科教学改革研究之三[J].高等工程教育研究,2018,170(3):35 - 50.

④ Boud D, Falchikov N. Aligning assessment with long-term learning[J]. Assessment &Evaluation in Higher Education, 2006, 31(4): 399 - 413.

⑤ 辛涛,姜宇.教育问责背景下学生学业评测的进展[J].北京师范大学学报(社会科学版),2011,(3):34 - 39.

⑥ 陆国栋.如何打造真正的大学课程[J].中国大学教学,2016,(2):10 - 13.

现,大学生满意度最低的不是教学硬件、不是师资力量,而是学业测评①。另外,南京工业大学教师发展中心的学生满意度调查发现,学生对学业测评的满意度低于全国院校常模。综合来看,大学生对学业测评满意度低的原因是其存在着"四不够"和"四重四轻"等问题(图 1)。可见,探索新的学业测评方案是改善学生学习体验的关键突破口。

综上所述,探索新型的学业测评方案,是在弥补本科教育"最短的短板",是在解决大学生"最痛的痛点",因此是本科教育改革的重要内容。

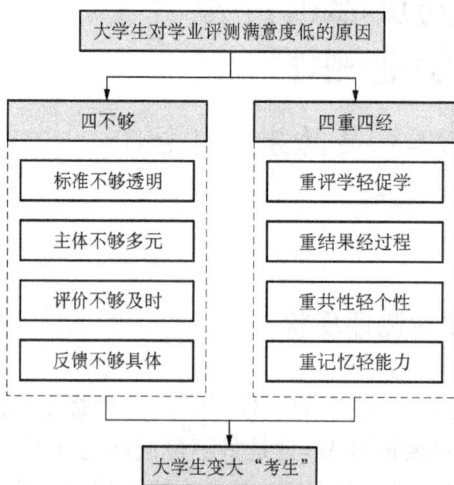

图 1　当前大学生对学业测评满意度
低的原因及后果

二、学业测评方案的设计思路

学业测评方案的设计须遵循高等教育学的基本原则,基于大学生认知发展与学习规律,同时要体现"以学生为中心"的教育理念。需要指出的是,"以学生为中心"的教育理念其三个中心为"深度学习""学习成效"和"学生发展"。

(一) 与培养(课程)目标适度匹配

基于 Biggs 和 Tang② 的一致性建构理论(constructive alignment),在优质教学中,学业测评、教学活动和培养目标间不应该是互相孤立的,而是需要适度匹配的。培养目标不仅指导着师生的教学活动和学习活动,还指导着学业测评和教学测评的设计。培养目标的达成依赖师生的教学活动和学习活动。同时,学业测评对教学活动和学习活动的优化起着促进作用,具体见图 2,对于具体的课程,图中的培养目标就是这门课程的课程目标。

① Flint N R, Johnson B. Towards fairer university assessment: recognizing the concerns of students[J]. Studies in Higher Education, 2011, 37(1): 123 - 124.
② 比格斯,唐. 卓越的大学教学:建构教与学的一致性[M]. 上海:复旦大学出版社,2015.

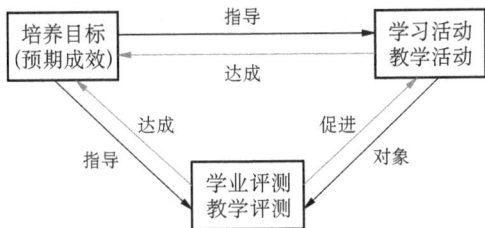

图 2   一致性建构理论中各教学环节间的相互关系

对于大部分高校的工程类专业,其培养目标多为类似这样的表述,即"能够将专业知识用于识别、表达、分析和解决复杂工程问题",即能够将专业知识迁移至实际应用情景。根据学习迁移理论,设想知识可能的应用情景,有助于学生在以后的具体情境中运用所学知识解决问题[①]。根据上述 Biggs 和 Tang 的一致性建构理论,要想使学业测评与培养目标相匹配,就需要在学业测评中引导学生设想知识可能的应用情景。因此,在本研究中,学业测评方案的设计需要与培养(课程)目标相匹配。

需要强调的是,在 Biggs 和 Tang 的一致性建构理论中,学业测评和培养目标间不是 100% 匹配的,而是适度匹配。也就是说,学业测评不是只关注培养目标的封闭系统,而是开放的。其开放性体现在允许不符合培养目标但又非常理想的学习成效出现。对于上述工程类专业而言,不符合培养目标但又非常理想的学习成效,包括但不限于写作能力、元认知能力和迁移能力的提升等。因此,学业测评方案的设计要允许不符合培养目标但又非常理想的学习成效出现。

(二) 促进学生采用深度学习方式

以学生的视角来看,学业测评就是学习的"指挥棒"和"指南针",决定着学生学什么以及如何学。高等教育专家认为,在特定学习情景下,学生有两种学习方式(learning approach):深度学习方式(deep approach)和浅层学习方式(surface approach)。前者的特点是学生对学习内容非常感兴趣或是对学习有深刻的需求,进行的是较高层次的认知活动;后者的特点是学生以最小的代价来完成学习任务,进行的是低层次的认知活动。需要强调的是,学习方式不同于学习风格(learning styles),前者的特点是受学习内容、教师、学业测评方案等

---

① 刘儒德.学习心理学[M].北京:高等教育出版社,2010.

多个外界因素的影响,而后者则是相对稳定的学习者的个人特征①。

另外,每种学习方式都有两个因子:学习动机(learning motivation)和学习策略(learning strategy)。采用深度学习方式的学生,其学习动机多为内部动机(如兴趣),学习策略较科学(如采用"记忆宫殿"法进行记忆)。采用表层学习方式的学生,其学习动机多为外部动机(如考试不挂科),学习策略通常不科学(如死记硬背)。在本研究中,如何促进学生采用深度学习方式并阻止其采用表层学习方式是新型学业测评探索的重点。

(三)引导学生实现高层次学习成效

"以学生为中心"的教学理念,其体现之一是以学习成效为中心。因此,学业测评方案的设计需要对学生进行引导,使其实现高层次的学习成效。根据可视化的学习成效分类法(Structure of Observed Learning Outcomes,SOLO),学习成效分为五个层次,见图3。"前结构"是指错过关键知识点。"单点结构"是指能够识别、命名、描述和记忆知识点,能够简单地按步骤操作。"多点结构"是指能够列举、罗列相关知识点,能够结合自身经验,能够抓住主要知识点。"关联结构"是指能够对知识点进行比较、分类和解释,能够联系相关理论,设想知识的应用情景,能够实际运用知识。"抽象拓展"是指能够建立科学假说,能够反思、归纳出新规律,能够提出新概念。在本研究中,学业测评方案的设计需要引导学生至少达到"关联结构"层次,最好达到"抽象扩展"层次。

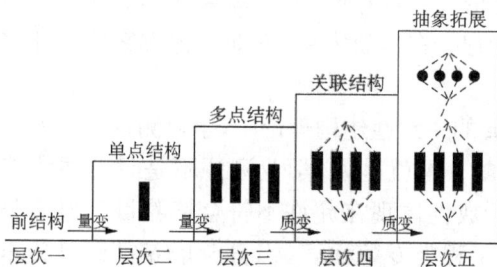

图3 SOLO分类法的五个层次[2]

(四)促进学生个人发展

当今世界知识爆炸式增长,人工智能蓬勃兴起,教育进入终身学习时代。决定学业最重要、最底层的能力是学生的元认知能力(metacognition)②。元认

---

① Ramsden K W. A multimedia computational aid to gas turbine design teaching[J]. 4 Physical Review E, 1995, 54(5): 5469-5481.

② Wang M C, Haertel G D, Walberg H J. What influences learning? A content analysis of review literature[J]. Journal of Educational Research, 1990, 84(1): 30-43.

知是对认知策略和认知过程的认知,即不仅包括关于元认知的知识和体验,还包括对认知过程的调控(图4)①。元认知能力高的学生能够自动地对自己的学习过程进行预测、评估和调控,进而高效学习(图5)②。重要的是,元认知能力可以通过刻意练习来提升③:学生通过有意识地预测、评估、调控自己的认知活动就可以提升元认知能力。元认知能力提升后,学生可以在多个领域进行高效学习。可见,提升学生元认知能力是促进学生个人发展的必然要求。

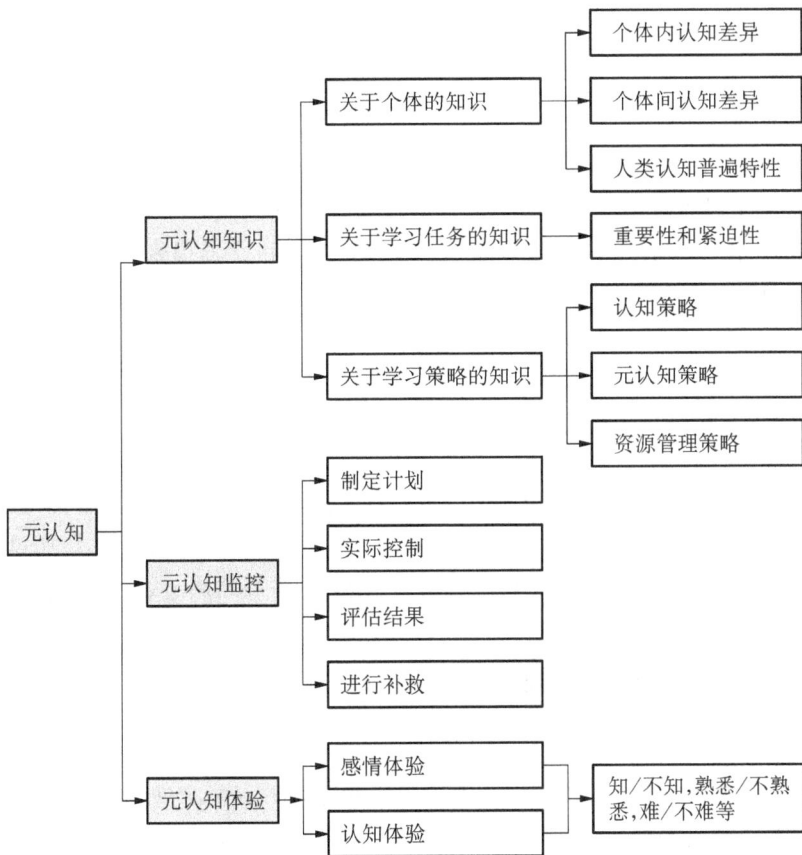

```
                                              ┌──────────────┐
                                         ┌───→│  个体内认知差异  │
                                         │    └──────────────┘
                            ┌──────────┐ │    ┌──────────────┐
                       ┌───→│关于个体的知识│─┼───→│  个体间认知差异  │
                       │    └──────────┘ │    └──────────────┘
                       │                 │    ┌──────────────┐
                       │                 └───→│  人类认知普遍特性 │
                       │                      └──────────────┘
            ┌────────┐ │    ┌────────────┐    ┌──────────────┐
       ┌───→│ 元认知知识│─┼───→│关于学习任务的知识│───→│  重要性和紧迫性  │
       │    └────────┘ │    └────────────┘    └──────────────┘
       │               │                      ┌──────────────┐
       │               │                 ┌───→│    认知策略    │
       │               │    ┌────────────┐│    └──────────────┘
       │               └───→│关于学习策略的知识│┼───→┌──────────────┐
       │                    └────────────┘│    │    元认知策略   │
       │                                  │    └──────────────┘
       │                                  │    ┌──────────────┐
       │                                  └───→│   资源管理策略   │
       │                                       └──────────────┘
┌────┐ │                    ┌──────────┐
│元认知│─┼───→               ┌→│   制定计划  │
└────┘ │                    │ └──────────┘
       │                    │ ┌──────────┐
       │    ┌────────┐      ├→│   实际控制  │
       ├───→│ 元认知监控│──────┤ └──────────┘
       │    └────────┘      │ ┌──────────┐
       │                    ├→│   评估结果  │
       │                    │ └──────────┘
       │                    │ ┌──────────┐
       │                    └→│   进行补救  │
       │                      └──────────┘
       │                    ┌──────────┐
       │    ┌────────┐  ┌──→│   感情体验  │─┐  ┌──────────────┐
       └───→│ 元认知体验│──┤   └──────────┘ ├─→│知/不知,熟悉/不熟│
            └────────┘  │   ┌──────────┐ │  │悉,难/不难等    │
                        └──→│   认知体验  │─┘  └──────────────┘
                            └──────────┘
```

图4 元认知的构成因子

① Flavell J H. Metacognition and cognitive monitoring:A new area of cognitive-developmental inquiry[J]. American Psychologist, 1979, 34(10): 906 - 911.

② Veenman M V J, Van Hout-Wolters B H a M, Afflerbach P. Metacognition and learning: conceptual and methodological considerations[J]. Metacognition and Learning, 2006, 1(1):3 - 14.

③ Livingston J A. Metacognition:An Overview[J]. Cognitive Processes, 2003, 6(8): 1 - 7.

高校学生发展的理论、制度与评价研究

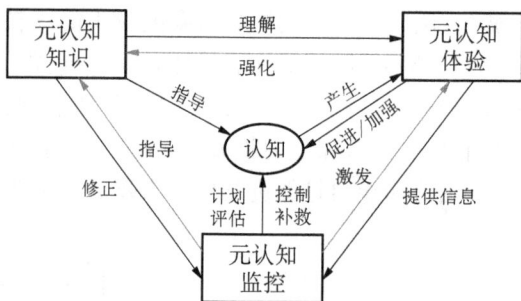

图 5　元认知构成因子间的相互关系

　　基于上述思路,本研究从本科教育工科类专业的培养目标出发,秉持以"深度学习""学习成效"和"学生发展"为中心的教育理念,基于大学生认知发展和学习规律,融合多种学业测评策略,设计出了以五问反思报告为载体的新型学业测评方案。

三、新型学业测评方案的介绍

　　下文以给排水科学与工程专业的水处理微生物学基础这门课程为例,展示新型学业测评方案的具体内容及实施方法。五问反思报告,下文简称"反思报告"。新型学业测评方案依托超星网络教学平台进行。学生在此系统中提交反思报告、测评同伴并查看教师反馈。新型学业测评每两周进行一次,教师发布测评任务后,学生会收到通知。

(一) 实施流程、依托平台与测评节奏

新型学业测评方案实施流程为:

(1) 师生沟通方案:教师与学生沟通学业测评方案的实施细节。

(2) 教师发布任务:教师在超星网络教学平台发布测试任务。

(3) 学生提交报告:学生查阅资料后,撰写并提交五问反思报告。

(4) 平台分配同伴:平台随机分配测评同伴。

(5) 学生测评同伴:学生在平台中对两位同伴进行测评。

(6) 教师矫正反馈:教师在平台中对同伴测评进行校正,对同伴测评打分,并进行学业反馈。

（二）五问反思报告的写作提纲、写作要求、分值分布和分类评分标准

学生撰写五问反思报告的提纲、要求和分值分布如下：

（1）我学到了哪个知识点？（分值为 0 分；自选两周内学习的任一知识点）

（2）学之前我是怎么想的？（分值为 0.5 分；展示自己真实知识背景）

（3）我之前的想法怎么样？（分值为 0.5 分；说明之前想法的不足之处）

（4）我应该怎样想才对？（分值为 2.5 分；证明自己联系了日常生活，并具体说明自己与世界互动方式发生了或即将发生怎样的改变；或证明自己能够联系其他知识，可以类比、比较、分类、解释、列举等；或证明自己能够设想知识可能的应用情景；或证明自己能够提出实际问题的解决方案）

（5）我怎样才能用上它？（若证明能够对自己的学习进行反思，分值为 0.5 分；若证明自己能够提出新假说、新规律、新概念、新理念等，分值额外加 1 分；文末圆括号内标明不计空格字符数）

评分标准见表 1，每类标准有反思报告实例作为参考（略）。抽查点名从不缺席者，视具体情况给 1—2 分。反思报告迟到 1 天扣 1 分；2 天扣 2 分；3 天扣 4 分；同伴测评迟到 1 天扣 1 分。

表 1　新型学业测评方案的分类评分标准

计分标准	分类评分标准
零分标准	抄袭、跑题、空洞、未体现反思
扣分标准	有知识性错误、报告不完整、迟到
得分标准	逻辑清晰、内容正确、反思性强
满分标准	能按要求回答所有问题
加分标准	能够进行创新，提供新作品

备注：可以选择其他文体，但需要脑洞大开有新意；要求不计空格总字符数＞800。

（三）同伴测评要求和分值分布

在每轮测试，要求每位学生测评两位同伴，具体要求见表 2。

表2 同伴测评及反馈的结构要求及分值分布

同伴测评及反馈结构	相应要求	分值分布
反思报告应该得几分?	仅以报告为依据	满分0分
反思报告有无抄袭?	认真核实	满分0分
反思报告有何优点和/或缺点?	提供证据	满分0.5分
以此为镜,我会有何改变?	详细具体	满分0.5分

备注:要求不计空格总字符数>100。

(四)教师校正并反馈

教师校正,是为了保证同伴测评结果的可靠性。另外,教师校正还能够准确把握学生的知识水平和认知特点,以便于对自己的教学活动进行持续改进。

教师反馈,主要是针对五问反思报告中的知识性错误进行反馈。另外,教师也针对学生的学习反思进行反馈。

四、新型学业测评方案的实证研究

(一)实验目的与实验假设

本研究的实验目的是分析新型学业测评方案是否:① 与课程目标适度匹配;② 促进学生采用深度学习方式;③ 促使学生实现高层次学习成效;④ 对学生个人发展有积极作用。

本研究的实验假设是:新型学业测评方案的实施,能够促进学生采用深度学习方式,使学生既能较好地达成课程目标,又有可能实现非预期的高层次学习成效。不仅如此,新型学业测评方案的实施还能够通过提升其元认知能力,进而促进学生个人发展。

(二)实验设计与实验过程

1. 实验的自变量

实验的自变量是学业测评方案,此自变量有两个水平:新型与传统学业测评相结合(见图6)和完全传统学业测评。依托课程为水处理微生物学基础,该课程综合了典型的陈述性知识、程序性知识和策略性知识,符合常态化深度学习中复杂知识的综合形态特征。实验对象为给排水科学与工程专业本科三年级学生,记为实验组。传统学业测评方案的实验对象为建筑环境与能源应用工程专业本科三年级学生,记为对照组。每组样本数量均为100,两组实验对象性别比例均衡。

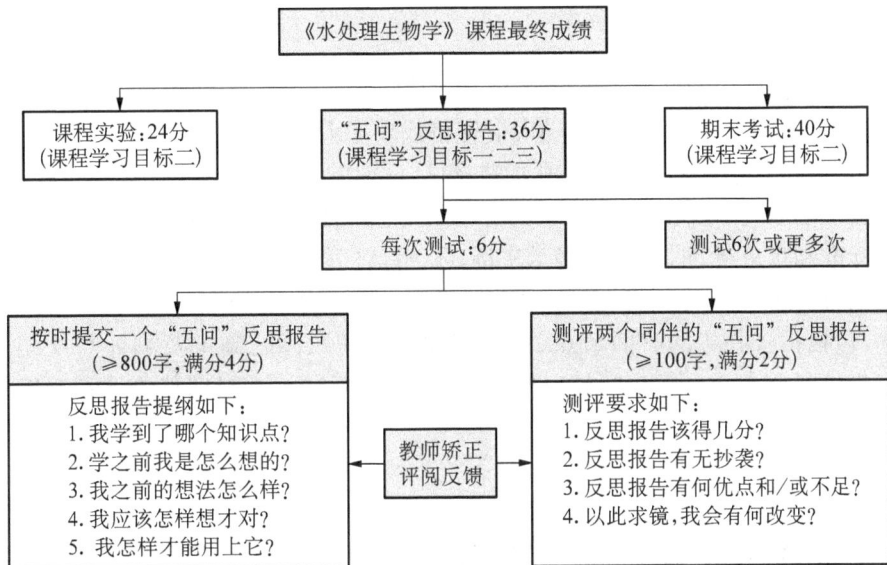

图6　新型与传统学业测评相结合的学业测评方案

2. 实验的因变量

本研究设置三类因变量,从学生学习方式、学习成效和个人发展三个维度分析学业测评方案对学生认知活动的影响。

第一类因变量是学生的学习方式。学习方式及其两个因子的定量分析可以依据 R - SPQ - 2F 量表进行[①]。这一维度的分析可以将学生的学习方式大致分为两类,并对各自的学习动机和学习策略加以区分。

第二类因变量是学生对依托课程的学习成效。根据 SOLO 分类法,分别计算达到"前结构""单点结构""多点结构""关联结构"和"抽象拓展"层次的反思

①　Biggs J，Kember D，Leung D Y. The revised two-factor Study Process Questionnaire：R-SPQ-2F[J]. British Journal of Educational Psychology，2011，71(1)：133－149.

报告所占比例①。采用此维度进行分析可以对学生学习成效进行详细的分级，结果相对可靠；不足之处是在传统学业测评方案中难以进行。因此，本研究并未对实验对照组的认知水平进行分析。

第三类因变量是学生个人发展情况。学生的个人发展从学生元认知能力提升方面来考察，数据通过分析学生的反思报告获得。

3. 实验的实施过程

本研究均采用以下步骤进行：① 解读反思报告各项要求，包括结构要求、各部分字数要求、各部分所占分值、报告格式要求及报告提交平台和时间节点；② 解读同伴测评及反馈的各项要求，包括反馈的结构要求、字数要求、所占分值及反馈提交平台和时间节点；③ 解读反思报告测评标准，包括满分标准、扣分标准和零分标准，并分别展示实例；④ 解读同伴测评及反馈的测评标准，包括满分标准和零分标准，并分别展示实例；⑤ 解读班长和学习委员的协助方法，包括报告收集的时间节点、同伴测评与反馈顺序的确定及测评与反馈的收集的时间节点；⑥ 教师校对同伴测评及反馈结果，并对同伴测评和反馈进行测评。

4. 数据采集与统计分析

第一类因变量通过调查问卷获得；第二类和第三类因变量的数据通过分析实验对象的反思报告获得。

学业测评对学生学习方式的影响在通过方差齐性检验后基于双样本非配对 T 检验完成。本研究的统计分析和图片绘制均通过 R 软件（R v.3.4.1）②完成。

（三）实验结果与讨论

1. 新型学业测评方案和培养目标匹配，且适度

基于 Biggs 和 Tang③ 的一致性建构理论，理想的学业测评方案首先要能够

---

① Veenman M V J, Van Hout-Wolters B H a M, Afflerbach P. Metacognition and learning: conceptual and methodological considerations[J]. Metacognition and Learning, 2006, 1(1): 3-14.

② Rcoreteam. R: A language and environment for statistical computing [M]. R Foundation for Statistical Computing, 2017: URL https://www.R-project.org/.

③ 比格斯·唐.卓越的大学教学:建构教与学的一致性[M].上海:复旦大学出版社,2015.

反映课程目标的达成情况。在上述依托课程中,其课程目标为:① 能够联系日常生活或能够联系其他知识;② 能够应用知识解决实际问题,或能够设想其应用情景,或能够提出新假说、新概念或新观念;③ 能够基于"五问"进行反思,并能将反思过程通过写作进行外化。从表1可以看出,反思报告要求学生回答指定的问题,并对问题的答案进行明确引导,可以反映课程目标的①和②。同时,整个反思报告是以反躬自问的方式进行,因此可以反映课程目标的③。这说明新型学业测评方案和培养目标是匹配的。

不仅如此,理想的学业测评方案还要允许不符合课程目标但又非常理想的学习成效出现。在新型学业测评方案中,其允许学生选择反思报告以外的文体进行写作。实验结果发现,有8份虚构作品出现。这些虚构作品反映的知识点及相关关系完全正确,具有较强的故事性、艺术性和趣味性,展现了实验对象较高的写作能力和创作能力,属于不符合培养目标但又非常理想的学习成效。可见,新型学业测评方案和培养目标间的匹配是适度的。

2. 实施新型学业测评方案推动学生采用深度学习方式

根据基于 Biggs 和 Tang 的一致性建构理论,不科学的学业测评不可避免地导致学生采用浅层学习方式。比如,如果采用以传统试卷为载体的学业测评方案,学生会想方设法地拿到历年试卷,揣摩可能出现的考题,把大量的精力用于死记硬背答案上,属于浅层学习方式。为了确定新型学业测评对学生学习方式的影响,在学业测评结束后,对实验对象进行了问卷调查。

实验组实施新型与传统相结合的学业测评方案,对照组实施传统学业测评方案,结果见图7。从图7a中可以看出,实验组和对照组在学生学习方式方面的差异无统计学意义,再分别看学习动机(图7b)和学习策略(图7c),亦未发现显著差异。从平均值来看,实验组学生的学习方式得分、学习动机得分和学习策略得分,均高于对照组。这说明,实施新型与传统相结合的学业测评方案,对学生深度学习方式和表层学习方式都有一定的促进作用[1],且能够同时促进学习动机的提升和学习策略的改善[2]。

---

① Race P. Making Learning Happen: A Guide for Post-Compulsory Education [M]. Paul Chapman Publishing, 2005: 18 - 22.

② 刘哲雨,任辉,刘拓.深度学习核心要素的提取、论证和运用[J].天津师范大学学报(基础教育版),2018,(3):19 - 24.

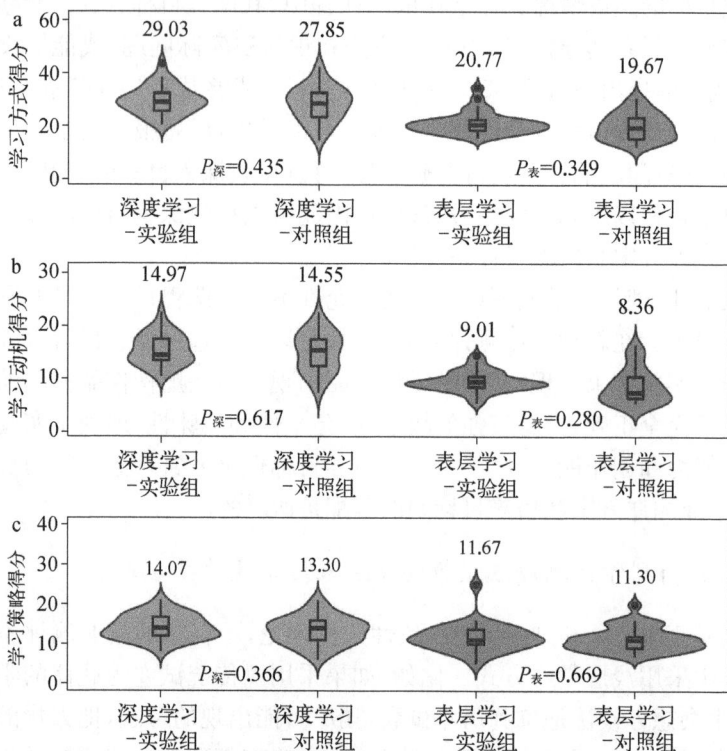

图7　新型与传统相结合的学业测评方案对学生学习方式的影响

(图中数字为平均值;$P_深$和$P_表$分别表示实验组和对照组得分的差异显著性)

专家认为,优质教学活动需要能够促进学生采用深度学习方式,并制止学生采用表层学习方式[①]。据此标准,新型学业测评方案的效果不尽人意。原因可能是在做调查问卷时,并没有明确要求学生根据新型学业测评方案进行填答,学生可能受传统学业测评、其他教师及测评安排的影响。Biggs 和 Tang 指出,当以试卷为载体进行学业测评时,学生倾向于搜集历年试卷、预测考题、死记硬背答案等表层学习方式。另外,当教师在课堂上只关注知识细节而不是知识体系时,学生也倾向于采用表层学习方式。不仅如此,当学生没有足够的时间精力来学习时,学生也倾向于采用表层学习方式。可见,上述影响学生学习方式的因素,都超出了新型学业测评方案的范畴。因此,要想得到更可靠的结论,在今后的研究中需要对这些因素进行控制。

---

① 刘哲雨,郝晓鑫,曾菲,等.反思影响深度学习的实证研究——兼论人类深度学习对机器深度学习的启示[J].现代远程教育研究,2019,(1):87-95.

对于学生学习方式这一因变量,需要指出的是,在实验过程中,学生不仅在学习实验科目,同时也在学习其他课程,且持续时间长达一个学期。因此,此问卷调查的结果难以区分其他课程学业测评方案对学生学习方式的影响。因此,建议在今后的研究中考虑在两个维度进一步优化实验。一是将范围缩小,即要求学生只填写针对新型学业测评采用的学习方式;二是将实验范围扩展,即在同一学期对学生在学的所有课程实施新型学业测评方案,并要求学生填写本学期采用的学习方式。当然,运行后者这样大规模的实验需要更多的教师参与,更需要管理层做好支持。

上述分析表明,新型学业测评方案都对学生采用深度学习方式有一定的积极作用,但不能有效阻止学生采用表层学习方式。

3. 新型学业测评方案促使学生实现了高层次学习成效

为了确定新型学业测评方案的实施是否促进学生实现了高层次学习成效,本研究基于反思报告,分析了学生实现的学习成效,结果见图8。

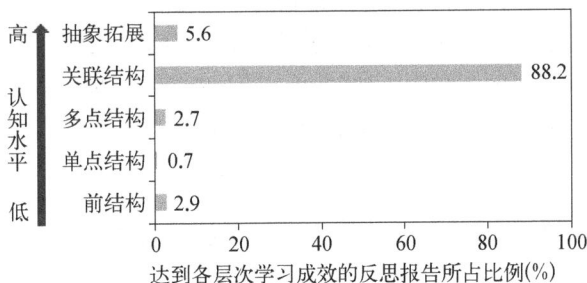

图8　新型学业测评方案对学生学习成效的影响

由图8可以看出,实验组反思报告达到"关联结构"层次的反思报告所占比例最高,达到了88%;达到"抽象拓展"层次反思报告所占比例次之,为5.6%;"多点结构"及以下仅占6.4%。需要指出的是,对于"前结构"层次,本研究发现实验对象并不是错过了知识点,而是出现了抄袭问题。对于"单点结构"层次,本研究发现实验对象倾向于只纠正自己对这一个知识点的误解,无法关联其他知识点。对于"多点结构"层次,本研究发现实验对象能够联想到其他专业课的相关知识,能够设想知识点的应用情景。对于"抽象拓展"层次,本研究仅有一位实验对象提出了新的科学假说,其他实验对象则是实现了反思这一学习成效。

新型学业测评方案的实施,其促进学生实现高层次学习成效的原因在于反思报告结构的精心设计。认知心理学家奥苏贝尔认为,一切有意义的学习都是在原有学习的基础上产生的,不基于原有知识的学习是不会发生的①。"我原来是怎么想的"这一问题的设计,正是引导学生基于自身原有知识进行学习。"我原来的想法怎么样"这一问题的设计,是打破学生的元无知,即让学生知道自己不知道,从而让学生对未知充满敬畏,做好丰富自己知识库的准备。"我应该怎样想才对"这一问题的设置以及对学生的引导,比如联系生活和其他知识等,让学生的学习完成了从"多点结构"到"关联结构"的质变。"我怎样才能用上它"这一问题的设置及对学生的引导,比如尝试提出新概念/新假说/新理念等,让学生的学习完成了从"关联结构"到"抽象拓展"的质变。

除了反思报告结构的精心设计外,要求学生通过写作将反思过程外化,也是学生实现高层次学习成效的重要原因。英国作家福斯特曾经说过,"要不是看到我写的是什么,我怎么能知道自己想的是什么呢"。更重要的是,写作能够使得学习过程得以展开②。可见,写作本身对于学生学习具有重要意义。但是在传统学习报告的写作过程中,学生更倾向于收集材料、罗列事实,而不是对学习材料进行批判性思考,脱离了自己已有的知识基础,使得学习难以发生。而在新型学业测评方案中,学生的写作不是传统意义上的写作,是大脑内部反思过程的外化,这一设计本身就保证了学生实现"抽象拓展"这一层次的学习成效。

上述分析表明,实施新型学业测评方案能够促使学生实现高层次学习成效。

4. 实施新型学业测评方案对学生个人发展具有积极意义

在新型学业测评方案中,测评载体是反思报告。在认知心理学中,反思(reflection)属于元认知范畴,是人类最高层次的认知活动。前人研究表明,采用反躬自问的方法进行反思,能够有效提高元认知能力③。因此本研究预期,在实施新型学业测评方案过程中,学生通过回答指定问题进行元认知能力提升的刻意练习,这些练习会对学生的元认知能力产生积极作用,进而促进学生的个人发展。

在本研究中,元认知能力体现在对自身认知的调取、评价和调控。通过分析实验对象的反思报告发现,有96%的反思报告体现了学生对自身认知的调取

---

① 刘儒德. 学习心理学[M]. 北京:高等教育出版社,2010.
② Race P. Writing to promote learning[J]. British Journal of Educational Technology,2010,20(3):215-215.
③ Livingston J A. Metacognition:An Overview[J]. Cognitive Processes,2003,6(8):1-7.

和评价。比例如此高的原因是"学之前我是怎样想的"和"我原来的想法怎么样"这两个问题的设置,对这两个问题的回答本身就是分别在调取和评价自己的认知。在评价自身认知方面,这些反思报告中的典型回答是"片面""不专业""不深入""不忍直视"等,实现了打破学生元无知这一效果。

另外,本研究发现有5%的反思报告体现了学生对自身认知的调控。研究中对自身认知的调控,是指发现了更好的学习方法并表示以后要用,或是对学习有了新认识。在这些反思报告中,体现得更好的学习方法有类比、比较、分类、联系日常生活等。在这些反思报告中,对学习的新认识有学习之后是应该有观念发生改变、学习不应该以考试为指挥棒、理论学习应该与实践相结合等。

上述分析表明,在终身学习时代,实施新型学业测评方案对于学生元认知能力有积极作用,有望推动学生个人发展,因而值得广泛关注。

5. 实施新型学业测评方案能够有效改善师生的测试体验

对于传统学业测评,教师"体验差"的原因在于学生答案或报告千篇一律、浅显混乱和时间急迫。而在新型学业评测中,学生选择的知识点是多样的,教师要评的报告是基于个人反思的,是非常个性化的,因此不存在千篇一律的问题。另外,"五问"及其答案引导都非常具体,且要求学生进行深层认知,因此很大程度上避免了报告浅显混乱的问题。不仅如此,新型学业测评的节奏和次数比较灵活,完全取决于教师的教学设计,也避免了时间紧迫这一问题。

当前学生对学业测评满意度低的原因主要有"四不够"和"四重四轻"具体见图1。新型学业测评方案采取的应对策略见表3。对于测评"主体不够多元"这一问题,本研究采用了同伴测评(peer assessment)这一策略。前人研究表明对于终结性测评,在学生意识到这些测评结果会给被测评学生带来不良后果时,同伴测评准确度较低,测评成绩偏高[1]。因此,本研究加入了教师较对这一环节,提高学业测评的准确性。对于测评"反馈不够具体"这一问题,本研究采用了同伴反馈(peer feedback)这一策略。为了使反馈更具体也更具备"促进学习"这一特征,本研究对同伴反馈提供了详细的结构(见表2),制定反馈的满分标准和零分标准,并辅以实例[2]。上述分析表明,新型学业测评方案的实施能够有效提升学生满意度,改善测试体验。

---

① Sridharan B, Tai J, Boud D. Does the use of summative peer assessment in collaborative group work inhibit good judgement? [J]. Higher Education, 2019, 77(5): 853 – 870.

② Carless D, Boud D. The development of student feedback literacy: enabling uptake of feedback [J]. Assessment & Evaluation in Higher Education, 2018: 1315 – 1325.

表 3　学生对学业测评满意度低的原因及应对策略

存在问题	应对策略
标准不够透明	制定并提前公布详细的满分标准、扣分标准和零分标准； 提供多个满分实例、扣分实例和零分实例；
主体不够多元	两名同伴先行测评，教师随后校正，全程公开
评价不够及时	对同伴测评时间和教师校正时间进行严格限制，保证及时测评
反馈不够具体	将同伴反馈结构化，制定反馈满分标准和零分标准，辅以实例
重评学轻促学	以反思报告为测评载体，报告的撰写过程即为深度学习过程
重结果轻过程	学生提交 N＋X 个反思报告，取 N 个最高分作为最终测评结果
重共性轻个性	只规定反思报告的结构，不规定反思报告的内容，个性化强
重记忆轻能力	将反思过程外化，提升写作能力、迁移能力和元认知能力

6. 实施新型学业测评方案增加了教师的工作量

相对于传统学业测评方案，新型学业测评方案加大了教师在学业测评方面的工作量。经统计，教师每完成一份反思报告分数的校对及其同伴反馈的评价，耗时约 6 分钟。在实验中，该课程新型学业测评方案部分要求实验对象上交 6 份反思报告，教师投入时间为 36 分钟/生。特别要强调的是，上述时间不包括教师反馈所占用的时间。而对于传统的试卷测评，教师投入时间为 20 分钟/生（经验值）。另外，传统试卷测评中的客观题可以请助教代劳，教师投入时间更少。可见，新型学业测评方案对教师的时间和精力投入要求，要远高于传统试卷测评方案，且随着学生反思报告数目的增加而大幅增加。

温州医科大学的周健民认为，在"互联网＋教育"新时代，教师用于教学与学业测评的时间精力投入比例要占到 1∶1，强调教师要在学业测评方面投入与教学相同的时间和精力①。需要指出的是，教师在教学方面投入的时间和精力不太会随着学生人数的增加而上升，但对于学业测评，教师投入的时间和精力必定是随着学生人数的增加而上升的。我们建议，在实施新型学业测评方案的过程中，一方面是对学生助教进行培训，使其能够承担教师部分学业测评工作；另一方面是主管部门统筹规划，激励教师将更多的时间和精力投入到学业测评中。

---

① 潘湛,周健民.基于网络的教学质量监控体系的实现[J].中国高等医学教育,2007(4):56-57.

（四）实验结论

新型学业测评方案与课程培养目标适度匹配，能够在一定程度上提升学生的学习动机和改善学生的学习策略，促进学生采用深度学习方式，最终实现高层次的学习成效。另外，新型学业测评方案的实施对学生元认知能力的提升有一定的积极作用，从而推动学生个人发展。不仅如此，新型学业测评方案的实施还改善了师生的测试体验。同时，此学业测评方案自身存在一些不足之处，如不能阻止学生的表层学习以及增加教师的工作量，需进一步完善。

五、新型学业测评方案的推广价值

当前传统的学业测评被高等教育专家称为"最短的短板"，是大学生"最痛的痛点"，阻碍了我国本科教育的内涵式发展。与之相比，以"五问"反思报告为载体的新型学业测评方案与课程目标匹配适度，推动学生采用深度学习方式，促使学生实现高层次学习成效，对学生个人发展有积极作用，并能在一定程度上改善师生的学习体验。不仅如此，这一方案不限学生类别、学生规模、学生专业、授课方式和课程类型，适用的课程范围非常广，具有极强的推广价值。到目前为止，已推广至 15 所高校 12 个专业的 27 门课程。

人才培养视野下高职大学生双创教育探析

范征宇[①]

伴随着高素质教育事业改革持续深化,加强高职大学生创新创业教育成为当前高校教育事业战略发展的重要内容。建设创新型国家,培养更多具有创新精神和创业能力的人才,在推动高等教育事业朝着更高层次发展的同时,有助于为经济持续增长注入新的活力。高校创新创业教育事业的发展,在实践工作中积累了丰富的经验,受到传统理念和体制等因素的影响,我国的高等职业院校的创新创业教育理念、教育模式和教育内容还存在很大的缺陷和不足,有待进一步创新完善。基于此,为了迎合社会对高素质人才培养的需求,需要立足实际情况推动大学生创新创业教育,提升高等职业院校的教育水平,在为社会培养高素质人才的同时,缓解社会就业压力,推动社会经济持续增长。加强高职大学生创新创业教育研究,有助于推动教育事业改革持续深化,为后续相关工作开展提供支持。

一、创新创业教育理念概述

建设创新型国家对高校创新创业教育提出了新的要求,在大力推动高等职业院校创新创业教育过程中,首先需要明确创新创业教育相关概念,是后续实践工作开展的基础所在。

1. 相关概念

创业最初来源于西方社会,从多种角度进行分析,逐渐形成了不同的学派,包括领导学派、风险学派和创新学派等。创业主要是指存在有利机会和有事业心个体的集合存在[1]。

创业教育是指开设以职业训练为目的的创业课程,是创业教育的开端所

---

① 作者简介:范征宇,华东师范大学硕士,研究方向为创新创业教育、思政教育;出版思政教育专著一部,获得省市级奖励10项。

在。就创业教育来讲,强调培养开拓性的个体,具有创新精神、冒险精神,培养更具创业能力和独立工作能力,养成良好的职业素养。创业教育是建设创新型国家的重要内容,以培养创新型人才为主,促使创业者具备一定知识和心理准备,以便于创业者可以系统化学习,以求推动创业教育事业健康持续发展。

创新是指创造新的和更新东西,在人类社会进步和发展中,创新概念愈加丰富,逐渐从以往单一的词语,逐渐转变为术语,内涵愈加丰富。创新强调将生产条件和生产要素有机结合,对现有的生产关系进一步优化,其中所经历的过程即为创新[2]。在原有的管理经济领域转变为创新经济领域,无论是创业角度还是管理角度,创新概念均属于从属地位。在日常生活中引入创新理念,从现有思维模式出发,以正常规律为导向,整合现有知识和物质,从而创造出新的事物和方法,对于社会进步和发展具有深远的影响。

2. 创新教育和创业教育的关系

创新教育和创业教育之间联系较为密切,立足于实际情况,有助于引导和分析创新教育和创业教育之间潜在关系。从管理学角度进行分析,创新和创业之间的概念存在明显差异,创业活动中涉及到众多的创新活动,但是并非是必然朝着创业活动发展,还有很多创业者参与到创新实践,主要是在现有经验和模式基础上进一步发展。无论是个人还是组织,均可以实施创新和创业教育,而创新在为个人和组织提供新思想、新技术和新方法,但是无法快速获取商业利益。创业强调在创新成果基础上挖掘商业潜力,以此来获取可观的效益,但是需要承担相应的风险[3]。在当前创新创业教育背景下,创新教育和创业教育均属于素质教育中不可或缺的组成部分,在当前大力推动素质教育背景下,在创业教育中融入创新教育,是推动我国素质教育朝着更高层次发展的必然选择。

就创新创业教育内涵来看,较之西方社会思想而言并不存在显著联系,主要是由于对创新创业教育重视程度不高,是由于西方社会已经达成了共识。创新作为创业中重要的组成内容,在创新指导下推动创业活动开展,有助于为社会培养更多创新型人才。所以,在我国创新创业教育活动中,科技创新力度不足,引入创新创业教育理念的同时,应该进一步推动创新型国家建设。创新创业教育、创业教育、创新教育和素质教育之间相互交叉,彼此又存在着显著的差异,加强对这些概念的深刻认知,有助于推动创新创业教育开展[4]。

二、在校大学生创新创业教育的理论基础和条件

从实践角度出发,推动马克思主义哲学伟大变革是解决人与世界关系的关键所在,自身具有实践性和科学性特点,具有蓬勃的活力。通过马克思主义哲学的实践运用,有助于推动教育思想方法和工作方法创新,有助于为后续高校大学生创新创业教育打下坚实教育基础。

1. 马克思主义基本原理的指导作用

在马克思主义基本原理指导下,首先需要明确认识论基础。马克思主义认识论强调事物是客观可知的,是人类认识不断发展的过程,当前世界上还有很多未被认知的事物,具有无限性、反复性和上升性特点,在追求真理的过程需要与时俱进,不断开拓与创新,以便于在实践过程中检验真理[5]。实践论基础,通过客体形式去理解,将其作为感性的人的活动,以便于在实践过程中加深理解和认知。在马克思主义实践观指导下,对创新精神的深入阐释和分析,除了包含世界存在方式问题,同时也为改造世界打下了坚实的理论基础,有助于进一步开阔眼界,与时俱进不断丰富内涵[6]。

可以了解到,马克思主义认识论和实践论与创新创业教育之间存在密切联系,在此基础上来指导后续的大学生创新创业教育活动有序开展是必然选择。马克思主义哲学的联系观中,是创新创业教育的一个主要方向,其中普遍联系观点中蕴含创新思维方法[7]。创新创业教育是高职在校大学生,在创新创业教育体系中,通过对部分和整体辩证关系进行分析,有助于激发大学生创新精神,激发潜能,以便于推动创新创业教育体系持续发展,为后续的创新创业教育发展提供长久动力支持。

2. 大学生创新创业教育必要性

在高职大学生创新创业教育发展中,关键在于过程,而不在于结果。在创新创业教育实践中,有助于高职大学生积累丰富的实践经验,以便于持续推动创新创业教育。通过大量的实践研究提出三个角度,可以了解到当前高职大学生创新创业教育的必要性。在创新型国家建设中,推动创新创业教育,培养学生创新精神和创新能力,有助于持续深化创新创业教育[8]。因此,加强大学生创新创业教育对于高等职业教育事业发展意义深远,主要表现在以下几点:

其一,具有时代意义。加强大学生创新创业教育,与时俱进,有助于迎合知

识经济发展趋势推动教育思路,呈现良好的发展前景,对于国家战略部署和发展起到重要促进作用,可以大大提升我国的综合国力。

其二,有助于提升我国就业水平。结合我国高等教育发展要求,高等教育逐渐大众化发展,高校毕业生数量逐渐增长,呈现良好的发展前景[9]。面对当前激烈的市场就业形势,为了缓解社会就业压力,应该鼓励自主创业和灵活就业,与时俱进,推动大学生创新创业教育进一步深化。

其三,提升高职大学生综合素质水平。为了推动大学生创新创业教育,应该正确认识到当前社会发展形势,对于创新型人才需求度不断增长[10]。创造性思维作为当前高职大学生就业能力中不可或缺的组成部分,直接关乎到大学生的社会岗位竞争,但是现行的教育模式局限性较大,不利于高职大学生创造性思维能力培养。大量实践研究证明,大学生创新创业教育取得了较为可观的成效,有助于学生在岗位实践中获得良好发展,无论未来是否创业,对于大学生发展均具有重要促进作用[11]。创新教育、职业教育和专业教育发展在大学生综合素质水平增长方面所起到的作用较为突出,但是实践操作能力不强将会严重制约大学生未来的职业发展。

改善高职大学生创新创业教育中的困境,是教育事业发展的动力源泉。大学生创新创业教育,对于其中存在的问题予以足够重视,立足实际情况寻求合理有效的解决方法,以便于为后续的大学生创新创业教育开展打下坚实基础和保障[12]。

3. 高职大学生创新创业教育的有利条件

加强大学生的创新创业教育,应该充分结合高职大学生的年龄特点,由于大学生自身富有充足的活力,无论是问题分析还是实践操作活动都要积极创新,具备更强的新知识和新事物接受能力。大学生自身具备较强的知识接受优势,无论是知识还是智力水平都处于较高层次,积极开展创新创业教育课程,与专业课程有机融合,建立完善的创业发展知识结构体系,促使大学生保持高度的积极性,全身心投入其中,建立一支高素质的创业团队。学校环境优势显著,通过创新创业教育竞赛活动开展,有助于帮助高职大学生正确认知和重视,为后续的专业学习打下坚实基础和保障。同时,还可以建立实战平台,为高职大学生创新创业实践提供正确指导,获取资金支持的同时,改善当前高职大学生创新创业实践局限性。对此类问题,应该在马克思主义哲学认识论和实践论指导下,正确认识问题本质所在,在实践过程中检验真理,寻求合理措施予以规避,以便于推动大学生创新创业教育体系进一步改进和完善。

三、高职大学生创新创业教育中存在的问题

1. 教育理念陈旧，与时代发展相背离

在现代科学技术快速发展过程中，高等职业教育事业改革不断深化，呈现良好的发展前景。在高等职业教育教学中，在传授专业知识的同时，还要注重实践学习，促使传统教育模式发生了不同程度上的转变，有助于推动理论和实践之间的有机整合，将其列入到日常教学中，对于大学生创新创业教育事业发展意义深远[13]。但是，在长期的大学生创新创业教育工作中，理论和实践结合中还存在很大的缺陷和不足，高职学生创新精神和创业能力培养力度不足，更多的是留在理论层面上，采用传统的教育模式，不仅制约大学生创新思维、创新能力和创业能力培养，同时制约后续的高等职业教育事业良性发展。

2. 人才培养模式单一，课时安排不合理

高职大学生的创新创业教育作为一项系统性工程，在人才培养方面还存在很多缺陷和不足，未能将创新创业教育融入到日常教育教学体系中，在创新创业教育方案和规划方面存在一系列问题[14]。高校在组织创新创业教育工作中，重视程度不高，仅仅是将其作为一种辅助性内容，具体实施效果不够理想。结合相关教育要求，高职院校纷纷开设大学生就业指导课程，但是创新创业教育课程开设方面，无论是课时安排还是学分设置方向，占比都处于较低水平。基于此，高校的创新创业教育开设主要是以专题讲座和培训辅导形式开展，创新创业教育课程尚未融入到专业课程中，无论是课程体系设计还是人才培养目标方面，都缺乏自身特色，迫切需要进一步完善。

3. 课程内容和教学形式陈旧

高职大学生创新创业教育实践中，过分注重理论讲解，未结合行业实际情况进行客观阐述，课程内容和功能较为单一，缺乏专门的培养大学生创新创业教育实践课程，在一定程度上制约理论和实践的整合，影响知识的充分理解和掌握，有待进一步提升大学生创新创业教育实践水平。在现有的创新创业教育课程教学中，主要是通过小组合作学习、案例分析和情景模拟教学方式为主，较之前沿的交互式实践教学方法还存在很大的差异，实践教学中难以带给学生深刻的体验，制约学生创新思维培养，导致课堂教学效果大大下降，有待进一步改进和完善[15]。

4. 师资力量匮乏

在高职大学生创新创业教育中,教师作为教育活动的引导者和组织者,自身的素质水平高低将直接影响到创新创业教育成效,占据着重要的地位。在教育教学活动开展中,教师需要充分发挥自身的引导作用,培养学生的创新精神、创新意识和创业能力,以便于在实践中推动大学生创新创业教育活动开展。但是,纵观大学生创新创业教育实践成效,师资力量匮乏,缺乏专业的教师支持,理论素养偏低,缺乏充足的实践经验和阅历,致使很多高校的创新创业教育课程是由经济专业教师担任,或是大学生就业指导中心教师担任,缺乏创业实践经验,在一定程度上影响到大学生创新创业教育成效。此外,由于部分高职院校对大学生创新创业教育课程开设重视程度不高,未能对创新创业教育教师定期进行培训和考核,导致很多教师在课堂上只能纸上谈兵,无法有效调动起学生的参与积极性,创新创业教育成果同预期相差甚远。我国高职院校创新创业师资队伍建设滞后,成为制约大学生创新创业教育活动有序开展的关键所在。

5. 高职大学生创新创业教育氛围较差

在大学生创新创业教育工作开展中,教育氛围直接关乎到工作的有序开展。纵观当前高校创新创业教育现状,由于缺乏统一的教育平台,对于校园氛围的营造重视程度不高。建立大学生创新创业教育平台,主要是借助科学合理的教育模式,以便于在实践活动平台上为大学生创新创业教育提供实践场地支持[16]。通过建立实践活动平台,完善硬件条件,以便于整合学校资源,建设创业中心,但是这些基础设施建设还处于初级发展阶段,如何有效利用此类基础设施,发挥示范作用,迫切地需要营造良好的环境氛围,以便于为后续教育工作开展奠定基础。

大量实践调查发现,创新创业教育政策执行力度不足,很多大学生在实践工作中对于政策认知和了解不足,对于创业政策掌握水平偏低,如何寻求合理的途径成为当前亟待解决的问题之一。但是,政府在出台的政策执行中,执行力度不足,未能带给高职大学生真正意义上的政策服务和支持。宣传手段单一,影响到创新创业教育成效。所以,应该营造良好的政策环境。

社会因素对于创新创业教育影响较大,主要是以区域经济增长和服务发展为主要目标,但是从实践结果来看,无论是政府还是高校都未能形成相关意识。由于创新创业教育意识不足,导致高职大学生的热情受到抑制,原本的积极因素被忽视,反而成为制约创新创业教育活动有序开展的因素所在。社会关系和家庭的支持力度较小,缺乏完善的社会联动机制,不利于高职院校创新创业教育互动的主动性发挥,影响创新创业教育成效。

四、大学生创新创业教育模式

1. 就业指导结合的附属模式

高职大学生创新创业教育工作开展中,一个主要目标是为了提升大学生的就业竞争优势,以便于大学生可以顺利就业。究其根本是由于当前社会就业竞争形势较为严峻,结合大学生就业指导服务实际工作情况,附带部分创新创业教育活动,是当前高校大学生创新创业教育工作开展的主要内容[17]。从某种情况来看,大学生的就业指导和创业教育之间存在密切的联系,创业是主动就业的一种典型形式,提升就业者的创新能力,不仅可以缓解学生就业问题,还可以提供更多的市场就业岗位,以便于实现创业和就业目标。在学生就业指导工作开展中,附带创新创业教育模式,充分发挥创业对就业的作用,在当前就业指导工作中占据重要地位。诸如,在现有的就业指导课程中,适当加入创新创业教育内容模块,增加相对应的内容,以便于提升创新创业教育成效。

2. 专业教育相融合的渗透模式

在高校素质教育改革持续深化下,专业教育作为其中重要组成部分,与创新创业教育相融合,有助于改善以往高校教育教学体系中存在的缺陷和不足。但是,此种教育模式还处于初级阶段,其中仍然存在一系列问题有待进一步完善[18]。推动创新创业教育活动开展,需要在统一人才培养理念下,建立完善的创新创业教育体系,在专业教育基础上明确人才培养目标,针对性开展创新创业教育活动,以便于为后续的高职大学生创新创业教育工作开展打下坚实基础和保障。高校在开展创新创业教育活动中,将课程内容设计、教学过程实施模式与专业教育融合,充分发挥创新手段优势,将其引入到岗位实践中,以便于推动创新创业教育改革深化。与此同时,在专业理论知识基础上,选择合理有效的方法发挥激励作用,锻炼学生的创新思维,推动创新创业教育模式和教育方法改革,营造良好的创新创业教育环境[19]。

3. 理论与实践结合的互动模式

高校的创新创业教育是一项实践性较强的互动,要求创业者具备整合资源的能力,丰富知识经验,把握创新创业教育本质的同时,适当地增加创新创业教育教育比重,诸如,通过先进模拟软件和教学系统,与企业建立密切合作关系,实现与创业企业之间的良性活动,建立实践平台,逐渐形成前沿合理的教育互动模式。部分高校在创新创业教育实践探究中,将其引入到多种形式的实践活动中,在丰富学生实践经验的同时,对于学生实践动手能力和创新能力提升具有重要促进作用,诸如,高校在实践中整合教育资源,设立大学生创业园区,促使学生可以经常参与其中,创设真实的市场环境来加深学生的实践体验,有助于学生在感受创业氛围的同时,激发创业热情,积累丰富的创业实践经验。

4. 与素质教育结合的包含模式

创新创业教育相较于传统的教育模式而言存在明显差异,主要是面向全体大学生的素质教育[20]。大力推动创新创业教育,有助于培养大学生的创新精神和创业能力,是素质教育发展的主要目标,在为社会培养高素质人才的同时,促进经济持续稳定增长,是高职院校教育事业改革的必然选择。加强创新创业教育,其中主要包括创新创业教育意识、创新创业教育思维、创新创业精神和创新创业能力等多项内容,以培养更具创新精神和创业能力的人才为主要目标,促使新时期的创新创业教育更具创新性和时代性。

图 1　素质教育模式

五、高职大学生创新创业教育有效途径

1. 构建良好的高职大学生创新创业教育外部环境

高职大学生创新创业教育是一项系统工程,在长期工作开展中,仅仅依靠

高校力量是难以实现的,需要进一步加强政府、企业、高校和社会团体的力量,以便于提升大学生创新创业教育成效。纵观当前我国的大学生创新创业教育现状,相配套的法律法规和管理制度不健全,还处于初级发展阶段。因此,政府应该充分发挥主导作用,结合实际情况合理筛选创业项目,优化创业环境的同时,确保创业实践活动可以落到实处;设立大学生创新创业扶持基金,落实相配套的政策和制度,优化行政审批工作,并为创新创业项目开辟贷款和税收绿色途径,以便于为大学生创新创业教育提供可靠支持。大力推动中介组织建设,提供咨询信息服务的同时,聘请专家人士,定期组织大学生创新创业教育培训工作,并提供全方位跟踪指导服务,以便于提升创新创业成功率,有效解决其中面临的问题。与此同时,充分发挥新闻媒体的舆论引导作用,对于典型的大学生创新创业项目广为宣传,提供正面引导作用,营造良好的创新创业教育环境,为后续的大学生创新创业打下坚实基础和保障。

2. 发挥高校主体作用,组织创新创业实践活动

大学生创新创业教育工作开展中,为了提升教育成效,首要一点是发挥高职院校组织的主体作用,加强学校团委、科研处和学生处等部门的沟通和交流,并设立专门的组织机构,负责大学生创新创业教育工作统筹规划。同时,加强学校社团之间的联系,定期发布大学生创新创业相关政策信息,建立完善的激励考核机制,借助电视、广播以及微信、网络等手段定期发布信息,以便于提升宣传力度。与校外企业和中介组织建立合作关系,及时共享信息,组织项目对接,争取更多政策支持,整合信息资源,在技术平台和项目投资方面提供多方位的服务。通过建立大学生创新创业平台,学术报告、组织论坛和设立社团组织等方式,加强组织之间的沟通和交流,推动大学生创新创业教育模式创新。同时,将成功经验大范围推广和应用,营造良好的大学生创新创业校园环境。

3. 建立一支高素质的创新创业教师队伍

为了确保高职大学生创新创业教育工作有序开展,教师在其中所起到的作用十分关键,迫切地需要建立一支高素质的创新创业教师队伍。定期组织创新创业教师的业务能力学习,定期培训和交流,可以有效提升教师专业水平。聘请专家学者来校讲座,将自身的经验大范围推广和共享,为后续的大学生创新创业教育工作开展提供支持。师生通过近距离接触成功事迹,可以有效激发大学生的创新创业热情,转变就业创业理念,提升创新创业自信心。与此同时,建立师资队伍建构机制,整合专业理论优势,与实践联系在一起,以便于站在更高

层面上锻炼和发展,以便提升高职大学生的创新创业教育成效。更为关键的是,高职院校应该积极建立大学生创新创业教育基地,完善基础设施,改善硬件条件。对于通过审批的项目进入到大学生创业园区,可以提供针对性的指导服务,丰富学生的实践经验,以便为后续相关工作开展打下坚实基础和保障。

结 论

综上所述,面对现代社会进步和发展对创新型人才的需要,需要与时俱进,正确认识到高职大学生创新创业教育的重要性,积极迎合社会对高素质人才培养的需求,需要立足实际情况推动大学生创新创业教育,提升高等院校的教育水平,为社会培养更多创新型人才。

参考文献:

[1] 刘宏伟,乔增正,宋运娜.高校大学生创新创业教育培养体系的思考和探析[J].中国高新区,2018,17(08):44.

[2] 李怡,曾新洲.湖南省高职院校创新创业教育人才培养现状及问题探析[J].科教导刊(中旬刊),2017,22(10):175-176.

[3] 肖贵平.大学生创新创业教育路径探析——以福建农林大学为例[J].中国高校科技,2017,20(07):84-87.

[4] 张秀峰,陈士勇.大学生创新创业教育现状调查与思考——基于北京市31所高校的实证调查[J].中国青年社会科学,2017,36(3):94-100.

[5] 宫萍.探析大学生孵化园对大学生创新创业作用[J].科技风,2017,16(5):8.

[6] 石朋飞.内涵式发展视域下大学生创新创业教育的探索与实践[J].实验技术与管理,2016,33(9):204-207.

[7] 严瑶."互联网+"时代大学生创新创业教育探析[J].西部素质教育,2016,2(15):74.

[8] 刘一华.新媒体环境下大学生创新创业教育路径探析[J].黑龙江高教研究,2016,23(6):94-96.

[9] 章巧眉."互联网+"背景下大学生创新创业教育的机遇与挑战[J].教育教学论坛,2016,11(21):1-3.

[10] 赵军,杨克岩."互联网+"环境下创新创业信息平台构建研究——以大学生创新创业教育为例[J].情报科学,2016,34(5):59-63.

[11] 居占杰,刘洛彤.创新创业教育背景下大学生创新能力培养问题研究——基于G大学经济学专业本科生调查的分析[J].湖南师范大学教育科学学报,2016,15(2):71-75.

[12] 倪迎华,付晓娜.高校大学生创新创业教育现状分析与对策探析——以河北省为例[J].中国大学生就业,2016,20(4):40-44.

高校学生发展的理论、制度与评价研究

[13] 郭涛."五要素带动—循环"构建大学生创新创业教育模式[J].实验室研究与探索,2016,35(2):167-169.

[14] 降雪辉."互联网十"时代大学生创新创业教育新模式[J].重庆科技学院学报(社会科学版),2015,31(12):54-56.

[15] 王红梅.基于对河北大学生创业意向调查的创新创业教育探析[J].山西财经大学学报,2015,37(S2):102-103.

[16] 艾军,邹金成,罗二平,邹婷媛.论高校思想政治教育与大学生创新创业教育的有机融合[J].思想理论教育导刊,2014(12):92-94.

[17] 钱小明,荣华伟,钱静珠.基于导师制下"大学生创新创业训练计划"教育的实践与思考[J].实验技术与管理,2014,31(7):21-24.

[18] 李浩然.探索大学生创新创业教育新路径——以燕山大学大学生创新创业教育实践为例[J].人民论坛,2013,16(29):240-241.

[19] 李浩然.探析大学科技园助推创新创业教育模式——以燕山大学科技园助推大学生创新创业实践能力培养教育模式为例[J].中国商贸,2013,22(29):178-179.

[20] 李占平,王宪明,赵永新.高校大学生创新创业教育新模式——云创业平台模式研究[J].国家教育行政学院学报,2012,23(11):12-15.

[21] 李卫宏,祝捷,黄建平,赵毅.刍议提升大学生创新创业工作实效的途径——对《教育部关于大力推进高等学校创新创业教育和大学生自主创业工作的意见》的若干思考[J].福建商业高等专科学校学报,2012,21(2):26-29.

[22] 许朗,贡意业.大学生创新创业教育模式探索——项目参与式创业教育[J].学术论坛,2015,34(9):213-217.

教育改革视野下以"创客教育"推进高校学生思想观念现代化研究①

莫　凡②

　　"创客"既是一个经济问题,也是一个教育问题。习近平在党的十九大报告中提出:"激发和保护企业家精神,鼓励更多社会主体投身创新创业。建设知识型、技能型、创新型劳动者大军,弘扬劳模精神和工匠精神"。③ 在该领域,学术界存在不同的探讨视角:其一,探讨创客教育的现实支撑,如傅骞在《基于"中国创造"的创客教育支持生态研究》中力图探索用中国硬件、中国软件、中国理论支撑创客教育的现实路径;④其二,考察创客教育与中国整体教育体系之间的关系,如吴俊杰在《普及创客教育:运行中国的教育担当》中力图将创客教育的普及作为中国教育事业的一项必要任务。⑤ 从研究现状来看,尽管学界已关注到中国的创客教育问题,但对"创客教育与人的现代化"问题研究不多,而如何发挥创客教育在人的现代化中的作用,是一个重要的实践问题。所以,本文就以此为切入点,进一步开展理论研究。

　　① 基金项目:第十四批江苏省"六大人才高峰"高层次人才资助(JY-074);2019年度江苏高校优秀青年思想政治理论课教师"领航·扬帆"计划资助;江苏社科优青科经费资助。
　　② 作者简介:莫凡,博士后,扬州大学马克思主义学院副教授、硕士生导师,江苏省中国特色社会主义理论体系研究中心特聘研究员,研究方向为马克思主义与中国现实问题研究。
　　③ 决胜全面建成小康社会　夺取新时代中国特色社会主义伟大胜利[N].人民日报,2017,10(19):2.
　　④ 傅骞.基于"中国创造"的创客教育支持生态研究[J].中国电化教育,2015(11):6.
　　⑤ 吴俊杰.普及创客教育:运行中国的教育担当[J].上海教育,2015(17):46.

一、高校学生的"思想、观念和意识"何以现代化？

（一）"传统继承"与"现代创新"的一体化推动

"现代"是一个极富争议的概念,在拉丁语中,其涵义为"刚才"。公元六世纪,Cassiodorus 似乎是第一个用"现代"（现代人）形容自己年龄的作家。然而,该词进入日常使用,是在十七世纪关于"古人"和"今人"的辩论当中。[①] 后来,"现代"又表示最近放弃,同时新的事情开始；此外,该词还有"历史渊源的重新解读"意蕴。于是,"人的现代化"也必然是一个争议颇多的概念。它是"人的主体性"突显,还是人的"正义"观念养成？是"人的自由而全面发展",还是"人的责任意识增强"？在多重争论之下,笔者认为,无论"人的现代化"如何定义,培育人的现代思想、现代观念和现代意识,必然是人的现代化的精神先导。究其核心,理应是塑造人的"合作意识""创新意识""风险意识"等现代思想观念。

那么,如何塑造高校学生的这三大现代思想观念呢？首要的方面,便是实现从"传统继承"到"现代创新"的创造性转化。英语单词"传统"最初来自拉丁文,原义为"传送、交给保管"。它起初是用在罗马法中,指的是合法转让的继承。后来,安东尼·吉登斯等人从"现代性"的角度反过来定义"传统",这被视为"传统"概念的欧洲话语。从此,这一概念成为了哲学家或思想家们的"反现代性"概念,与当代语境中的"进步"相对。[②] 因此,从大多数西方思想家的视角来看,"传统继承"与"现代创新"互不相容,"传统"是"创新"的反面。但是,从当代"人的现代化"实践来看,"传统继承"与"现代创新"并不矛盾。"传统"是"创新"的基础。"传统"之所以是"传统",原因在于其拥有深厚的历史积淀和丰富的文化内涵；而"创新"之所以是"创新",原因在于它是"新生事物",虽拥有巨大的发展潜力,但在"内涵积淀"上仍有不足,于是需要"传统"来充实、丰富其内涵,从而奠定其进一步发展的扎实基础。因此,"传统思想观念"是"现代思想观念"的基础,并且,如果能实现从"传统继承"到"现代创新"的创造性转化,"现代思想观念"也就成为了"传统思想观念"的新形态和新发展。所以,实现人的"思想、观念和意识"的现代化,务必以"传统"为基础,并超越"传统"。

---

① Arnold, Jonathan J. Cassiodorus[M]// The Encyclopedia of Ancient History. John Wiley & Sons, Inc, 2012.

② Giddens A. Runaway World：How Globalization Is Reshaping Our Lives[M]. Rugman Reviews, 2009：39.

(二)"思维塑造"与"实践培育"的一体化推动

高校学生的"思想、观念和意识"现代化,需要"传统继承"与"现代创新"的一体化推动,更需要"思维塑造"与"实践培育"的一体化推动。长期以来,高校在推动学生"思想、观念和意识"现代化的过程中,往往采取的是"思维塑造"的"课堂教学"方法。但是,随着社会的迅速发展,单纯的"思维塑造"方法已不再适应"人的现代化"需要,出现了所谓的"实践培育"方法。这种方法是一种"广谱式"的教育方法,可以与"思维塑造"方法结合起来,一体化推动高校学生"思想、观念和意识"的现代化。由此可见,"实践培育"并非是在真空里的自我生成,而是形成于当前的社会条件之下。那么,如何开展"实践培育"呢?在我国社会发展的进程里,面临着很多客观存在的实践难题,高校学生可以在这些难题的解决过程中,获得思想观念水平的提升。

以前的高校教育习惯于用学科来引领教学,这一引领方式讲究的是书本知识的逻辑化与条理化,然而在破解实践难题的过程中,该引领方式的缺点经常性地显现出来。于是,我们应当在学科合理引领的同时,更多地用"实践培育"引领教育教学,进而让当代大学教育积极地参与到社会实践中来。就此而言,中国的高等教育以往主要是政府驱动,这已经成为一种主要的教育推动模式,其本质上是一种自上而下的模式。但是,与此不同,如果"实践培育"要成为一种"常态化"的教育方法的话,高等教育则更多地要由社会来推动。因此,"政府推动"与"社会推动"有机结合,将成为高等教育持续健康发展的一体化推动力。这样的推动模式要求政府在教育发展过程中,尽心搭建服务平台,提供各种资源保障;同时,高校学生也积极运用学校里面学到的知识与技能,在创造出政府和社会都需要的物质产品或精神产品的同时,培育自身"乐于合作、勇于创新、防范风险"的现代思想观念,从而实现政府、社会和个人三者之间的"共赢"。

二、创客教育是"传承与创新""思维与实践"辩证统一的创造性活动

(一)创客教育是"传统继承"与"现代创新"的辩证统一

创客教育是"传承与创新""思维与实践"辩证统一的创造性活动。就"传承与创新"而言,为什么创客教育是二者的辩证统一呢?杜威说:"创新以及有发明意义的筹划,乃是用新的眼光看这种事物,用不同的方法来运用这

种事物。"①的确,创新的实现不但要有传统的继承,更要有超前的眼光与崭新的路径。当人类进入 21 世纪以后,大学校园不应仍是同外在社会彼此隔离的"象牙之塔",而应是积极从社会众筹资本开展创客活动的教学服务组织,从而在"传承"基础上实现"创新"。具体而言,这种创客活动是通过大学的分类治理实现的。大学的核心功能是教育教学、科学研究以及社会公共服务,可是,基于各类部门与单位的内在特点,这些职能任务必须以"分类"的方式来开展。以此出发,有的单位履职倾向在于科学研究,同时有的单位履职倾向在于社会服务。由此,在科学而有效的协作分工条件下,可以不断推进创新型大学的培育。

当然,创新型大学也不是单打独斗就可以实现"创新创业"的,而是要形成互联互通的交流网络。在这样的网络中,在保护知识产权的前提下,知识、技能、方法、服务不再被隔绝在"校际壁垒"之后,而是连接为统一的整体,形成各校之间可以"共享"的知识、技能、方法和服务。只有如此,各种创新创业的资源才会如泉水般充分涌流,才能构筑"传统继承"与"现代创新"有机结合的坚实基础。

(二) 创客教育是"思维塑造"与"实践培育"的辩证统一

创客教育是"思维塑造"与"实践培育"的辩证统一。其中,"实践培育"不应是"无对象"的"盲目行为",而是应以"问题"为导向,提出问题、分析问题和解决问题,从而培育高校学生的现代思想观念。例如,"'微创新'不足"是当前制约社会创新发展的主要因素之一,于是这一问题可以成为创客教育"实践培育"的导引。进入 21 世纪后,各个西方国家均致力于产业的更新换代,这就是所谓的"再工业化"。更新换代的结果是西方国家的工业实力显著增强。其中,在技术领域崭露头角的工业主体就包括"创客"。同时,在这样的历史条件下,我们不但要拿自身的产业结构与欧美发达国家的产业结构相比较,而且要同主要发展中国家的工业状况相比较。就后者而言,尽管它们的技术水准往往要低于西方国家,可这些国家有十分庞大的市场空间,可以成为工业竞争里的一大利器,所以它们还是可以在国际市场中"分得一杯羹"。如此,我国怎样才可以在与它们的工业竞争里胜出呢?仍然需要创新、创造,需要"微创新"。这里需要指出的是,在特定的大型国家项目里,类似航天航空、月球探索等,我国工业技术的创造水平、创新水平已达较高程度;可是在微观创新层面,类似

① 杜威.民主主义与教育[M].北京:人民教育出版社,1990.

"服务业"等行业的创新水准仍是尚须补齐的"木桶短板",具体表现为"'微创新'不足"。于是,高校学生创客可以发掘自身所具备的创新、创造、创业能力,把工匠的动手能力与工程师的科研能力结合起来,组建一批既有创新思维,又有实践应用能力的中国特色创客群体,为解决我国的"微创新"问题开辟一条新路。

三、以"创客教育"推进高校学生"思想、观念和意识"现代化

(一) 以培育"中国特色创客群体"推进高校学生"思想、观念和意识"现代化

由于高校学生的"思想、观念和意识"现代化,需要"传统继承"与"现代创新"、"思维塑造"与"实践培育"的一体化推动,而创客教育是"传承与创新""思维与实践"辩证统一的创造性活动,所以可以以"创客教育"来推进高校学生"思想、观念和意识"的现代化。其中,首要的是以培育"中国特色创客群体"来塑造高校学生的现代思想观念。大学创客教育在推动社会"创新发展"中的作用首先体现为,通过推动社会"微创新"培育"中国特色创客群体"。

不仅"创新创业"已成为新时代的大学精神,教育水平的进步更需要高水平创客团队的孵化。布鲁姆将"创新"看成是人类学习的第一环节,于是学界才将创新潜力的发掘看作是大学教学的一个内在目的。怎样才能达到这一内在目的呢? 过去的途径是充分运用课堂教学的技术与技巧,以启发性的语言来引导青年学生的思维提升。可是,这一途径缺少固定的"创造性思维培育"教学内容,所以,构建具有中国特质的创客教育可以补齐高校教育的这块"短板",让"创新创业"新型教学路径走进高校,总体式地进入现有高校教育体系,最终使青年创客的培育真正变成高校教育内在元素。

总结起来,在青年创客的"孵化成形"里,青年学生能够得到怎样的成果呢? 其一,乐观的处世态度,就像马克思所讲的:"实际创造一个对象世界,改造无机的自然界,这是人作为有意识的类的存在物的自我确证。"[①]因此,乐观地推进"自我确证"无疑是人们科学的处世之道,而"创新"里面占据着相当显著的地位。其二,收获到创新思维方式。大学生是国家未来的中流砥柱,这一"定位"并非凭空而来,而是要奠基于大学生的"创新潜力"之上,正如陶行知所说,教学

高等教育现代化的实现路径研究

---

① 马克思.1844 年经济学-哲学手稿[M].北京:人民出版社,1979.

必须让世界"处处是创造之地,天天是创造之时,人人是创造之人"。① 这些话语
对于大学生特别适用,真正的创客人才能够让一块常见的土地最终成为展现创
新风采的创客工作坊,也能够使本来极为常见的日期变成"发明创造"横空出世
的生日。所以,创客教育能给予年轻人的不但有物质商品,更为重要的是精神
上的富足。其三,培养协作意识。团结协作精神的培养在以往的教育中是一项
必备内容,但是这种教育多体现在书本知识的灌输中,青年学生往往缺乏对于
"协作"的心灵体验。由于创客的工作方式多采用"众创"的集体形式,所以协
作、合作、团结是其中必须坚守的信条,于是,协作精神自然就深入到学生的心
灵之中了。

(二)以建构"创客教育服务平台"推进高校学生"思想、观念和意识"现代化

以"创客教育"推进高校学生"思想、观念和意识"现代化,还需要建构中国
特色的"创客教育服务平台"。大学创客教育在推动社会"创新发展"中的作用
还体现在,通过构建"创客教育服务平台"强化对创新的"教育支持"与"公益支
持"。首先,创客教育让创造与学习有机结合为一体。这样,创造便成为了教与
学的一部分。在马丁尼兹看来,创客本身的含义当中就蕴含着学习与创造的内
容,创造是一种必须借助于"合作探究"才可以完成的工作。由此可见,学习并
非完全是纯理论的探索,它更包含着"实际应用"的广阔天地。② 无论是我国,还
是西方国家,二者在进行创客培育时,一个显著的目的便是要破解实践难题。
我国的创客培育整合了众多西方因素,并非只执着于制作某件商品,而是付出
更多的时间致力于创造性思维的培育。与此同时,大学组织则乐于向青年大学
生提供"创客活动"所必须的运作平台,之后研发出各种应用商品。商业活动在
西方国家的创客培育里是针对"项目"来开展的,创客本人在创新活动里倘若缺
乏项目的支持,也便成为了"无源之水"。因此,"公益性项目"的支持成为了创
造与学习有机结合的桥梁。

其次,国内外均认为在课堂学习的环节应合理融入创客教育,从而让大学
课堂充满协作、沟通与共享。在这样的教学氛围下,教师将大学生划分为若干
小组,这些创客小组均拥有独立的工作坊,该工作坊区别于大型的厂房,仅拥有
小型的空间容量。但是,创客群体在这些工作坊里的创新活动却是积极而有效
的。与此同时,工作坊的创新信息还能用于"共享",增加了创新的推动力。于

---

① 栾传大.关于创新素质教育的研究与思考[J].吉林教育科学,1999(8):8.
② 何克抗.论创客教育与创新教育[J].教育研究,2016(4):13.

是可以这样讲,国内外的各种创客培育均有利于青年大学生思维、动手能力的成长,帮助其早日独立研发出新型的专利产品。

再次,中国和西方都非常重视培养大学生创客的动手能力,大学生创客不仅能够运用其掌握的创新思维方式去思考与解决理论问题,还可以通过专业设备去解决实验问题与应用问题;不仅将问题的解决停留在纸面,还将其转化为实践的生产过程,制造出实实在在的产品,并获取实在的利润。这是几乎所有创客创造活动的一个共通之处,这本质上是一场学习的革命。过去的教育是一种以理论教育为主的教育模式,后来则是出现了订单式的教育模式。可以说,这种教育模式的确有利于学生就业。但是,对于中国特色的创客教育而言,它也应属于一种更为新型的教育模式,对于这种教育模式的进一步构建是可能的。

四、以"创客教育"推进高校学生"思想、观念和意识"现代化的实践路径

(一)开辟"共享性"众创空间,提升高校学生的合作意识

在以"创客教育"推进高校学生"思想、观念和意识"现代化的可行性论证基础上,可以构建具体的实践路径,提升高校学生的"合作意识""创新意识"和"风险意识"等现代思想观念。其中,要提升高校学生的合作意识,可以将"共享性"众创空间的开辟作为主要途径。从实践来看,众创空间可被划分成两种类型:一种类型称作"创客实验室",它为创客的自我探索提供场地。这一场地制作的产品,其产权归创客自己。所以,它是一个个体化的创新场地。第二种类型被称作"共享性"平台,其采用的是常见的局域网模式,以局域网平台为载体去共同占有创客的有关信息,或是以移动通讯平台去共同占有创客工作的产品,就像王国华所认为的:"构建互联网时代的众创空间,必须本着'互联互通、开放共享、跨界融合、自由平等'的互联网精神,运用'非平面、立体化的,无中心、无边缘、突破时间和逻辑的线性轨道,自由翱翔于思想世界的广阔天地'的互联网思维"。① 该创客工作所获得的产品,其分配通常是用"共同占有"的方法,收入的分割一般也并非由个体占有。以上两类创客平台对于社会治理具有相同的重要性,同时,它们的知识产权也应当获得相同程度的保护。

① 王国华.互联网时代"众创空间"构建的理念与方法[J].北京联合大学学报(人文社会科学版),2016(2):13.

高等教育现代化的实现路径研究

由此可见，我们可以有的放矢地设计一条具有中国特质的、培育创造性思维的"共享"路径。如果说，创造性思维是创客实施创新行为的核心竞争力，那么，这种思维方式就应当作为创新教育的核心。在从前的教育体系里，对此并没有一条非常明了的培育路径。事实上，如果想破解这个难题，一定要重视"精神财富的分享"。倘若由一般意义上的创新教育出发，创客的工作常常代表着小众化的特殊行为，并不存在整体性的、新创造出来的"点子"的"分享"。如此，零碎化的创客工作很难让各个创客个体形成合力、相互促进。以克服此缺陷为目的，创客群体在开展创新工作的过程中，可以利用"共享性"平台，及时或实时去分享个人"点子"、技术与方法，进而催生更为绚烂的"思想火花"，达到提升高校学生合作意识的目标。

（二）建立"创客教学体系"，培育高校学生的创新意识

除了开辟"共享性"众创空间，还应建立"创客教学体系"，进一步培育高校学生的创新意识。创客工作是一系列高级思维环节连续运行的综合性过程，其要求创客本身必须构思出各种创意，之后反观现实，将"潜能"变为"现实"。因此，我们要明确意识到创造性思维培育体系的必要性。正如佩帕特在他的名著里所指出的："将基于产品研发的自身体验置于人类学习的中心"，[1]在其理论当中，无论是何种方式的创新，都无法离开实践。可以说，实践是创客"金点子"的客观来源，是其从事创造性工作的前提条件。由此出发，实践可以为创造新产品供应思想养料，启发着创客的工作。从这个方面来说，国外创客理论也并非完善，他们的创客教育已较为成熟，可是并没有设计出一整套创造性思维培育方法，对于怎样挖掘青年大学生的创造性潜能也尚缺十分明确的理论表述，于是，这就成为了中国特色创客培养可以集中突破的论题。换言之，我们应当由国情出发，设计出相对完整的创客教学培养体系，如此才能填补国外创客教学领域里的这个缺陷。

在此"教学体系"当中，专门的"创客师资课程"应有一席之地。既然创客教育是教育的一种类型，那么这种教育也需要有合格甚至优秀的教师来开展教学工作，因而创客创新能力的高低很大程度上取决于创客师资水平的高低，必须遴选一批有创新意识和创新能力的高校教师从事这项事业。关于这一点，在西方开设有专门的创客师资课程，但是在中国，目前还没有专门的创客师资课程，由此造成了创客教育领域师资的缺乏。在借鉴西方创客师资教育的过程中，我

---

[1] Harel, I. E. & Papert, S. E. Constructionism[M]. Norwood, HJ: Ablex, 1991: 24.

们应着重吸收其传播创客文化、拓展创业市场的具体做法,比如开展各种创客竞赛,由此推出新创客的新产品,并激发创客精神和创新意识。总之,要培育高校学生的创新意识,必须建构系统、完整的"创客教学体系"。

(三)完善"创新创业服务平台",增强高校学生的风险意识

与"合作意识""创新意识"类似,"风险意识"也是高校学生现代思想观念的一个组成部分。于是,应完善"创新创业服务平台",进一步增强高校学生的风险意识。中国特色创客教育应充分重视创新成果的应用问题,创客活动的成果必须有它的使用价值,而不是仅仅停留在纸面的"本本"。就算是初级创客人才的培养,它的培养趋势和方向也是要指向实践的。同时,创客教学或培训,不应只是一种技能性的课程,而是一种"素质"培训,它所培养的学生不仅可以弥补西方创客课程的不足之处,也可以满足中国社会对于创新产品的需求。这一教育实践模式的形成,并不是可以一蹴而就的,而是需要在实践中探索相关的课程设置与培养方案,不仅要运用自然科学领域的创新方法,也要综合社会科学领域的相应方法,制造出各种新颖的物质和精神产品。尤其是在精神产品的创意当中,社会科学方法的运用尤为重要,而这是西方创客教育所较为忽视的。

与此同时,创客群体的商业交易也可以被看作是一种经商行为。那么,经商都有经济风险,这就需要大学教育当中开设以"风险观"为内容的课程,并辅以相应的"风险管理服务"。就前者而言,它力图传授给创客防范风险、获取利润的实用方法,以较小代价去取得较大收益;而就后者而言,它力图设计一种新型服务平台,去进行风险的感知与化解。实时变动的风险消息,被平台管理员及时上传到"服务平台"里,使得创客群体可以十分便捷地浏览,从而有利于化解其所面对的市场风险。并且,在该平台里,创客群体还能够得知创新产品的供求消息。这样,其便可依托自己产品的销路来进行设计,最终向市场推出适销对路的商品。总之,只有完善"创新创业服务平台",才能不断增强高校学生的风险意识。

高校教育质量建设

——基于第三方评估组织发展探析

葛泇群[①]

　　教育问题是关乎国家长远发展的重大问题，良好的教育质量是一个国家高层次人才培养的基础。教育质量的提升必然离不开科学的教育质量监测，所以评估作为衡量现代高等教育发展水平的基本手段和根本方式，在高等教育领域已获得广泛认可。第三方评估机构作为政府教育督导的重要补充，是提升教育质量、推动教育发展的重要手段。然而目前我国高等教育领域的评估工作大多数都是在政府主导下展开的，在发展过程中以及在评估工作的进行中仍然存在着诸多问题。

　　高等教育第三方评估中介机构是介于政府、高校和社会之间的专门性社会评估组织，不仅具有独立性的法人地位、多元化的评估价值取向，还具有广泛的价值主体参与到评估活动的实施中来。[1]第三方评估在国际上已经有很长的成长历史，不论是机构职能、评估内容还是评估手段都已经形成比较完善的评估体系。同样，教育评估比较完善的英国、美国，其第三方评估制度也在不断发展，并各具特色。他山之石，可以攻玉，对英国、美国这两个高等教育极其先进的国家的高等教育第三方评估制度作深入的比较研究，对我国有一定的借鉴意义。

一、中国高等教育第三方评估

　　我国目前第三方评估机构的评估业务主要来源于政府、高校或其他社会组织的评估业务委托，以提供教育评估为主要的服务形式，能够对高校的办学能力和教育质量进行判断，并通过评估结果为委托人和被评估单位提供决策依据。

---

　　① 作者简介：葛泇群，女，江苏盐城人，河海大学高等教育硕士在读，研究方向为高等教育管理。

（一）我国高等教育第三方评估的发展史

我国自从 1990 年国家教委正式颁布《普通高等学校教育评估暂规定》政策法规以来，就提到高等院校应在自我评估的基础上鼓励学术机构、社会团体等社会第三方参加教育评估。[2] 到了 1994 年，我国中介质量评估机构开始陆续出现并开始运行。同年，清华大学成立了"高等学校科研院所学位与研究生教育评估所"，这是我国最早出现的具有中介性质的评估机构，被认为是中介机构开始参与我国高等教育质量评估的标志。[3] 随后，我国陆续成立了不同的具有中介性质的高等教育质量评估机构，虽然这些中介质量评估机构并不是我国高等教育质量评估机构中的主流，也没有起到主导作用，但它们却成为了社会力量在我国高等教育质量评估体系中的代表。

（二）我国高等教育第三方评估的实施特点

我国高等教育第三方评估组织主要通过接受来自政府、高校或者其他社会组织的委托，以评估的方式对高校的办学资格和教育教学水平做出客观评判。

1. 独立运行

高等教育第三方评估机构就是一个企业，一个独立的法人，其服务对象是政府、高校以及社会。但是，高等教育第三方评估是独立于政府、高校、社会之外的机构，该评估机构要对它提供的评估服务收取一定的费用，来用于企业运行的日常开销和员工的工资。其经营业务的范围主要来源于以下三个方面：接受政府的业务委托对相关高校进行第三方教育评估；对有评估需求的高校提供第三方教育评估服务；满足社会各界对高校实际运行情况的需求。[4]

2. 发展日益成熟

在高等教育第三方评估机构成立之初，主要采用的是定量评价的评价方法，只按照该单一评估指标进行统计排名。[5] 随着机构的发展成熟，评价方法演变成定性与定量相结合，评估指标体系也演变成能够囊括大学基本功能的综合评估指标体系。

3. 不同的第三方评估机构的侧重点不一致

正所谓术业有专攻，这一点在我国第三方评估机构上也有所体现，通过查阅资料发现，各个评估机构的评估内容与评估指标并不一致。有的注重对大学进行综合排名的评价、地区排名的评价;有的注重对大学进行分学科、分专业、分层次的评价;有的注重对学校的教育质量、培养学生的质量、毕业学生的发展情况以及教师的发展等内容进行评价。

(三) 我国高等教育第三方评估发展中存在的问题

我国高等教育第三方评估建设起步于 20 世纪 90 年代,虽然在近年来的教育文件中实行第三方评估屡被提及,但到目前为止尚不健全,特别是在一些关键性体制机制问题上仍没有多大突破。目前我国的高等教育评估工作仍主要委托官方和半官方评估组织为主,第三方评估组织的发展较为缓慢,在发展过程中处于一个非常尴尬的地位,也面临着诸多困境。问题主要存在于以下四个方面:

1. 法律地位不清晰,法律体系建设不健全

任何事物想要发展壮大,都必然离不开法律的支持与监督,立法层面的滞后会导致高等教育第三方评估组织的合法性地位缺乏明确的法律解释。但是,我国高等教育第三方评估的法律法规相当滞后,到目前为止,我们国家都没有出台专门的高等教育第三方评估的法律法规。

我国高等教育第三方评估的法律地位不明确,致使高等教育第三方评估的独立性很难得到保障。法律地位不明确致使第三方评估存在一定的道德风险。因为并不能明确由谁来负责监督大学,由谁来负责监督排名机构。所以目前在我国并没有对第三方评估机构的规范性做任何的要求,更没有制度来约束,而且很多第三方评估机构是在商业利益的驱动下自发组成的。可想而知,第三方评估机构的规范性有待提高。并且非官方机构的合法性缺失对其发展带来极大阻碍,使第三方评估机构普遍处在一种无法为自身争取评估资源和官方组织又强力主导的两难境地。

因此,高等教育第三方评估的发展也需要专门的法律来对高等教育第三方评估相应的权利、义务、重要性等方面进行明确的规定。这样在实施具体评估工作的过程中,才会有法可依。

2. 资源受限,对政府依赖性强

高等教育评估中介机构在我国目前主要有两种类型,一种是官方或半官方的政府主导建立的评估中介机构,其二是民间性质的非官方的评估中介机构。[6]然而目前,我国高等教育评估制度具有中央集权的特点,尽管民间独立的

高等教育第三方评估机构已经开展了很多评估项目,但是,高等教育第三方评估的主要形式还是以教育行政部门为主导的高等教育评估。这就导致两者在竞争中处于不平等地位,所以在发展过程中就缺乏一定的竞争力。

由于高校和社会对第三方评估缺乏信任,并不会交付大部分评估项目,导致第三方评估组织不得不依赖于政府分配资源与工作。隶属于教育行政部门的高等教育第三方评估机构的人事安排和经费来源都会直接受政府的控制。因此,教育行政部门的过多干预会严重影响高等教育第三方评估的独立性和公正性。

3. 评估科学性有待提升

我国的第三方评估机构目前仍处于发展的初期阶段,理论基础与实践专业性都有待提高。

首先就理论基础来讲,任何实践的进步和制度的建立都离不开前瞻性理论的指导。但是,在我国高等教育第三方评估是一个新兴的事物,我们对高等教育第三方评估的理论研究还处于起步阶段,专门研究高等教育第三方评估的著作也鲜有出版。

其次,教育评估是一项专业性与科学性很强的活动,评估结论的科学性和准确性在很大程度上取决于评估技术的高低。在实践方面,第三方评估机构的规范性有待提高,评估还面临缺乏评估数据的挑战,因为高质量的数据获取成本比较高。并且,社会对于教育评估人员的管理尚未规范,也没有准确的执政资格或者准入考试,评估人员队伍缺乏专业性,薪资与报酬也难以和需要同水平人才的单位进行竞争。[7]此外,我国的评估测量技术与评估系统尚未完全发展成熟,这也从客观上制约了第三方评估机构评估内容的科学性。

4. 评估结果公信力较弱

我国社会对于第三方教育评估机构的了解较少,认识较为片面,并且由于中国人对于传统文化的坚持、不轻易接受新鲜事物的特点等种种原因,最终导致对第三方评估的关注度不够,其公信力也难以得到人们的认可。

二、英国高等教育第三方评估

英国高校之所以能够以优质的教育质量闻名于世界,与其完善的质量评估体系是密不可分的。英国高校在历史的发展过程中形成了以"内部监督为主、外部监督为辅"的多元质量评估体系。外部质量评估机构包括高等教育质量保障署(Quality Assurance Agency For Higher Education)、高等教育基金委员会(Higher Education Funding Councils，HEFCs)、专业团体及新闻媒体机构。[8]

其中,具有中介机构性质的英国高等教育质量保障署 QAA 于 1997 年成立,它是独立于政府、独立于高校的新型高等教育质量评估机构,它成立的目的是服务和保障英国的高等教育。[9] QAA 作为中介机构,不直接受到政府的管控,但不完全脱离政府宏观调控的范围领域,并且评估结果具有客观性和公正性,QAA 的政策制定必须以保障英国高等教育健康发展为前提,同时还能为高校的质量保障建设提供有益的服务信息以及评估策略,因此得到社会各界、政府、高校的高度认可。

(一) 第三方评估机构的内部构成

英国高等教育质量第三方评估模式实际上是民主协商产生的单一中介机构开展的高等教育质量第三方评估模式,该机构的成员通过推荐任命,实行董事会管理,其董事会成员没有行政上的编制,董事会下设委员会,依法履行评估职责。[10]

QAA 的最高管理部门是董事会,该董事会负责制定和监督 QAA 的战略方向、政策发展、财务和绩效。董事会成员代表着来自高等教育、工业、商业和金融领域的广泛利益。QAA 除了作为管理部门的最高董事会,还下设 7 个部门来维持机构运转,这些办公室分管财务、评估工作和其他事宜。[11]

(二) 第三方评估机构的业务与职责

高等教育质量保障署的主要任务包括:第一,制定英国高等教育的学术规则和"质量准则",高校须以之作为内部指导;第二,对高校进行院校审核,聘请经验丰富的高校专业人员和学生参与审核过程,评估高校如何维持和提高学术水平并发布权威报告;第三,调查高校关于学术标准和质量存在的疑问,这些问题皆由高校的学生、工作人员提出;第四,提供培训和指导,帮助英国高校开发和改善学校的质量保障体系;第五,给政府建议,就学院是否有权申请学位授予权、更名为"大学"等给予政府相关建议。[12]

(三) 第三方评估机构的资金来源

QAA 是作为一个独立机构,一个注册的慈善机构和有限责任公司而存在的。资金来源主要包括英国高等教育基金委员会、英国大学和学院的年费(因为所有高校都与 QAA 有合作）、英国政府、社会投资等。并且接受高等教育质量保障署进行教育质量评估的高校将需要为高等教育质量保障署的评估活动支付费用。[13]

（四）第三方评估机构的监督

QAA 作为一个独立机构，必须受到政府、高校和社会等多方面的监督。首先，政府要求各公立高校必须接受 QAA 的评估，否则就不予拨款，这也间接反映了政府对 QAA 评估质量的监督。政府部门对于 QAA 的监督与问责由英国质量评估常设委员会进行。其次，英国高等教育质量保证署要受到社会和高校的监督。因为学校培养出来的学生其社会价值究竟有多少要到市场中去检验，而企业最需要的人才类型只有雇主清楚，因此质量评估有必要让雇主参与，同时也受到社会的监督。

综上所述，可以发现英国高等教育第三方评估有以下特点：首先，有健全的法律体系保障，英国高等教育质量第三方评估机制的形成与完善始终受到法律法规的外部保障，无论是高等教育质量评估标准的制定，第三方评估机构的认定以及大学、政府与第三方机构进行质量评估方式的合作，职权范围的划定等，英国的教育法案都对其做了详细的规定。其次，有多元化和足够的经费保证，不仅确保了 QAA 作为第三方评估机构的地位，同时为 QAA 的评估工作提供了更多发展可能性，拓展了评估项目内容，同时加速了评估方式的更新，从而更好地满足评估服务需求者的评估要求，有利于英国高等教育质量评估更高效的发展。最后，有足够的社会公信力。

三、美国高等教育第三方评估

美国高等教育质量第三方评估是通过第三方评估机构进行认证的方式进行的，其是民间组织而非政府职能部门，它们是美国教育领域倡导成立的，由全国不同的高校组织形成的。评估对象为高等院校或者其专业，评估机构是一种民间的、非营利性组织。从法律上来讲，美国政府无权介入这些机构的日常工作，在获得合法认可后，这些组织可以制定自己工作的各种条款和规定，具有公平认证其业务范围内的高校评估权利。

（一）第三方评估机构的内部组成

美国高等教育第三方评估机构虽大多受政府资助，但同时也是由专业协会

高等教育现代化的实现路径研究

与高等院校自发形成的独立的法人。第三方评估机构尤为重视多元化的人员结构,所以其组成人员既有源自业界的,也有源自高校的,同时还有源自社会的,通常包括各方面的专家、成员学校校长、企事业单位代表以及研究机构的学者等。例如,美国高等教育评估与认证委员会中认证小组成员的组成和任命是由协会成员投票选举产生,高校通过高等教育评估与认证委员会的评估,就可以成为该机构的会员。[14]所以其成员这种多元化的人员结构形式不仅体现了各方利益的均衡,同时还在一定程度上确保了机构运行与管理的公正性以及合理性。

(二) 第三方评估机构的经费来源

认证机构的经费来源是会员院校依据学生人数缴纳的会费而不是由政府拨款,经费则主要来源于会员高校所缴纳的会费,缴费标准由该委员会的代表大会投票决定。[15]

(三) 第三方评估机构的业务运行

美国高等教育第三方评估机构认证专业或高等院校的工作有以下五个基本步骤:评估资格审查、自评、专家实地考察、评估决策、周期性复评。[16]其中认证资格审查和周期性复评其实就是评估的准备阶段和监督阶段,实质性的评估认证过程是指高校或专业自我评估、评估专家实地考察和最后形成评估结果这三个阶段。对高校的评估流程与对专业的评估流程基本相同,仅在规模、范围等方面略有不同。

(四) 第三方评估机构的监督

美国为了保持高等教育评估与认证委员会的社会公信力,为了使第三方评估机构作为非营利组织有条不紊地继续运转,专门出台了一套精心设计的监督制度,来保证该机构的良性运转。美国有着严格的社会问责制度及法律监管体系,以确保评估机构能够获得社会的普遍承认与认可。

美国有官方、非官方以及社会大众媒体等诸多方面对高等教育第三方评估机构进行监督。首先,在官方监督方面,官方认可简称为 USED,是由教育部组织的,主要对被评估高校的师资队伍建设和课程设置,教学设施以及教学设施的供给情况,与高校或专业相匹配的管理能力和经济状况,院校使命、学生成就以及州认证考试、就业率、毕业率等内容,校历和校情的编制、院校宣传、招生录取、学生服务工作、学生贷款等情况的记录,学位与专业评估标准的认可这些方面的监督。[17]其次,在非官方监督方面,CHEA(美国高等教育认证委员会)是全美唯一一家从事教育评估机构认可的非官方组织,其设立的初衷是为了对美国第三方评估机构行为进行规范,着力提高评估机构认证的质量和评估能力。对第三方评估机构的认可,CHEA 有一套科学的标准与严格的程序,其认可地位获得了社会上的广泛认同,大部分第三方评估机构都愿意选择向 CHEA 申请获得资格认可,进而提升自身的社会信誉及影响。最后,是媒体和社会公众的监督。媒体具有很大的影响力及普及范围,美国媒体则经常对政府、企业或非营利性组织的违规行为进行曝光。公众是除了媒体之外,对第三方评估机构进行监督的另一主体。美国高等教育第三方评估机构需要在网站收集监督和举报意见、举办决策听证、设立投诉热线、让公众代表参加认证活动等,以此来主动接受媒体与公众的监督。

四、我国高等教育第三方评估与英美两国的对比

中国应该清晰地认识到建立一个科学的专业的第三方评估机构对于提升本国教育质量发展的重要意义,我国应该借鉴高等教育第三方评估先进国家的经验,但又不能盲目机械移植英美现有的制度。英美和中国完全不同的国情造就了完全不一样的第三方教育评估机构,不同的政治体制和社会形态自然也会有不同形式的第三方教育评估机构。各个国家的高等教育第三方评估都与该国家的经济、政治、文化等传统密切相关,我国的制度与其他制度之间具有以下几点差异:

(一) 政治经济体制不同

我国的高等教育第三方评估具有中央集权的特点,这导致了社会中介机构开展的高等教育第三方评估,很难得到社会公众的认可。因此,我国高等教育第三方评估活动的行政性色彩非常浓厚。在我国是由政府来直接管理高等教育活动,并且将其看作国家的产业。而高等教育管理活动的重要组成部分之一就是高等教育第三方评估,不言而喻,高等教育第三方评估活动很难摆脱政府的直接控制与管理。

然而,英美是市场化程度很高的国家,市场经济几乎遍布高等教育系统的每个角落。高校作为独立的法人组织要对自己的行为负责,要保证并提高高等教育的质量,才能在竞争激烈的市场经济中幸免于难,从而获得发展的机会。因此,这促使高等教育第三方评估成为高校为其自身的生存和发展而自发形成

的行为。并且英美政府只是从宏观层面对高校的财政和人事进行影响,并没有直接干预高校内部具体事务的权力。

(二) 传统文化差异大

我国长期在浓厚的官本位传统文化的影响下,因此,社会大众具有维持政府评估的保守心理。这也使得高校习惯于听从中央政府的管理,具有认官不认民的倾向,在很大程度上重视发展政府主导的高等教育评估,而忽视民间评估机构主导的高等教育第三方评估。

然而英美由于长期受个人主义文化的影响,社会大众长期形成了对政府不信任的心理,而且人民对集权相当抵触,他们更愿意依赖自身来解决社会问题。但是,个人在社会中的力量比较弱小,为了更好地解决社会问题,他们选择了个人与个人之间互相联合,形成团体的力量来解决社会问题。这就形成了英美的高等教育第三方评估机构。

五、完善我国高等教育第三方评估体制的政策建议

综上所述,基于前文对我国高等教育第三方评估现状的分析,以及对英美两国高等教育第三方评估的探究比较,并结合我国高等教育第三方评估在运行中存在的问题,提出以下几点建议,希望能促进我国高等教育第三方评估的制度化、程序化以及规范化的发展。

(一) 建立健全完善的第三方评估监管制度

健全的监管制度不仅要包含具体的法律法规体系,还需要非政府平台的社会各界的广泛监督。然而,在目前我国高等教育领域已经颁布的法律法规中,对于高等教育评估中介机构及其活动的法律地位并没有作出清晰而明确的规定,社会各界的监督力度也不够,人民大众对于第三方评估的监管意识并不强。

1. 保证第三方机构的独立性

英美高等教育第三方评估制度告诉我们必须明确高等教育第三方评估中介机构的法人地位,明确规定评估中介机构成立的程序。其高等教育第三方评估的实践证明,站在公正的第三方立场,在评估中介机构具有专业权威的基础上,进行价值判断,才能取得政府、高校以及社会的理解与支持。

在我国特殊的国情及历史发展等前提下,民间评估机构还远不能对教育评估工作形成权威和主导。所以,在以政府为主导的评估机制发展到高等教育自主评估机制的过程中,需对国情以及我国高等教育所处的进程阶段进行充分考量,逐步推进我国第三方评估的发展壮大。只有取得自主地位,才能够独立于政府的执行机构之外,确保社会权威与信誉度的提升。

2. 完善高等教育质量第三方评估的法制建设

政府应当加快步伐,尽快完善相关法律法规,从法律上对高等教育第三方评估中介机构以及第三方评估活动进行明确规定,从而为我国高等教育第三方评估工作的开展提供法律依据,提升第三方评估工作的法治化水平。

3. 社会大众提高监督意识

由于我国传统文化的影响,我国人民自主意识与英美等国比起来不高。现阶段我国社会群众对第三方评估机构的认识还有待提升,第三方评估机构的评估结果缺乏社会影响力。可以通过开展免费专家咨询的服务增加社会好感以提升社会认可度,以此来增强社会对评估的广泛参与度。

(二) 提升第三方机构的专业性

培育专业化的高等教育第三方评估机构,不仅能够充分保证高等教育第三方评估的科学性、客观性和严谨性,还能够有效强化评估职能,吸引具有独立地位的政策评估学者与专家参与到高等教育第三方评估中来。

1. 组建专业的专家评估团

对第三方评估机构来说,评估专家是不可或缺的核心资源,前文可知英美的第三方评估机构的成员素质都很高,鉴于此,这就要求我国高等教育第三方评估机构在增强自身管理水平之时,必须注重组建一支规范化的专家团队,从而提升管理水平。

2. 建立科学的评估体系

从现阶段我国第三方评估机构的评估内容来看,在评估内容方面依然存在许多问题和可以改进的空间。例如,我国的第三方评估机构尚没有开发出一套科学系统的可供全国各个地方进行教育质量评估所使用的评估系统。所以,建立一套科学的评估体系刻不容缓。

（三）开辟多元的业务与资金渠道

现阶段我国第三方评估机构主要的业务来源是对各级教育组织的教育质量的监测和办学水平的评估,服务对象只有政府。政府财政拨款作为我国第三方评估机构主要的经费来源,评估结果很难不受各方力量博弈的影响,影响评估结果的公正与客观。

然而借鉴英美两国可知,其第三方评估机构的资金来源十分多元,承办的业务也并不单一,这是其评估结果公正客观的一大重要原因。所以,我国第三方评估机构应该积极转变当下的发展方式,在承办了一系列的评估项目中积累了一定的评估经验和教育测量手段之后,通过向社会商业或者其他有需要的教育组织机构和个人提供相关的专业化教育考试咨询服务,通过这些服务来获取项目资金。项目资金的充足能够让第三方评估机构有更多的资金支持来进行教育考试测评工具的开发和专业人才的培养,进入一个良性循环发展。

总而言之,我国高等教育第三方评估组织的发展才刚起步,未来还很漫长,有很大的进步空间,这条改进之路任重而道远。

参考文献:

[1] 赵定贵.高等学校教育质量"第三方评估"模式探析[J].教育与职业,2013(14): 114 - 115.

[2] 中华人民共和国教育部.普通高等学校教育评估暂行规定[EB/OL].(2015 - 06 - 01) [2017 - 09 - 26].

[3] 杨婧.中美高等教育评估中介机构发展之比较[D].河南大学,2008.

[4] 耿桂英.我国高等教育评估研究[D].南京航空航天大学,2012.

[5] 朱国辉.建立我国高等教育评估中介机构的研究[D].中南大学,2002.

[6] 漆玲玲.我国高等教育质量第三方评估模式研究[D].武汉大学,2011.

[7] 王晶晶.民间第三方教育评估机构公信力的构建[J].中国教育学刊,2016(1).

[8] Introduction-higher education statistics for the UK 2015/16[EB/OL]. [2018 - 03 - 03]. https://www.hesa.ac.uk/data-and-analysis/publications/higher-education—2015 - 16/ introduction.

[9] 缪苗,许明.20 世纪 90 年代以来英国高等教育质量保障机制的变迁[J].比较教育研究,2005,26(12):62 - 67.

[10] Corporate governance [EB/OL]. http://www.qaa.ac.uk/about-us/corporate-governance.

[11] Code of Best Practice for Members of the QAA Board [EB/OL].http://www.qaa. ac.uk/en/Publications/Documents/Code-best-practice-QAA-Board.pdf.

[12] 郑兴,王坤晨.英国高等教育质量保障体系及其核心机制——兼议对中国高等教育质量评估的启示[J].湖南农业大学学报(社会科学版),2013(4):92-96.

[13] 苗学杰.英国基础教育第三方评价公信力建构的保障机制探析[J].中国教育学刊,2017(4):22-27.

[14] 代花,江伟.美国高等教育评估中介机构及其启示[J].国家教育行政学院学报,2006,106(10):79-82.

[15] 王伟.美国高等教育评估制度研究[D].河北大学,2004.

[16] 洪成文.美国高等教育认证理事会:认可目标、标准和程序[J].比较教育研究,2002,23(9):13-17.

[17] 肖毅,高军.美国双轨制高等教育质量评估体系及启示[J].设计艺术研究,2010,29(4):61-65.

高等教育现代化的实现路径研究

从现代大学到高等教育的现代化①

李海龙②

  作为一种新的发展方式,现代化代表了一个国家和社会的优势状态。与其他社会活动不同,高等教育现代化不是一个共时概念,也就是说高等教育的现代化可能并不与其他领域现代化的完成时间相一致,它可能提前或推后到来。冒荣就认为,现代化所包含的不同的形态让其真面目扑朔迷离,"一种意义是作为一种运动的现代化,它指适应现代化社会生活的发展趋势,改革自身传统中与现实和未来不相适应之处而逐步形成一种新的形态的发展和变化过程。另一种意义则是作为一种状态的现代化,即指一定事物或社会系统所具有的反映了现代社会生活的发展趋势,反映了同类事物或社会系统发展的当代高度或现代水平。"③作为高等教育核心机构的大学现代化过程与其他组织也不一定同步。历史上,现代大学产生在仍处于"前现代"的国家和社会中的例子已有许多,再向前追溯,现代企业的诞生又早于现代大学。正是由于这种国别、社会组织在现代化时间上的不同步,让不少高等教育后发外生型国家的现代化目标更加复杂。从研究角度看,观察高等教育现代化的视角包含了过程和结果两个维度,需要更精确地观测大学功能的公共性和优异性目标的实现程度。我国 2019 年 2 月发布的《中国教育现代化 2035》中将现代化定位为战略目标,对大学来说意味着更深的变革,"教育现代化是教育高水平的发展状态,是对传统教育的超越,是教育发展理念、发展方式、体系制度等全方位的转变"。其中"高等教育竞争力明显提升"就是指大学与学科的世界竞争力塑造。但人总是时间的动物,人对时间目标更加敏感,现代化往往要与时间相结合才会真正被人感受到。如雷特尔所言:"真理变成了产生出时间的过程,这一过程必然适用于那些始终处于并在时间中得以现实化的东西。"④高

---

  ① 江苏省教育科学"十三五"规划 2018 年度课题重点资助项目:"双一流"背景下高校学科调整的制度生成机制研究(B-a/2018/01/01);扬州大学 2019"青蓝工程"资助项目。
  ② 作者简介:李海龙,扬州大学教育科学学院讲师,教育学博士,从事高等教育原理研究。
  ③ 冒荣.高等教育现代化初探[J].江苏高教,1996(5):11.
  ④ [德]阿尔弗雷德·雷特尔.脑力劳动与体力劳动:西方历史的认识论[M].谢永康,侯振武,译.南京:南京大学出版社,2015.

等教育的现代化既与时间相关,但又很难在某个具体时间点上准确地显示出结果。这样一来,对高等教育现代化的研究就充满了迷思。现实中,尽管我国大学与学科在"双一流"建设的大背景下已经取得了不俗的成绩,但距离总体国家竞争力的形成还比较遥远,尤其是单纯依靠高等教育和大学的规模增长制造的现代化很难真正影响整个社会的结构。这使得各种机构的现代化过程是彼此孤立的。我们更乐于将高等教育现代化的目标设定为教育机构完美的数据指标,但大学带来的增长和创新覆盖面却极其有限,就像鲍曼所说的:"现代智力追求的是完美——而且它希望实现的完美状态最终意指的是紧张和辛勤工作的结束,因为下一步的一切变化只能变得越来越糟。"①环顾历史,国家、社会、高等教育和大学现代化这几者之间还存在着错位,这种错位很难以技术条件或创造增长来弥补。甚至可以说,同一个时间段内,现代化完全可以成为不同国家的发展状态,就像李泽厚所说:"中国要走进现代化,欧美要走出现代化。"②对现代化本身,规模增长既是今天高等教育要实现的目标又是危机。在现代化目标实现与高等教育的发展路径选择上,大学是关键的连接点。世人都认为现代大学是高等教育现代化的起点,大学的终点在何处却不得而知。建成现代大学体系是否就实现了高等教育现代化? 从现代大学到高等教育现代化的距离究竟多长? 以及建成现代化需要何种形式才能使高等教育的优势被更广范围分享? 这些都是制约今天高等教育现代化的关键问题。我国高等教育现代化的实现并不是凭借规模增长和制度模仿,而是要保持现代与传统之间的平衡,唯有缩短大学、社会和高等教育的发展距离,使大学的增长与创新能改变整个社会和国家,高等教育现代化才是有效的。

一、大学现代化的合法性历程

人对历史感受往往会超越当下,每个人都能清晰地描述现代化的过去,但却很难表达现代化的未来。现代化本身是复杂的概念体系,其复杂性在于时间错位导致了人们很难给出更准确的认知。现代化在时间与感知上的冲突使得其分别在概念、指标体系、历史状态与未来目标分别存在。事实上,真正的现代生活所出现的时间也不过 100 年,所有人最直观的感受就是能量转换的效率提高,规模化增长带来的满足,今天人们看待任何活动仍在以力量与能源转换的形式来判定其是否实现现代化。现代化还意味着工业化为生活提供便利的过

① [英]齐格蒙特·鲍曼.流动的现代性[M].欧阳景根,译.北京:中国人民大学出版社,2018.
② 李泽厚.中国现代思想史论[M].北京:生活·读书·新知三联书店,2008.

程:不论是从肌肉力量到机械再到能源动力,还是正在到来的人工智能,工业化
创造了今天所有人感受到的现代文明,"从现代社会的发展历程来看,工业化与
现代文明之间存在着千丝万缕的联系;可以说,没有工业化也就没有现代文明,
工业化是现代文明的核心"①。工业与机械现代化带来的规模效应和宏大文明
创造了新的美感。这种美感使人认为在工业化之后,高等教育的现代化就是水
到渠成的事情。基于工业化的逻辑,高等教育现代化目标也被认为是解决规模
和数量的问题,但历史的演变往往并不按照这样的先后顺序来进行。高等教育
现代化的基础和目标都是现代社会体系。现代社会体系的建立往往是通过技
术革新、产权保护和社会分工确立这样细节性的活动来实现的。个体机构能否
有效影响外部社会是衡量其实现现代化的依据。问题在于,这样现代化范式是
否能在不同国家进行普遍传播? 对于不同的国家和文明,社会机构和活动的变
化能否带来更大范围的"共振效应"?

作为一种以新面貌出现的社会机构,今天的大学是积累合法性并逐步融入
新的社会制度体系的组织。但现代大学的诞生远不是一个知识组织单纯通过
制度构建就能完成的,而是需要在恰当的时间由国家和社会的共同推动。现代
大学不仅需要一个国家走向现代文明的外部刺激,但更需要社会逐项活动与各
种组织的相互协调,"在现代国家构建的问题上,比之来自外部世界的影响,植
根于本土环境及相应的知识资源的'内部动力'要带有更为根本的性质——归
根结底,外部世界的影响也是要通过这种内部动力而起作用的"②。不光文明的
现代化充满着内外发展动力的交织与冲突,就连文明内部的组织与活动在演进
过程中同样面临着动荡与不安。在工业、科技与社会组织现代化的进程中,存
在着不同步的"时差"效应。之所以存在这样的"时差",是由于某项活动或社会
组织在现代化过程中很难及时影响外部社会,更难以迅速改变外部社会的结构
状态。除此之外,一种机构融入现代社会的过程里需要逐步获得合法性,这更
加大了其现代化的难度。借用社会学研究的框架,民族国家现代化过程中的合
法性建立在"意识形态合法性、绩效合法性与程序合法性"③上,高等教育现代化
则需要借助于大学现代化的合法性逐步整合来完成,也就是由大学的"知识合
法性、绩效合法性与制度合法性"来推动高等教育现代化的实现。但是研究者
们常常只是关注了其中的一个方面,就将其等同于现代化的全部,就好比我们

---

① 杜君立.现代的历程[M].上海:上海三联书店,2016.
② [美]孔飞力.中国现代国家的起源[M].陈兼,陈之宏,译.北京:生活·读书·新知三联书店,
2013.
③ 赵鼎新.国家合法性和国家社会关系[J].社会科学文摘,2016(10):35.

将一个国家强大的生产力和国家财富视为是国家的强大一样,这种视角使得我们在理解高等教育与大学现代化的关系上产生了极大的误解。单独看其中的任何一条似乎都能构成大学现代化的条件,但条件的具备并不能带来必然的结果。大学的现代化需要各种合法性的整合,其发展还要对外部社会结构起到变革作用。准确地说,大学的现代化本身就代表了合法性的整合与社会重构两个阶段,就像邓晓芒所说:"我们之前习惯了的是家和国、忠和孝的道德规范,现在要我们超越这样的道德规范,放眼于普遍理性,包括全球人类,我们旧有的道德标准就不适用了,这样的转型对旧时道德有一种解构作用。旧道德只顾及家庭或国家(民族),当然顾及没有错,但还有别的民族。"①因为现代大学不等同于大学的现代化,一所拥有最先进设施的大学无法依然很难实现创新与培养现代社会最需要的人才。大学的现代化是高等教育现代化的基础,这一切都是一个系统过程。只有完成大学现代化的合法性生长历程,具备现代化的功能,高等教育的各项职能才能被真正释放。在欧洲,大学在现代化过程并不是一蹴而就的,而是存在着合法性危机。大学的世俗化过程远没有社会与国家的世俗化来得快,精英主义教育在遭遇现代社会庞大的高等教育需求时难以适应。就今日来说,现代大学同时代表着知识组织、文化系统与历史传统的符号象征,但其生长过程中这些符号却不是同时获得的,其合法性的积累经历了漫长的过程。

大学现代化的程序合法性意味着科学与教学制度的逐步合流。程序的合法性又跟知识合法性融为一体,在完成现代化之前需要不断解构已有的组织与知识基础,赫钦斯就悲观地指出:"各门学科一个接一个地脱离了哲学,然后又相互独立,而进步却依然在继续。终于,大学的整个结构崩溃了。当社会科学、法学甚至哲学和神学本身都变成经验性、实验性和进步性的时候,经验主义就取得了最终的胜利。"②在进化论的遮蔽下,大学的现代化通常被人们视为是程序合理造成的孤立事件。在已有的研究中,将科学研究引入大学并完成制度改革是学者们得出的主要结论。"高等教育现代化就是科学研究进入高等教育系统并体制化的过程。所谓建设现代大学制度就是建立一套支撑'科学研究和教学不可分割的信念'的组织结构。"③然而,这却无法解释:大学的现代化为何由一个国家现象变成了不同文明的共同选择? 也无法解释相同根源下的现代化

① 邓晓芒.哲学起步[M].北京:商务印书馆,2017.
② [美]罗伯特·赫钦斯.美国高等教育[M].汪利兵,译.杭州:浙江教育出版社,2001.
③ 周光礼,马海泉.科教融合与大学现代化——西方大学科研体制化的同质性和差异性[J].中国高教研究,2013(1):12.

历程却导致了不同的高等教育发展模式。尤其是对于高等教育现代化的追随者和模仿者来说,引入大学的现代化范式,最终却结出了不一样的果实。可见,程序合法性虽然是一个充分条件,但只适合正向推理而无法逆推。而且,在制度框架上的变化也不像众多研究所观察到的那么明显,陈方正就认为:"在此世俗化、自由化和学术化的三大原则下,大学理念从崇尚传统转变为发现和扩充知识,从强调集体的团结一致转变为尊重个人选择与个别学科的发展,然而它在体制上却无所变更,也就是以旧瓶装新酒的方式维持了旧有架构。"①显然,大学获得现代化合法性的关键在不同的文明中,不是获得了多少新的知识与制度框架,而是外部社会能在多大程度上尊重已有的程序与知识传统。程序合法性的获得是一个传统与现代、不同机构制度重新构建为一体的过程。今天我们所做的"去行政化"的"专家治学、教授治学"改革实际上并非是完全现代的,而是回归传统。从这个角度上来看,拿破仑时期的大学改革虽然同时创造了新的制度与组织形式,但是一直难以与法国大革命之后的社会秩序共同实现重建。也就是说,追求高效率的知识生产方式与大学组织并没有对外部带来高效的程序运行体系,外部组织也没有提供新大学组织形态所需要的制度空间,"如果组织遵从制度化规则,就会常常严重背叛效率标准;相反,为促进效率而协调和控制活动,也会破坏组织对仪式符号的遵从,进而损害该组织的有关支持者的利益和该组织的合法性"②。大学的现代化不能凭借突变实现,往往是在组织与制度的屡次调试之后才能获得合法性。如果其本身在程序上违背了现代化的逻辑,其合法性也很快会失去效果。

从意识形态合法性来看,欧洲大学的现代化首先是大学脱离宗教进入民族国家的过程,在知识上则表现为接纳并传播自然科学知识,由哲学走向科学时代。在西方,现代大学的产生围绕其世俗化与专业教育的展开,而这一过程与民族国家的诞生密不可分,同西方国家自身所进行的现代化融为一体的,也就是说大学的现代化也是一个国家文明结构的重新创造的过程。更直接地说:"大学的世俗化、官僚化与专门化是伴随着民族国家的世俗化和官僚化而出现的。"③但欧洲大学的这种世俗化与专业化又晚于社会现代化尤其是工业化,在启蒙运动与工业革命产生将近一个世纪之后,现代大学才在19世纪巩固了位置。大学的现代化又依据国家现代化的类型差异而展现出不一样的景象,国家

---

① 陈方正.现代世界的建构[M].广州:广东人民出版社,2018.

② [美]沃尔特·W.鲍威尔,保罗·J.迪马吉奥.组织分析的新制度主义[M].姚伟,译.上海:上海人民出版社,2008.

③ [瑞士]瓦尔特·吕埃格.欧洲大学史·第三卷[M].张斌贤,等译.保定:河北大学出版社,2014.

的现代化本身分为"'早发内生型现代化'与'后发外生型现代化',前者以英国、美国、法国等为典型个案,后者包括德国、俄国、日本以及当今世界广大的发展中国家"①。梳理起来看,西方现代大学带有明显的国家现代化特征,虽然都是摆脱教会控制,逐步向世俗化过渡,但英国、德国和法国的现代化过程各有不同。法国的大学现代化过程是启蒙运动之后以新组织形式与体制之间的斗争展开的,最终在拿破仑推行的大学改革中建立起了一套专业的学部。英国则保留了博雅精英教育的传统,同时开拓出另一套学校系统。德国的大学现代化同其国家的现代化相类似,都是在外部世界带来的生存挑战中被触发的。但德国大学的成功之处在于建立了一套可以推广至外部的制度体系。与其说其在制度上具备可复制性,倒不如看其打通了不同文明过程意识形态中传统与现代无法接轨的渠道,尤其是对于国家与大学同处于现代化进程下的文明来看,这种特征尤为明显,"代表着19世纪与20世纪初德国大学的教学研究相统一的模式,与美国大学以及英国地方大学模式相结合,成了中国新兴的关于大学教师必须从事科学研究的理念的源头"②。大学的现代化不仅意味着对本国高等教育的改造与转型是否成功,而且还意味着外部世界是否能接纳和认可这种改造。

真正完成大学现代化合法性联结关系的是不同民族和国家对于启蒙的需要。对大学而言,现代化既要逐步完成知识、程序与意识形态合法性的每一个环节,而且要调和这几者之间的冲突。在现代化面前,大学是一个矛盾的存在,大学既是传统的产物,但又必须努力跟上社会的步伐。在这个过程中,大学不得不要放弃掉一些属于传统的内容,这让处于现代化中的大学难以抉择,"(自然)科学上是可以爆发的,但是,人文领域是靠积淀的,是要厚重的,想爆发也爆发不了。最古老的大学不一定是最高水平的大学,但最年轻的大学,除非采取特别的措施,否则,是难以有高水平的"③。从功能上来说,大学的现代化需要摆脱传统,尤其是牺牲掉部分精英教育的理念,因为现代化的思想预设即为传统的对立面,"现代化的核心问题是如何从传统到现代"④。但现代大学正因为其传统而获得尊重。事实上,最终将大学调和进传统与现代共处环境中的是科学带来的启蒙效应。对西方来说,科学研究与现代大学制度对整个文明的启

---

① 许纪霖.陈达凯.中国现代化史·第一卷(1800—1949)[M].上海:上海世纪出版股份有限公司,2006.

② [瑞士]瓦尔特·吕埃格.欧洲大学史·第三卷[M].张斌贤,等译.保定:河北大学出版社,2014.

③ 张楚廷.慎提"大学现代化"[J].大学教育科学,2015(4):126.

④ 许纪霖.陈达凯.中国现代化史·第一卷(1800—1949)[M].上海:上海世纪出版股份有限公司,2006.

蒙显而易见。大学的现代化意味着世俗化与自然科学新的知识生产方式的引入,"在启蒙运动的推动之下,欧洲的大学逐渐由中世纪盛行的教会主义转向现世主义,由神学和古典学科转向科学,由教会操纵的机构向世俗化机构过渡,其职能也开始由主要是传授知识转变为更注重科学研究。这些变化标志着现代大学萌芽的产生,也最为鲜明地体现在莱顿大学、爱丁堡大学、哈勒大学和哥廷根大学身上"①。正是基于共同的启蒙,欧洲 16—17 世纪建立的大学迅速以知识和制度的形式获得了民族国家的认可,走出了教会控制与经院哲学的束缚,知识上的突破又使现代大学作为一种普世的制度文明向世界各地传播。中国大学能够在时间内完成现代化的关键在于其实用理性复现了欧洲与美国大学的这种现代化过程,并能迅速完成组织与制度构建,正如李泽厚所言:"也正是因为是以早熟型的系统论为具体构架,中国实用理性不仅善于接受、吸取外来事物,而且同时也乐于和易于改换、同化它们,让一切外来的事物、思想逐渐变成为自己的一个部分,把它们安放在自己原有体系的特定部位上,模糊和销蚀掉那些与本系统绝对不能相容的部分、成分(或因素),从而使之丧失原意。"②如果说要讨论一个国家整体的现代化程度,其内部各项活动机制的运作大体上要处于相近的水平上,大学的现代化获得合法性的过程亦同此意。

二、高等教育现代化的进程控制

大学是现代社会的核心组织,但高等教育现代化绝不只由大学一种组织来完成,而是需要不同组织与制度共同的创新、协调与重构。严格看,我国高等教育现代化的关键是看大学能否发挥自身的功能去引发社会发展状态的改变,"高等教育现代化是支撑、推动和引领中国现代化发展的重要基础和引擎。走向 2030 的中国高等教育现代化必须面对全球化挑战,主动适应和引领社会发展,汲取历史经验与智慧,发扬改革创新精神,完善具有世界先进水平和中国特色的高等教育现代化体系建设"③。但是在具体的执行语境中,高等教育现代化更像是由制度、政策和资助体系设计出来的结果,而且可以通过各类组织的执行力来完成,对组织能力的误判使得高等教育发展变成了评估主义与管理主义

---

① 李工真.大学现代化之路[M].北京:商务印书馆,2013.

② 李泽厚.中国现代思想史论[M].北京:生活·读书·新知三联书店,2008.

③ 中国高等教育学会专题研究组.走向 2030:中国高等教育现代化建设之路[J].中国高教研究,2017(5):1.

眼中的"现代化",正如欧文斯所说:"坚持等级式的管理和对低层人员的监管。在这种思想中,行政人员的检查者和评估者的角色得到重视。"①但实际上,强调高等教育现代化的作用不等于能控制现代化的进程,现代社会组织不可能在协调机制上严丝合缝。对于现代化变革来说,理性设计所发挥的功效实际很小,在可控的制度框架下,仍有诸多不可控的变量会影响到现代化的进程甚至会使其产生倒退。需要冷静看待的是,一旦高等教育现代化被当成一种时间神话而被强行推动,其象征意义就会超过实际意义,比如不能有效调和精英理念与大众化教育的关系时,指标数据就会被当作现代化的唯一依据:"当世界一流大学这个概念变成一种意识形态后,其神话作用胜于其实质意义,这应该引起国家政策制定者的注意。进一步讲,对于希望建立高等教育强国的新兴经济体而言,如果仅仅只有几所精英大学,是难以名副其实的。"②后发外生型国家现代化创造的规模优势往往会让我们认为这种成功是可以通过技术规划来完成,这却遮蔽了大学与社会在相融过程中的诸多问题。

中国高等教育所经历的历史状态决定了其没有遭遇像欧洲大学那样的宗教神学与现代科学的知识冲突,只是在 20 世纪 20 年代有过短暂的"科学与玄学"论战,此后科学主义便获得了主要话语权。在长达一个世纪的时间内,中国并没有产生这种知识上的矛盾。得益于知识上的融洽关系,中国高等教育与国家的现代化是一体的,而且初步实现了制度转型与社会改造。但到了新的发展阶段,这种一体性逐步分离开来。依照布莱克的划分,国家的现代化必须要经历四个阶段:"第一,现代性的挑战;第二,现代化领导的稳固;第三,经济和社会的转型;第四,社会整合。"③在这个基础上,中国高等教育的发展也面临着规模与质量的交替挑战,政权变革对高等教育造成的影响,市场经济体制的建立以及社会知识系统的整合四个方面。到今天来看,中国的高等教育现代化的初步成效是建立在政府对社会有序整体动员的能力上,通过各级行政组织,这种有效的动员能力推动了现代化得以在极短的时间完成初期的积累。但接下来面对的是现代性的挑战,以及泛行政化对大学组织变革的约束。在外部,经济与社会转型需要的知识空间上限无法突破,这些问题伴随着高等教育到了一定阶段之后纷纷暴露出来,就像郑永年列举的:"第一类是发展性问题,表现为教育

---

① [美]罗伯特·G.欧文斯.教育组织行为学[M].窦卫霖,等译.上海:华东师范大学出版社,2001.

② 闫凤桥,闵维方.从国家精英大学到世界一流大学:基于制度的视角[J].北京大学教育评论,2017(1):37.

③ [美]布莱克.现代化的动力:一个比较史的研究[M].景跃进,张静,译.杭州:浙江人民出版社,1989.

投入不足,影响到师资、教学、科研;第二类是体制性问题,表现为资源配置,激励机制,政府对高等教育的管理方式等;第三类是政策观念性问题,表现为混淆高教政策和一般的经济社会政策,以经济改革的方式推进高校改革,将市场化作为高校改革的方向和手段。"①今天各项事业现代化的步伐加快,知识的紧张关系重新暴露出来。因为现代化催生的是更精细的社会分工以及专业知识的生产格局,社会重新被专业知识加以切割,从而造成了这种紧张,就像有学者所说的:"专业学术研究的传播如今过于神秘,以至于一般人不可能知道专业术语的意义,这让知识成为一种神秘主义或者启示的真理。"②对大学的制度重构和观念更替不可避免地会带来传统知识与现代知识、普遍性知识与地方性知识的冲突。知识的矛盾关系反映出来的问题是人们对高质量、高声誉的教育以及对一流知识生产系统的渴望。为了缓解这种矛盾,高等教育只能不断扩大供给:增加入学人数、努力实现普及化等扩大知识受众面的形式来缓解这种矛盾,而这一切都建立在我国经济能保持持续高速发展与有效的动员能力上,但在未来,我们并不知道这两个前提能保持多久。

现代化是一个系统过程,这意味着大学能否成功嵌入到社会系统中发挥效果。需要区别来看的是,现代化不是单纯让大学满足多少外界的需求,也不是将规模与增长视为大学的唯一使命,而是要看大学填补了多少外部社会留下的结构性空白。也就是说如果使大学在现代化过程中发挥作用,要推动的是组织之间实现功能的耦合,"对于任何一个实际存在的组织(即稳定的组织),其复杂的功能耦合网中必定有一个以维持其自身存在稳定性为目的的子系统(功能耦合网)。我们将它称为维持生存的结构(简称为维生结构)。当这个系统稳定时,组织能保持自己存在,当维持生存的结构解体时,我们会看到组织的瓦解或演化"③。大学转型成功的关键不是被动对工业或经济组织的需求做出反应,而是用新的知识形态、人才质量以及管理形式与其他组织实现功能对接,并将整个系统重新控制在稳定状态。对现代大学的功能需求建立在高等教育成为稳定系统,并能对接各种组织的基础上来实现,"需要大学和渴望大学的坚定信念,是现代社会理想图景的一部分,也是关于大学在现代社会中的地位图景的一部分。这个信念是一个更为巨大信条的组成部分,这个信条是,社会需要正式建立的、得到官方认可的机构,在这个机构中,高级知识得以探索和传授,而个人将得到实际的专业训练,这些专业要求专门的理性知识和技能,不能仅仅

---

① 郑永年.中国的知识重建[M].北京:东方出版社,2018.

② [美]雅克·巴尔赞.美国大学:运作和未来[M].杭州:浙江大学出版社,2015.

③ 金观涛.系统的哲学[M].厦门:海峡出版发行集团,2019.

通过学徒制和经验而获得"①。一个领域或一种组织的现代化往往会导致其他的变化,高等教育现代化成功与否不是看各类院校在增长上的贡献,而是看学校组织能否成功嵌入到外部系统中。历史上德国虽然率先完成了现代大学制度的构建,也较早出现了一批现代大学,但在进入现代化的过程中受到了战争冲击和固守的精英教育理念难以嵌入到其社会体系中,结果就成了:"虽然高教系统在学生人数上已经从精英型转变到大众型,而且在操作规模上已经变得复杂得多,但它的结构在大学之间和大学内部仍然相对没有分化。在1990年,德国共有大学近70所,很少开始正式分化或者在非正式地演进。因此,无论资源、或是人员、或是科研,自行运转都不容易集中。大学'遭受到一个不断拉平的过程'。"②在大众化过程中,德国大学引以为傲的现代组织与制度优势不仅未能帮助其有效融入社会,反而被削弱了整体的能力。

从高等教育现代化的历程来看,增长是重要的观测指标。但我们往往容易将增长当作发展的唯一目标,增长首先带来的是对大学机构的分割,"自我放大的实质性增长继续将高等教育分割成小世界,不同的世界。由此给大学管理和变革带来的问题日益严重,在许多情况下,问题的严重程度超过了入学机会增加和需要教育更多、种类更多的学生所带来的问题"③。相对于现代化的目标和成就来说,可能我们更需要关注现代化带来的后果。在任何一个国家和活动领域,现代化决然不是单纯在数量和规模上的扩充,也同时意味着要承担规模带来的后果。因为增长必然会破坏既定的安全,比如稳定的理念、稳固输出的质量和现有发展模式。今天我们只关注到了高等教育毛入学率的提升,受教育群体规模扩大这一个层面,然而却忽略了大学与外部社会已经产生了不对称:"与高中毕业生相比,受过大学教育的专业人士的工资溢价仍然很高,但日常劳动价值的降低意味着他们的工资增长速度不再像以前那么快。更重要的是,受过大学教育的劳动者从事更低职位要求的工作,会给受教育程度较低的人带来较大的下行压力,进一步压低底层的工资。"④最重要的是,在规模性增长面前,从大学到高等教育必须从知识到组织再到制度创造出一套新的体系,才能满足社会持续需求,"当高等教育系统开始快速向普及入学发

① [瑞士]瓦尔特·吕埃格.欧洲大学史·第三卷[M].张斌贤,等译.保定:河北大学出版社,2014.

② [美]伯顿·克拉克.探究的场所——现代大学的科研和研究生教育[M].王承绪,译.杭州:浙江教育出版社,2001.

③ Clark, Burton R. "Substantive Growth and Innovative Organization: New Categories for Higher Education Research." *Higher Education*, vol. 32, no. 4, 1996, pp.423.

④ [美]约瑟夫·奥恩.教育的未来:人工智能时代的教育变革[M].李海燕,王秦辉,译.北京:机械工业出版社,2019.

展时,它必须再次创造新的高等教育形态"①。如果这个新的体系不能出现,尤其是大学与社会不能在创造新体系中扮演相同的角色,那么增长就会带来更大的压力。所以说,现代化意味着在增长的同时要重建理念质量和发展方式的安全范围。

高等教育从大众化走向普及化的过程可能不会像马丁·特罗预测的那样:接受高等教育会由权利变为一项义务,反而会带来更强烈的竞争。这种竞争一方面会在顶尖院校与普通大学间出现,另一方面也指大学机构与创新的教育组织之间的竞争。入学率和接受高等教育人群的扩大会增加各类高等教育机构对生源的筛选力度,以维持自己的声誉。普通大学为了提高声誉会争夺次优生源,那么剩下的学生只能由更低层次的高等教育机构接收。"高等教育是产生社会精英的重要机制。由于高等教育的特殊性,教育对象在很大程度上是精英分子,大学是以精英主义原则所组织的。一方面,社会及其高等教育机构认为,进入大学的人本来就是精英,另一方面大学不但促使这些精英的成长而且也分配高等教育资源,使他们走进大学之后成为社会精英。"②换言之,高等教育对精英的生产并没有因为入学人数的增加与受教育者规模的扩大而停止,反而会刺激大学之间更进一步争夺优质生源从而关注自身的声誉与社会地位。国家与社会的现代化对增长的需求要超过关心质量与创新,我们需要警惕的是:大学是今天各类高等教育增长数据的主要贡献组织,而这有悖于大学对于社会创新与质量提升的初衷。以增长为目的的竞争也只是低层次的,一旦有新的增长范式超越了大学,大学就会被时代所抛弃。

三、超越"模仿"的高等教育现代化

进入工业社会之后,增长的需求一直被视为是衡量现代化的主要依据,各种社会组织面临的最大挑战就是如何推动增长。在增长目标的驱动下,高等教育的发展一直面临着被"框架化"的过程。也就是说,高等教育与大学的进步必须要被放入到一个"框架"之内,被贴上一定的符号或标签,并据此建立起诸多的一一对应关系,其演进过程才是有意义的。比如我们将现代大学制度与现代企业制度对应起来,认为只有大学具备了现代企业一样的生产流程,其现代化

---

① [美]马丁·特罗.从精英到大众再到普及高等教育的反思:二战后现代社会高等教育的形态与阶段[J].徐丹,连进军译.大学教育科学,2009(3):10.

② 金生鈜.高等教育入学体制与社会身份——对教育机会分配的教育哲学分析[J].高等师范教育研究,2001(6):3.

目标才算达成。然而"框架思维"实际上导致了我们对高等教育现代化的误读，真正让现代大学制度被世界所熟知则离不开美国的"现代社会"所起的发酵作用，也可以说，在美国现代化的进程中，现代大学制度成为了一种共享的制度，而在德国："德国模式，即所谓的洪堡模式，在 19 世纪末横扫了整个欧洲大陆，并影响到其他两种模式——法国模式和英国模式。但尽管如此，最终它也发现自己身处危机之中，这是因为它逐渐发现无法适应工业社会中社会和知识的发展需要，以及大学作为一个社会机构的需求。"①再比如说，今天的人们都认为美国现代大学的崛起得益于实用主义的理念支配，却遗忘了历史中诸多被贴上"实用主义"标签的赠地学院宣称的："在大多数大学，每门学科都被认为和其他学科一样'好'。理论上，农学教授和希腊语教授一样值得尊敬，这种情况最终造成了宽容——每个人都不会干涉别人。"②这种执着于建立严格对应关系的发展范式使后发外生型高等教育国家始终处于"模仿者"的地位。而我们对于入学人数规模提升和高等教育普及化阶段的预测，所依据的也仅仅是对人口出生率和经济发展的乐观判断，依然是放在一个先验的框架内来进行的。这无疑忽略了大学在未来所面对的不确定风险。

在现代化的进程里，我们关心的是普通大学对研究型大学的模仿是否更像，这显然是不现实的。在商业社会崛起之后，不论是大学还是高等教育，其现代化的方式所运用的逻辑都非自身独有。大学所模仿的是现代企业标准化商品生产的流程，通过动作拆解、组织分割与重构、项目设定、市场及产品指标体系来实现，能否模仿的更像取代了属于自身的制度创造。似乎在当前的语境下，谁对先发优势的大学模仿更像，谁就更现代化。事实上，发展方式的模仿反而映照出人们对未来的迷茫，"手段和目的之间的关系越不确定，一个组织模仿它视为成功的组织的程度也就越大"③。对于后发外生型国家来说，高等教育既要模仿先发优势国家的模式，大学又要模仿企业制度，这已经限制了国家高等教育的创新力。让我们所忽略的是，美国大学在引入了现代大学制度之后改造并使用这项制度造就了自身高等教育的崛起，"能吸引具有更高才智的人的，是关于真正大学更清楚、更实质性的概念：对科学研究或是自由文化的信仰"。④今天众多国家都在对美国注重基础科学的模式进行效仿，但这种效仿只是注重

① ［瑞士］瓦尔特·吕埃格.欧洲大学史·第三卷[M].张斌贤，等译.保定：河北大学出版社，2014.
② ［美］劳伦斯·维赛.美国现代大学的崛起[M].栾鸾译.北京：北京大学出版社，2015.
③ ［美］沃尔特·鲍威尔.保罗·迪马吉奥.组织分析的新制度主义[M].姚伟译.上海：世纪出版集团，2008.
④ ［美］劳伦斯·维赛.美国现代大学的崛起[M].栾鸾译.北京：北京大学出版社，2015.

到了科层绩效的考核,很少能看到基础科学在制度与组织上的联结关系,这就使得对基础研究的重视和效仿只能停留于表面,而真实的情况却是:"美国的研究事业是政府用纳税人的钱资助科学研究,根据科学上的卓越性授予资助。它受到世界各地的羡慕,被许多国家纷纷效仿。其巨大的成功就归功于重视基础研究,强调在政府机构、大学、国家实验室和工业界之间的连锁关系中开展和指导基础研究。"①模仿的过程事实上让大学与高等教育失去了独立发展的机会,更不会有创新的动机出现。

　　表面上我们关注高等教育现代化的途径与方式,实际上我们更关心的是高等教育现代化的可复制性与被复制性。言下之意在两个方面:其一是工业生产领域和科学主义崛起过程中带来的现代技术可以被复制到大学身上;其二是存在可复制的国家高等教育发展模式,从而被其他国家模仿。对"模仿正确"的热情超过了"正确模仿",这也使得我们关注现代化形式超过实质,这常常会误导我们的视角,阿西莫格鲁在比较国家现代化过程中的繁荣与失败时就指出:"国家有时候会尽力采用有效率的制度并实现繁荣,但是非常遗憾,这样的国家仅是个案。许多经济学家和政策制定者聚焦于'使其正确'。然而真正需要解释的是穷国为什么'使其错误'。"②对于高等教育领域来说,遗憾的是迄今为止单纯的模仿我们并没有发现成功的案例,反而是盲目对组织考核与评价机制的复制导致了高等教育发展的"失序",正如闫凤桥所言:"模仿成为一种发展机制,路径依赖原理作用的结果导致缺少制度创新的原动力,在外来的制度与本土的实践需求之间存在着某种张力,容易出现'内卷式'状况(即有数量增长而无实质发展)、形似而神异或者说外表与内涵之间的非均衡发展态势。"③总结起来看,也就是规模与增长被当作了唯一可复制的内容,这在传统工业社会中是容易实现的。到了现代社会,越来越多的"黑天鹅事件"正在超越有序的控制,变成决定事情走向的关键,不论是对大学还是整个高等教育,这种趋势正在愈发明显,"一个人如果不理解过去不同时代和地点存在过的不同大学概念,他就不能真正理解现代大学。历史表明,过去的一些偶然事件的决定与选择比有意识的计划和决策带来的影响更大"④。后发外生型国家具有规模动员的特点,能够

---

　　① [美]荷马·尼尔,托宾·史密斯,珍妮弗·麦考密克.超越斯普尼克——21世纪美国的科学政策[M].樊春良,李思敏译.北京:北京大学出版社,2017.

　　② [美]德隆·阿西莫格鲁,詹姆斯·A.奥尔森.国家为什么会失败[M].李增刚译.长沙:湖南科学技术出版社,2017.

　　③ 闫凤桥.我国高等教育"双一流"建设的制度逻辑分析[J].中国高教研究,2016(11):49.

　　④ [美]伯顿·克拉克.高等教育新论——多学科的研究[M].王承绪,等译.杭州:浙江教育出版社,2001.

短时间内完成制度及组织的复制,时间一长容易对模仿和复制形成路径依赖,很难对变革产生兴趣。

今天从大学到高等教育现代化面临的最大困难是技术与制度的依赖,大学始终在努力用落后的技术创造未来,这是导致高等教育现代化瓶颈的最大困难。"对于今天的许多大学而言,依然沿袭着 19 世纪的技术和体制,教授着 20 世纪的知识,其目的却是希望能培养适合 21 世纪需要的人。"①由于现代化并不是一个完全共时的过程,不同组织与理念之前不是顺序过渡的发展关系,而有可能同时存在,并且对彼此展开冲击。比如对高等教育现代化的评价指标不少国家都在严格按照精英—大众—普及的毛入学率标准来锁定自己的发展阶段,但我们所忽略的是马丁·特罗也同时强调了现代大学中保留下来的诸多精英教育的理念。相对极端的是,在入学人数增加的过程中,传统大学组织会抗拒大众化甚至是普及化阶段的理念变迁,布尔迪厄也认为,精英的再生产在现代社会依然存在,而且仍然是带有排他性的,"在'精英学校'里通过分离和聚合这样的神奇活动完成的转化过程倾向于产生被神化的精英群体"。②高等教育现代化的过程必然意味着对精英理念与大众需求之间矛盾的调和,我们不能单纯依赖大学机构和相关技术来突破未来,更多地应该看到社会群体与组织的整体互动产生的创新机会,"现代化的过程不是一个自发的自然过程,而是在一定的社会关系中,借助一定的群体互动而实现的。现代化是一个社会资源与群体利益再分配扮演的角色势必是不同的"③。实际上,我们能在多大范围内丰富大学的种类、制度生产方式和组织形式,高等教育现代化的选择就会更丰富。

现代化是制度、组织创新与重构的过程,如果仔细梳理,高等教育领域里无论发生多少变革,其带给后世的影响都比不过德国的现代大学制度与美国大学的现代组织形式的创新。简言之,这是一种驱动创新的国家能力。"洪堡主张高等学校应当建立在脱离于国家政治之外的、纯粹的科学概念之上,其本质在于客观科学与主观教养的内在结合。同时,由于人性中的精神效应是诸多效应的综合,因此高等学校的组织应当创造和保持一种连续的、永远保持着生命力的、非外力强制且没有目的的综合效应。科学研究应当被视为教授者与学生们

① 王建华.大学落后时代了吗——技术的视角[J].南京师大学报(社会科学版),2019(5):38.
② [法]布尔迪厄.国家精英:名牌大学与群体精神[M].杨亚平译.北京:商务印书馆,2018.
③ 许纪霖.陈达凯.中国现代化史·第一卷(1800—1949)[M].上海:上海世纪出版股份有限公司,2006.

共同的、无休止的知识追求和精神生活本身。"①现实中,创新意味利益的再次分配,如果人们长期对一种理念和制度的依赖就会抗拒变革。比如行政绩效驱动高等教育改革时,人们就不愿意唤醒大学的创造力。严格地说,高等教育的现代化离不开两个关键变量的相互作用,其一是大学的制度创造与组织重构能力,其二是外部社会对于大学这种变革的适应能力。大学的现代化断然不是一个复制、粘贴就能实现的过程,当德国大学在以"习明纳"的研讨方式对待教学与科研关系时,法国开始用帝国大学制度改造大学,美国则是保持了大学用研究生院的新型组织保证了知识与社会间的协调,高等教育现代化成功的原因都是大学与社会之间存在逐渐积累的创新张力,且这种张力拥有独立的逻辑,"人们所认定的假设应是源于理性的、继续性的活动,这些活动可能在制度内,也可能在制度之间。改革是累加的,会与之前的结构串联在一起而不断地修正与调整,演化一开始是一个社会性的概念,之后成了科学性概念;它是关于人类透过控制的理性方法朝向提升自我情况的激进概念"②。在演化的基础上完成组织与制度的创新,积累变革的力量,并逐步创造出大学与国家在现代化过程中的"同一时区",这样才能不被僵化和停滞所约束。

总之,评价高等教育现代化的依据不是看大学完成了多少增长指标任务,而是要看大学能够在多大程度改变了整个社会的结构。高等教育现代化的过程是朝向未来的,我们今天关注诸多国家的大学发展轨迹的目的并不是模仿和照搬,更不是建立新的绩效约束机制"逼迫"大学进行变革。回顾历史是为了看当时的大学采取何种举措面对将来,由于现代化要进行组织与制度变革,大学就必须在创新的过程中积累合法性。更进一步说,今天的大学不能单纯解决一国人才培养与知识生产的问题,而是需要意识到未来对大学可能被取代的危机,"大部分大学和学院虽然大幅度增加课程的种类,但大体仍以学位、专业等形式为基础,维持复杂的标准化制度。这种制度规定了某些基本课程,要求学生按部就班地学习。学校虽然增加了许多选修课程,但这种多样性仍不能满足学生的期望"③。高等教育同时要面临的是经济衰退,出生率下降导致的入学人数不足,资源消耗和技术革命带来的冲击。对今天全世界的大学而言,创新是现代化的唯一路径。放眼更广的视角,基于文明的创新才能获得历

---

① 梁展.欧洲近代人文教育:起源、理念及其内涵[N].中华读书报,2017 - 10 - 11(13).

② Thomas S. Popkewitz.教育改革的政治社会学:教学、师资培育及研究的权力/知识[M].薛晓华译.台北:巨流图书股份有限公司,2007.

③ [美]阿尔夫·托夫勒.未来的冲击[M].黄明坚译.北京:中信出版集团,2018.

史的承认,"文明转型期的跃升幅度,决定文明可能进入更高级类型的概率"①。时至今日,中国高等教育取得的成就正是有效规划与本土实用相结合所激发的创新动力。作为后发现代化国家,中国的大学虽然模仿了西方大学的形态,但制度与理念生长于本土,这就让不同阶段的大学转型都能获得成功。结合中国文明跃升的幅度,唯有基于本土实用的创新方式对于高等教育和大学的改革才是有效的。

---

① 汪丁丁.思想史基本问题[M].北京:东方出版社,2019.

海归学者回国前后学术表现的
变化及其影响因素研究[①]

李 峰[②]

一、引　言

　　拥有海外经历的学者是我国大学重要的学术资源。我国大学不仅利用各种人才优惠政策,吸引和留住海外人才,同时,也鼓励国内学者通过访问学者或博士后计划的形式出国深造。通过将拥有至少一年的海外经历作为教师晋升的基本要求,我国大学中具有国内博士学位的初级职称教师出国研修的比例持续提高(曾婧婧和邱梦真,2016)。对海外经历学者的追捧不仅源于我国大学建设"一流大学"的雄心,也是国家学术评级体系的结果。一个典型的例子是教育部学位与研究生教育发展中心(简称"学位中心")实施的全国大学学科评估。在最近的 2016 年评估中,学位中心使用了拥有至少十个月的海外经历的教师人数作为衡量教师实力和国际化的指标(学位中心〔2016〕42 号)。这将导致越来越多的国内学者出国研修以及更多的海外学者回国就业。迄今,具有海外经历的教师在我国大学,尤其是研究型大学中占了相当大的比重(Shi,2015)。华中科技大学团队开展的 2014 年教师调查显示,我国大学教师中三分之二至少拥有一次海外经历(沈红,2016)。此外,重点大学的行政和学术领导职位大都由海归担任。在教育部直属大学工作的大学校长中拥有至少一年海外经历的占 78%,72% 的国家重点实验室主任也是海归学者(陈景收,2012)。

　　随着海归学者数量的加速增长,在过去二十年里,学界对海归学者表现的学术研究越来越多。总体上看,海归学者研究主要集中在三个主题:回国动机、

　　① 基金项目:国家自然科学基金青年基金项目"海外引进人才的科研合作行为及其影响因素研究——以长江学者为例"(编号:71403079);中华全国归国华侨联合会青年课题"海外引进人才的跨国资本及其本土化问题研究"(编号:15CZQK207)。本文在江苏省高等教育学会 2019 年学术年会上作了专题报告。
　　② 作者简介:李峰,河海大学公共管理学院副教授,管理学博士,从事高等教育管理、高等教育政策研究。

回国后状态和回国影响(Hao et al,2017)。其中,关于我国海归学者回国后状况的研究,主要从科研影响(Jonkers & Tijssen,2008)、国际合作(Li et al,2015;Velema,2012)、职业发展(Lu & McInerney,2016)以及教学能力(Choi & Lu,2013;Zweig et al,2004)等方面展开。在这些研究中,多数旨在通过研究海归和本土学者之间的表现差异来揭示海外经历的价值(Hao et al,2017)。但是,很少有研究关注海归的学术表现在整个回国后的变化规律。虽然一些研究指出,归国学者可能面临重新适应国内文化的挑战,尤其是回国后前几年的过渡期挑战(Chen & Li,2013;Hao et al,2016),但是我们对海归学者的文化适应过程知之甚少。此研究旨在通过考察海归学者学术表现的变化及其影响因素来填补这些研究空白。一方面,本文通过跟踪海归学者研究质量的变化,来更好地理解海归学者的重新适应过程;另一方面,本文也提供了评价海归学者学术表现的一个崭新角度。

二、文献综述

(一) 科研人员流动与学术表现

科研人员流动对个体学术生涯的发展和整个科研系统都具有重要意义(Fernández-Zubieta et al,2015)。科研人员通过跨国家、跨机构流动积累人力资本和社会资本(Horta & Yonezawa,2013)。流动有助于研究者建立多样化的背景,促进了科研人员的学术职业发展(Morano-Foadi,2005)。从更广泛的意义上说,科研人员的流动连接了世界各地的学术资源,有助于现代科研体系的开放和合作(Trippl,2013)。回顾现存文献中关于科研人员流动与学术表现关系的研究,我们总结出了以下几点基本认识:

首先,不同的流动类型和流动模式可能对学术表现有不同的影响(Geuna et al,2015)。科研人员流动的类型已经在多项研究中进行了讨论。不同于教育流动(通常为学生的流动),科研流动通常指科研人员博士完成后的职业流动(Aksnes et al,2013)。Fernández-Zubieta et al(2015)提出了最为全面的流动模式分类。根据不同的变化定义,他们确定了五种类型的科研人员流动:职业流动(职业状况的变化)、部门流动(大学和商业之间的流动)、地理流动(地点的变动)、社会流动(社会地位的变动)和学科流动(研究方向的变动)。某些流动类型又可以划分为更小的类别。例如,一些学者进一步区分了职业流动中的自愿调动和被迫调动两种类型,将科研人员在获得永久固定职称之前的流动称为被迫调动,而获得固定职称之后的流动称为自愿调动(Fernández-Zubieta et al, 2015);至于地理流动,可以细分为国家间的国际流动和国内的流动情况(Bäker,2015)。此外,通过流动前后隶属大学(或部门)的声望,一些研究将社会流动分为向上流动和向下流动两种类型(Bolli & Schläpfer,2015;Fernández-Zubieta et al,2013;Fernández-Zubieta et al,2016)。

关于流动与学术表现之间的关系,有很多不同的论证。一些学者认为,流动提高了科研产量和质量(Aksnes et al,2013;Horta & Yonezawa,2013);另外一些人发现流动对研究生产力和质量的影响并不显著(Bolli & Schläpfer,2015;Fernández-Zubieta et al,2016;Rotolo & Messeni Petruzzelli,2013)。针对一些特定流动类型的研究也会有不一致的研究结论。多数研究得出的结论是,国际流动对研究生产力和质量都有积极的影响(Aksnes et al,2013;Jonkers & Cruz-Castro,2013;Jonkers & Tijssen,2008;Yamashita & Yoshinaga,2014)。然而,也有一些学者得出了不同的结果。Halevi et al(2016)分析了7个学科的顶尖学者,发现是国家内部的流动对研究生产力和质量产生了积极的影响,而非国际流动。类似的,在有关向上流动和向下流动的研究中也有不同的证据。一项早期研究发现,向上流动增加了研究生产力和影响,而向下流动却产生了相反的效果(Allison & Long,1990)。Bolli & Schläpfer(2015)有相似但不同的发现。在他们的研究中,向上流动和向下流动对研究生产力有相似的相反影响;然而,这两种效应在统计学上都不显著。最近,Fernández-Zubieta et al(2016)的研究发现向上流动对研究生产力有积极影响,而对科研影响力的影响作用不显著。

显然,为了澄清已有文献中的模棱两可的结果,需要流动对科研人员学术表现的影响进行更多的实证研究。最重要的是,现有的研究主要针对西方国家的科研人员。由于不同国家的科研人员通常表现出不同的学术行为(Scellato et al,2015),很难判断我国科研人员是否与来自其他国家的科研人员有相似的影响。毫无疑问,针对我国研究者的更多经验证据将为当前的讨论做出重要的补充。

(二) 回归流动和重新适应

作为一种特殊类型的地域流动,回归流动(return migration)通常指的是人们在另一个国家学习、工作一段时间后回到原籍国工作的现象(Gill,2005)。学术界的回归流动在我国最明显(Wang et al,2015)。越来越多的研究集中在海外学者的回国动机障碍(Cao,2008)和回国后面临的挑战(Chen,2016)上。逆向文化冲击和跨文化适应被认为是海归人才面临的最大挑战（Hao et al,2016）。我国与西方国家之间的文化差异主要体现在"关系网络"（基于人际关系的网络）（Cao,2008；Gill,2016）、受中国传统文化影响的不同思维方式（Hao & Welch,2012）等方面。最近,Chen（2016）指出了在回归过程中,我国归国人员面临的两个主要问题：一是中国大学的官僚化治理结构和有缺陷的学术体系（如评估和资助政策,数量导向的研究文化）；二是地方政治和复杂的人际关系。这些文献一方面证实了海归在回国过程中存在重新适应的问题,并指出了重新适应过程中可能面临的一些挑战。另一方面,学者们也一致认为,成功的重新适应过程取决于归国人员如何平衡和适应不同国家（他们有海外经历的国家）和母国之间的文化差异（Franken et al,2016；Gill,2016；Hammer et al,2003）。

　　基于经典的 U 型曲线理论,跨文化调整过程包括四个阶段：① 兴奋阶段,对新环境的兴奋感；② 文化冲击阶段,大多由负面情绪造成；③ 文化适应阶段,学习适应新环境的过程；④ 稳定阶段,实现成功的重新适应（Oberg,1960）。作为一种特殊的跨文化调整形式,海归学者的重新适应过程也有类似的阶段吗？如果是这样的话,海归学者在这些不同的调整阶段中有何不同的表现？遗憾的是,目前的研究对这些问题较少触及。此外,早期研究已经确定了一些导致重新适应问题的制度因素。然而,很少有研究涉及可能影响海归人才重新适应过程的个体特征（Szkudlarek,2010）。在最近的一本研究专著中,Chen（2016）分析了不同类型的回归者（成熟型学者,博士研究生和博士后研究人员）如何规划他们的职业前景,并发现不同的群体有不同的回归动机。但她并没有深入研究不同个人特征的海归在随后的适应过程中的表现。本研究是在 Chen（2016）的工作基础上发展起来的,主要侧重于对影响归国人员再适应进程中个人因素的考察。

三、数　据

（一）海归学者数据

　　我们的样本遴选自教育部于 1998 年开始实施的长江学者计划,该计划目前是全国最有影响力的人才项目之一。在 1998—2015 年期间,长江学者计划共计招聘了 1991 位特聘教授。基于他们在个人网站上列出的信息,我们建立了一个包括教育背景和工作经验的长江学者特聘教授简历数据库。在样本选择时,我们仅考虑拥有至少持续一年的全职海外经历的海归学者；同时,本研究对研究领域的选择也给予了认真的考虑。由于我们主要通过国际期刊论文来衡量海归学者在再适应过程中的表现，一些研究领域学者(如社会科学、人文科学、工程学等)的研究成果主要是书籍、国内刊物论文或专利，并不是我们研究的理想样本。因此，我们只选择自然科学和生命科学领域的学者，他们在国际期刊上发表论文的影响力能更好地表征他们的研究能力(Bornmann & Marx, 2014)。本研究包含的四个具体领域：数学、物理、地球与环境科学和生命科学。最终的样本选择情况见表1。

表1 样本选择

研究领域	数学	物理	地球与环境科学	生命科学
长江学者特聘教授总数(1998—2015)	118	137	108	116
最终样本数量	56	74	45	74

(二) 发表论文数据

由于在国际期刊发表论文的数量和影响在大学排名和政府资助决策中被广泛使用(Yang & Welch, 2012)，我国大学鼓励学者在国际上发表文章，并且对海归教师在国际顶尖刊物上发表论文的期望通常比本土教师高得多(Chen, 2016)。因此，我们选择国际刊物而不是国内刊物来衡量海归学者的研究成果。在2016年6月22日至9月25日期间，我们从Elsevier的Scopus数据库检索了每位学者的国际发表刊物数据。搜索工作仅限于用英语撰写的article形式的论文。为了确保论文数据的准确性，我们结合使用了Scopus数据库提供的"Author ID"功能和人工排查。

(三) 海归学者的流动过程

学者的流动可以通过两种不同方式进行追踪。一是履历分析(Cañibano et al, 2011)，二是论文题录信息中的作者隶属关系的变化(Appelt et al, 2015)。两种方法各自具有优点和缺点(Geuna et al, 2015)。据观察，履历数据可能存在不完整的问题。一些学者的简历中可能会遗漏迁移或流动时间。此外，流动类型有时在履历中也没有清楚的描述，因此我们无法区分长期流动和临时流动。显然，通过严格的数据清洗过程，作者隶属关系比履历数据更为准确可靠。因此，我们借鉴了Laudel(2003)的建议，采用论文题录信息来追踪海归学者的流动过程。

海归学者在论文中使用的归属机构有三类：其一为国内机构、其二为国外机构、其三为国内外混合机构。一般来说，采用国内机构发表论文说明海归学者在国内供职（可能是出国前的时间阶段，也可能是回国后的时间阶段）；采用国外机构发表论文说明海归学者在国外供职（处于海外经历阶段）；而采用国内外混合机构则说明海归学者发表论文的时间正好是国内外工作调动的过渡阶段。本研究综合考虑了简历数据和海归学者归属机构的国别数据将长江学者的职业阶段依次划分为五个阶段：出国前阶段、海外阶段、回国过渡阶段、空窗期和回国后阶段。根据时间的先后顺序，这些阶段的划分标准如表2。在将每个论文发表年份归入各时间阶段时，我们依据海归学者在每个出版年份上发表论文的归属机构类型，而归类的次序按照出国前期到回国后期的时间顺序进行。

表2　海归长江学者经历阶段划分标准

时间阶段	年份判断标准	起始年	终止年
出国前阶段	各年度发表论文的署名机构均为国内机构	出现前述情况最早的年份	下一阶段起始年的前一个论文发表年份①
海外阶段	各年度发表论文的署名机构有国外机构的年份	首次出现署名机构为国外机构的年份	下一阶段起始年的前一个论文发表年份
回国过渡阶段	各年度发表论文的署名机构中有国内机构、国外机构和国内外混合机构中的两种或三种机构的年份	连续三年出现两种以上署名机构混杂的年份的第一年	下一阶段起始年的前一个论文发表年份
空窗期	没有论文发表的年份	—	—
回国后阶段	各年度发表论文的署名机构均为国内机构的年份	出现署名机构全部为国内机构的第一年	2015 年

四、概念和假设

（一）成功的回国适应过程

我国大学对海归学者开展高质量的研究有着很高的期望（Hao & Welch,

---

① 论文发表年份是指有国际论文发表的年份。在实际样本观察中，我们发现部分学者在工作调动时会产生论文产量空缺的年份，在阶段划分时，我们没有将这些空缺年份计入时间阶段内。因此，在本研究的划分标准中，每个阶段的起始年和终止年均为有国际论文产出的年份。

2012)。海外学者回国后至少应该开展与他们在国外阶段质量等同的研究,然而,回国造成的跨国资本流失可能导致研究质量下降的风险。尤其是回国初期,学者们面临着逆向文化冲击和重新适应的挑战,这可能对他们的短期研究表现产生负面影响(Bäker,2015;Fernández-Zubieta et al,2016)。本文提出了一种新的测量方法——以海外阶段到回国后阶段的研究质量变化来研究海归学者在回国适应过程中的表现。显然,研究质量减少得越少(或者根本没有减少)意味着更成功的重新整合过程。

虽然使用期刊质量来衡量学者研究质量的方法被广泛批评(Hicks et al,2015),但是期刊影响因子仍然是我国用于衡量个人研究者的研究影响最常用的工具之一(Hvistendahl,2013)。特别是对于海归学者来说,在高影响因子国际期刊上发表论文是证明其研究能力的直接途径。因此,利用期刊影响因子的变化作为代表研究质量的变化是合理的。为了获得海归学者在每个时间阶段的研究质量,我们计算了每个时间阶段的篇均期刊影响因子(平均每篇论文所在期刊的影响因子),并在此基础上构建了一个质量比变量和一个比率虚变量。

质量比被定义为回国后阶段第一个三年期的研究质量与回国前最高研究质量的比值。显然,如果一个学者的质量比大于1,则其回国后研究质量超过回国前研究质量,说明这个学者的回国适应过程非常顺利。因此,我们将质量比是否大于1作为比率虚变量来反映海归学者是否有一个成功的回国适应过程。此外,当一个学者的质量比小于1时,更大的比率表明研究质量的减少,这也解释了一个更好的回国适应过程。

另外,是否存在空窗期也是衡量回国适应过程的一项指标。我们认为,在一个顺利的适应过程中,海归学者倾向于连续发表国际论文,不会在回国伊始出现论文发表的空窗期。

(二)跨国资本

国外学者在海外留学和工作期间获得的跨国资本,是海归学者在许多方面比没有海外经历的本土学者更有价值的根本原因(Zweig et al,2004)。跨国资本的多少通常取决于海外经历的长短和质量(Jonkers & Tijssen,2008)。我们的研究提出了三个变量来衡量每个学者在国外期间积累的跨国资本数量。

(1)"头衔"变量:用于描述学者在国外期间获得的最高学术地位。根据Chen(2016)提出的三个类别(成熟学者,最近的博士研究生和博士后研究员),我们区分了四组回归学者——博士海归、博士后海归、初级职称海归和高级职称海归。其中,高级职称海归指的是已在国外获得高级职称(副教授及以上职称)的归国学者;初级职称海归指过去在国外大学担任讲师或助理教授的归国学者。此外,博士海归和博士后海归分别指在完成了国外博士学位和博士后训练后回国的学者。一般来说,成熟型海归学者(如高级职称海归)比其他学者积累了更多的跨国资本。

(2)"海外质量"变量:用于衡量学者在国外阶段取得的研究质量。我们假设在国外获得较高研究质量的学者比其他学者积累了更多的跨国资本。

(3)"持续时间"变量:描述了海外经历的持续时间。我们使用海外阶段的时间来计算此持续时间。在国外有较长论文发表历史的学者可能会获得更多的跨国资本(Li et al,2013)。

此外,我们还将国际流动的频率和目的地作为衡量跨国资本的指标。"国际流动"变量反映了学者们在他们的海外期间学习或工作国外机构的数量。"目的地"定义包括三类分别在亚太地区、北美或欧洲的有海外经历的学者。

(三) 假设

谁会倾向于有一个更好的回国适应过程,是积累了更多跨国资本的海归学者还是跨国资本较少的海归学者? 依据已有研究可能对此问题产生截然相反的推测。

一方面,由于大多数大学和机构都重视跨国资本,因此拥有更多跨国资本的海归学者通常在回国后会得到更多的资源和支持。此外,由于这些海归学者可能会在回国后直接担任科研团队负责人,因此他们在研究活动中通常有更大的自主权(Chen,2016)。这些都有助于海归学者顺利地从国外的工作过渡到国内的工作,实现良好的回国适应过程。另一方面,海外学者获得跨国资本的数量很大程度上取决于海外经历时间的长短(Jonkers & Tijssen,2008;Zweig et al,2004)。然而,学者在国外停留时间越长,对国内文化和环境学者就越不熟悉。因此,当一个学者通过多年的海外经历积累了更多的跨国资本后,回国后面临的重新适应问题可能更加严重。

我们倾向于从积极的一面出发,假设海归学者在国外阶段积累的跨国资本数量对他们回国后的重新适应过程有正面的影响。根据跨国资本的三项指标和成功的适应过程的三项指标,我们提出了 9 个假设,以检验更多的跨国资本是否会导致成功的再适应过程。

就有空窗期的可能性而言,我们假设:

假设 1a. 成熟型海归学者有空窗期的概率更低。

假设 1b. 在国外取得较高研究质量的学者有空窗期的概率更低。

假设 1c. 有更长海外经历的学者有空窗期的概率更低。

在回国后研究质量高于回国前研究质量的概率方面,我们假设:

假设 2a. 成熟型海归学者更有可能在回国后有更高的研究质量。

假设 2b. 在国外取得较高研究质量的学者更有可能在回国后有更高的研究质量。

假设 2c. 有更长海外经历的学者更有可能在回国后有更高的研究质量。

最后,就回国前后研究质量的下降幅度方面,我们假设:

假设 3a. 成熟型海归学者研究质量下降幅度较小。

假设 3b. 在国外取得较高研究质量的学者研究质量下降幅度较小。

假设 3c. 有更长海外经历的学者研究质量下降幅度较小。

为了检验上述假设,本研究还纳入了一些控制变量(参见表3)。首先,我们引入了一个"是否存在回国过渡阶段"的虚拟变量来衡量海归学者是否存在过渡期。过渡期的存在可以作为回国前后的缓冲,使海归学者有足够时间准备好重新适应国内环境。其次,我们加入了一些制度性因素,如国内依托单位地位、母校联系、国内流动等。再次,由于科研合作、产量和质量之间存在相互作用(Li et al,2013),我们加入了科研合作和科研产量的相关控制变量。最后,我们的研究也控制了性别因素和研究领域因素。

表3　描述性统计

变量	变量描述	Obs	Mean	S.D.	Min	Max
因变量						
质量比	回国后阶段第一个三年期研究质量与海外阶段研究质量之比	222	0.886	0.653	0.000	6.002
质量比虚变量	变量取值为 1:质量比大于1;否则为 0	249	0.402	0.491	0	1
空窗期	变量取值为 1:存在空窗期;否则为 0	249	0.337	0.474	0	1
自变量						
头衔	分类变量。取值为 1:高级职称海归;取值为 2:初级职称海归;取值为 3:博士后海归;取值为 4:博士海归	249	2.426	1.072	1	4

变量	变量描述	Obs	Mean	S.D.	Min	Max
海外质量	海外阶段的研究质量	222	5.851	5.772	0.445	38.138
持续时间	海外阶段的持续年份	249	4.386	4.296	0	20
控制变量						
国际流动频率	海外阶段的工作调动频率	249	2.052	1.212	1	8
亚太地区海外经历	变量取值为1：拥有亚太地区海外经历；否则为0	249	0.225	0.418	0	1
北美地区海外经历	变量取值为1：拥有北美地区海外经历；否则为0	249	0.538	0.500	0	1
欧洲地区海外经历	变量取值为1：拥有欧洲地区海外经历；否则为0	249	0.474	0.500	0	1
回国过渡阶段	变量取值为1：存在回国过渡阶段；否则为0	249	0.663	0.474	0	1
国内依托单位地位	分类变量。取值为1：非C9高校；取值为2：C9高校；取值为3：研究机构	249	1.731	0.663	1	3
母校联系	变量取值为1：回到母校任职；否则为0	249	0.506	0.501	0	1
国内流动	变量取值为1：回国后阶段的前三年发生了工作调动；否则为0	249	0.104	0.306	0	1
科研合作	回国后阶段的前三年发表国际论文的篇均作者数量	249	5.360	3.280	1	32.5
科研产量	回国后阶段的前三年发表国际论文的年均产量	249	4.344	4.040	0.333	27.333
性别	变量取值为1：男性；否则为0	249	0.920	0.272	0	1
研究领域	分类变量。取值为1：数学；取值为2：物理；取值为3：地球与环境科学；取值为4：生命科学	249	2.550	1.139	1	4

高等教育现代化的实现路径研究

（四）描述性分析

表 3 给出了每个变量的描述性统计信息。相关变量的统计数字显示了海归学者在回国适应过程中行为的总体情况。平均质量比为 0.886，小于 1，表明大多数海归学者回国后的研究质量下降。只有 40% 的海归（100/249）在回国后的前三年有更高的研究质量。另外，只有 34% 的海归（84/249）有空窗期，表明大部分海归学者尽管有跨国家流动行为，但没有停止在国际期刊上发表论文。

自变量方面，在 249 名海归学者中，有 78 人在国外机构担任高级职称，21 名是初级职称海归，116 名在海外接受博士后训练后回国，其他 34 人在国外机构完成博士学位后回国。海归学者的海外阶段平均时长为 4.4 年。海归学者在国外平均在两个不同的机构工作，回国前发表论文所在期刊的平均影响因子达到 5.9。海外经历的目的地显示，约 23% 的海归学者在亚太地区有海外经历，北美的有 54%，欧洲的有 47%。

其他一些变量也值得一提。有 66% 的学者拥有回国过渡阶段，这对经历成功的重新适应过程有好处。大约有一半的学者回到他们的母校工作，这表明在考虑他们回国后的表现时不能简单地忽略海归和国内依托机构之间的关系。此外，据报告，仅有 10% 的学者在回国后前三年内有工作调动。此外，学者在性别分布上也积极不平衡，我们样本中只有 20 位学者是女性。

五、结　果

（一）检验假设

为了验证第 4.3 节中提出的假设，我们采用了两套回归方法来探究影响海归学者在回国适应过程中表现的潜在因素。首先，采用逻辑回归和稳健标准误差检验了跨国资本对"是否存在空窗期"和质量比虚变量的影响。其次，用 OLS 回归及稳健标准误差来评估跨国资本对研究质量变化（质量比）的影响。在回归分析之前，我们还检验了自变量之间的相互作用，没有检测到多重共线性。逻辑回归前也运行了一系列测试，结果我们的数据符合逻辑回归的基本假设。

表 4 的模型 1 给出了对海归学者在回国前后存在空窗期可能性的影响因素的估计。结果表明，利用成熟型海归学者（或高级职称海归）作为参照组，与高级职称海归相比，初级职称海归和博士后海归面临空窗期的可能性都较小。根据比例，初级职称海归和博士后海归有空窗期的概率仅为高级职称海归的

20.6％和39.1％。换句话说,成熟型海归学者更有可能在回国进程中有空窗期。因此,假设 1a 被否定。遗憾的是,海外研究质量和海外经历的持续时间的影响都不显著,导致假设 1b 和 1c 不成立。此外,有回国过渡阶段的海归学者报告空窗期的概率要小得多。有趣的是,我们的研究结果还显示,不同类型的国内机构所招聘的海归学者,对存在空窗期的概率有不同影响。具体来说,在 C9 大学或研究机构工作可以极大地减少学者们有空窗期的可能。特别是对于那些在研究机构工作的人来说,他们有空窗期的概率仅为在非 C9 大学工作的海归学者的 25.7％。

表4　对空窗期和质量比虚变量的逻辑回归结果

	模型 1 因变量:空窗期		模型 2 因变量:质量比虚变量	
	Odds Ratio	Robust S. E.	Odds Ratio	Robust S. E.
头衔				
● 初级职称海归	0.206 **	0.163	0.615	0.634
● 博士后海归	0.391 *	0.201	1.760	0.992
● 博士海归	0.840	0.537	2.038	1.415
海外质量	1.039	0.030	0.735 ***	0.063
持续时间	0.955	0.058	0.992	0.074
回国过渡阶段	0.115 ***	0.044	0.835	0.354
国际流动频率	1.004	0.204	0.714	0.156
亚太地区海外经历	0.717	0.392	0.725	0.467
北美地区海外经历	0.671	0.360	0.558	0.303
欧洲地区海外经历	1.159	0.560	0.893	0.460
国内依托单位地位				
● C9 高校	0.524 4 *	0.193 8	0.971	0.369
● 研究机构	0.256 7 *	0.179 8	2.318	1.306
母校联系	0.697 0	0.260 3	1.035	0.358
国内流动			0.377	0.230
科研产量			0.983	0.050

续　表

	模型 1 因变量:空窗期		模型 2 因变量:质量比虚变量	
	Odds Ratio	Robust S. E.	Odds Ratio	Robust S. E.
科研合作			1.489***	0.138
性别	0.523 5	0.233 5	1.041	0.694
研究领域	1.012 0	0.168 2	0.785	0.158
常数	12.331 1**	12.152 3	1.126	1.239
样本量	222		222	
Pseudo R2	0.187 7		0.255 2	

注:头衔变量的参考组是高级职称海归;国内依托单位地位变量的参考组是非 C9 高校。
　* $p<0.1$; ** $p<0.05$; *** $p<0.01$.

　　表 4 的模型 2 研究了质量比虚变量的影响因素——研究质量在回国后前三年是否高于海外阶段。与模型 1 不同,我们在新的回归模型中纳入了另外三个回国后因素(国内流动、科研合作和产量)。一个意想不到的结果是,学者在国外取得的研究质量对回国后研究质量超过回国前研究质量的概率有显著的负面影响,这与假设 2b 相反。优势比(Odds Ratio)表明,回国前每增加一个单位的研究质量,回国后研究质量超过回国前的概率就会下降 26.5%。在考虑本研究所采用的研究质量的操作定义时,我们可以得出结论:在国外发表高影响力期刊论文的海归学者回国后倾向于在低影响因子国际期刊上发表论文。虽然博士后海归和博士海归的优势比均大于 1,表明与高级职称海归相比,他们回国后研究质量超过回归前研究质量的可能性更大,但两者的效果却不显著。显然,我们的研究结果无法为假设 2a 和 2c 提供支持。另外,其他显著因素还有科研合作因素。平均每篇文献的作者越多,在研究中就意味着有更多的合作者。结果表明,海归在归国后有更多的合作伙伴,他们回国后研究质量高于回国前研究质量的可能性更大。

　　为了检验假设 3a—3c,我们根据质量比的大小将总体样本分为两个子样本,然后分别使用两个质量比的混合 OLS 回归模型。如表 5,模型 3 针对回国后研究质量低于回国前研究质量的海归群体(其质量比率小于 1,或比率模型等于 0)。我们的结果证明了假设 3a,而否定了假设 3b 和 3c。使用高级职称海归作为参照组,数据显示博士后和博士海归的质量比都低于高级职称海归。考虑到模型中所有学者在回国后研究质量上都面临着下降的问题,成熟型海归学者的研究质量下降幅度往往比其他学者要少。然而,海外研究质量和国外经历的持续时间对质量比的影响结果完全不同。海归学者回国前研究质量越高,海外经历年限越长,回国后研究质量下降幅度越大。其他控制变量中,在顶尖大学(C9高校)和研究机构工作的海归比在其他大学的海归研究质量下降得少。

表5　对质量比的OLS回归结果

	模型3 质量比<1		模型4 质量比>1	
	Coef.	Robust S. E.	Coef.	Robust S. E.
头衔				
● 初级职称海归	0.041	0.056	−0.873	0.648
● 博士后海归	−0.084*	0.045	−0.172	0.345
● 博士海归	−0.191**	0.081	0.164	0.431
海外质量	−0.027***	0.005	−0.097*	0.049
持续时间	−0.011*	0.006	−0.016	0.029
回国过渡阶段	0.000	0.042	−0.045	0.240
国际流动频率	0.006	0.018	−0.175	0.150
亚太地区海外经历	−0.004	0.050	0.294	0.389
北美地区海外经历	−0.074	0.049	0.567	0.425
欧洲地区海外经历	−0.049	0.044	−0.211	0.287
国内依托单位地位				
● C9高校	0.072**	0.036	0.372	0.249
● 研究机构	0.181***	0.060	0.189	0.380
母校联系	0.029	0.037	−0.269	0.207
国内流动	−0.010	0.051	−0.074	0.384
科研产量	0.006	0.005	−0.003	0.018
科研合作	0.010	0.011	0.078*	0.043
性别	−0.122*	0.070	0.142	0.166
研究领域	0.028	0.018	0.012	0.098
常数	0.836***	0.102	1.437**	0.539
样本量	149		73	
Pseudo R2	0.484 6		0.345 3	

注:头衔变量的参考组是高级职称海归;国内依托单位地位变量的参考组是非C9高校。
　* p<0.1;** p<0.05;*** p<0.01.

189

当我们将相同的回归模型应用到其他子样本,只有回国前的研究质量能够显著地预测质量比。如模型 4 所示,在回国后研究质量显著提升的海归学者群体中,初级职称、博士后和博士海归均呈现不显著的负相关,这表明,虽然成熟型海归学者在研究质量上比其他学者有更多的提升,但这种影响没有统计学意义。同样,海外经历持续时间的系数也是负数,但不显著。我们只能确认回国前具有较高研究质量的学者往往在回国后研究质量上有较小的提高。

(二) 研究质量的动态变化

在本节中,我们运用重复测量方差分析以及边际均值估计方法分析了学者在回国后的研究质量变化动态。首先,我们将整个回国期划分为三个连续的滚动三年期,并将五个时间阶段作为组内因素;其次,为了考察不同的海归群体在不同时期研究质量的变化过程,我们将海归学者回国前的最高头衔作为组建因素。Mauchly 检验显示在组内方差中,计算结果为 $\chi^2(9)=161.6$,$p<0.001$,球形检验被否定。因此,使用球面的 Greenhouse-Geisser 估计进行自由度校正。方差分析结果表明,海归学者的研究质量受时间阶段影响较大,计算结果为 $F(2.09,179.33)=4.71$,$p<0.01$。因此,我们可以得出结论,海归学者在 5 个时间阶段的研究质量存在显著差异。同时,头衔也存在显著影响,计算显示为 $F(3,86)=2.82$,$p<0.05$,这表明海归学者在国外获得不同的头衔,其研究质量在不同时期有所差异。

通过预测边际均值,我们可以直观地观察到海归学者的研究质量随时间阶段的变化趋势。如图 1 所示,所有四组海归学者从海外阶段到国内过渡阶段的研究质量都有大幅的下降。高级职称海归和博士海归在后续阶段有相似的变化趋势。他们的研究质量在回国后的前三年继续下降,并在回国后的第二至第四年期间开始增加。遗憾的是,博士后海归回国后,在研究质量方面没有明显的提高。他们的研究质量在显著下降后趋于稳定。初级职称海归学者的变化模式最独特。在回国后的前三年中,他们是唯一研究质量提高的群体。同样值得注意的是,回国后的第二个时期,大多数海归群体的研究质量都达到顶峰。总体来说,在回国后,只有海归博士的研究质量超过了海外阶段。由于海归博士在其他国家只有博士学习经历,在国外发表国际期刊并不是主要任务。因此,博士海归在国内机构从事研究工作几年后,能够在有更高影响力的期刊上发表文章。

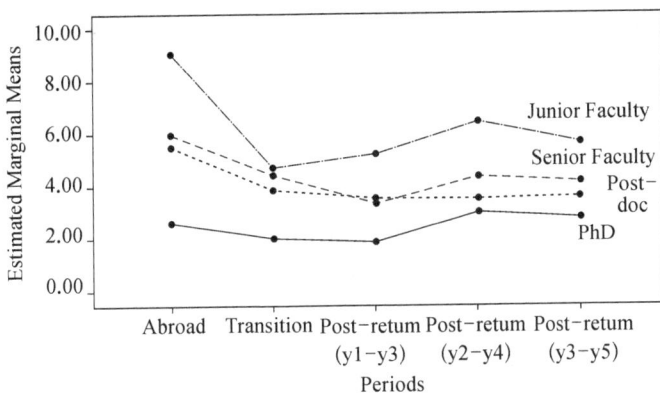

图1 各时间阶段的研究质量的边际均值估计

六、讨论和结论

我们的研究分析了海归学者的个人特征对海归学者在回国过程中的表现产生的影响。通过回归分析,我们取得了多方面的结果。一方面,我们发现,成熟型海归学者存在空窗期的概率大于其他学者,回国后研究质量比回国前高的概率低于其他海归学者。另一方面,我们的结果显示,在回国后,成熟型海归学者往往比其他群体的研究质量降低得更少。此外,回国前研究质量较高或海外经历较长时间的海归学者,回国后面临科研质量下滑的风险。

从政策的角度来看,这项研究引起了人们对成熟型海归学者回国后表现的关注。在国外获得终身教职的海归学者大多是我国大学竞争的顶尖学者。在回国后,他们在研究活动中比初级职称海归和应届毕业生获得了更多的自主权和独立性(Chen,2016),他们还获得了更多的学术资源(Chen,2016)。然而,似乎我国大学招聘国外成熟学者的高投入策略并没有得到回报,回国过程的表现与其他的学者相比较为悲观。研究发现,成熟型学者有更高的可能性面临空窗期,同时回国后研究质量下降的概率也更大。显然,海归学者回国后面临的挑战比预想的严重得多。他们比其他海归学者更需要一段时间来适应国内环境。因此,我们建议我国大学与海外学者签订更为灵活的聘用合同。大学可以为他们提供一个缓冲时间,而不是要求他们立即作为全职教师回国,可以让他们先兼职工作,并拥有决定何时全职回国的自由。如我们的结果所示,这种缓冲期的设置有助于减少发生空窗期的概率。

另一个政策建议是延长海归学者在回国初期的评估周期。据我们所知,一些大学已经建立了双轨制,海归学者通常按照美国式的终身制轨道或 PI(首席研究员)制度聘用,而本土学者通常按照常规制度来聘用(Lu & McInerney,2016)。虽然新的终身教职制度允许初级职称的试用期为 6 年,但大多数中国大学仍在使用年度教师评估和定期评估的方式。也就是说,大多数海归学者要接受年度评估和三年的任期评估。我们的研究结果表明,海归学者在回国后的几年里研究质量下降了很多。直到回国后的第二到四年,大多数海归的研究质量方面才有明显的提高。因此,我们建议中国大学将刚回国的学者评估期限延长到 4—5 年,并帮助他们减轻年度评估的压力。

当然,本研究也存在着一些局限。我们的样本来源于长江学者计划招募的顶尖学者。每位学者的回国年份从 1987 年到 2013 年,跨度较大,所以很难控制回国年份的影响。如果我们收集到在相近时间回国的学者,将会是更好的研究样本。此外,由于样本规模有限,以及上述不同的回国年份,我们也无法跟踪海归学者回国之后更长时间周期的研究表现。相应地,我们只能评估学者在回国后的短期表现。

参考文献:

[1] Aksnes, D. W., Rørstad, K., Piro, F. N., & Sivertsen, G. (2013). Are mobile researchers more productive & cited than non-mobile researchers? A large-scale study of Norwegian scientists. Research Evaluation, 22(4), 215－223.

[2] Allison, P. D., & Long, J. S. (1990). Departmental effects on scientific productivity. American sociological review, 469－478.

[3] Appelt, S., van Beuzekom, B., Galindo-Rueda, F., & de Pinho, R.(2015). Which factors influence the international mobility of research scientists? Global Mobility of Research Scientists: The Economics of Who Goes Where & Why, 177.

[4] Bäker, A.(2015). Non-tenured post-doctoral researchers' job mobility & research output: An analysis of the role of research discipline, department size, & coauthors. Research Policy, 44(3), 634－650.

[5] Barbezat, D. A., & Hughes, J. W.(2001). The effect of job mobility on academic salaries. Contemporary Economic Policy, 19(4), 409－423.

[6] Bolli, T., & Schläpfer, J. (2015). Job mobility, peer effects, & research productivity in economics. Scientometrics, 104(3), 629－650.

[7] Bornmann, L., & Marx, W. (2014). How to evaluate individual researchers working in the natural & life sciences meaningfully? A proposal of methods based on percentiles of citations. Scientometrics, 98(1), 487－509.

[8] Cañibano, C., & Bozeman, B. (2009). Curriculum vitae method in science policy & research evaluation: the state-of-the-art. Research Evaluation, 18(2), 86 – 94.

[9] Cañibano, C., Otamendi, F. J., & Solís, F. (2011). International temporary mobility of researchers: a cross-discipline study. Scientometrics, 89(2), 653 – 675.

[10] Cao, C. (2008). China's brain drain at the high end: why government policies have failed to attract first-rate academics to return. Asian Population Studies, 4(3), 331 – 345.

[11] Chen, Q. (2016). Globalization & Transnational Academic Mobility: The Experiences Of Chinese Academic Returnees: Springer.

[12] Chen, Q., & Li, M. (2013). Globalization & transnational academic mobility: A case study on Chinese academic returnees, in T. Seddon & J. Levin, (eds.), World Yearbook of Education 2013: Educators, professionalism & politics: global transititons, national spaces, & professional projects. UK: Routledge, pp. 236 – 251.

[13] Choi, S.-J., & Lu, J. (2013). Returnee faculty members, network position & diversification strategy: an analysis of business schools in China. Asia Pacific Business Review, 19(4), 559 – 577.

[14] Edler, J., Fier, H., & Grimpe, C. (2011). International scientist mobility & the locus of knowledge & technology transfer. Research Policy, 40(6), 791 – 805.

[15] Fern&-ez-Zubieta, A., Geuna, A., & Lawson, C. (2013). Researchers' mobility & its impact on scientific productivity Università di Torino Working paper No. 06/2013. City.

[16] Fernández-Zubieta, A., Geuna, A., & Lawson, C. (2015). What do we know of the mobility of research scientists & impact on scientific production, in A. Geuna, (ed.), Global mobility of research scientists: the economics of who goes where & why. Amsterdam: Elsevier BV, pp. 1 – 33.

[17] Fernández-Zubieta, A., Geuna, A., & Lawson, C. (2016). Productivity pay-offs from academic mobility: should I stay or should I go? Industrial & Corporate Change, 25(1), 91 – 114.

[18] Fontes, M. (2007). Scientific mobility policies: how Portuguese scientists envisage the return home. Science & Public Policy, 34(4).

[19] Franken, M., Langi, N. T. K., & Branson, C. (2016). The reintegration of Tongan postgraduate scholars after study abroad: knowledge utilisation & resituation. Asia Pacific Education Review, 17(4), 691 – 702.

[20] Frenken, K., Hardeman, S., & Hoekman, J. (2009). Spatial scientometrics: Towards a cumulative research program. Journal of Informetrics, 3(3), 222 – 232.

[21] Gibson, J., & McKenzie, D. (2014). Scientific mobility & knowledge networks in high emigration countries: Evidence from the Pacific. Research Policy, 43(9), 1486 – 1495.

[22] Gill, B. (2005). Homeward bound? The experience of return mobility for Italian scientists. Innovation, 18(3), 319 – 341.

[23] Gill, S. (2016). The homecoming: an investigation into the effect of studying

overseas on the returned Chinese postgraduates' life & work in China, in S. Guo & Y. Guo, (eds.), Spotlight on China:Chinese education in the globalized world. The Netherl&s:Sense Publishers, pp. 319 – 339.

[24] Halevi, G., Moed, H. F., & Bar-Ilan, J. (2016). Researchers' mobility, productivity & impact:Case of top producing authors in seven disciplines. Publishing Research Quarterly, 32(1), 22 – 37.

[25] Hammer, M. R., Bennett, M. J., & Wiseman, R.(2003). Measuring intercultural sensitivity:The intercultural development inventory. International journal of intercultural relations, 27(4), 421 – 443.

[26] Hao, J., & Welch, A.(2012). A tale of sea turtles:Job-seeking experiences of hai gui(high-skilled returnees)in China. Higher Education Policy, 25(2), 243 – 260.

[27] Hao, J., Wen, W., & Welch, A.(2016). When sojourners return:Employment opportunities & challenges facing high-skilled Chinese returnees. Asian & Pacific Migration Journal, 25(1), 22 – 40.

[28] Hao, X., Yan, K., Guo, S., & Wang, M.(2017). Chinese returnees' motivation, post-return status & impact of return:A systematic review. Asian & Pacific Migration Journal, 26(1), 143 – 157.

[29] Hicks, D., Wouters, P., Waltman, L., De Rijcke, S., & Rafols, I.(2015). The Leiden Manifesto for research metrics. Nature, 520(7548), 429.

[30] Horta, H., & Yonezawa, A.(2013). Going places:exploring the impact of intra-sectoral mobility on research productivity & communication behaviors in Japanese academia. Asia Pacific Education Review, 14(4), 537 – 547.

[31] Hvistendahl, M.(2013). China's publication bazaar. Science, 342(6162), 1035 – 1039.

[32] Jonkers, K., & Cruz-Castro, L. (2013). Research upon return:The effect of international mobility on scientific ties, production & impact. Research Policy, 42(8), 1366 – 1377.

[33] Jonkers, K., & Tijssen, R.(2008). Chinese researchers returning home:Impacts of international mobility on research collaboration & scientific productivity. Scientometrics, 77(2), 309 – 333.

[34] Laudel, G.(2003). Studying the brain drain:Can bibliometric methods help? Scientometrics, 57(2), 215 – 237.

[35] Li, E. Y., Liao, C. H., & Yen, H. R.(2013). Co-authorship networks & research impact:A social capital perspective. Research Policy, 42(9), 1515 – 1530.

[36] Li, F., Miao, Y., & Yang, C. (2015). How do alumni faculty behave in research collaboration? An analysis of Chang Jiang Scholars in China. Research Policy, 44(2), 438 – 450.

[37] Lu, X., & McInerney, P.-B.(2016). Is it better to "St& on Two Boats" or "Sit on the Chinese Lap"?: Examining the cultural contingency of network structures in the contemporary Chinese academic labor market. Research Policy, 45(10), 2125 – 2137.

[38] Lutter, M., & Schröder, M.(2016). Who becomes a tenured professor, & why? Panel data evidence from German sociology, 1980 – 2013. Research Policy, 45(5), 999 – 1013.

[39] Morano-Foadi, S.(2005). Scientific mobility, career progression, & excellence in the european research areal. International migration, 43(5), 133 – 162.

[40] Netz, N., & Jaksztat, S. (2016). Explaining Scientists' Plans for International Mobility from a Life Course Perspective. Research in Higher Education, 1 – 23.

[41] Oberg, K. (1960). Cultural shock: Adjustment to new cultural environments. Practical anthropology, 7(4), 177 – 182.

[42] Rotolo, D., & Messeni Petruzzelli, A. (2013). When does centrality matter? Scientific productivity & the moderating role of research specialization & cross-community ties. Journal of Organizational Behavior, 34(5), 648 – 670.

[43] Saarela, J.(2015). Worse than expected? Uncertainty & earnings subsequent to return migration. Economics Letters, 136, 28 – 30.

[44] Scellato, G., Franzoni, C., & Stephan, P. (2015). Migrant scientists & international networks. Research Policy, 44(1), 108 – 120.

[45] Seglen, P. O.(1997). Why the impact factor of journals should not be used for evaluating research. BMJ: British Medical Journal, 314(7079), 498.

[46] Shi, X.(2015). Institutionalizing China's Research University through Academic Mobility: The Case of PKU. Chinese Education & Society, 48(4), 297 – 311.

[47] Tian, F.(2016). Brain circulation, diaspora & scientific progress: A study of the international migration of Chinese scientists, 1998—2006. Asian & Pacific Migration Journal, 25(3), 296 – 319.

[48] Trippl, M.(2013). Scientific Mobility & Knowledge Transfer at the Interregional & Intraregional Level. Regional Studies, 47(10), 1653 – 1667.

[49] Velema, T. A.(2012). The contingent nature of brain gain & brain circulation: their foreign context & the impact of return scientists on the scientific community in their country of origin. Scientometrics, 93(3), 893 – 913.

[50] Wang, Q., Tang, L., & Li, H.(2015). Return Migration of the Highly Skilled in Higher Education Institutions: a Chinese University Case. Population, Space & Place, 21(8), 771 – 787.

[51] Wu, X.(2015). A Quantitative Study of the Internationalization of the Academics & Research Productivity: Case Study of China. Chinese Education & Society, 48(4), 265 – 279.

[52] Yamashita, Y., & Yoshinaga, D. (2014). Influence of researchers' international mobilities on publication: A comparison of highly cited & uncited papers. Scientometrics, 101(2), 1475 – 1489.

[53] Yang, R., & Welch, A.(2012). A world-class university in China? The case of Tsinghua. Higher Education, 63(5), 645 – 666.

高等教育现代化的实现路径研究

［54］Yang，Z.，Gao，S.，& Liu，X. (2015). Keep good men company：a study on transnational social capital transfer of expatriates based on social network analysis model ［jinzhuzhechi：jiyu shehuiwangluofenxi fangfa de guiguozhe kuaguo shehuiziben zhuanyi yanjiu］. Chinese journal of sociology, 35(4)，177－198.

［55］Zweig，D.，Changgui，C.，& Rosen，S.(2004). Globalization & transnational human capital：Overseas & returnee scholars to China. The China Quarterly，179，735－757.

［56］曾婧婧,邱梦真.当前我国高校教师职称评聘的特点——基于 20 所"985 工程"高校的职称评聘细则[J].现代教育管理,2016(10):73－80.

［57］沈红.中国大学教师发展状况——基于"2014 中国大学教师调查"的分析[J].高等教育研究,2016(2):37－46.

［58］陈景收.在教育部直属高校中海归型教师比例已占多数.人民网,2012－12－13,http://www.chinadaily.com.cn/hqgj/jryw/2012－12－13/content_7752916.html

高职院校如何提升人才培养质量

——澳大利亚 TAFE 学院的经验与启示[①]

苗睿岚[②]

TAFE(Technical and Further Education)学院全名为职业技术教育学院，由澳大利亚联邦政府和各个州政府共同投资兴建并进行管理，以培养多层次、综合性的人才为目标，由国家制定资格框架体系，通过行业、企业和学校的密切配合，建立以学生为中心，以职业技能为导向，能够与中学、大学有效衔接的现代职业教育体系。TAFE 学院的课程是由国家行业技能委员会开发的一系列培训包组成，培训包具体内容包括职业技能的资格框架、课程能力标准和评估要求。TAFE 学院的学生在职业技能知识的掌握、具体工作流程的熟悉以及操作等方面，相比较于其他类型教育在就业上有着巨大的优势。如今，我国也十分重视职业教育的发展，并将其摆在突出位置，密集出台了《国务院关于印发国家职业教育改革实施方案的通知》《教育部 财政部关于实施中国特色高水平高职学校和专业建设计划的意见》《加快推进教育现代化实施方案（2018—2022年）》等一系列文件，文件指出提高职业教育人才培养质量的路线图，推动教育教学改革与产业转型升级衔接配套，建立健全职业教育制度标准，坚持面向市场、优化专业结构设置，大力推进产教融合、校企合作。高职院校如何在文件指导下真正提升人才的培养质量，探索 TAFE 学院培养人才的经验，可以为我国提供一定的启示和借鉴。

---

① 本文在江苏省高等教育学会 2019 年学术年会上作了专题报告。

② 作者简介：苗睿岚，女，江苏扬州人，南京铁道职业技术学院高职教育研究所教师，教育学原理硕士，主要研究方向为教育基本理论、教育哲学、教师教育和德育。

一、看历史:澳大利亚 TAFE 学院的发展历程

(一)探索期(20 世纪 70 年代—80 年代初)

澳大利亚在 19 世纪 80 年代到 20 世纪 50 年代期间沿用英国的教育制度,在此背景下,澳大利亚国内的职业教育和继续教育遇见了诸如职业教育的学生动手能力差、学习内容偏学术、国内经济产业转型导致缺少技能人才等问题。在国家逐步独立后,为了解决教育中出现的问题,澳大利亚联邦政府和各州政府开始着手构建自身的教育体系,并于 20 世纪 70 年代初成立了技术与继续教育委员会(Committee of Technical and Further Education),该委员会成立后连续提交了两份关于 TAFE 的报告,报告中指出 TAFE 的内涵以及呼吁联邦政府出台政策支持各州建立 TAFE 学院,并积极地推动联邦政府和各州政府出台相关的报告,这两份报告的提出标志着 TAFE 学院的成立,并使 TAFE 学院得到了最初的发展。[①] TAFE 学院成立后,积极探索职业教育体系,以能力为本位、技能综合训练为基础、市场为导向的方向重新调整 TAFE 学院的系统结构,不断变化 TAFE 学院的职能,如变革收费政策,办学基金从全部由政府承担到学院自身筹集办学基金,完全面向市场。[②] 这一系列的做法使得 TAFE 学院取得了最初的成功,有效缓解了澳大利亚国内技能人才缺少的问题,并为下一步发展赢得了宝贵的资金和政策支持。

(二)快速发展期(20 世纪 80 年代初—21 世纪初)

20 世纪 80 年代初,TAFE 成立研发中心,主要负责研究学院的具体专业,编制职教专业分类方案、证书命名法模型。TAFE 学院经过数十年的发展,学院的数量在 20 世纪 80 年代中期已经超过了澳大利亚国内大学的数量。研究统计,TAFE 学院在该阶段培养的技能人才和专业辅助人才占据了就业队伍的40%。[③] 到 20 世纪 90 年代,TAFE 学院已经拥有了国家级别的培训局,《澳大利亚国家培训局(ANTA)协议》明确规定了各个行业在关于教育、培训和决策中的主导作用,如行业可以根据行业的发展需求,要求 TAFE 学院制定具体的职业能力标准以及证书体系。在此期间,澳大利亚资格框架(AQF)、认证框架

---

① 吴雪萍.国际职业技术教育研究[M].杭州:浙江大学出版社,2004.
② 李国和,闫辉.澳大利亚 TAFE 模式研究[J].中国职业技术教育,2017(9).
③ 吴雪萍.国际职业技术教育研究[M].杭州:浙江大学出版社,2004.

（ARF）、新学徒（NAS）系统和培训包（TP）相继引入、实行与推广，还制定了全国统一的毕业证书制度，课程的设置依据行业组织要求的职业能力，明确学位框架，职业教育的体制实行三方管理模式，即由澳大利亚联邦政府、州政府和行业三方共同管理，政府起主导作用，行业积极参与。在快速发展期，TAFE 学院教学的重心放在学生职业能力和岗位能力的培养上，行业和企业的人员可以直接参与教学，并根据实际工作和市场情况实时调整教学计划。TAFE 的快速发展解决了困扰澳大利亚职业教育的学生动手能力差、学习内容偏学术、缺少技能人才等问题，为 TAFE 学院的高质量发展奠定了坚实的基础。[①]

（三）高质量拓展期（21 世纪初—至今）

TAFE 在 21 世纪进入了稳定发展时期，澳大利亚技能基金会在 2017 年发布的报告《感知不是现实：神话、现实与澳大利亚职业教育培训的关键作用》（Perceptions Are Not Reality：myths，realities&the critical role of rational education & training in Australia）中对 21 世纪 TAFE 的发展给予了肯定。该报告通过比较 TAFE 毕业生和普通教育毕业生的工资收入，得出 TAFE 在培养劳动力方面更出色的结论。TAFE 经过多年的培训改革，相关的政策制定者、行业利益相关者，甚至许多教育工作者都认为 TAFE 学院的存在主要是为了服务行业，提供尽可能低的人力成本。多个州和地区以及联邦政府都把 TAFE 学院作为一种可以降低的成本来管理，而不是作为对个人或社会福利的投资。然而，最近的研究发现，TAFE 学院目前正面临着资金、市场化和系统设计等新挑战，这些挑战不仅仅是一个资金、市场化或系统设计问题，而是 TAFE 模式是否适合这个时代的问题。如今，私人提供的利润增长已经将政府和个人投资吸进私人口袋，对行业或社区的回报微乎其微。经费减少意味着教学实践和职业教育研究的投资减少，大大影响了教育部门保持知识、更新教育实践和适应社会和行业变化的能力。面对未来工作和就业机会的变化，TAFE 的课程和教学还没有解决长期就业和社区参与所需能力的问题，机构和体系还没有做好应对破坏性变化的准备。[②] 高质量拓展期的 TAFE 必须在终身学习的背景下运作，以应对教育、工业和未来创新的数字化颠覆。即使 TAFE 在当下也仍然面临着诸多挑战，但是这并不能阻碍 TAFE 成为职业教育实践的卓越宝库。

① 李国和，闫辉. 澳大利亚 TAFE 模式研究[J]. 中国职业技术教育，2017(9).

② Anne Jones. Vocational Education for the 21st Century[D]. LH Mar tin Institute，University of Melbourne，2018.

高职院校提升人才培养质量的途径与策略研究

二、看影响:澳大利亚 TAFE 学院的理念与实践

澳大利亚 TAFE 学院的显著优势在于其高效的课程设计与教学,其中课程标准的制定、职业教育与普通教育的沟通与衔接、卓有成效的课程评估方案都对我国高职院校提高人才培养质量有着重要的借鉴意义。

(一)以能力为本,赋权增能,重视课程标准的制定

课程标准主要是指具体某一课程的内容标准和表现标准。内容标准主要是指该课程具体设置的内容要求,表现标准主要是指学生在经过该课程的教学后应该取得的知识和能力水平。澳大利亚 TAFE 学院课程标准的制定十分重视发展学生的能力,以能力为本具体设置课程的内容标准和表现标准。面对数字化发展趋势,澳大利亚 TAFE 学院强调获取广泛的技术技能,能够在新环境中适应以技能为主,辅之以所谓的 21 世纪能力,澳大利亚资格框架规定的技能和知识的组合便是以此为基础,而课程标准的制定就十分重视和强调这些能力,并关注学生的性格和态度。澳大利亚 TAFE 学院课程标准制定的具体流程主要有两种:一种是依据培训包中的能力单元,另一种则是为了发展职业所需要的技能,这两种制定方式都需要政府的批准。课程标准的制定首先需要州一级的政府统一部署,主要是需要更新国家的培训包,培训包需要根据行业、企业的发展以及课程的实际需求进行更新和设计,更新的主要内容是资格框架中的能力部分。第二种方式所要求的技能可能不包括在已有的培训包内容中,因此需要在州一级政府的统一申报后,再至澳大利亚国家技能质量认证委员会(ASQA)申请认证课程。即使这两种制定课程标准的方式不同,但依此制定的课程标准结构是相似的,具体结构包含课程的来源、结构、内容和考试。课程标准的具体内容即是对所需要的能力进行详细的说明,有学者研究发现 TAFE 学院课程标准是以国家培训包对应的能力单元为参考进行设计的,且并不是与培训包对应等级的能力单元完全对应,而是根据实际需求对各能力单元进行筛选和重新组合。[①] 通过研究 TAFE 学院课程标准的制定流程、结构和内容,我们可以发现,澳大利亚十分重视课程标准的制定,并且国家发挥主导作用,以能力为本位进行设计。

---

① 姜春云,徐涵.澳大利亚高等职业教育的课程标准研究及启示——以新南威尔士州 TAFE 学院为例[J].中国职业技术教育,2019(21).

(二) 需求驱动,纵横贯通,最大限度满足学生的生涯衔接

从 20 世纪 70 年代开始,澳大利亚的技术与继续教育学院(TAFE 学院)就已成为其现代职业教育课程体系的重要培训主体。该教育机构通过设置多样化的课程,积极与不同类型和层次的教育机构搭建衔接渠道,不仅拓宽了学习者的课程选择范围,还进一步满足了社会公众对教育公平的诉求。澳大利亚 TAFE 学院纵横贯通的立体化课程衔接是从行业与企业的需求出发,根据国家资格框架(AQF)规定的资格类型以及各等级的具体内容,设置多个专业,提供多种多样的课程,让学生可以从中自由选择,不但提供从一级证书到学士学位的课程,还教授终身发展的行业综合培训课程,从而形成了上下贯通的课程衔接路径。具体而言,TAFE 学院基于国家资格证书体系的课程衔接路径,旨在从知识、技能和知识与技能的运用三个维度,定义每一等级课程的具体要求,对应每个课程等级有不同的能力要求,同时根据这些能力要求设置了具体的专业课程。此外,行业综合培训课程衔接路径,呈现的是从学徒前课程到学徒与受训生课程,再到学徒后课程的上升通道,为学生提供了完整的行业资格以及许可培训的具体要求与技能组合。纵向的衔接路径包括高中和高等教育机构,高中生可以选修 TAFE 学院一至三级证书,每周学习 1—2 天,可以获得职业资格证书。TAFE 学院根据不同的个人需求,提供多条通往高等教育的渠道。同时学习者既可以获得职业教育文凭,也可以获得高等教育学士学位。在通往高等教育的过程中,TAFE 学院的课程与高等教育机构的课程紧密衔接,主要包括两种衔接方式:一是"双重奖励"形式。具体而言,学习者需从 60 个实施"双重奖励"的组合课程中进行选择,"双重奖励"的学制一般为 3 年,当完成 TAFE 学院某一专业的文凭课程后,他们能够直接过渡到大学的学士学位课程。为了获取学士学位证书,通过在 TAFE 学院修习一年文凭课程的学分,在大学修习两年的学士学位课程的学分,即可同时获取文凭和学士学位证书。多方贯通的课程衔接路径、高协同性的课程衔接内容、能力积累式的课程衔接模式、双重保障下的课程衔接机制,使得 TAFE 学院在课程衔接方面表现出色。职业教育证书包括一至四级证书、文凭、高级文凭、职业教育学士学位、研究生证书与文凭这八级证书,中高本衔接的职业教育立体化课程建设是以实践性为主,中职层次在"学中做",学生需要完成单一技能的练习,从而获取操作技能;高职层次在"做中学",学生需要完成综合实训项目,巩固专业课程的知识点和技能点,从而提高学生的综合运用能力;应用型本科在"探中做",学生需要完成设计项目、解决方案、研发项目,从而培养学生的分析问题、解决问题、综

合实践能力和创新能力。①

（三）提高教育质量，满足企业需求，提升高等职业教育吸引力

澳大利亚职业教育质量评估体系注重评估学生能力。每年澳大利亚培训局都要检查培训单位，按标准严格审批教育机构和培训院校，设立学校、教师、学生三个评估系统。评估方法体现了先进性、灵活性及多样性，评估结果客观、科学、公正，提高了职业学校和培训机构的办学质量。澳大利亚为了确保职业教育和培训的质量而开发出一整套全国公认的标准，即澳大利亚质量培训框架（简称 AQTF）。AQTF 与培训包及认证框架（AQF）一起，形成了澳大利亚职业教育国家培训框架（ANTF)的三大核心内容。② 澳大利亚能力本位职教观要求关注培训结果的质量，提高职教的标准。其主要特色是：强调能力标准；强调考核的整体性、有效性；考核方式具有灵活性；重视评估手段和工具的开发与使用，确保证据收集过程的客观有效性；重视对学生的服务和帮助等。课程评估标准里采用不同的考核标准，采用过程考评与期末考评相结合的评价方式，过程考评由素质考评、任务考评和操作考评三部分组成。针对专题实训的课程考核是在理论课程学习之后进行，以典型工作任务进行技能训练和考核，具有单独的评估标准。对课程所有技能要素进行评估，作为课程评估中的技能评估部分，也是主要的部分。本校专业课程标准在教师授课计划、教案编写、授课内容和授课模式方面起指导作用，评估标准指定最终评估成绩的组成要素和权重。评估证据主要以试卷和实训报告等书面形式进行保留。课程标准以课程能力要素和执行标准为主要构成部分，提出所需要的语言、文字、计算等基本技能和标准、规范、教学场地的要求。知识评估可以作为能力评估过程的体现，也可单独以书面、口述等多种形式进行。评估证据可以是书面材料、视频、音频、照片等多种形式及其组合。③

三、思未来：澳大利亚 TAFE 学院的启示与借鉴

（一）在"标准"上下功夫，推动职业教育课程标准框架的建构

为了服务于"一带一路"倡议，我国高职院校开放办学深化，中国的先进技

① 张海燕.中高本贯通的职业教育立体化课程建设研究[J].中国职业技术教育,2019(8).
② 宋保兰.澳大利亚 TAFE 职业教育对我国的启示[J].教育与职业,2018(12).
③ 李然,王琳.TAFE 课程和评估标准浅析[J].现代经济信息,2019(21).

术吸引着"一带一路"沿线国家的留学生,在专业和技术方面的留学生规模持续增长,在高职教育国际合作中,课程标准"走出去"成为一个重要支点,开发统一的国内和国际化课程标准成为当前面临的一个重要问题。麦可思研究院发布2019年中国高等职业教育质量年度报告,报告指出,高职院校携手国外学校、跨国公司和企业,发挥产业和专业优势,共同制定国际水平的课程标准,得到发展中国家甚至发达国家和地区的认可,开发并被国(境)外采用的课程标准3 349个。[①] 课程标准走出国门需要高职院校不断提升课程教学能力,面对高职院校目前只能颁发专科学历证书,不具备学位颁发权限,在"走出去"办学和招收留学生过程中存在"学历不认同"的困境,加快制定国际认可的课程标准,以标准来引领和提高人才培养的总体质量,成为提高高职院校国际影响力和吸引力的关键路径。高职院校要加大资源倾斜和统筹力度,联合行业企业合作开发国际认可的高水平课程标准,推动中国高职教育走向国际舞台。梳理课程建设的基本流程,完善课程建设制度,形成标准化、规范化的课程建设机制,对标行业、产业先进技术和标准,研发具有中国特色、院校特征且被国际认可的课程标准,不仅有助于提升课程的国际影响力,也能整合资源,发挥课程标准的作用。借鉴澳大利亚课程标准由国家统一制定,启发我们要统一各地区或各省高职院校专业课的课程标准。依据专业人才培养方案,明确每门课程的地位、作用和任务,坚持以学生为本,体现统一性和个性发展相结合的原则,突出学生的主体作用,突出对学生职业能力培养和职业素养的养成,对接行业标准和职业技能等级证书,校企共同制定科学规范的课程标准,将新品种、新技术、新模式等纳入教学标准和教学内容,达到国内能引领、国际可借鉴的目标。借鉴澳大利亚 TAFE学院行业与企业共同参与制定课程标准,启发我们要充分发挥行业委员会在课程标准制定与认证中的作用。根据 TAFE 学院国家主导制定课程标准,启示我国需要国家进行整体考虑,进行顶层设计,出台相应的政策,给予地方相应的支持。澳大利亚制定流程和制定核心,启发我们要规范与固定化课程标准的制定与认证流程。牢固树立"能力本位"的职业教育课程标准制定理念,并切实将职业能力的获得作为课程学习后实际成果或产出的衡量标准,将职业核心能力融入课程标准中。

(二) 在"衔接"上下功夫,为职业教育的学生提供终身支持

进入 21 世纪,终身学习的理念深入人心,教育公平的理念得到空前的关

① 麦可思研究院.中国高等职业教育质量年度报告[M].北京:高等教育出版社,2019.

注,在此背景下,世界上大多数国家皆重视新时代教育事业的发展问题,尤其是重视关于教育衔接和教育公平的问题。为了做好各种类型教育的衔接,多数国家都采取措施,架构沟通不同教育类型的"立交桥"。我国在高职院校课程衔接问题上也做了多种尝试,与中等职业学校和本科院校建立沟通衔接关系,实现"中高贯通""高本贯通"。近期,教育部等部门联合发文《关于在院校实施"学历证书+若干职业技能等级证书"制度试点方案》,该文件的出台表明"1+X证书制度"正式启动,学生通过在试点院校的学习,可以获得学历证书相应学分和职业技能等级证书。值得一提的是,我国还将探索建立职业教育"学分银行"制度,对学历证书和职业技能等级证书所体现的学习成果进行登记和存储,计入个人学习账号,尝试学习成果的认定、积累与转换。学生和社会成员在按规定程序进入试点院校接受相关专业学历教育时,可按规定兑换学分,免修相应课程或模块,促进学历证书与职业技能等级证书互通。该《方案》还提出,要开展本科层次职业教育试点,正是用改革的办法使职业教育接上专业学位硕士和博士,成为一个完整的职教培养体系。同时,《方案》里还表示将建立"职教高考"制度,完善"文化素质+职业技能"的考试招生办法。当下正处于高职扩招时期,高职院校扩招生源构成主要是"一主三辅",即以高中阶段学校毕业生为主,以"退役军人、下岗职工、农民工为辅",结合不同群体实际,制定出招生办法和培养途径,为学生接受高等职业教育提供多种入学方式和学习方式,从入口上解决职业教育类型不突出、吸引力不强、生源质量不高的问题。虽然我国在职业教育的衔接问题上做了多种尝试,然而在构建具体衔接体系的过程中仍面临着一些困难。澳大利亚 TAFE 学院从社会、行业和企业的需求出发,积极构建纵横贯通的现代职业教育课程体系,搭建了沟通不同类型教育和多层次教育培训机构的通道。这启示我国面向多元化群体时,需要加快构建现代课程衔接体系的"立交桥"。根据不同教育类型与层级,我国要明确不同教育类型与层级。尤其是在建设应用型本科的大背景下,如何更好地衔接高职院校与应用型本科的专业对接和学历互通,培养目标定位如何从知识、技能和素养中抽取不同的内容,按照学生认知成长规律和技能进行课程的一体化设计。高职院校与中职、本科之间的衔接目标与内容是完全不同的,如何从实际出发,全面考虑不同课程衔接中的问题,区分目标定位、合理安排课程内容、优化课程组织、完善课程评价,以推进课程内容衔接的协同化,都是今后需要重点关注的方面。

(三) 在"评估"上下功夫,提升职业教育的吸引力

研究人员 Mark McCrindle 说:"对职业收入、就业能力和课程相关性的困

惑导致了一种只有大学学历才能保证未来职业发展的信仰文化。"①为了更好地促进职业教育的发展,转变对于职业教育的观念,真正做到以课程评估引领改革,提高职业教育吸引力,做好课程评估工作,有效解决职业教育面临的发展问题。在课程"评估"上下功夫,健全各类认证评估体系,由政府、院校和社会组织三方合作,齐抓共管,以课程能力评估作为主要评估依据,知识学习和评估作为能力学习和评估的支撑,学习和评估过程应贯穿组成能力的所有单元要素,评估结果的保留可由原来以书面、卷面形式转化为书、卷面、音频、视频和图片等多种形式及其组合。我国现有的课程评估模式主要是教师评价,澳大利亚TAFE 学院的课程评估主要是教师、学生和行业三方共同评价,评估内容我国关注实践操作,然而课程内容与行业发展不一定同步,TAFE 学院既关注教授的理论知识,同时也关注实践操作,同时还要求所教授的课程内容与行业发展一致,因此,我国的高职院校应以人才培养总目标为出发点,积极了解行业最新动向,不断丰富实训教学内容,优化实训教学体系,完善实训教学条件,提高实训教学效果,全面提高学生的动手操作、沟通、协调与解决实际问题的能力。在实训考核过程中,可借鉴 TAFE 理念,制定"量化评价"指标,并制作成评价表格,使复杂的评价指标以表格形式来评价。推行"教师、学生、企业、社会"相结合的"多元主体评价"方式,建立良好的实训教学保障体系。借鉴澳大利亚TAFE 学院的评估经验,有学者认为我国应积极构建教育评估中介机构。这样政府就能快速获取职业教育信息,大大提高行政效率。② 职业院校要把评估视为自身发展的需要,而不是负担,评估工作不应流于形式。学校建立或完善内部评估机制,使评估工作长期化、制度化和规范化。

① ADAM CREIGHTON. TAFE graduates get a better start[N]. SIMONE FOX KOOB,2017‐5‐22.
② 宋保兰.澳大利亚 TAFE 职业教育对我国的启示[J].教育与职业,2018(12).

高职院校提升人才培养质量的途径与策略研究

高职院校"双区协同、三全育人"人才培养模式改革的创新实践

——以江苏信息职业技术学院为例

席海涛　吴新燕　王永红[①]

当今,新的时代召唤新的职业人才。无论是信息技术的飞速发展、"工业 4.0"的蓬勃兴起,还是实现中华民族伟大复兴的"中国梦",都迫切需要高职院校培养大批具有历史使命感和社会责任心,富有创新精神和实践能力的德智体美劳全面发展的优秀高职人才。如何创新高职人才培养模式,培养高职学生坚定的理想信念、健全的人格、健康的身心、良好的实践创新能力和社会适应能力,是时代赋予高职教育的特殊使命,也是高职教育一体化改革的重点和难点所在。

"三全育人"是贯彻党的教育方针、落实立德树人根本任务的关键举措[②]。江苏信息职业技术学院积极把握新时代高等教育发展新形势、新要求,深入贯彻习近平新时代中国特色社会主义思想,秉持"德育为先、能力为重、全面发展"的人才培养理念,把学生学习区域(简称"学区")和宿舍区域(简称"舍区")"双区"管理相协同,创新实践了系统化、浸润式、以生为本、注重实践创新能力培养的高职"双区协同、三全育人"人才培养模式,努力提升学生的思想政治素质、人文素质、身心素质、职业素质和创新创业素质,在育人模式改革、平台构建、路径确立、标准健全、考核落实等方面进行了全面的改革和有益的尝试。

一、高职"三全育人"人才培养模式改革的必要性

高职院校承担着培养千百万德技双修的优秀职业人才的重任。与本科学生相比,高职学生在理想信念、品德意志、行为习惯、学习能力上都有差距,而且

---

① 作者简介:席海涛,江苏信息职业技术学院党委书记,教授,博士,研究方向为高等教育;吴新燕,江苏信息职业技术学院高教研究所教授,研究方向为高职教育、工商管理;王永红,江苏信息职业技术学院学生工作处处长,副研究员,研究方向为高职教育。

② 武贵龙.三全育人:高校落实立德树人根本任务的有效途径[J].北京教育(高教版),2018(12).

高职院校学制短、师资紧、专业教师授课工作量大,实施"三全育人"的难度更大。目前部分院校虽已推行了"三全育人",但在实施过程中还存在着多方面的问题①:

1."全员育人"参与度不高

部分学校虽已响应"三全育人"的要求,强化了理想信念教育,但仅仅局限于根据有关文件精神进行政治思想教育体系的构建,教育主体仍以班主任、辅导员等为主,并没有把"三全育人"与专业体系、课程体系、教材体系、管理体系等学校工作的各方面结合,进行系统设计和人才培养模式的全面改革,全员参与度不高。部分学校虽已制订了专业教师、教学管理人员、后勤人员等的育人职责和相关实施方案,但仍缺乏各环节落地生根的着力点及具体的实施标准,也很难对育人成效进行监测和评判,往往使最初制订的方案流于形式。

2."全过程育人"仍存在断点

这种断点首先表现在"学区"与"宿区"教育的脱节。目前大多数学校的学习区域和宿舍区域从教育主体到教育内容都互不相干,"学区"的课程大多由专业教师承担,虽然目前已强化了课程思政教育,但专业教师对学生的课后管理关注不多,学生课余时间主要在"舍区"度过,而"舍区"在育人环境和育人功能上都没得到深入开发;其次是校内与校外的脱节。高职院校家校联系不如义务教育期间那么紧密,很多家长在学生进入高职阶段后便放松了对他们的关心和教育,因而周末及寒暑假学生往往处于放任自流的状态;再加上很多学生有 1/3 至 1/2 以上的时间在企业实习,也会造成校内、校外管理上的脱节,使得"三全育人"难以贯穿人才培养的全过程。

3."全方位育人"涵盖面不广

目前高职生大多为"零零后",他们思想独立,个性鲜明,自主意识强,对权威和说教的服从度小,对网络依赖度较高。但目前大部分高职院校的育人环境较为老化。一是缺乏符合满足学生成长诉求的物理空间,从教室到宿舍,仍延续着传统的布局和配置,不能充分激发学生的学习兴趣和学习积极性,也无法充分培养他们的创造力;二是缺乏"三全育人"良好的制度环境。尚未构建好课程育人、科研育人、文化育人等"十大育人体系"和相应的实施标准,尚未明确各

---

① 乔婷.高校"三全育人"存在的问题及解决思路探析[J].山西青年,2019(14).

岗位的育人职责并建立相应的考核机制,不能真正激发全员的育人潜力,也无法把"三全育人"贯彻到学校工作的各个环节,并延伸到学生家庭、所在的社区与实习企业,打通育人"最后一公里"。

二、"双区协同、三全育人"人才培养模式的构建

1."双区协同、三全育人"模式的涵义

"双区协同、三全育人"人才培养模式,是在习近平总书记教育思想的指引下,以立德树人为根本,以能力提升为核心,以产教融合为抓手,以开放创新为突破,全面贯彻党的教育方针,通过重构"舍区"、优化"学区",促进"双区"协同,构建社会、学校、家庭、学生"四位一体"的管理体系,形成"学区""舍区"联动、校内校外连接、课上课下融合,贯穿从学生入学到毕业、就业全成长周期的"全员、全过程、全方位"的人才培养模式,关注学生的全面发展、和谐发展、持续发展、终生发展和健康成长,以着力培养德、智、体、美、劳全面发展的创新型、应用型、复合型优秀高职人才。

2."双区协同、三全育人"模式的理论依据

推行"三全育人"是立德树人最长期和根本的任务,是教育改革的主旋律。"双区协同、三全育人"模式主要以以下理论为指导:

(1)马克思主义关于人的全面发展理论。该理论强调了要使人的精神和身体、个体性和社会性都到普遍、充分而自由的发展,强调了参与生产劳动实践对人的全面发展的重要性,明确了人的全面发展是人的能力、素质、个性及人与社会连接关系的全面发展,人应与自然、社会协调发展。按照人的全面发展理论,高职教育应密切与社会、企业的合作,不断优化育人环境,注重学生个性的全面释放、潜能的全部挖掘,着力把他们培养成人格、才能、体魄等全面发展的人才。

(2)习近平总书记的教育思想①。习近平总书记多次强调,教育最根本的任务就是要完成好、履行好立德树人的职责,要用新时代中国特色社会主义思想铸魂育人,培养造就社会主义事业建设者和接班人。要坚持以人为本、德育为先,始终坚持正确政治方向,培育和践行社会主义核心价值观。他倡导青年学生要坚定理想信念、实现全面发展;并强调素质教育是教育的核心,教育要注

---

① 涂端午.如何认识和研究习近平关于教育的重要论述[J].南华大学学报(社会科学版),2019(9).

重以人为本、因材施教,注重学用相长、知行合一,着力培养学生的创新精神和实践能力,促进学生德智体美全面发展。习总书记的教育思想为新形势下教育为谁培养人、培养什么样的人、怎样培养人指明了方向。

(3)"三全育人"相关文件要求。根据教育部《高校思想政治工作质量提升工程实施纲要》《教育部办公厅关于开展"三全育人"综合改革试点工作的通知》,中共中央办公厅、国务院办公厅《关于深化教育体制机制改革的意见》和中共中央国务院《关于深化教育改革,全面推进素质教育的决定》的文件要求,建设好课程、科研、实践、文化、网络、心理、管理、服务、资助、组织等"十大育人体系",建立以学生发展为本的新型教学关系,改进教学方式和学习方式,以培养学生的创新精神和实践能力为重点,系统推进育人方式、办学模式、管理体制、保障机制改革。

(4)环境育人理论[①]。根据苏联著名教育家苏霍姆林斯基"让学校的每一面墙壁都会说话"的育人思想,应对教学环境进行全面规划、刻意设计和精心打造,使学生所处、所经过的每一处环境都与教育目标相适应,由师生积极参与、共同创造出丰富多彩、具体生动、具备充足而丰富的文化内涵的育人环境,满足学生身心发展需要,对学生进行"浸润式教育",促进学生健康成长。

基于以上理念,江苏信息职业技术学院树立"以生为本"理念,以立德树人、培养德智体美劳全面发展的高技能人才目标,依据高职学生学情和教育规律,全面倒逼学校教育教学改革和管理改革,创新实践有利于学生全方位成长、成才的"双区协同、三全育人"模式。

3."双区协同、三全育人"模式的建设思路

高职教育的目标是培养"德智体美劳"全面发展的高技能人才。首先,应通过社会调研,基于社会和企业对高职人才素质的要求,构建学生在德、智、体、美、劳五个方面的能力框架。然后,根据学生能力素质的培养要求进行顶层设计,创设"双区协同、三全育人"人才培养模式。接着,完善育人体系,进行全面组织管理创新。然后进行育人环境建设,打造"两区一平台"并进行制度、文化等软环境建设;在此基础上不断丰富育人途径,实施有利于学生全面素质养成的"千万工程";并不断创设育人载体,通过校企深度融合,共建产业学院,走校企协同育人之路;在此过程中,利用综合素质测评平台,对"双区协同、三全育人"的全过程进行数据测试和质量把控。最后,还要根据学生综合素质养成的

---

① 任娟.苏霍姆林斯基教育思想在中国的研究、实践与影响[J].教育评论,2019(3).

情况,进行总结反馈,基于 PDCA 循环不断优化育人模式。具体流程如图 1:

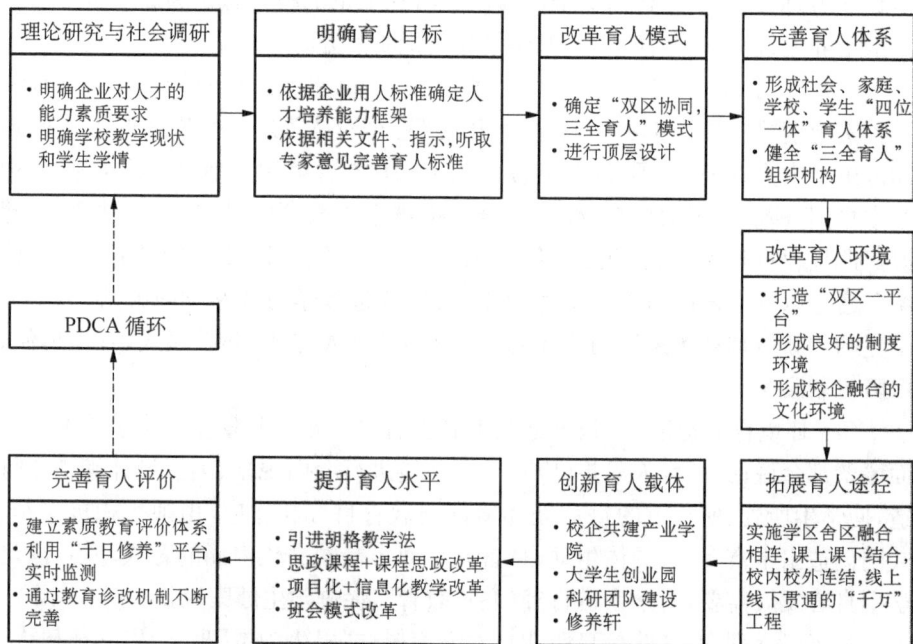

图1 "双区协同、三全育人"模式的建设思路图

三、"双区协同、三全育人"模式实施的核心环节

在前期各专业组织社会调研、明确学生应具备的素质能力要求,经校企专家论证,明确了人才培养目标和规格,确立了"双区协同、三全育人"人才培养模式后,便要着手进行一系列的组织建设、环境建设、途径建设、载体建设和教学方法、考核体系改革等,并注重日常教学的组织实施及教学质量的实时测评整改。

1. 完善育人体系,进行全面组织创新

健全的育人体系和领导组织是教改实现的前提条件。因而学校首先明确了"三全育人"的育人主体,确立了社会、学校、家庭、学生"四位一体"的育人体系,并明确了各主体的育人责任。社会主体方面,不仅包括相关的政府部门、行业协会、企业,还包括学生所在的街道、社区等;学校方面,不仅包括在校的所有教学、管理、后勤人员,还包括校友和校友企业等;同时十分注重学生的主体地

位,强调学生的自我学习、自我管理、自我成长;接着,还成立了由"一把手"挂帅、学校各部门主要负责人全面参与的领导机构。组织架构如图2。

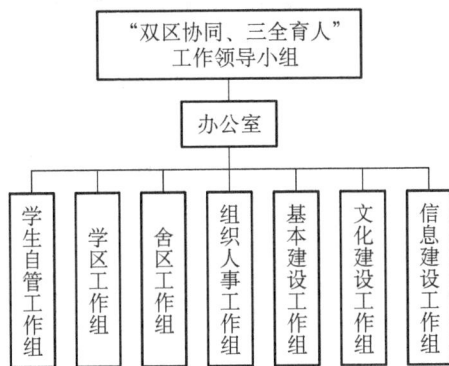

图2 "双区协同、三全育人"管理部门组织架构图

领导小组由学校党委书记和院长挂帅,各二级部门一把手为主要成员,负责全面统筹协调"双区协同、三全育人"工作,确定"双区"软硬件建设等重大决策;办公室由学校党委副书记和主管教学的副院长负责,组员为各工作小组的组长,负责具体协调、指导"双区协同、三全育人"的日常工作;专项工作组实行组长负责制,要按照各自的工作职责主动谋划,并按照方案推进工作。其中"舍区共建工作组"主要负责联系与我院签订合作协议的中外著名企业、周边的美丽乡村示范村、历史文化社区、校友及校友企业等合作共建舍区,拟定相关工作方案并实施;"学生自管工作组"负责制订学生组织进舍区实施方案、管理办法,并指导其开展工作。

2. 改善育人环境,打造"两区一平台"

首先是完善物理环境,打造"学区""舍区"及联结两者、涵盖学生全部学习、实践活动的综合管理网络平台——"千日修养"平台。

(1)改造"学区",建设学生宜学乐学的"苏信智慧学区"。遵循"职业化、信息化、开放化"的原则,对教学区域进行创新改造。一是提高教学场所的职业性和开放性。通过校企合作共建实验实训平台,引进一流企业先进的技术、设备、管理规范和企业文化等,促进学校教学环境与企业生产环境的接轨,提升学区的"职业性"。二是加强特色化智慧教室建设。进一步提高学区的信息化、智能化水平,强化设备的远程集控管理和学生的在线学习、动态监控功能,建设有利于项目式、研讨式及互动式教学的多种课堂模式的新型智慧教室,更好地满足

高职院校提升人才培养质量的途径与策略研究

不同层次学生的分班、分层教学需要,提升学区的"宜学"性。三是增强学区环境的文化氛围和艺术美感。以学生喜闻乐见的活泼的色彩、时尚的图形设计营造温馨舒适的学习氛围,增加必要的休闲、娱乐设施,并辅以名人名言和教学理念的宣传,提升环境的文化内涵和"乐学"性。

(2) 重建"舍区",打造学生素质拓展的"苏信梦想舍区"。以"快乐生活、幸福成长"为主旨改造舍区,形成以学生公寓、食堂、浴室和商店等生活设施为主体,融学生社团活动、创新创业、户外活动和体育健身设施于一体的舍区活动场所——"苏信梦想舍区"。一是改造舍区物理空间。优化基础设施,在舍区开辟健身房、乒乓球室、瑜伽室等活动健身场所,并开辟"修养轩""党团活动室""心理咨询室""学业辅导室"等思想政治教育及素质拓展场所。二是改善舍区服务功能。建设大学生事务与发展中心,为学生提供包括学籍管理、后勤维修、助学贷款、就业创业服务等在内的一站式服务,并提供洗衣、挂烫等各种便生服务。三是引入社会力量共建舍区。在建设过程中,邀请政府、社区、企业、校友等联合共建。通过投资建景观、建各类活动室、捐资设立各类奖学金、布展企业文化、兼任学生辅导员、举办各种讲座等方式共同参与"梦想舍区"建设,把舍区建设成学生"温馨舒适的家园、求知进取的学园、素质拓展的乐园"。

(3) 强化管理,构建实时共享的"千日修养平台"。以"养正修能,见证成长"为主旨构建学生综合素质提升信息平台——"千日修养平台"。信息平台具有全面性、实时性、应用性等三个特点,不仅能全面记录学生在校日常行为表现的基础数据,参加素质拓展活动的动态数据及获得业绩成果的附加数据,而且能进行数据资料的即时记录和灵活运用。任课老师、班主任、辅导员、学生干部、学生本人等可根据各自授权的职责,第一时间记录相关数据;并且根据"千日修养平台"中采集到的相关数据,系统可自动生成每学期学生成绩单,作为学生每学期的素质拓展成绩;并生成每年综合素质测评成绩,作为评奖评优的重要依据。

除硬件环境外,还建立与之适应的制度环境,完善相应的岗位责任制及激励机制,并积极营造企业文化与校园文化相融合的文化环境。推进学区文化建设,把传统文化和先进的职业文化引进学区;并在"舍区"建设文化长廊,设立校训、名人名言及警句格言标语牌,开展学业辅导、读书沙龙、宿舍美饰、舍歌大赛等丰富多彩的宿舍文化活动,打造融学习、生活、服务、社交于一体的网上公共生活空间,使"舍区"环境实现最大程度"人文化"。

3. 扩展育人途径,实施"千万工程"

为提升学生思想政治素质、人文素质、身心素质、职业素质和创新创业素质,构建"学区舍区融合、课上课下结合、校内校外联结、线上线下贯通"的"千日修养,万人创星"素质提升工程(简称"千万"工程)。"千日修养"是指把学生的素质提升细化到在校的一千多个日子,每日修养的轨迹由"千日修养平台"记录,并载入积分银行;"万人创星"是指在校的一万多名学生都可以通过自己的努力出彩成才,争创校园明星。

"千万工程"分三大模块,如图3所示。"强基工程"主要规范学生的日常行为,旨在强调基础文明,为学生成长奠定良好的思想行为基础,具体素质项目为"四讲";"追梦行动"主要引导学生参加各类第二课堂活动,提高学生综合素质,同时为学生个性与特长发展创造条件,具体素质项目为"五爱";"创'星'计划"主要鼓励学生追求卓越,敢为人先,在人生舞台上活出精彩的自己,具体素质项目为"六创"。三个模块的成绩都以积分银行分数的形式攒存,每学期末评定一次最终成绩。

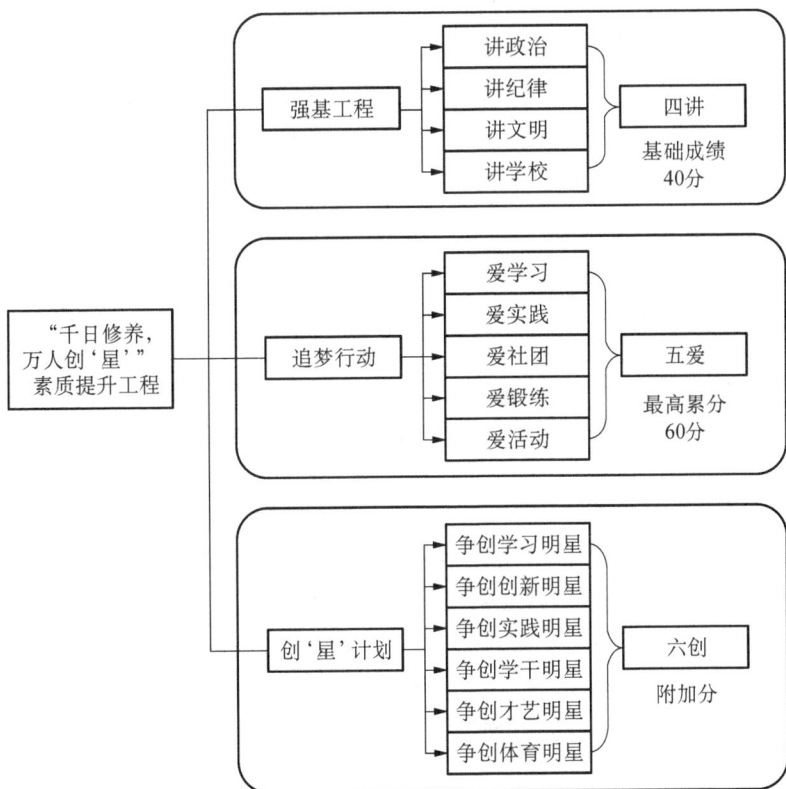

图3 "千万工程"示意图

4. 创新育人载体，共建"产业学院"

产业学院是融合校内外资源进行产学研创新协同育人的良好载体。为更好地提升教科研水平，共育优秀人才，学校积极探索校企"双主体"共建产业学院的育人途径，确定了"四个一流"的合作理念，即"一流企业引领、一流高校支撑，制订一流标准，培育一流人才"。近年学校已与保时捷(中国)、联想集团等企业共建 10 个产业学院、10 个合作中心和 8 个实训基地，对标一流企业的岗位要求，把企业一流的技术、人才、设备、文化引进学校，共同进行全程教学和结果考核，牵头成立两个国家级产教联盟，共同服务于产业人才培养，受惠企业达数百家。

此外，还以产业学院为载体，筑巢引凤，共建科研团体联合育人。强化与华中科大、东北大学等一流大学的产学合作，形成产教合力。聘请华中科大李德群院士作为学校发展顾问，政校企研合作成立了集成电路设计名师工作室、电子信息创新团队、物联网创新工作坊等 11 个校企融合创新团队，校企人才互通互用，学生也分组参与到教师的创新团队和创新项目中。与此同时，还注重校企文化的共融共生，做到"产业文化进教育、企业文化进校园、职业文化进课堂"，共同弘扬社会主义核心价值观和新时代"工匠精神"，共创共用新的管理文化和职业文化。

5. 提升育人能力，完善过程把控

(1) 学校大力推行源自德国的先进职教模式——胡格教育模式，强化实践能力和劳动素养的培养。并积极推广"项目化教学＋在线教学"改革，广泛运用翻转课堂、团队教学、项目化教学等模式，不断提升学生的自主学习能力和实践创新能力。

(2) 进行"思政课程＋课程思政"的系列改革。一是积极探索思政课程改革，充分发挥思政课程在价值引领中的核心地位[①]。以"项目化教学"形式推进思想政治理论课改革，运用现场教学、情景模拟教学、案例教学、网络教学等多种教学方法，将"面对面"与"键对键"结合起来，提高思想政治课的思想性、针对性和感染力，真正做到入脑入心、见行见效。二是从"思政课程"向"课程思政"转变。发掘学院所有课程的思想政治教育资源，明确各门课程的育人功能，将"思政元素"融入每门课程，将专业知识教育同全人格教育结合起来，构建起全

---

① 苗青.全过程育人模式下的思想政治课教育研究[J].南华大学学报(社会科学版),2019(9).

课程育人的格局。三是加强班团活动的规范管理,发挥主题班会课育人主阵地的作用。将主题班会课列入人才培养方案,排进课表,固定时间和教室,进行考核和督查。同时,制订课程标准,组织开展教研活动、开展集体备课、开展示范课等活动,进一步推进主题班会课课程化建设,使班会活动入脑入心,见行见效。

（3）通过丰富育人载体落细落实舍区育人工作。一是打造促进学生综合素养的"修养轩"。辅导员全部进驻舍区,鼓励全体专任老师、辅导员、班主任等在舍区成立"修养轩"工作室,以此为载体开展如英语口语、演讲与口才、朗诵、书法、绘画、手工制作、创业实践等各类育人活动。二是建立舍区学生自管组织。引导学生党员和学生干部牢固树立自我管理和参与决策的意识,发挥学生干部及学生党员在学校和学生中的桥梁纽带作用。学生可依托学生组织,竞聘楼层长、楼长、区长等,通过大学生的自我管理、自我服务,来培养他们各方面的能力,提升综合素质。三是推进校内外各级、各类人员进舍区活动。组织部制订党员干部联系舍区工作,明确工作要求和任务,并将考核结果作为年度考核的重要组成部分。人事处围绕《高校思想政治工作质量提升工程实施纲要》提出的十大育人体系,制订"三全"育人工作的激励办法,引导教职工自觉走进舍区开展育人活动;马克思主义学院将课堂延伸到舍区,让学生在舍区就接收到马克思主义思想的熏陶;校企合作办公室要将企业家、优秀企业文化等引入舍区,促进学生职业素养的培养。

6. 完善测评体系,强化实时监督

（1）完善学生综合素质评价体系。修订《江苏信息职业技术学院学生综合素质测评实施办法》,按照新文件规定,学生综合素质包括学业素质测评成绩及素质拓展测评成绩。其中学业素质测评成绩数据取自教务系统,重点考查学生在第一课堂的表现及学习成效;素质拓展测评成绩对应于"千万工程"中积分银行总积分,重点关注学生在思想政治素质、人文素质、身心素质、职业素质和创新创业素质等五大方面的综合发展。

（2）依托"千日修养平台"信息化手段强化质量管控。通过"千日修养平台",与学生素质活动相关的每一个老师、辅导员等可以实时做好活动的记录和反馈工作;学院领导、相关职能部门负责人、二级学院领导、辅导员、班主任、学生家长、学生本人等根据不同权限可以查看相应的素质拓展数据,并可以设置短信或微信提醒查看关注的情况。当数据异常时,系统会自动发出预警提醒。

7. 不断总结反馈,优化育人模式

(1) 强化测评数据分析。把学生数据测评的情况作三方面的比较分析:一是学生总体素质发展情况与本校以往情况的比较;二是与学校设定目标的完成情况的比较;三是与省内同地区先进院校学生情况的比较。通过数据平台的对比分析和学校招生、就业等情况,结合校内、校外专业导师和用人企业、学生家庭、所在社区等对学生综合素质的反馈情况,可以明确学生全面素质的发展现状。

(2) 基于 PDCA 循环不断优化育人模式。学校教学管理部门根据学生综合素质测评情况,生成人才培养质量诊改分析报告,在每年度末举行人才培养方法改进研讨会,根据既定的人才目标和培养模式,积极探索育人环境、育人途径、育人载体和育人方法的改进;在一届学生毕业后,学校会在深入社会调研的基础上,对育人目标和整个人才培养模式进行反思和调整,以不断适应企业和社会对德智体美劳全面发展的高职人才的需求。

四、"双区协同、三全育人"人才培养模式的创新之处

综上可见,"双区协同、三全育人"人才培养模式的创新性主要表现在以下几个方面:

1. 以学生发展为本,拓展"全员育人"的主体和内涵

除学校的各类教学和管理人员外,此模式把企业导师、社区管理人员、家长和学生本人都纳入到"三全育人"的"全员"育人主体中,特别强调学生的自我管理和自我成长,促进学生从"学生"身份向"社会人"的转变;并且把全过程育人外延到学生就业等全生命成长周期,对学生的终身发展负责。

2. 注重实践创新能力培养,实施"全方位"的学生素质养成工程

创新实践了涵盖学生学区、舍区和校内外社会实践环节的"千日修养、万人创'星'"工程,合理区分"学区"与"舍区"承担素质教育任务的范围和比例,促进两者在教学内容、教学方式上的有机链接,进行"环境浸润式"育人。通过各项育人活动的积分银行转换,对学生的学业素质、职业素质、社会素质等养成进行全程记录,并通过全面素质测评平台进行监测反馈,形成实时、动态、闭环化管理。

3. 形成"三全育人"的管理体系和管理标准,强化"全过程"育人

充分挖掘校内校外各群体、各岗位的育人功能和育人元素,并把它内化为各岗位具体操作流程和考核要求,通过各岗位育人职责的确定和人才培养方案的全面改革,着力打通高职院校"三全育人"工作的"最后一公里",消灭育人的盲区、断点。

目前,"双区协同、三全育人"人才培养模式改革已取得了初步成效,学校各项工作蒸蒸日上,相关教改成效受到了"光明日报"等主流媒体上千次播报。展望未来,学校还将深入贯彻"职教二十条"相关要求,在产业学院体制改革、"1+X"证书培训、"全员积分制"育人考核体系建设等方面跨出新的步伐,把"双区协同、三全育人"人才培养模式改革推向深入,为社会和企业培育更多的德智体美劳全面发展的人才。

农业高职院校"三农情怀"培育的
思政教育体系设计与实践

——以江苏农牧科技职业学院为例①

郑 义②

面向"三农"事业,培养高素质技术技能人才与培育懂农业、爱农村、爱农民"一懂两爱"工作队伍是新时代赋予农业高职院校的使命与担当。伴随农业高职教育快速发展,生源质量下滑、毕业生就业质量不高是各院校长期存在的一个痛点,这些现实的存在又导致部分学生对"三农"情感不深,政治意识弱化、专业思想不稳,尤其是一些毕业生涉农就业意愿不强,不太愿意进入农业领域工作,就业处于"高不成、低不就"的尴尬境地。如何立志强农兴农,落实立德树人根本任务是现阶段农业高职院校面临的一个新命题。笔者认为积极构建"三全育人"的思想政治工作大格局,系统设计思政教育体系,不断坚定学生的爱农情感、知农本领、为农使命,努力破解学生"学农不爱农"的矛盾,培养更多具有"三农情怀"的德智体美劳全面发展的技术技能人才,方能解答新命题、完成新使命。

一、农业高职学生"三农情怀"的内涵解读

情怀泛指某种特殊感情的心境或心情,具体到"三农情怀"层面,特指个体对"三农"事业的深厚感情和高尚胸怀。习近平总书记在 2019 年 9 月初给全国涉农高校广大师生的回信寄语中对涉农高校的办学方向提出明确要求,并对广大师生予以殷切期望,勉励大家"以立德树人为根本,以强农兴农为己任",字里行间饱含着总书记浓浓的"三农情怀",也为我们厘清"三农情怀"的时代内涵指明了正确方向。

---

① 本文在江苏省高等教育学会 2019 年学术年会上作了专题报告。

② 作者简介:郑义,博士、副教授,江苏农牧科技职业学院副院长,分管学生管理、国际交流合作,协管科技产业工作。

1. 学农更爱农,坚定服务"三农"理想信念

"农,天下之大本也,民所恃以生也。而民或不务本而事末,故生不遂。"涉农学子通过"农"的素养学习和专业思想教育,应该自觉加深对农业、农村、农民的情感认同,自觉培养爱农意识,能够对我国农耕文明进行深入了解,深刻体会现代农业发展的规模化、高端化、智能化和服务化,努力将农学思想认识从传统转变到现代,及时摆脱学农无用、低端农业等固有的错误观念,不断巩固学农爱农的专业思想基础,增强对涉农专业学习的认同感和自豪感,坚定学农的责任和信心,牢固树立关爱"三农"、服务"三农"的理想信念。

2. 知农要兴农,立志耕耘"三农"伟大事业

"农村是充满希望的田野,是干事创业的广阔舞台。"具有"三农"情怀的高职学生理应自觉刻苦学习专业知识和技术技能,并勤于劳动实践,走进农村、走近农民,积极参与志愿服务和乡村调研,将学到的知识和本领运用到解决实际问题中,不断锤炼"敬业""勤勉""力耕"品质,着力提高创新创业能力,努力实现专业技术技能和综合素质能力的双提升,成为德智体美劳全面发展的农业技术技能人才。毕业后自愿走向基层、扎根基层,积极践行科技兴农、质量兴农、绿色兴农的初衷,立志用真才实学助力农民增收、脱贫攻坚以及乡村振兴。

3. 为农必强农,勇担报效"三农"时代使命

"中国现代化离不开农业农村现代化,农业农村现代化关键在科技、在人才。"涉农高职学生应该有科技强农的责任感和使命感,牢固树立远大理想和强农抱负,自觉将个人的追求融入到"三农"梦想,坚定献身"三农"的决心和勇气,全身心投入到科技强农的创新实践和寻求关键核心技术的突破,在痴情奉献"三农"中尽情展现新时代基层农技人员的赤子情怀和美丽风采,争做新时代"一懂两爱"的现代农业拔尖人才,努力为农业农村现代化建设提供强有力的科技和人才支持,在推动"三农"发展中贡献农业高职教育的力量。

二、"三农情怀"培育思政教育体系的系统设计

新时代高校思想政治教育的首要问题是落实立德树人根本任务。加强和改进新形势下高校思想政治工作,目的是培养又红又专、德才兼备、全面发展的中国特色社会主义合格建设者和可靠接班人。思政教育体系是否健全和完善直接关

系着教育目标和教育效果的达成。农业高职院校通过对思想政治工作的系统设
计,努力构建一个具有针对性的能够满足"三农情怀"培育的思政教育体系,是农
业类技术技能人才培养迫切的需要,直接关系新时代"三农"事业的发展。

1. 顶层设计:创新"三阶三化三融合"思政教育新模式

模式创新可以使思想政治教育更加系统、协调和规范,有助于推动思政教育
体系的形成与发展。新形势下创新思政教育模式必须以习近平总书记所强调的
"三全育人"为指导,把思想政治工作贯穿于教育教学全过程。"三全育人"即全员
育人、全过程育人、全方位育人,是一种整体性、系统性、全面性的育人理念,随着
时空转换,环境变化,其较传统的"三育人"已形成新的时代内涵和特征,它为新时
代加强和改进高校思想政治工作提供了基本遵循,其理念价值在于促进教育者树
立"人人育人、时时育人、处处育人"的育人意识和责任担当,其方法论意义在于推动
整合思想政治工作中的育人资源和育人力量,并指导构建全员全过程全方位的思想
政治工作大格局。因此,无论是从"三全育人"的形成与发展历程,还是从思想政治
教育的复杂性来看,"三全育人"都将成为落实立德树人根本任务的必然要求。

基于以上认识,江苏农牧科技职业学院(以下简称"学院")以"三全育人"的
理念价值和方法论意义为指导,以服务学生德智体美劳全面发展,不断增强学
生"三农"意识为目标,充分挖掘、整合课程、科研、实践、文化、网络、心理、管理、
服务、资助、组织等"十大育人体系"中的每一个子系统的育人功能,针对不同年
级的学生特点和成长成才规律,通过思政教育立体化、素质教育项目化、教育教
学信息化,推动思想政治教育、人文素养教育、创新创业教育深度融合,分年级
逐级而上,实施不同内容、不同层次的主题教育活动,创新打造"三阶三化三融
合"思政教育新模式(如图1),努力形成了一体化育人格局。

图1 "三阶三化三融合"思政教育新模式

2. 实施举措:开拓"五大工程"思政教育新路径

模式的顺利运行有赖于行之有效的举措推动。当前,我国高校思想政治工作机遇和挑战并存,单纯的课堂教学已不能满足思想政治教育所承载的时代大任,只有通过对思想政治工作中的教育资源、教育内容、教育队伍、教育方式、教育载体等各个方面进行系统优化和工程改革,才能有效提升高校思想政治教育的质量。为此,学院从立德树人根本任务出发,本着科学性、系统性与实效性原则,根据农业生产规律、职业教育发展规律和学生成长成才规律,突出价值引领,聚焦服务"三农",系统化实施思想引领、学风建设、文化育人等"五大工程"具体举措,精准对接育人目标,贯通育人过程,联动育人资源,在开拓思政教育新路径中推动"三阶三化三融合"思政教育新模式的落地开花。

(1) 实施思想引领工程,坚定学生理想信念。理想信念高于天,不忘初心永向前。学院以党建工作指引、思政工作铸魂、学生工作强基为出发点,不断深化"一总支一品牌、一支部一特色"创建,深入实施党团"三联系"工程,即学院领导联系二级学院、中层干部联系班级、党员教师联系学生;专职团干部联系100名学生、学生骨干联系1个团小组、班级团干部联系1名学生,着力构建"大思政"全员育人格局,不断引导学生坚定信念跟党走,努力在"爱农知农为农"的生动实践中实现人生价值和理想。

(2) 实施学风建设工程,营造良好学习氛围。学风是教育的灵魂,良好的学风是学校的宝贵财富。学院以两轮学风建设"三年行动计划"为切入点,重点推进课程思政改革、职业素养教育、学业预警等36项任务。通过抓教风、服务、队伍、典型、活动、考风等"六抓"举措,提高学生学业成绩优秀率、素质教育优秀率以及优质就业创业率等"三率"。同时,分年级、有侧重开展职业素养教育,一年级侧重专业思想和行业认知教育,二年级侧重职业技能训练和职业精神培育,三年级侧重职业选择和职业道德教育,切实增强了学生学习"三农"知识,历练"三农"技能的自觉性和实效性。

(3) 实施文化精品工程,提升学生人文素养。以文化人,以文育人。学院积极根植农牧特色文化,将其融入校园文化标识系统,建成动物解剖标本馆、中药科技园等一批文化育人示范基地。以文化人,以文育人,开发《畜牧文化》等文化教育通识课程。加强专业社团建设,确保"一专业一社团",繁荣"社团周末文化广场",打造形成"中国好兽医""'渔'你有约"等一批具有专业特色的"一院一品"项目。着力发挥传统文化、红色文化和特色文化的引领作用,项目化实施素质教育,要求学生每年完成"十个一"教育内容,深化落实"第二课堂成绩单"制度。

表1　大学生素质教育项目化实施表

项目类别	十个一具体内容
思想政治与道德教育(10分)	参加一次党团活动
社会实践与志愿服务(10分)	参加一次公益服务活动
科技学术与创新创业(20分)	参加一次课外科技文化活动 听一场创新创业讲座
文化艺术与身心发展(40分)	参加一次文体活动 作一次公开演讲 写一篇读书笔记 参加一次心理健康教育活动
社会工作与专业社团活动(10分)	参加一个学生组织或专业社团
技术技能培训及职业选择(10分)	听一场专业知识讲座

（4）实施"凤凰学子"培育工程,发挥示范带动作用。启事在教诲,成事在榜样。学院依托产教融合构筑的"两园一企一街"高水平育人基地,按照科技创新、实践技能等培养方向,每年遴选涉农专业学生20名,分2年培养,划拨培养经费20万,提供场地、配备导师,实行项目驱动、动态管理、目标考核,深入实施"凤凰学子"培育工程。引导培养对象走进实验室、走进养殖户,开展农业技术学习与服务,培育科研素养和钻研精神。组织培养对象参加职业技能大赛及创新创业活动,以赛促学,以赛增智,以赛育德。

（5）实施"志智双扶"工程,助力圆梦出彩人生。智随志走,志以智强。学院进一步修订完善了多元奖励和资助办法,积极吸引农业企业设立专项奖(助)学金,与行业企业联手联动,精准帮扶思想、学业、家庭、情感等方面困难的学生,实现资助和育人有机结合,形成了以"农"企助"农"生的资助育人品牌。同时,依据校园信息化管理平台大数据分析,实施动态管理,提高资助的精准度。实施"一生一策"帮扶办法,尤其重视关注身心健康、弘扬劳动精神等,激励学生自强向上,用不懈奋斗书写无悔青春。

3. 运行保障:建立健全协同育人长效新机制

建立健全协同和长效机制是思政教育体系构建的必要环节,也是体系能够持续稳定运行的根本保障。首先,构建坚实的组织领导机制关系着体系的落地生根问题。加强组织保障,确立一把手负责制,可以有效推动思政教育的顶层设计,及时精准地出台政策,制定工作制度,凝聚育人合力。其次,制定闭合的制度保障体系是推动体系高效运行的关键。通过制度建设,规范各育人主体的教育、管理和服务行为,明确各自的职责边界和责任清单,达成育人共识。再次,完善有利于推动思政教育实践的师资队伍和场所设施建设是体系稳定运行的重要保证。一方面,搭建好队伍建设的各类平台,保证人员配备充足多层次,学习培训全面多维度,激励措施兼顾多样化,涵养合力育人文化;另一方面,强化智慧校园、一站式服务中心、思政实训基地等场所设施建设,推动教育教学信息化管理提档升级,全面系统地提升服务育人效能。接着,实行精准的评价考核机制是检验思政教育体系实施效果的必要前提。坚持把立德树人要求作为全员考核的关键指标,并分类制定"十大育人体系"的考核评价内容,并将考核结果与教师津贴发放、职称晋升和职务提升挂钩,努力实现育人工作的互联互通,打通育人"最后一公里"。最后,加强经费保障和强化奖惩机制是体系能够有效运行的动力源泉。设立立德树人专项资金,落实专款专用;同时,加大对"教书育人"先进代表激励的广度和力度,严格规范和约束各育人主体的教育教学不良行为,从而为体系的良性运行提供内生动力。

三、"三农情怀"培育思政教育体系的创新实践

体系能否健康运行以及实际运行效果有赖于实践的进一步检验。学院通过对体系的进一步分析和研究,不断加深对"三全育人"的理念价值和实践意蕴的理解和认识。在具体实践中,学院从思想引领、校园文化、社会实践、创新创业等四个方面入手,全员全过程全方位培育学生"三农情怀",彰显了农业高职院校在人才培养过程中对主体关注、过程管理和目标导向的有机结合。

1. 创新思政教育方式,激发学生"三农情怀"

(1)"思政课程+课程思政"同向同行,提升课堂育人成效。认真贯彻落实习近平总书记"用好课堂教学这个主渠道"要求,开展思想政治理论课教学改革,每年根据中央1号文件精神,设计"三农"宣讲系列专题,探索思政课实践教学改革,改革成果成为全省示范点项目并辐射推广。深入挖掘梳理各门专业课程所蕴含的思政教育元素和所承载的思政教育功能,立项建设"课程思政"教学改革项目,发挥其与"思政课程"的协同效应。

(2)"四讲+三联系"同心协力,形成全员育人合力。统筹校内校外育人力量,校内开展"领导干部上讲台""青年教师先锋讲坛""名师道德讲堂""团干部青春讲坛"四讲活动,组织学生认真学习领会习近平总书记关于做好"三农"工作、实施乡村振兴战略、脱贫攻坚的重要论述。出台企业"三联系"实施办法,推

进农业领军人物联系学院、农业重点龙头企业联系二级学院、农业技术人才担任兼职辅导员联系班级,增强学生服务"三农"的责任担当。

(3)"分类+分层"同步推进,全过程成就人人出彩。根据不同生源特点,加强分类教育改革,实现人人皆可成才,人人尽展其才。采用不同教育形式和手段,根据年级特点有针对性安排思政教育内容,一年级主抓专业思想和荣辱观教育,二年级主抓社会实践、专业志愿服务和民族精神教育,三年级主抓就业创业指导和国家发展规划教育。加强青年马克思主义者培养,常态化开展信仰公开课,引导学生党员、学生骨干充分发挥青年模范带头作用。

(4)"线上+线下"同频共振,全方位建成育人矩阵。线上,积极抢占网络新阵地,充分发挥校园网、微信、QQ公众号、贴吧等新媒体的作用,宣扬身边新事物,传播青年正能量,推进网络思想政治教育。线下,加强与社区合作,创新开展党团主题教育活动,推动十个二级学院分别对接十个社区共创"'河小青'助力水美乡村""服务乡村振兴　放飞青春梦想"等思政教育品牌特色项目,让学生在实际行动中充分感受新时代的乡村魅力,感悟社会正能量。

2.涵养农牧文化特色,充盈学生"三农情怀"

(1)传承牧院精神,实现环境育人。学院在60余年稳步发展的同时,凝练了"团结拼搏、负重奋进、坚韧不拔、争创第一"的牧院精神,展现了敢为人先的豪迈志气。学院校园文化读本《田园牧歌》,系统阐述了学院农牧文化的积淀与传承。学院先后承办江苏省第七届农民运动会、全国农民体育健身大赛、全国大学生动物防疫职业技能大赛等赛事,畜牧文化馆、宠物表演场、"牧趣"雕塑、神农大道等校园文化建筑彰显了农牧文化特色,学生时刻能够沐浴在浓厚的农牧文化之中。

(2)传唱田园牧歌,打造活动特色。学院重点打造"农字头"和"牧品牌"校园文化活动,处处洋溢着农牧味道。在连续举办十六年的科技文化艺术节中,"家乡美"演讲比赛、"乡村情"摄影大赛、农村电子商务创业竞赛等活动既具专业性,又含农牧情。每年的校运动会上,"抛秧苗""赶猪跑"等项目,将农业生产技能融入竞技比赛,充满农趣农味。在各类文艺演出中,《母亲的麦田》《牧民新歌》等艺术作品展示了农牧人的幸福生活。专业社团建设百花齐放,活动精彩纷呈,营造了浓厚的文化氛围,唱响了一支独具特色的田园牧歌。

(3)传播农牧文化,培育先进典型。定期开展"农牧菁英""十佳女大学生""志愿服务标兵"等评优评先活动,通过身边典型带动全体学生发展。深入实施"凤凰学子"培育工程,将科技研发项目、企业技术攻关项目与大学生实践创新训练计划项目以及职业拓展课程相融合,强化技术技能训练和创新创业实践,推动专创融合、思创融合、科创融合,着力培养学生的实践创新能力以及就业创业本领,彰显工匠精神的新时代特征和农牧行业特点。

3. 丰富劳动教育形式,锤炼学生"三农情怀"

(1)在志愿服务中弘扬劳动精神。完善学生志愿服务管理办法,每年开展"我和雷锋有个约定"志愿服务月活动,让志愿服务成为学生生活的"必需品"。近三年超过 60 000 人次志愿者参加服务国际农牧业职教联盟峰会、全国农业行业职业技能大赛等各类大型活动。组建"烈日下的坚守""逐梦乡土助三农"等暑期社会实践重点团队,开展"三下乡"志愿服务活动,聚力乡村振兴,助力精准扶贫,提高了学生服务"三农",奉献"三农"的责任感。

(2)在竞技比赛中提升劳动素养。修订学生大赛管理办法,每年定期举办职业技能竞赛、"互联网+"现代农牧业创新创业大赛,通过比赛培养劳动观念,锤炼劳动品质。以中国现代畜牧业职教集团为平台,鼓励学生参加更高级别的大赛,磨炼学生敬业专注、精益求精、追求卓越的可贵品质,更好地耕植于"三农"事业。重视体育精神培养,积极组织学生参加各级各类赛事,发扬"更快、更高、更强"的体育精神,营造体育氛围,展现体育魅力。

(3)在社会服务中磨砺劳动本领。完善科技服务管理办法,紧扣专业,紧跟行业,服务产业,混编"教师主导、学生主体"的科技服务团队,深入"三农"企业、养殖户开展科技服务,助力现代生态健康农业和农牧产业转型升级发展。加强"院村"合作,共建乡村劳动实践教育基地,服务乡村振兴。同时,拓展海外服务,全力落实农业农村部"助企出海"项目,师生通力合作为企业提供技术服务,帮助企业拓展海外事业,提升学生的职业能力和劳动本领。

4. 优化创新创业环境,呵护学生"三农情怀"

(1)"三到位"夯实创业基础。通过师资到位、场地到位、经费到位,为学生创新创业提供软硬件保障。成立大学生创新创业指导中心,专职工作人员 11 人,聘任创业导师 69 名。创业模拟实训中心、创客空间、现代农商创新创业中心等专门场所的总面积超过 18 000 m²,直接投入用于学生创新创业教育的硬件设施建设资金达 3 亿元。学院每年开展优秀创业项目遴选,并对每个入围项目给予 5 万元资助,年均用于就业创业专项经费达 270 万元。

(2)行校企联动培养人才。把创新创业教育融入专业教育,不断深化"产教科"融合人才培养模式改革,培养创新型技术技能人才。建成"前店后厂(场)"

创新创业实践基地,"前店"指大学生创业示范街真实经营的店铺及其连锁店,"后厂(场)"指学院建成的实训基地(中心)和科研平台,将学生能力培养与工作任务及科研项目有机结合。大力推行"订单式"创新创业人才培养,建立了"红太阳班""上海农场现代学徒制班"等30余个企业冠名班。

(3)多举措服务学生创业。采取"政策咨询+培训+沙龙"一站式服务,设立"大学生创业咨询日",集中解答学生问题,每年接待学生3 000余人次;依托大学生创新创业协会,举办各类沙龙,普及创新创业知识。利用"新媒体+校园网+校刊校报"开展一系列宣传,近三年网站累计发布创业政策800余条,官方微信推送小贴士、创业故事等内容30余期,办理《就业创业证》1万余张。现有33个大学生创业项目入驻学院创业门店。

四、"三农情怀"培育思政教育体系设计与实践取得的成效

通过体系的有效运行和深入实践,推动了学院一体化育人格局的形成,取得了显著成效。入选教育部首批"三全育人"试点单位,"高职农牧业人才产教创'三位一体'培养模式的构建与实践"获江苏省教育教学成果奖特等奖,专著《专业创业教育创新育人新模式》获江苏高等教育科学研究优秀成果一等奖,并入选教育部思政司《高校德育成果文库》。获"全国职业教育先进单位""江苏省文明校园标兵""江苏省大学生思想政治工作先进单位"等40多项省级以上荣誉。

1. 热爱"三农"深入人心

通过"三农情怀"培育,促进了学生关注农业发展、关心乡村振兴,充分感受农情乡情民情,学生对农业前景看好,为农意愿增强,"三农情怀"内化于心,外化于行,形成了师生共同的价值观,提升了学生的专业认同感和学农爱农的幸福感,增强了学生服务"三农"的责任感和使命感。

根据第三方评价,学院2016届毕业生对母校的总体满意度97%,高于全国高职平均水平8%;推荐度76%、校园环境满意度95%,均高于全国高职平均水平4%;学生工作满意度96%,高于全国高职平均水平3%;毕业生就业现状满意度76%,高于全国高职平均水平13%;创业率5.3%,高于全国高职平均水平1.4%,96%的涉农专业毕业生表示在校期间职业素养提升明显。《江苏人才竞争力报告》显示,学院近三年均进入全省高职院校人才竞争力前三甲,其中,"人才素质"指标2015年位列全省第一。

2. 奉献"三农"蔚然成风

通过"三农情怀"培育,学生真爱农、真知农、真为农的氛围日渐浓厚。学生自觉走到田间地头,走到农民身边,感受纯正的农业精神、品味深厚的农业文明。三年来,共有 165 支团队、1 500 余名学生和 360 余名教师集中参与暑期"三下乡"社会实践活动,遍及省内 13 个市、48 个县和近 300 个乡(镇)及村庄。开展各类"科技支农"讲座百余场,培训农民万余人,设技术咨询点近 80 处。近三届毕业生从事农林牧渔相关行业的比例逐年上升。

多个学生社会实践团队获团中央表彰,学院连续 8 年获得江苏省"挂县强农富民工程"先进集体,获得全国农业行业职业技能大赛"突出贡献奖"。三年来有 100 多名学生参与"苏北计划""西部计划""三支一扶",为服务"三农"贡献青春力量。获全国学生管理 50 强、全国创新创业 50 强、全国毕业生就业典型经验高校 50 强、全国高校服务贡献 50 强等称号。

3. "三农"典型层出不穷

通过"三农情怀"培育,学生在校期间形成了比学赶超的氛围,"爱农知农为农"的精气神进一步凸显,在各类国家级、省级竞技比赛中获奖逾百项,在农业行业中涌现出一批典型代表。

先后培养出党的十八大代表、全国劳动模范唐慧娟,全国五一劳动奖章获得者、全国技术能手侯斌,京海禽业董事长顾云飞,全国农村青年创业致富带头人、中国优秀企业家、江苏金康达集团董事长姜滢,江苏省技能状元张娟,全国五一劳动奖章获得者、上海农场生猪养殖技术领军人物邹广彬,在校期间创业代表尤伟健等一批典型人物,这些先进典型为我国的"三农"事业发展起到了积极的模范带头作用,更是"爱农知农为农"的生动体现。

新时代赋予农业高职院校新使命、新担当,需要农业职业教育工作者坚持推进"三全育人",不断创新思政教育体系,着力构建农业类技术技能人才培养一体化育人格局,大力促进学生德智体美劳全面发展,培养更多具有"三农情怀"的高素质技术技能人才,书写农业职业教育人才培养的新篇章、新辉煌,更好地助力农业农村现代化,服务乡村振兴战略的实施。

德技并修、产教融合:高职院校高质量应用型人才培养的实践研究

——以江苏旅游职业学院为例

苏爱国[①]

一、以德技并修为目标导向,内强技能,外重素养,培养当代"儒厨"

高职院校的生存根本是教育质量。质量是实现可持续发展的根本之所在,是高职院校发展的生命[②]。多年来,江苏旅游职业学院烹饪专业以提升人才培养质量为目标,以深化办学模式和人才培养模式为重点,以知识、技能、素质整体建设为核心,确立了"优良厨德＋精湛技能＋法国大厨式文化"的人才培养模式,以"卫生、安全、健康"为专业核心素养,强化内涵建设,强化科技创新,努力在办学模式、校企合作、课程体系、教学方法、评价方式上积极探索、创新特色。

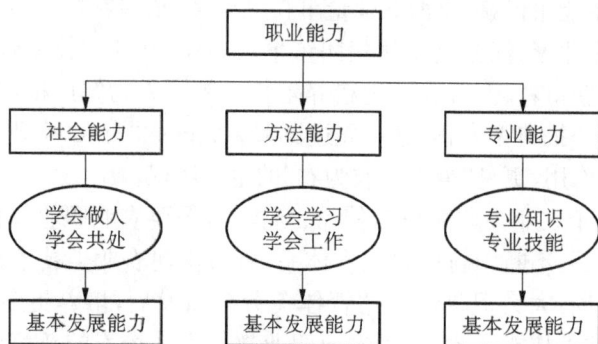

图1 职业教育能力结构图[③]

① 作者简介:苏爱国,教授,江苏旅游职业学院副校长。

② 吴蔚书.产教融合构建高职食品营养与检测专业人才培养模式的研究与实践[J].农产品加工,2019(10):92-93.

③ 张群.高职院校教育质量提升方法探索[J].安徽电子信息职业技术学院学报,2019(3):106-110.

（一）内强技能，夯实专业之本

扬州是淮扬菜之乡，淮扬菜以其刀工精、刀法妙、擅长炖焖，注重火功和勺工，有"天下第一刀"的美誉。所以立足于淮扬菜的"儒厨"人才培养工程，技能训练是基础条件。

1. 师资队伍

古人云：法乎上，得乎中；法乎中，得乎下。教师水平的高低，直接影响人才培养质量的层次。江苏旅游职业学院烹饪专业非常重视师资队伍建设，该专业现有专职教师 61 人，"双师型"（双师素质）教师 35 人，副教授及以上 17 人；有 22 人为中国烹饪名师、江苏省烹饪大师。22 人有出国进修的经历，31 人次参加国家级骨干教师培训，50 多人次参加省级骨干教师培训。教师中有的在江苏省餐饮行业协会、江苏省烹饪协会、扬州市烹饪协会等行业协会任职，有丰富的烹饪专业建设经验，既懂理论又精于实践；长期担任餐饮企业顾问，在餐饮行业有较高的声望。同时加强校企合作，聘请行业企业大师、名师作为兼职教授，设有大师工作室。

2. 教学改革

自 2010 年起，烹饪专业确立"优良厨德＋精湛技能＋法国大厨式文化"的人才培养模式，以"卫生、安全、健康"为专业核心素养，贯穿于教育教学整个过程；在教学过程中引导学生掌握烹饪设备操作能力、菜肴和面点制作能力、营养分析和配餐能力等专业核心技能；强化学生在毕业前取得烹调高级工证书、营养配餐等级证书、面点等级证书以及普通话等级证书、英语等级证书、计算机等级证书等基础证书。

2006 年起，烹饪专业全面推行课程改革。课堂教学上秉承"讲、演、练、评"理实一体化教学法；课程设置上，为了培养学生的劳动意识，开设烹饪劳动课；为了提高学生的审美水平，开设烹饪美术和菜肴围边等课程；为了调动学生的学习兴趣，开设地方风味小吃课程；为了紧跟行业的发展潮流，开设菜点结合课程；为了拓展学生的专业领域，开设西点制作课程。实训教学上，开发厨师健美操；推行趣味训练法、分组实习法、岗位实习法、先实习后示范的教学方法，坚持基本功训练，渗透大赛内容，尝试情景教学法，探索布置"班级大作业"，推行"7S"管理模式和"技能双百分考核"，优化教学效果评价标准，制定仪容仪表标准等。

3. 实验实训

实验实训是学生技能训练的场所，是达成"内强技能"的条件保障。江苏旅游职业学院建有全国一流的烹饪实训基地,先后投入实训基地建设经费 3 000余万元,拥有烹饪基础实训室、中餐实训室、西餐实训室、中西面点实训室、非物质文化遗产食艺实训室、烹饪营养分析实训室、淮扬菜研发室、营养理化分析实训室、分子实训室、多功能示范实训室等 43 个实训室。现有设备 1 025 台(套),工位 1 652 个,为全面提升烹饪专业实训、教学、研发提供了重要保障。烹饪实训室多次成为全国、全省、全市职业院校烹饪职业技能大赛以及烹饪行业协会大赛的赛场,也是"长三角烹饪公共实训基地""淮扬菜公共实训基地""淮扬菜非物质文化遗产传承基地""江苏省高水平示范实训基地""江苏省首批职工职业技能竞赛基地"等。

4. 技能大赛树标杆

榜样的力量是无穷的。江苏旅游职业学院高度重视烹饪职业技能大赛工作。2004 年以来,烹饪专业教师在省级技能大赛中荣获 12 枚奖牌,在市级技能大赛中荣获 19 枚奖牌,李增老师在 2007—2009 年在江苏省职业院校技能大赛中连续三年荣获果蔬雕刻组一等奖,2012 年沈晖老师荣获江苏省职业院校技能大赛中餐热菜组一等奖。同时,学生也在技能大赛中摘金夺银,在全国职业院校技能大赛中获 28 枚奖牌。

(二) 外重素养,塑造工匠精神

淮扬菜又称文人菜,蕴含着丰富的人文内涵,闪耀着强烈的人文精神,这是淮扬菜独具一格的特色。在国家重视传统文化的当下,提炼弘扬淮扬菜的人文精神、工匠精神显得尤为重要,也是烹饪"儒厨工程"人才培养极其重要的一环。

1. 专业理论为先导

学院烹饪专业先后出版"十二五"规划教材、课程改革项目教材、创新改革示范教材 26 本。教师申报并顺利结题课题 25 项,发表论文 200 余篇。茅建民先后主编了"十一五"国家重点图书出版工程创业系列教材、烹饪专业项目课程试用教材、职业教育"十二五"规划教材·中餐(西餐)烹饪专业系列教材、烹饪入学教育指南百问等;苏爱国主持第四期江苏省职业教育教学改革研究课题"旅游国际化背景下旅游类职业院校面向行业企业职工培训的实践研究",储德发先后主持江苏省高校哲学社会科学课题"扬州'三把刀'文化传承与发展研究"(2014SJD338)、"扬州运河文脉的传承与发展研究"(2018SJA2063)、第四期江苏省职业教育教学改革研究课题"解构与重建——高职语文'魅力古文'教学模式的构建与实践研究"(ZYB361),薛伟主持省高等教育学会"产教融合研究专项"2019 年度开放课题"基于校企产教融合'双元'育人模式教学组织及现代学徒制人才培养的课程评价与改进研究",谢海玲主持省教育科学"十三五"规划 2018 年度课题"'一带一路'背景下三年制大专烹饪专业以双语教学促境外就业实践研究",闵二虎、李心芯主持江苏省第四期职业教育教学改革研究课题"基于产教融合的烹调工艺与营养专业'五合'人才培养模式优化的实践研究"等课题研究。

此外,在各类教育教学大赛和国家专利发明上烹饪专业也建树颇丰。苏爱国、王蓓、薛伟、李心芯老师在省级"五课"教研、"两课"评比中荣获示范课,董芝杰、许文广老师荣获研究课;储德发老师获江苏省首届职业学校班主任基本功大赛二等奖、江苏省职业学校微课大赛二等奖、江苏省语文优质课比赛三等奖;谢海玲老师荣获 2018 年江苏省信息化教学大赛一等奖;闵二虎、李心芯、谢海玲、储德发老师在省高校微课大赛中荣获三等奖。阮雁春老师发明两项国家专利"便携式食品卫生采样盒"(公开号 CN207472863U)、"食品检测用盐析装置"(公开号 CN207730734U);吴雷老师发明一项国家专利"一种水果味纳豆咀嚼片及制备方法"。

2. 专业文化做熏陶

"儒厨工程"人才培养,全面强化烹饪专业文化建设,极具特色的烹饪专业文化成为一大亮点。烹饪实训室内有专业实训的管理制度、操作程序、工作职责、工艺流程;有相关专业的历史典故、文化渊源、知识介绍、知识拓展、专业要点;有相关专业的名言警句、专业大师、名师寄语,专业教学操作与成果展示;有相关企业的用人标准、专业模拟场景、企业图片展示、创业典型介绍、"双基地"企业介绍、优秀毕业介绍、教师挂职锻炼介绍、各级领导考察图片等。其形式有文字形式陈列、图片形式陈列、实物模型陈列、大型标语展贴等。

3. 人文精神是内核

孟子曾说:"君子远庖厨",褒扬了君子仁慈的品德。其实,在文人和文化的长期参与下,以"庖厨"为代表的淮扬菜形成了一套高贵的品格,而品格的背后则闪耀着夺目的人文精神。

五味调和的中庸之道。人生五味,众口难调,老子说"治大国如烹小鲜",将"烹饪"与"治国"相提并论,也从侧面说明烹调之难。而汉辞赋家枚乘在所写的《七发》中,除了介绍煎、熬、炙、烩等多种烹调技法,还提到了以五味调和为标准的烹饪理念,调和五味,味取中庸,淮扬菜自那时起就贯彻了中庸的烹调理念。

不分贵贱的平等思想。有词人曾写这样描述扬州美食："扬州好,佳宴有三头,蟹脂膏丰斩肉美,镬中清炖鲢鱼头,天味人间有。扬州好,佳宴有三头,盘中荷点双双玉,夹食鲜醇烂猪头,隽味朵颐留。"其中的"斩肉""鲢鱼头"和"烂猪头"即是指扬州"三头宴",其全称为"蟹粉狮子头""扒烧整猪头"和"拆烩鲢鱼头",是扬州最著名、最具代表性的菜肴之一。但制作"三头宴"的原料猪肉和鲢鱼在昔日高雅文士的宴席上是不受待见的,因为猪头太俗,鲢鱼不雅,属于平民食材。但扬州厨师却反其道而行之,发挥淮扬菜制作精细,长于炖焖的功夫,终于使大俗饮食登上大雅之堂,成为不分贵贱,人人可食的淮扬名菜。另一道淮扬名菜"拆烩鲢鱼头",其原材料——黑鱼开始也是平民食材,经淮扬厨师精心改造后,发展为席上名菜。

物尽其用的节约理念。淮扬菜肴选料,厨师会根据菜肴特点,因材施艺,因菜施料,区别对待。不仅从原材料上为淮扬菜把好了第一关,而且可以料尽其用,菜尽其值,按质而用,同时而用。比如鳝鱼,粗鳝鱼可作生炒蝴蝶片、大烧马鞍桥,细鳝尾部截下可制作炝虎尾,冷菜热吃,鳝脊肉制作炒鳝糊,鳝鱼肚膛留作配菜;再比如"将军过桥"这道菜,又名"黑鱼两吃",制作时将黑鱼肉批成玉兰形,浆起滑炒,两边鱼皮连着头和骨架犹如将军盔甲,剩下的鱼骨、鱼肉均入沸水去腥后烧汤,故称过桥。其最大特点是物尽其用,一鱼二吃,有炒有汤,这就是"料贵乎用"的道理,体现了节约的理念。

4. 工匠精神是关键

这是"儒厨"人才培养的高层次目标,是学生由"匠人"到"匠心"升华境界。"扬州厨刀"在中国烹饪界号称"天下第一刀",好刀的背后是良厨。"脑袋大脖子粗,不是大款就是伙夫",这是社会对厨师的一种认知,淮扬菜厨师却摆脱了这样的窠臼,他们厚积薄发,兼收并蓄,除了高超的技艺,还具有很高的修养,有人钻研《易经》,有人善于书法,有人能鉴宝,有人会写诗……概括来说,淮扬厨师主要具备如下几种精神:

一诺千金的然诺精神。《史记·刺客列传》记述"专诸刺王僚"的故事,专诸是扬州西邑(今南京六合)人,拜太湖太和公为师学习烹鱼技艺,艺成投公子光(即后来的吴王阖闾)。公子光欲成大事,便请专诸鱼腹藏剑刺杀吴王僚,专诸功成身死,成为扬州厨师中的第一壮士,名垂青史,是然诺精神的典范,开启淮扬厨师重诺的先河。烹饪大师薛泉生承诺替人代班,结果自己遭遇麻烦,却毅然舍己为人。受人之托,忠人之事,古有壮士专诸,今有大师薛泉生,重诺然诺精神一直在淮扬厨师当中世代延续。

勇于创新的进取精神。"创新是一个民族进步的灵魂,是国家兴旺发达的不竭动力",淮扬菜发展延续至今,离不开传承和创新。《扬州画舫录》曾记载"乾隆吃鳝"的传说:万岁入席,第一道菜进"全虾",取名松鹤遐(谐虾音)龄,寓意乾隆万寿无疆,洪福齐天,乾隆眉开眼笑;第二道菜进"全蟹",取名夙夜匪懈(谐蟹音),寓意乾隆宵旰勤劳,膏泽万民,乾隆神采飞扬;第三道菜进"全鳝",取名从善(谐鳝音)如流,寓意乾隆疾恶如仇,明镜高悬。然而乾隆嫌菜形丑恶,难以下筷,于是陪侍知县命厨师改刀,斩条为段,取名多谋善断(谐段音),乾隆大笑:"话虽中听,但鳝段粗大,又露骨头,仍难下咽。"知县又命厨师重新制作,经过烧煮、剔骨、划丝、猛炒、配料、撒葱、浇油,一盆炒鳝丝出锅,黄橙橙,香喷喷,乾隆馋涎欲滴,胃口大开,连声赞曰:"色香味俱佳,果然淮扬名厨天下冠!"这个故事既演绎了扬州厨师"食不厌精,脍不厌细",精于探索、细于工艺的创作历程,也很好说明了他们钻研菜目、花样翻新的创新精神。扬州"三头宴""将军过桥"等名菜的形成,也是厨师们推陈出新,匠心独运的过程,成功地将最俗的食材搬上最高雅的餐桌。正是淮扬厨师们这种殚精竭虑、力创新菜的精神,才使得淮扬菜宝库得到不断的充实与丰富。

知足常乐的乐业精神。勤恳做事,本分做人,淡泊名利,知足常乐,是淮扬厨师的一大特点。在工作上,他们勤勤恳恳,一丝不苟,秉承高度的敬业精神;工作之余,他们常常一杯清茶,三五同事坐而论道,有志同道合者则常一起研发菜肴新品。乐业精神在老一辈厨师身上体现得更为明显,他们忠于职守,十几年如一日在一家饭店工作,任劳任怨,勤勤恳恳,视店如家。正是这种淡泊名利,知足常乐的品格造就了很高的厨德,他们除了以身作则、勤勉工作外,在为人师表、衣钵传承上也令人钦佩,他们乐意倾囊相授,毫无保留,他们爱徒如子,在生活上关怀备至,在技术上悉心教导,从不摆师傅的架子,除了传统的师徒礼节,一改陈规陋习,率先垂范,平易近人,传承技艺的同时还传承厨德。

扬州厨师,谱系传承,自专诸而后,有清代扬州红案名厨吴一山、白案先师美人,到近现代扬州烹饪泰斗丁万谷、面点巨擘张广庆再到肖太山、戴立芝、郭跃庭、杨玉林、杨凤朝、孙庭吉等老一辈大师,然后有淮扬菜四大金刚薛泉生、徐永珍、董德安、王立喜,以及陈春松、张玉琪、居长龙、周晓燕等大师承前启后,在淮扬传统饮食文化的传承和现代饮食文明的把握中开创新局面,他们身上无不体现着高超的厨艺和高洁的厨德。

二、以立德树人为根本任务,系统构建"人的全面发展"校园文化

以文化人,促进人的全面发展。马克思在《1844 年经济学哲学手稿》中提

233

出，人的全面发展"是以一种全民的方式，也就是说，作为一个完整的人，最终占有自己的本质"。这是马克思关于人的本质的内在规定，其内涵主要包含人的劳动活动、劳动能力、社会关系、自由个性和人类整体的全面发展。因此，教育目标应该回归教育的本质，以促进人的全面发展为最终目标。学院烹饪专业在人的全面发展理念下，坚持把立德树人作为育人的中心环节，实现全员育人、全程育人、全方位育人，以"培养什么样的人""如何培养人""为谁培养人"作为教育的出发点和落脚点。学院进行了卓有成效的第二课堂建设，营造"快乐学习、快乐生活"的校园文化氛围，为烹饪学子职业生涯可持续发展打下坚实基础。

校园文化"职业道德好、职业技能强、人文素养高、就业升学创业能力优且具有一定特长"的魅力职校生为目标，以"仁爱思想、人本理论"等为基础，以"全面＋特长"为指南，以培养"尊重个性、珍爱灵性、提升德性"为原则，以"强化激励、注重引导、分步推进"为方法，围绕学生、关照学生、服务学生，深度发掘学生潜能，充分展示学生个性特长，促进学生魅力人格的形成，实现职校生"人人出彩"。

（一）打造了魅力德育环境

弘扬"雷锋精神"引领学生"成人"、弘扬以"墨子思想"为核心的中国传统文化引领学生"成才"两大主题，学院打造了"学校文化、教师文化、学生文化"三大文化，构建了"仁""能""勤""正"（"爱人助人"为内核的"仁"文化体系、"崇尚劳动"为内核的"能"文化体系、"勤奋刻苦"为内核的"勤"文化体系、"据正治校"为内核的"正"文化体系）四大文化体系，为学生健康发展构筑丰实厚重的人文底蕴。

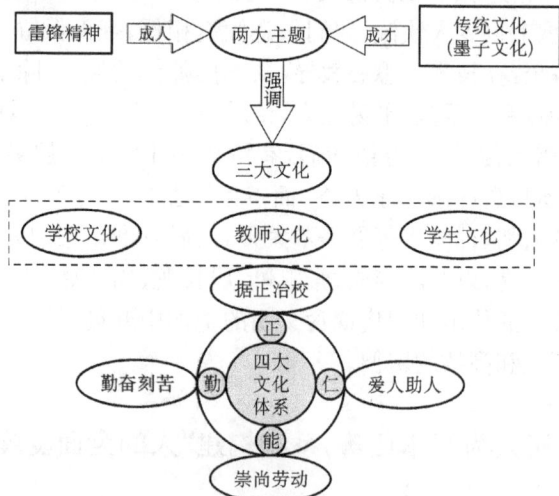

图 2 "二、三、四"职教特色校园文化体系

（二）建设了魅力德育队伍

重点建强班主任、德育课教师、学生干部三支队伍，为学生健康成长保驾护航。将积极心理学引入班主任队伍建设，提出职业学校班主任专业素养"3、9、50"框架，引领班主任走专业化发展之路，有效解决班主任职业倦怠问题，建成一支能吃苦、善学习、会工作的优秀班主任队伍。以推进德育课实践教学为抓手，深化德育课程改革，建构德育课教师"五阶梯"荣誉体系（教学新秀、教学能手、骨干教师、专业带头人、教学名师），建成一支"有理想信念、有道德情操、有扎实知识、有仁爱之心"的高水平德育课教师队伍。选拔思想品德好、学习成绩优，有一定工作能力的学生干部担任班主任助理，协助班主任班级日常管理工作、宿舍管理工作，建成一支高素质的学生干部队伍。

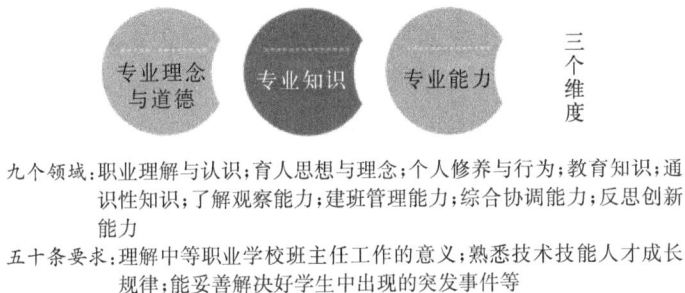

九个领域：职业理解与认识；育人思想与理念；个人修养与行为；教育知识；通识性知识；了解观察能力；建班管理能力；综合协调能力；反思创新能力

五十条要求：理解中等职业学校班主任工作的意义；熟悉技术技能人才成长规律；能妥善解决好学生中出现的突发事件等

图 3　职业学校班主任专业素养"3、9、50"框架

（三）开展魅力德育活动

通过建构五维素质教育机制，形成独具特色的魅力德育活动，为学生健康成长搭建"出彩"舞台。在"课堂教学建构素质、社团活动拓展素质、习惯引导规范素质、劳动训练强化素质、社会实践提升素质"等五个维度上建构具有鲜明职教特色的素质教育机制，

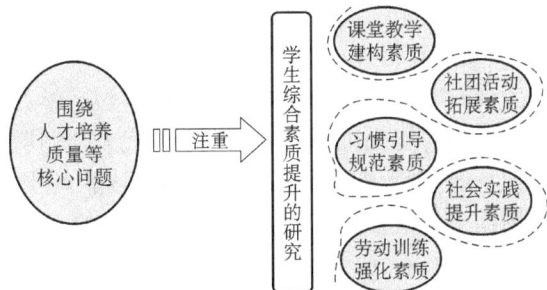

图 4　五维素质教育机制

形成小红帽志愿者服务、特色课间操（太极拳、三十二步）、素质教育大讲堂、时政讲堂、升班旗仪式、"我与经典有约"诗文朗诵比赛、"魅力"早读课比赛等一批德育特色活动。

235

（四）构建专业第二课堂

学院一向重视加强学生课余活动主阵地建设，文化活动丰富多彩。先后成立业余团校、兴趣小组、田径队、篮球队、合唱队、书法组等课外活动小组，配备指导教师。自 2007 年起成立卤菜社团、食品雕刻社团、糖艺社团、面塑社团、风味小吃社团、食品艺术社团等专业社团，强化学生素质的拓展，提升技能。传承"小红帽志愿者"服务队，定期组织学生走出校门、走进社区，开展各类公益活动，为社区居民提供免费食物加工服务，服务项目包括批干丝、切肉丝、做肉圆等，根据中国传统节日制作粽子、月饼，这样做既增加学生技能训练的机会，又强化其服务社会的意识。积极组织大学生暑期社会实践活动、志愿者活动以及社会各项大型公益活动，有效提升学生的综合素质。

三、以产教融合为培养途径，实现校企无缝对接

（一）产教融合，以"1＋X"为抓手

建设职业教育"1＋X"育训协同体系是高技能人才培养的应对之策。构建"1＋X"育训协同体系主要着力于三个方面：一是"1＋X"育训协同体系的人才培养目标定位和价值取向；二是"1＋X"育训对象的普及化，扩充"高技能人才"的概念外延；三是高技能人才"1＋X"职业培训体系的协同化构建。[①] 烹饪专业人才培养将学历教育与国家职业资格证书体系衔接起来，以烹饪职业能力和职业资格标准为核心，突出实践动手能力的培养，使学生掌握最新的工艺和技能，并将其贯穿于学历教育的全过程，以此来组织教学内容和课程体系，以实现"儒厨"人才培养目标。

（1）"1＋X"育训协同体系目标定位是学习者的复合素质，应关注"＋"综合发展。但智能化机器并不能完全取代人，尤其是烹饪专业，急需具备技术知识、职业技能、创新能力与工匠精神的高技能人才。所以，学院烹饪专业确立了"优良厨德＋精湛技能＋法国大厨式文化"的人才培养模式，以知识、技能、素质整体建设为核心，强化科技创新、文化提升，着力提升"儒厨"的综合素质。

（2）"1＋X"育训对象的普及化。2019 年《政府工作报告》指出："改革完善高职院校考试招生办法，鼓励更多应届高中毕业生和退役军人、下岗职工、农民

[①] 张弛、张磊.中国智造视域下高技能人才职业素质模型与"1＋X"育训协同体系构建[J]. 教育与职业,2019(20):35－42.

工等报考。"要求将社会生源纳入职业教育与培训体系,使"1+X"育训对象走向普及化,使"高技能人才"的概念外延得到了极大扩充。学院烹饪专业紧抓政策契机,开展面向社会人员尤其是厨政从业人员的社会招生培训工作,进行技能等级鉴定,既发挥了高职院校的社会服务功能,又使行业、学校紧密结合,在人才培养上相互取长补短,与时俱进,促进烹饪"儒厨工程"紧密联系实际。

(3)"1+X"育训协同体系的构建。"儒厨"高技能人才"1+X"育训协同体系构建与实施,是在政府统筹、行业指导、学校与企业参与的框架下,学历证书和职业技能证书之间的协同与跨界整合,凸显职业教育作为类型教育的特征与担当。"1+X"育训协同体系的"1"与"X",分别在纵、横两个维度上协同构成高技能人才职业素质成长的立体空间,"+"则表征了学历与职业技能等级两类证书的协同与复合。学院烹饪专业在确保毕业证书的前提下,实现专业与行业、企业的紧密结合,由相关教育主管部门牵头,行业指导委员会、烹饪行业协会和学院烹饪专业协同,分方向考取相应的职业资格证书。例如,烹调工艺与营养方向,要求考取中式烹调师(中级工、高级工);中式面点方向,要求考取中式面点师(初级工、中级工);厨政管理方向,要求考取中式烹调师+职业经理人职业资格证书。此外,学院烹饪专业充分利用院属绿扬职业技能鉴定所,为省人力资源和社会保障厅中式烹调师、中式面点师(技师、高级技师)进行培训鉴定,进行退伍士兵的技能培训及技能鉴定。每年均有上百名社会人员通过培训获得相应证书,为餐饮行业员工素质的提升作出较大贡献。

(二)产教融合,创新人才培养模式

2017年12月5日《国务院办公厅关于深化产教融合的若干意见》(国办发〔2017〕95号);2019年3月28日,国家发改委、教育部印发《建设产教融合型企业实施办法(试行)》(发改社会〔2019〕590号);2019年7月24日,习近平主持召开中央全面深化改革委员会第九次会议,会议审议通过了《国家产教融合建设试点实施方案》。在此基础上,教育部提出了建立产教融合、协同育人的培养模式,专注培养学生的技术技能和创新创业能力。本着这样的思路,学院烹饪专业开发3D仿真教学平台,积极与行业企业深化合作,协同育人,实行"春秋轮换"人才培养模式,鼓励学生创新创业,取得了良好的社会效益和经济效益。

(1)与企事业单位深度融合,协同育人,无缝对接。学院烹饪专业先后与中共中央机关事务管理局后勤服务中心、中央组织部膳食处、人民大会堂、钓鱼台国宾馆、中央档案局食堂、中央秘书处食堂、中央党校食堂、全国妇联食堂、光明日报社食堂、清华大学食堂、北京饭店、北京长城饭店、北京民族饭店、江苏省会

议中心、金陵饭店、江苏省财政厅培训中心、扬子石化、金陵石化、仪化集团、春兰集团等开展校企合作,开办冠名班级,尝试生产性实习。2011 年 3 月,设立北京科力"淮扬村"冠名班;次年 3 月,设立"摩登食尚"冠名班;11 月设立南京"花津浦"餐饮企业"晋家门"冠名班。毕业生素质高、技能强、后劲足,遍布全国 31 个省市自治区和海外 70 个国家和地区。

(2) 多渠道探索人才培养新模式。早在 2011 年 9 月,学院烹饪专业即实施了"春去秋回"模式(后改为"春秋轮换")。2012 年 1 月,烹饪专业率先与兄弟院校共同开发 3D 仿真教学平台,开发宴席设计与制作等 13 门课程,极大地提升了烹饪专业信息化教学的水平。同年 5 月,探索"现代学徒制",并于 5 月 8 号举行拜师仪式。9 月积极推行"主题教学模式"。2016 年 6 月,烹饪系牵头申报国家教学资源库,并成功列入备选项目。2019 年 9 月,成功申报江苏省老年教学资源库,通过一系列教学资源库的申报建设,信息化教学进一步得到了提升。

(3) 高度重视学生的创业教育。学院烹饪专业鼓励学生积极投身创业热潮,"实践是检验真理的唯一标准",只有亲身体验了创业的过程,才能明白理论用之于实践的真谛。学院烹饪专业早在 2008 年 3 月,即有盛云、张雪等同学组建了"校源冰食站",入驻校创业园。该项目结合专业特点,主营自制手抓饼、特色冰淇淋、风味爆玉米花等项目;戚妍骐等同学组建的物业服务公司,也办得红火。其后每年均有学生申报创业项目,利用学校创业园平台,积极尝试创业实践活动。时至今日,由学生当初创办的"富临壶园""望江南"等校园项目,已经成为业界餐饮名企,取得经济效益和社会效益双丰收。

产教融合背景下高职教育集团化办学的理论与实践研究

——以江苏化工职教集团为例[①]

崔炳辉[②]

职业教育是伴随中国改革开放与市场经济体制逐步建立而发展起来的教育新类型,与普通教育同等重要。统计显示,2018 年全国共有普通高等学校 2 663所,在校生总规模为 3 833 万人,高等教育毛入学率达到 48.1%,其中,本科院校 1 245 所,比上年增加 2 所;高职(专科)院校 1418 所,比上年增加 30 所[③]。显而易见,高职教育的快速发展对于高等教育卓越成绩的取得起到了关键性作用。产教融合是高职教育性质的外在表征,也是高职教育的基本形态,国内外高职教育发展史,其实就是一部产教融合、校企合作的理念和实践不断发展与创新的历史[④]。德国双元制职教模式、日本的官产学研体系、美国的合作教育、澳大利亚 TAFE 职教模式与英国现代学徒制项目都是以产教深度融合为主线的发达国家高职教育发展成功案例。我国的高职教育也是在不断推进产教融合的逻辑框架下蓬勃发展与壮大,特别是党的十八大以来,出台的一系列高职教育改革发展文件以及创新性举措,都把深化产教融合作为主题。习近平总书记、李克强总理多次对新时代高职教育的发展作出批示,都强调要抓住产教融合这个高职教育高质量发展的"牛鼻子"。2017 年国务院颁布《关于深化产教融合的若干意见》(以下简称《意见》),2018 年教育部等六部委印发《职业学校校企合作促进办法》,2019 年国务院实施《国家职业教育改革实施方案》(以下简

①　基金项目:江苏高校哲学社会科学研究基金项目"江苏省高等职业教育集团化办学运行机制研究"(2017SJB0624)。

②　作者简介:崔炳辉,南京科技职业学院党政办公室主任,副研究员,研究方向为高职教育与管理、集团化办学。

③　教育部网站. http://www.moe.gov.cn/fbh/live/2019/50340/mtbd/201902/t20190227_371430. html.

④　周晶.岳金凤.十八大以来中国特色现代职业教育深化产教融合校企合作报告[J].职业教育,2017(8):45.

称《实施方案》），系列职教文件的出台更加奠定了职业教育产教融合的战略地位。

一、产教融合与高职教育以及集团化办学的逻辑关系

（一）产教融合是高职教育高质量发展的必然选择

产教融合使高职教育能够实现"通过去除没有需求的无效供给、创造适应新需求的有效供给,打通供求渠道,努力实现供求关系新的动态均衡"的供给侧结构性改革要义[①]。受传统观念、文化因素以及体制机制等因素的影响,高职教育的人才培养在层次、结构、类型、质量等方面与新时代的产业变革、转型、升级、发展需求等方面存在一定程度脱节,造成高职教育人力供给过剩而新兴产业人才供给不足的结构性就业矛盾,不能为经济社会的高质量发展提供坚实的技术技能人才保障和强有力的智力支持与技术支撑。产教融合能把社会产业的发展需求与学校的专业设置专业教学标准,企业的岗位要求标准与学校的课程设计内容,企业的生产流程与学校的教学组织过程有效对接,使教育链、人才链和产业链、创新链有机衔接,把企业新技术、新技能、新工艺、先进管理、组织文化、工匠精神等要素融入学校人才培养全过程,促进产业发展需求侧和职业教育人才供给侧结构要素相互融通、全方位融合,提升职业教育人才培养的质量,更好满足新一轮科技革命和产业变革对高质量人力资源的需求。

（二）高职教育集团化办学是实现产教融合的重大举措

高职教育作为与社会经济发展结合最为紧密的教育类型,有着其独特的发展规律和普通教育不可替代的教育特征,其最大的特征就是"跨界""协同"[②]。《意见》明确要求,将产教融合融入经济转型升级各环节,贯穿人才开发全过程,形成政府企业学校行业社会协同推进的工作格局。政府、企业、学校与行业属于不同的组织,其社会属性各异,要实现跨界合作、协同育人,必须走创新发展之路。高职教育集团化办学作为促进我国现代职业教育体制机制改革、整合职业教育资源、协同多方利益相关者的一种办学行为,是中国特色高职教育改革发展的模式创新。高职教育集团化办学是我国独创的一种职业教育办学组织

---

① 坚持稳中求进工作总基调,深化供给侧结构性改革[N].人民日报,2016 - 12 - 17(01).

② 姜大源.跨界、整合和重构:职业教育作为类型教育的三大特征——学习《国家职业教育改革实施方案》的体会[J].中国职业技术教育,2019(7).

形式与育人模式,它是在自愿平等的基础上,以集团章程为行为准则,由 1 个或多个具有独立法人资格的组织牵头协调,其他具有独立法人资格的组织、团体、协会参与组建的跨界合作组织。高职教育集团化办学随着职业教育的强劲发展,越发显现出蓬勃的生命力。截至 2018 年,共有 1 400 个职教集团、3 万多家企业参与职业教育,基本形成产教协同发展和校企共同育人的格局①。多元主体协同育人的集团化办学模式让产教融合落地生根,它是校企紧密合作的重要联结纽带,也是实现职业教育产教深度融合的关键举措。

二、江苏化工职教集团的办学实践与经验体会

江苏化工职教集团(以下简称集团)于 2006 年由南京科技职业学院牵头组建成立并任理事长单位,具有成立早、成员多、成效好、分布广等特征,是江苏省首批 8 个行业性省级职教集团之一,属于全国首批高职教育集团,吸纳了国内外政府、行业、院校和企业等 278 家成员单位。集团坚持目标引领、创新驱动、项目带动和开放共享,开展了内部治理机制创新、支持保障平台建设、人才培养模式改革、职教体系项目合作、行业就业品牌塑造等集团化办学实践,充分发挥政行校企多元协同育人作用,培养了一大批高质量技术技能型人才,在融合创新打造多元合作交流平台和多元协同共建人才育用培创基地方面形成了较为鲜明的集团化办学特色。

(一) 江苏化工职教集团的办学实践

1. 优化集团内部治理结构,推动集约发展

一是以章程为统领规范,依章治理运作。集团制定并完善《江苏化工职教集团章程》,不断提高集团化办学的规范化、科学化水平。集团通过理事大会产生理事长、副理事长、常务理事和理事,创新性提出试行年度执行理事长制,执行理事长在集团副理事长中推荐产生并经理事大会表决通过,执行理事长负责集团年度理事会议,协助理事长落实集团年度工作计划。理事会下设秘书处及教学、就业与培训、产学研合作和对外交流四个专门委员会,履行信息收集、沟通、交流、反馈和任务组织落实等职责。各成员单位及合作项目载体为执行运作层,负责完成具体工作任务。

① 职业教育开启新篇章. http://www.sohu.com/a/301010070_774717.

二是以平台为桥梁纽带,促进融合发展。集团定期或不定期召开工作年会总结部署、研讨交流工作。秘书处牵头开发并负责维护集团门户网站,借助传统媒体和新兴媒体,汇聚职教政策动态、校企合作发展、促进就业创业等信息资源,分享集团各成员单位内涵建设成果,加大集团对外宣传力度;创新性地建立副秘书长工作联络机制,副秘书长人选由集团秘书长提名,经(副)理事长会议研究确定,协助秘书长落实工作计划、起草报告文件、收集发布信息等工作。

2. 构建现代职业教育体系,推进协同育人

一是试点现代职教体系培养项目,搭建人才培养立交桥。集团以提升服务现代职教体系建设能力为重点,承担了江苏省教育体制改革试点项目"依托职教集团构建人才培养立交桥",构建了"三沟通"人才培养体系:一是"中职-高职-本科"人才培养试点项目范围和规模逐步扩大;二是以项目研究推动中高职教育衔接课程体系构建;三是对口单招、自主招生等考试招生改革不断推进。此外,集团试点"招生即招工、入校即入厂"的人才培养改革,创新实践了"双主体、五融合、六转变"现代学徒制培养模式,实现"校企一体、双师育人",人才培养质量持续提高。

二是共建省级共享型实训基地,校企协同培育大国工匠。集团与央企劳动模范、中石化南化公司高级技师合作,获批南京市技能大师工作室。面向产业转型升级需求,每年培养技师、高级技师近 100 人,为集团内企业设备研发、制造、检验、维修提供新工艺新技术服务,攻关项目累计达 17 项,申请专利 3 项。集团在南京市六合经济开发区,以股份制形式共建共管省级共享型实训基地。面向成员单位师生员工开展培训,促进校企合作育人。"三全五真"的教学模式,先后获国家、江苏省高等教育教学成果奖 3 项。此外,基地还是国家级、省级"双师"基地,以及本科高校实践性教学基地。

三是建设教师培养培训基地,推动校企人才互培共育。集团加强"双师"团队建设,实现互聘互兼、双向提升。一方面在成员单位中石化扬子公司等建立教师培训基地,实施"访问工程师"项目,实现专业与产业企业岗位对接、人才培养工作与区域经济社会发展需求对接。另一方面重点建设专业(群),聘请兼职系主任,建立专业共建共管委员会,实现资源共享、互利共赢。

四是开展技能大赛与培训鉴定,选拔培养适岗专业人才。集团突出能力本位,坚持赛训结合,组织承办好全国职业技能职工组、学生组大赛,共用评判标准,促进课程内容与职业标准对接、教学过程与生产过程对接、学历证书与职业资格证书对接,为集团内成员单位提供性价比高的技术技能培训、鉴定服务。集团先后组织实施南化公司"高技能人才素质培训"、中国核电四〇四公司企业员工技能培训等。

3. 加强跨界融合,促进区域经济社会发展

一是校地共建科技创业园,开辟创新创业服务新篇章。集团按照集群化合作("1＋N")模式,政校企共建省级南京化院中山科技创业园,制订章程,市场化投入、股份制运作,集聚资源、孵化企业、孵化技术、孵化人才和反哺教学,构建"园校一体化"办学机制和社会服务格局。科创园先后获批省级大学科技园、省级科技创业园、国家级"双实双业"基地资质、国家级科技企业孵化器、国家级众创空间。现有在园企业132家,其中教师创业25家,大学生创业41家,产值累计超8亿元。

二是创建高技能人才流动工作站,建设人才育用培创基地。集团创建高技能人才流动工作站,打造"互联网＋"区域协同育人与创新平台,构建职业学校、企业、O2O平台信息互动、资源整合、项目牵引的高效运行机制,成为高技能人才"蓄水池与就业平台""孵化培育基地""开发储备基地""协同创新基地"。先后培养化工行业高级技师共189人,高级工673人。2015年,被评为"江苏省高技能人才培养示范基地"。

三是政校携手共建社区学院,助力学习型社会建设。集团着力服务社区教育与终身学习,校地共建社区学院。理事长单位1名副校长担任社区学院执行院长,继续教育学院院长担任社区学院副院长。社区学院成立以来,成功创建南京市百姓喜爱的社区教育活动品牌1个,接受了江苏省社区教育示范区考核验收。

四是搭建化工人才就业平台,对接行业服务区域产业发展。集团以促进就业为导向,服务发展为宗旨,积极做好化工类专业人才就业工作。自2010年起,集团坚持与江苏化工行业协会、江苏省高校招生就业指导服务中心等联合举办"化学化工类人才专场招聘会",累计到场专业人才达3.6万余人,成为江苏省石化、医药及相关行业、最具影响力与人气的人才交流活动。

五是与产业技术研究院合作,着力科技研发反哺人才培育。集团坚持产教结合、以研促教,提高科研工作对人才培养的贡献度。集团与江苏省产业技术研究院建立合作关系,在化工、新材料等产业应用技术研发、服务企业创新、技术技能积累、支撑职业教育发展等方面开展项目合作。

(二) 经验体会

1. 坚持目标引领,确保发展成效

集团重视统筹设计,理事会定期研究部署年度或阶段性工作,秘书处加强

政策研究与组织协调,着力抓好现代职教体系构建、促进就业创业、服务发展方式转变等重点工作,在中职-高职-本科等课程衔接体系及转段考核办法、技能大赛协同组织、联动就业、技能鉴定培训等重要环节求突破,取得显著发展效益。

2.坚持创新驱动,激发发展活力

集团自创建以来,倡导成员院校创新服务地方经济社会发展的方式,与地方政府或境外院校(企业)合作共建"国家级科技企业孵化器""大学科技园""社区学院""扬州百分百电子商务创意产业园""高技能人才流动工作站""中德国际焊接技术培训中心"等发展平台,职业教育的地位与作用逐步显现并被社会所认可。

3.坚持项目带动,凸显发展优势

集团以项目集聚发展资源要素,以项目增强发展共识,以项目推进交流合作,使成员单位互促共进、互生共长。集团院校以合作实施"4+0"高职-本科联合培养项目和江苏省高等职业教育产教深度融合实训平台项目等为契机,研究新时期经济社会发展对技术技能人才结构、规格和质量的新要求,推动教育教学改革、社会服务与产业转型升级衔接配套,彰显集团化办学优势。

4.坚持开放共享,提升发展贡献

集团注意整合国内、国外两种资源,充分发挥优质资源的示范、引领和辐射作用,注重以强带弱、优势互补、集约发展,省级区域共享型实训基地实现了对集团内部成员院校与企业以及对本科高校、外部企业的共享,示范性院校对口援助中西部院校,专业教学标准等成果在集团内外高职院校共用等,推动了职业教育的总体现代化战略进程。

三、高职教育集团化办学面临的困境与原因分析

(一)企业内生动力不足

我国高职教育集团化办学的内生驱动力主要来源于职业院校而不是企业。据统计,在全国1 406个职教集团中,中职学校、高职院校、本科院校、政府部门、行业协会、企业牵头组建的集团数分别是722、609、8、40、13、14个,占比分别为

51.35％、43.31％、0.57％、2.84％、0.92％、1.00％[①]。三类学校牵头组建的集团合计 1 339 个,占比高达 95.23％,而企业牵头的仅有 14 个,占比只有 1.00％。职业教育集团化办学"校热企冷"现象问题突出。究其原因,一是内部原因,即学校与企业在参与集团化办学的动机上存在差异。学校的社会功能是人才培养、科学研究、社会服务、文化传承创新与国际交流合作,核心是人才培养,集团化办学的主要目的是通过与企业的合作提高人才供给的质量;企业是经济组织,其社会功能是通过生产、管理、流通、服务等经济活动,满足社会需要,实现盈利,集团化办学的主要动机是利益驱动与实现利润的最大化。教育的基础性、公益性和企业的短视性、趋利性使两者不具有相容性,在实施的过程中,不能同时实现双方所有的合作动机[②]。驱动力的差异与目的动机的预期实现程度,导致动力与投入的差异。二是外部原因,即激励与约束企业参与集团化办学的制度与法律不健全。纵观职业教育集团化办学相关文件,从 2005 年《国务院关于大力发展职业教育的决定》首次提出鼓励职业院校与行业企业开展集团化办学,到 2015 年教育部专门出台《关于深入推进职业教育集团化办学的意见》鼓励多元主体组建职业教育集团,政策只是停留在鼓励与提倡的层面,指导性与建议性的多,约束性与激励性的少,对企业参与集团化办学的地位、功能、作用,应该履行的义务,享受的权利,受到的保障,以及税收、财政、土地、金融等方面的支持与优惠均没有明确的规范,企业参与职业教育集团化办学的动力不足也在情理之中。

(二)内部运行机制效能不高

运行机制是指在一个组织机构的运转中,各管理要素、管理职能发挥管理效能的动态过程以及反映它们整体作用的分工与联系[③]。高职教育集团化办学内部运行机制主要是指集团内部构成要素之间的相互联系、相互制约和相互作用以及由此产生的效益与效能。我国绝大多数职业教育集团都是由学校牵头组建,其约束机制主要是通过《章程》规范,参与原则也是自愿方式,是一种松散型的合作形式,内部运行机制不畅,效能不高。究其原因,一是治理结构欠佳。部分高职教育集团缺乏长远目标,配套制度建设滞后,许多集团没有明确的考

[①] 中国职业技术教育学会.中国职业教育集团化办学发展报告(2017)[M].北京:语文出版社,2018.

[②] 周凤华.职业教育校企合作现状与运行机制研究基于对青岛市的调查[J].职教论坛,2015(13):17-24.

[③] 刘佳.辽宁省职业教育集团运行机制研究[D].沈阳:沈阳师范大学硕士学位论文,2013.

高职院校提升人才培养质量的途径与策略研究

245

核激励制度,更谈不上进入退出机制;多数集团由牵头单位长期把持主导权,集团内部的民主治理得不到保障,严重影响了集团其他成员单位的参与积极性和主动性。二是发展活力不足。松散的理事会制度是当前职业教育集团的组织形态,这种松散的组织形态自建成之日起就是一个虚妄的存在,简单的叠加使其徒有虚表,优势互补、资源共享只是摆在嘴边的时尚语句,究其原因是没有休戚与共、唇齿相依、利益制约的共同根基[①]。由于学校与企业是不同的社会组织,其组织的社会功能与价值诉求各异,在参与集团化办学的过程中缺乏一套完善的平衡各方利益诉求的分配机制,在利益分配上自然会出现分配不均、分配不合理等不公平问题。三是管理机构松散。大多数集团管理机构都是挂靠牵头单位的某一职能部门,理事长由牵头单位的领导担任,管理人员大部分都是兼职,在时间与精力上没有保障。

(三) 综合服务能力不强

经过 20 多年的实践探索和改革发展,我国高职教育集团化办学从无到有、从小到大,不断丰富、持续完善,在创新职业教育机制体制、健全职业院校治理结构、激发办学活力、优化人才培养模式、深化产教融合校企合作、推进区域经济社会发展等方面均取得了显著的成效,实现了由数量增长、规模扩张向内涵发展、质量提升的华丽转身。但在我国社会进入新时代,经济发展速度、结构与动力呈现新常态,产业转型升级加速,供给侧结构性改革持续推进、世界科技迎来新一轮变革的背景下,高职教育集团化办学的综合服务在我国乃至世界经济社会发展的能力不强。究其原因,一是职业院校与区域内行业、企业、政府的关系不够紧密,部分校企合作充其量只是结合,只是浅层次的资源组合,不能精准地瞄准当地经济社会发展的新增长点,造成职业院校的专业设置与结构跟不上产业转型升级的步伐,企业人才需求与职业院校人才供给脱节,部分学校的专业设置同质化、雷同化问题严重,开设专业不是依据产业需求,而是根据学校现有的师资与实习实训设施,不能为区域经济社会发展提供有效的人才支撑。二是职业院校不能为企业带来更多的赋能与价值,不能直接融入以企业为主体的职业、行业技术创新体系,职业院校开展的科技项目研发在企业得不到应用和推广,不能为企业提供技术技能的积累与支持。三是合作机制创新不够,成员凝聚力不强,在服务就业创业、现代职教体系构建等方面,高职教育集团化办学的规模与合力优势没能充分彰显。

---

① 丰华涛.职业教育集团化办学存在问题及发展对策研究:以辽宁省为例[J].辽宁广播电视大学学报,2016(1):22 - 24.

四、高职教育集团化办学的突破策略

(一)加强政府统筹与制度设计,发挥企业的主体作用

健全的法律保障与科学的制度设计是高职教育集团化办学健康发展的肥沃土壤与重要前提。我国职业教育集团化办学自20世纪90年代产生以来(我国首家职业教育集团始于1992年的民办北京蒙妮坦美发美容职业技能培训学校牵头组建的跨地区教育集团),随着经济社会与职业教育的快速发展,规模与数量也实现了跨越式的提升,特别是近10年,发展更是迅猛,涵盖范围更加广泛,其内生发展动力主要来自"市场无形之手"的推动。在目前内涵亟待提升的阶段,需要"政府有形之手"的积极参与,只有"双手"联合发力,才能保障高职教育集团化办学的高质量发展。

一是要运用行政手段强化统筹协调。中央与地方各级政府要将推进高职教育集团化办学作为促进经济社会协调发展与职业教育高质量发展的重要举措,纳入区域行业职业教育发展规划,突出区域和行业统筹。同时,强化各级政府有关部门的协同指导与监管,建立由教育主管部门、人社、发展改革、财政、税务、行业主管部门、职业院校、企业等部门组织代表组成的职业教育集团化办学管理机构,健全工作机制,有效解决职业教育集团化办学过程中出现的困难与问题,形成政府企业学校行业社会协同推进职业教育集团化办学改革发展的工作格局。

二是运用法律政策手段强化约束保障。中共十八届四中全会提出,法律是治国之重器,良法是善治之前提;推动高职教育集团化办学科学发展,必须坚持立法先行,发挥法律政策的引领和推动作用。应加快对我国《职业教育法》的修订,使之尽快出台。若仅从高职教育集团化办学的视角来讲,修订的《职业教育法》应明确政府、行业、学校、企业在职业教育集团化办学过程中的地位、义务和权利。尤其是对行业组织、企业在职业教育集团化办学过程中应履行的义务,做出刚性约束规定①。另一方面,要明确建立产教融合校企合作办学制度。通过国家相关法律法规在技术改进、产品更新、税收减免、政府褒奖、政策倾斜等方面对参与和支持高职教育集团化办学发展的企业、部门予以肯定和扶持,完善高职教育集团化办学发展的社会环境,调动行业企业参与高职教育集团化办

① 万成海.我国职业教育集团化办学的深层次问题与主要对策[J].襄阳职业技术学院学报,2017(2):4.

高职院校提升人才培养质量的途径与策略研究

学的积极性,充分发挥企业的主体作用①。

三是加大现有政策的落地实施。近几年,国家不断加强职业教育顶层设计,出台了系列有关职业教育的政策法规。特别是今年国务院颁布的《实施方案》与全国深化职业教育改革电视电话会议的召开,彰显了以习近平同志为核心的党中央对高职教育的高度重视,对我国职业教育大改革大发展作出部署,明确了深化职业教育改革的重大制度设计和政策举措。《实施方案》提出到2020年初步建成300个示范性职业教育集团(联盟),《意见》也明确要求鼓励区域、行业骨干企业联合职业学校、高等学校共同组建产教融合集团(联盟),科学的政策重点在抓落实,各地各校应结合实际,因地制宜、逐层细化,力求精准有效,保证政策落地落实。

(二)整合治理资源,健全管理运行机制

建立健全职责明确、制度完备、统筹有力、有机衔接、高效运转的运行机制是充分发挥职业教育集团功能的必由之路。一是以章程为统领,完善集团管理制度。依据新时代高职教育集团化办学的外部环境要求、自身发展愿景与工作实际,对集团章程进行修订完善。加强以集团章程为核心的管理制度建设,梳理、优化工作流程,完善激励与约束机制,进一步提高集团化办学的规范化与科学化水平。二是加强工作组织协调。定期或不定期召开工作年会、理事长(扩大)会议、常务理事会,总结部署、研讨交流工作;重视组织建设,加强秘书处与各成员单位的沟通和联系,及时通过多种渠道凝聚共识,协调各工作分委会的工作安排,统筹推进重点项目建设。三是强化信息互通交流。建立信息联络机制,编制发布《集团工作简报》,建好集团门户网站,实行集团联络员制度,加强沟通协调,彼此互促共进。

(三)坚持利益共享,激发集团发展活力

要想保持集体行动的一致性,就应该让集体成员能够平等分享其每一项收益。② 一是强化"利益链"纽带作用,健全集团成员单位动态调整机制。吸引更多具有竞争力的院校、行业、企业、科研院所和其他社会组织等各方面力量加入集团,保障集团蓬勃的生命力。二是服务区域产业转型升级,帮助企业解决"痛点"和满足企业需求。建立集团优势专业资源共享机制,校企合作开展产业结

---

① 李修松委员:加快修订《职业教育法》完善职业教育发展. https://baijiahao.baidu.com/s? id=1627217311964744533&wfr=spider&for=pc.

② [美]曼瑟尔·奥尔森.集体行动的逻辑[M].陈郁译.上海:格致出版社,2014.

构调整驱动专业设置与改革、产业技术进步驱动课程改革的机制研究,促进教育链、人才链和产业链、创新链的有机衔接。三是建立合作发展载体。校企优势互补,共建产教深度融合实训平台,支持升级现有共享型生产性实训基地;在政府、教育部门的主导下,集团应积极探索申请社团法人,研究借鉴市场化运作方式,在集团内单位试行建立股份制、混合所有制职业院校,以资金、知识、技术、工艺、管理等要素参与办学并享有相应权利,以"利益链"为纽带,实现校企共赢发展。

(四) 推动协同创新,提高综合服务能力

创新是社会各领域持续发展的驱动力,协同创新是职业院校与科研院所、行业产业、企业、地方政府进行深入融合,推进集团化办学高质量发展的关键举措。一是提升集团服务区域经济社会协调发展的能力。服务区域发展战略,加强校地合作、校企合作与校行合作,探索建立企业学院,为地方发展特色区域经济和企业的可持续发展提供技能技术人才支撑;推进集团成员标准化、科学化和现代化建设,整合集团各类资源,发挥优质院校、企业的引领、示范和辐射作用,实现以强带弱、优势互补、整体提升。二是提升服务促进就业创业的能力。加强调研学习,创新人才培养模式,建立校企分工合作、协同育人、共同发展的长效机制。三是加强技术技能积累创新。集聚集团优势资源,校企联合申报共建应用技术协同创新中心,提升集团科技服务能力;校企合作建设技能大师工作室,为高技能人才开展技术研修、技术攻关、技术技能创新和带徒传技等创造良好条件,推动技能大师实践经验及技术技能创新成果加速传承与推广。四是提升集团服务现代职教体系建设的能力。依托集团成员院校与企业,大力推进考试招生制度改革,以适应经济社会发展需求,促进中高职本科有效衔接,促进职业教育与普通教育、继续教育的相互贯通,推动产教深度融合、校企紧密合作、体现终身教育理念的新时期职业教育体系的构建。

高校课程与教学新业态的探索性研究

课程决策：为造就大学"金课"奠基①

皮　武②

　　教育在本质上是教师和学生以课程为中介的特殊交往活动。教师、学生和课程是教育系统的核心要素，一旦教师和学生确定之后，课程就成为影响人才培养全局的关键变量。"一所大学若没有关心到课程上来，这所大学肯定已有相当的麻木。"③因此，在争创一流本科教育的大背景下，不难理解众多有识之士痛心于大学"水课"的蔓延，并为建设大学"金课"而殚精竭虑。"金课"概念最早由教育部长陈宝生提出，在 2018 年 6 月的"新时代全国高等学校本科教育工作会议"上，他强调了大学的学业挑战度和课程的难度、深度。随后，教育部在有关文件中对各高校"淘汰'水课'、打造'金课'"提出了明确要求。不久，有学者将"金课"的标准概括为"两性一度"，即高阶性、创新性和挑战度。④ 课程成"金"或者变"水"的关键在哪里？人们在思考时容易聚焦于课程的实施环节，认为课程之"水"完全因为是教师"教"坏的缘故，"只是我们在教的过程中给它注了'水'或添了'金'，把它教成了'水课'或'金课'。"⑤实际上，"金课"的"高阶性、创新性和挑战度"是在课程的整个运作过程中反映出来的，既涉及到静态的知识经验组织，又涉及动态的教师对课程的重构与实施，它们共同决定了课程的品质。因此，发生在教师的"教"之前的课程决策

---

　　① 本文在江苏省高等教育学会 2019 年学术年会上作了专题报告。
　　② 作者简介：皮武，淮阴师范学院高等教育研究中心主任、教育科学学院教授，南京师范大学教育学博士。主要从事教育学科课程教学以及高等教育、课程与教学的基本理论等方面的研究工作，曾获江苏省高等教育教学成果一等奖、二等奖多项。出版学术专著《生成之魅：大学课程决策实地研究》《卓越教师：议题与阐释》两部，主持并完成多项省级课题研究，在核心及以上期刊发表学术论文 30 余篇。

　　③ 张楚廷. 大学与课程[J]. 高等教育研究，2003(3)：74.
　　④ 吴岩. 建设中国"金课"[J]. 中国大学教学，2018(12)：1 - 9.
　　⑤ 李志义."水课"与"金课"之我见[J]. 中国大学教学，2018(12)：24 - 29.

环节不容忽视。

一、决策环节奠定了大学课程的底色

(一) 何谓大学课程决策

一门课程只有通过运作才能发挥对人才培养的支撑作用。完整的课程运作链条应该包括课程设置、课程实施、课程评价等环节，其中，课程决策是大学课程运作链条的起始环节，"是大学为了实现人才培养目标，在一定的信息、知识经验的基础上，采用适宜的人才培养模式，从而选择一个合理的课程体系构造方案的分析、判断、抉择活动"①。可见，一种理解认为课程决策居于课程实施环节之前，主要包括课程设置及课程内容的选择。课程最终是成"金"还是成"水"，不仅取决于课程实施，也与课程决策过程紧密相关。

(二) 课程决策是影响课程品质的起始因素

课程具有不同的层次。古德莱德(J. I. Goodlad)认为存在着五种不同的课程：① 理想的课程，即由一些研究机构、学校团体和课程专家提出的应该开设的课程。② 正式的课程，即指由教育行政部门规定的课程计划、课程标准和教材，也就是列入学校课程表中的课程。③ 领悟的课程，即指任课教师所领会的课程。④ 运作的课程，即指在课堂上实际实施的课程。⑤ 经验的课程，即指学生实际体验到的东西。也就是说，一门课程从规划、设计到实施，通过与课程决策者、编制者、教师和学生之间的互动，其内涵和价值处于不断的重构过程中。但是，无论课程如何在不同的层面上被重新赋予意义，下一层级的课程从根本上源于上一层级课程的映射或解码，因此其品质高低也深受上一层级课程的影响。简言之，假如作为课程运作起始环节的课程决策质量不高，就等于向课程植入了"水课"基因，纵然在课程实施过程中教师倾力而"教"，也难以挣脱"巧妇难为无米之炊"之窘境。仅此而言，又焉能说"水课"完全是教师"教"坏的缘故？因此我们讨论"金课"建设时不可忽略对课程决策的关注。

① 皮武.生成之魅：大学课程决策实地研究[M].长春：吉林大学出版社,2013.

二、大学课程决策存在的问题

（一）决策主体：行政权力的僭越

决策主体是由权力标定的，因此，可以通过寻找课程决策权力的拥有者来确定课程决策主体。权力不仅是传统和常识意义上的宏观政治权力，它还泛指一种像毛细血管一样遍及社会生活各方面，渗透到社会结构各个领域的微观权力，其本质在于"即使面临阻力也能实现自身意图"的能力。在大学的不同群体中谁是课程决策主体？我们可以用他们所拥有的"权力指标"来衡量，比如，"谁治理"即为权力指标之一，即"权力还可以通过研究谁占据了重要机构的职位以及参与到重要的决策群体中推出来"①。从大学课程决策实践来看，课程决策权力的分布呈现从核心层到参与层再到影响层的由内到外权力逐渐递减的层级结构，课程变革的启动及变革重心完全由核心层决定，成员大致是分管副校长、教务处长（副处长）、二级学院院长（副院长）、专业负责人等，课时、学分、课程体系框架甚至会在更小的范围内被确定。容易看出，行政权力是他们得以进入课程决策核心层的关键原因，即使考虑到决策承担者需要学术上的权威，也是那些同时兼有学术权力和行政权力者具备优势。而大学课程的其他利益相关者，如教师、学生、行业官员、用人单位主管等，因为远离行政权力，尽管也可能参与到课程决策中来，也只能作为课程决策的参与层或者影响层。到底何人能够参与，能否有通畅的利益表达渠道，他们的意见能否被采纳，从根本上缺少刚性的制度性安排，完全取决于核心决策人的意志。至于家长、社会精英、新闻媒体、社区，他们在中国大学课程的决策实践中作用甚微。

（二）决策过程：非理性因素的冲击

在完全理性主义决策理论中，决策行为被抽象化为按最大化原则实现个人目标的理性选择过程。比如在课程领域，泰勒的课程决策理论就显示出典型理性主义特征，注重逻辑的精美和思维的严密。然而组织决策的实际过程基本上并不会达到这样的理想程度，"人类理性、较之它作为探索特定的局部需要和问题的工具而言，远不足以成为构造和预测全世界系统的一般均衡模型"②，因此，

---

① ［美］威廉·多姆霍夫.谁统治美国：权力、政治和社会变迁［M］.吕鹏，闻翔译.南京：译林出版社，2009.
② ［美］赫伯特·西蒙.现代决策理论的基石［M］.杨砾，徐立译.北京：北京经济学院出版社，1988.

美国著名的管理学家西蒙提出了有限理性决策模式,承认人类理性是有限的,人们进行选择的原则往往不是"最大化"而是"满意"。然而,在大学课程的实际决策过程中,连这种有限理性也不断受到冲击。一位大学校长曾在专家报告中举例,自己学校的学生跟他反映计算机课程内容非常陈旧,已与现实完全脱节,他找来计算机学院院长查问,院长解释,有位老师快退休了,只能上这个课,所以就安排了,打算等他退休再改。显然,这样的课程无疑在浪费一批学生的宝贵学习时间。今天在实际的大学课程决策中,各种因人设课、因事凑课的现象并不鲜见,课程体系的构建掺杂了"人情"和"关系"的因素,使得决策常常偏离理性目标,不难理解,经由这种原因植入大学人才培养方案的课程大概率会沦为"水课"。

(三) 决策空间:构建过程的随意化

有学者曾给出大学决策公共空间概念的描述性定义:"所谓大学决策公共空间,指的是大学这种特殊而复杂的社会组织之中,在涉及学校发展、愿景目标和重大事务等组织决策过程之中建构起来的让广大师生尽可能参与决策、讨论决策,最终可能影响决策的一个民主对话、互动交流、博弈协调的组织平台、运行机制和公共理念。"[①]笔者在此处提及的决策空间指的是决策问题得以讨论的实际范围,也即公共决策研究中所谓"问题网络"的活动部分。"问题网络"是美国政治学家休·赫克罗提出的概念,意指一些飘忽不定、无影无形的组织结构,"包括经常出没于网络中的众多参与者,公共官员、利益集团的代表、政治活动家以及来自大学、研究组织等机构的技术、政策专家"[②]。在这一意义上,问题网络相当于上文所描述的大学课程决策主体的完整层级结构。但是,在某一特定时刻,整个问题网络中一般只有一部分处于活动状态,此局部区域可称之为"决策空间",问题网络中到底哪一部分被优先"激活",取决于决策核心层的意志。总体而言,课程决策的主导者越来越关注扩展课程决策空间,比如在校内会通过座谈会、访谈、问卷调查的方式征求相关部门、教师、学生等对课程变革的意见,也会通过类似的形式收集行政部门、行业协会、用人单位、校友们的建议,还会通过课程方案审议的方式了解校外同行及专家的意见,以追求决策意见来源的多样化。但是,由于没有在对课程决策空间进行理论上的探讨,也没有明确具体的实施细则,选择哪些单位和个人参与到课程决策事务中来,基本上还是

---

① 龚波.中国大学组织决策过程研究[M].北京:北京师范大学出版社,2011.
② [美]詹姆斯·E·安德森.公共政策制定(第五版)[M].谢明,等译.北京:中国人民大学出版社,2009.

由大学课程核心决策者凭个人经验和喜好决定,导致决策空间构建的随意化。

(四) 决策评价:似有似无的虚拟图景

比较而言,即使课程评价得以开展,也主要是总结性评价,即当课程计划实施一段时间后,会对课程的运行效果进行整体上的判断。而旨在通过了解课程实施过程中表现出来的问题,以便对课程进行及时修正的评价并不常见。更为严重的是,即使是实际开展的课程评价,其声誉和效果也并不令人信服,而且这种评价往往不涉及对课程决策过程本身的评价,而从理论上说,课程决策评价是一个完整的课程评价所不可缺少的重要组成部分。

在课程运作的全过程中,课程决策评价常常被选择性遗忘。其原因大致有以下几个方面:第一,因为不再需要课程决策评价的"表演性"而被忽视。课程决策往往是在对旧有课程体系的无情批判氛围中隆重登场的,甚至被当作工作"创新"的重头戏上演,其本身就含有"象征"式决策的成分,具有为改革而改革的"表演性",这样即使不经评价所需要的效果已经产生,不再需要决策评价再来烘托气氛,因而很容易被忽视。第二,因为课程决策评价"政治性"而被回避。所有的评价都具有"政治性"。"政治——常常是那些最为直率的政治活动——包围着所有政策评价"[①],课程决策评价同样如此。因为决策总是由少数人作出的,决策评价的结论与决策主体的利益和声誉紧密关联,特别是当决策正在进行或者刚刚结束,人们更容易意识到决策和某个特定的人或群体的紧密关联,为了避开可能的人际关系风险,大多数人都会对评价采取回避策略。第三,因为课程决策评价成本较高而被取消。决策评价的专业性很强,只有花费较长的时间、智力和财力成本才有可能得到高质量的评价结果,这一点往往会浇灭掉大多数管理者的评价热情。因此,大多数的课程决策存在两种命运,一是没有受到评价;二是得到的只是粗略的评价,其结果也往往是"预设"的,在本质上属于"虚拟性评价",已经失去了评价是为了决策修正或终止的初心。

三、完善大学课程决策的基本策略

教育本质上是一种政治行为,课程决策本质上就是一种政治决策,必然需要有某些固定的决策规则——关于制订规则的规则,主要包括权力分配与程序法规。在利益多元化时代,决策过程的任何单向控制都会受到其他各方利益主

---

① [美]弗朗西斯·C. 福勒. 教育政策学导论(第二版)[M]. 许庆豫译. 南京:江苏教育出版社,2007.

体的抵制而很难获得真正的成功。就大学课程决策来说,要协调好课程利益冲突,均衡权力配置、规范决策程序、强化决策评价是最重要的三个着力点。

(一) 凸显利益相关者的课程决策主体地位

大学是一个典型的利益相关者组织,不同利益相关者对大学有着不同的利益诉求,而"大学的目标应当是实现所有利益相关者的整体利益最大化……否则就会顾此失彼"[①]。大学内部课程决策权力的层级分布一旦超越必要的限度,必然导致决策失灵,大学各相关利益方的课程利益失衡。根据利益的差别,可把大学内部团体分为三大权力主体:教师、管理人员和学生,从而相应派生出三种权力类型,即学术权力、行政权力和学生权力。均衡大学内部的权力配置,是实现大学"内部利益相关者"教师、管理人员和学生利益的前提。当前,在大学权力的实际运行中,存在着两种显而易见的弊端,即行政权力泛化和学生权力被忽视。要实现大学内部权力配置的均衡:一是要遏止行政权力泛化的趋势,重振学术权力,尊重学生权力;二是要合理划分不同决策内容的权力介入类型及程度。比如课程决策事务专业性较强,学生又是课程"消费者",在以生为本和人才培养个性化的背景下,显然就应由学术权力主导,并且学生群体应有较大的参与度。长期以来,人们以教师为代表的学术权力主导课程决策已经逐渐取得共识,而对于学生参与课程决策却始终意见不一。美国政治家沃尔夫(R. P.Wolff)宣告的那样:既然所有政府的合法权力都来自被统治者的同意,那么所有与学生有重要关系的决策都应该征求学生的同意。笔者认为,权力共享是当代课程决策的趋势,大学以培养人才为中心,学生是大学最重要的利益相关者,课程是人才培养的关键载体,学生理应拥有合理的决策参与权,所要加强的只是操作性层面的制度设计而已。

(二) 坚持大学课程决策制度设计的应然价值取向

目前大学进行课程决策,大多采取自上而下的垂直驱动方式,工作轰轰烈烈,却很难形成制度化的积累,原因在于缺乏规范化的课程决策规则。在大学内部,如果课程权力缺乏有效的制衡,制度化主体对自身利益的无限制攫取,必然导致功能性主体的缺位,导致课程权力分配的单极化。因此,必须坚持民主化、科学化、制度化的价值取向,进一步规范课程决策的制度设计。一是强化课程决策的民主化。在教育决策过程必须充分重视决策主体中所有成员的意见

---

① 李福华.利益相关者视野中大学的责任[J].高等教育研究,2007,(3):50-53.

和判断,尽可能使所有利益相关者都有机会以适当的形式参与决策过程,并根据最能反映民意的规则做出决断。为此,首先要保持参与者适当的数量与参与程度。因为"公共利益可以通过群体最大限度地参与决策来体现"①。同时,要思考参与是否得到了认真的重视。所有的大学课程的决策主体的利益、愿望和要求都应该享有平等的表达机会,在决策过程中得到平等的考虑,并内在地在决策结果中得到平等的体现。另外,实现课程决策民主化,还必须做到决策的公开化。从信息的角度,课程决策过程就是一个信息发送、接收和处理的过程,只有课程决策的相关信息能够及时公开地为相关利益方所获取,他们才能积极参与课程决策过程并对决策过程实施有效的监督。二是强化课程决策的科学化。课程决策中广泛的民主参与也有其自身的局限性,如制度成本高,群体参与容易产生目标偏离和导致责任缺失等,使得最终决策结果并非是最佳选择。所以,在遵守决策民主化的同时,应坚持和强调决策的科学化,把构建合理的决策机制作为决策科学化的关键。具体来说,要构建纵横有序的课程决策层次体系,因为课程决策不是少数精英主导的"顶层设计",而需要决策空间的广泛延伸并激活。在纵向上,构建纵向到底横向到边的立体化决策体系,在横向上,学校内部实现党政的合理联合与分权,行政权力和学术权力的均衡,保障学校学术决策程序的规范和科学,同时也能推动行政决策的科学化。另外,决策体系的横向延伸还包括延伸至校外的决策咨询机制。三是强化课程决策的制度化。要使决策的科学化和民主化从理念层面进入实际操作层面,不能简单地依赖于决策者的道德水平和智慧水准,而是要靠制定和完善各种制度,发挥制度所具有的刚性规范和约束功能。当前在大学课程决策过程中,要建立公众参与、专家论证和集体决断相结合的决策制度,关键是强化决策主体的多元化,实现决策运行机制的完备化以及实行分层和分类决策。

(三) 积极发挥决策评价的保障作用

众所周知,当前国际范围内大学的改革措施层出不穷,我国大学的"战略""工程"之类的名堂也花样繁多,但效果却饱受质疑。日本学者矢野真和曾怀疑,"现在的大学既没有进入'改革'的时代,也不是处于'评价'的时代,而是处于'混乱'的时代"②。怎样保证我们的大学课程决策是"改革"而非"混乱"呢?其关键在于真正发挥课程决策评价的保障作用。

一般的政策评价或评估只专注于政策的结果或后果,而本文把课程决策看

---

① 祁型雨.利益表达与整合——教育政策的决策模式研究[M].北京:人民出版社,2006.

② [日]矢野真和.高等教育的经济分析与政策[M].北京:北京大学出版社,2006.

成是大学课程运作完整链条中的起始环节,所以评价并非仅仅是针对结果而言,而重在对课程方案进行价值分析、可行性分析和后果预测分析。实际上课程决策过程中往往已经穿插着评价性质的工作。比如,课程方案的每一次修改往往要召开不同类型的座谈会,广泛征求相关人士的意见,方案定稿前要进行审核答辩,等等,这些工作的性质实际上就是课程决策方案的评价。不过,由于这种决策评价还远未达到程序化、专业化和制度化,一些参与者并不完全清楚决策背景,对决策结果也不用明确负责,因此评价效果难以保证,长期被忽视的课程决策评价是制约课程决策水平的一个瓶颈。没有评价,不能鉴定成效,也就难以分清责任,也就任何人都能根据一时需要而草率进行评价,而且可以做出任何倾向的评价。当前,亟须把课程决策评价当作课程决策领域一个重要方向加以研究,并尽快在评价者、评价对象、评价标准、评价方法等重点方向取得实质性成果。

哈罗德·拉斯维尔(Harold Laswell)曾说,人们发现,在任何给定的时期,所有大型社会中的决策权都典型地掌握在若干少数人的手里。这一论断至少在课程决策方面同样符合当前中国大学的事实。大学内部权力的层级分布塑造了不同份量的课程决策主体,核心决策层往往掌控着课程决策的全过程,课程决策运作表现为以行政权力为主导,学术权力虽然逐渐受到重视,但仍然具有较多的依附性,而作为课程主要消费者的学生的决策权力往往被忽视。总之,要消灭大学"水课",让"金课"不断涌现出来,不仅要关注课程的实施,也要重视大学课程的决策环节,并在决策主体、决策程序和决策评价方面综合施策。

应用型大学在线开放课程建设的路径选择

汤三红　　周朝英[①]

近年来,令人耳目一新的在线开放课程在许多国家和地区迅速兴起,同样,在我国也是发展迅猛,给我国高等院校教育教学改革带来了机遇,并已取得了显著成效。然而,当下我国高等院校在线开放课程建设发展还不平衡,特别是应用型大学[②]在线开放课程建设明显滞后。为此,本文试图在简要评析我国高等院校在线开放课程建设发展态势的基础上,着重就我国应用型大学在线开放课程建设的问题与原因以及应对之策等进行初步探讨,以期对我国应用型大学建构高质量的在线开放课程体系有所裨益。

一、发展迅猛:我国高校在线开放课程建设的基本态势

在线开放课程是指以共享优质课程资源为目的,采取互联网技术与信息化课程相融合的形式,让学生在线进行自主互动学习的一种大规模、开放性新型教学模式。在线开放课程也称慕课(Massive Open Online Course,英文缩写"MOOC"),即大规模在线开放课程。实践证明,在线开放课程有助于彰显现代高等教育教学规律和思想,有助于展示教师先进的教学理念和方法,有助于学习者进行自主性互动学习。与传统的网络课程相比,新型在线开放课程具有实现学生从被动接受教师传授知识到学生能够主动参与教学活动等诸多特点。

基于此,我国教育部秉持开放、包容、务实的态度,密切关注国际上在线开放课程的快速发展状况,组织开展我国在线开放课程建设与高校教育教学改革大讨论,并于 2015 年 4 月 28 日专门出台《关于加强高等学校在线开放课程建设应用与管理的意见》,以推动我国在线开放课程走上"高校主体、政府支持、社

---

① 作者简介:汤三红,江苏警官学院治安管理系教授,主要研究领域为公安交通管理学、公安执法、公安教育等;周朝英,江苏警官学院治安管理系副教授,主要研究领域为心理学、公安教育等。

② 应用型大学即应用型本科院校。2002 年,教育部高教司在南京工程学院召开应用型本科人才培养模式研讨会,会议纪要首次正式使用"应用型本科院校"概念。

会参与"的积极、健康、创新、可持续的中国特色良性发展道路,该意见特别强调,到 2020 年,我国将认定三千余门国家精品在线开放课程。① 可以说,该意见不仅确定了高等学校在线开放课程建设的基本目标,而且明确了高等学校在线开放课程建设的基本政策,是我国高校在线开放课程建设的重要依据。近年来我国高等院校,特别是许多研究型综合大学,积极开拓创新、大胆借鉴、兴利避害,大力开展在线开放课程建设。目前已建成许多优质的在线开放课程上线运行并取得良好的教学效果。2018 年 1 月 15 日,教育部召开新闻发布会,首次正式推出了 490 门国家精品在线开放课程;2019 年年初又推出了 801 门国家精品在线开放课程。与此同时,一些高水平高校、企业等社会组织还积极探索建设多种类型的在线开放课程平台。例如,"爱课程网"的"中国大学 MOOC"、清华大学的"学堂在线"、上海交通大学的"好大学在线"以及许多高校、互联网企业开发的各种类型大规模在线开放课程平台均已陆续启动运行。这一切为建构具有中国特色的在线开放课程体系,促进教育观念更新和教学模式转化,推动高等教育教学改革和教育教学质量再上新台阶具有重要的促进作用。

近年来,作为我国高等院校重要组成部分的新建本科院,为培养高素质应用型专门人才,勇于改革创新,实现转型发展,也积极参与在线开放课程建设,并取得一定成效。2017 年 3 月 29 日,经组织申报评审、结果公示,江苏省教育厅发文首次确定了 442 门在线开放课程为江苏省高校立项建设课程。而这些立项建设的课程中有不少是应用型大学申报的,例如,江苏警官学院就有两门课程(即《警务英语》和《道路交通管理》)被批准立项建设,这两门在线开放课程在学院领导的关心下,经过课程教学团队教师的共同努力,全面完成了各项建设任务,并于 2017 年 9 月正式上线运行并分别开课四次,取得了良好的教学效果,特别是《警务英语》课程还被教育部认定为 2018 年国家精品在线开放课程。

二、运行低效:应用型大学在线开放课程建设的问题与原因

尽管应用型大学在线开放课程建设也快速发展,但相比于那些研究型综合大学,应用型大学在线开放课程建设普遍滞后。当下应用型大学在线开放课程面临的主要问题:一是应用型大学在线开放课程的数量少。据笔者了解,尽管在线开放课程几乎涉及所有高等院校,但真正深度进行在线开放课程建设且已形成一定数量的,主要是一些研究型综合大学,而许多应用型大学在线开放课

---

① 《教育部关于加强高等学校在线开放课程建设应用与管理的意见》(教高〔2015〕3 号). 参见 http://www.gov.cn/xinwen/2015 - 04/28/content_2854088.htm.

程建设都还是刚起步,上线课程的数量很有限,不少高校也就一二门课程。二是应用型大学在线开放课程的质量偏低。应用型大学在线开放课程的质量偏低,通常会通过点击率不高、在线交流互动不足等方面表现出来,之所以如此,主要是因为应用型大学存在诸多制约在线开放课程建设的不良因素,因而直接影响了课程的后续运行质量。

从客观上分析,一些应用型大学在线开放课程建设确实存在一定难度,优势不多。总体而言,当下我国应用型大学已占我国高等院校的"半壁江山",数量多且充满活力,服务地方社会经济事业是其办学的主要目标,注重学生动手操作能力和应用能力是其基本的人才培养定位。但是,由于应用型大学办学时间普遍不长,特别是许多地方性新建本科院校,本科的办学历史较短,因此,它们在办学条件、人才培养能力等诸多方面与研究型综合大学相比存在明显差距,例如,教师队伍的学历、职称偏低且结构不尽合理,优质教学资源匮乏,教学条件薄弱等诸多问题。

从主观上分析,当下一些应用型大学的不少教师乃至管理者不同程度存在着先进教学理念缺失,对在线开放课程认识不足的问题。由于我国高校传统教学模式面对的是特定群体,有着特定的时空限制,实践证明,这些特定的群体、特定的时空限制会直接影响教师对高等教育新思想、新技术的敏感度和关注度,特别是对"慕课"这类将传统课堂教学活动转移到互联网上,在任何地点、任何时间都可以进行教学活动,让学习者在虚拟环境下自主学习的新型教学模式,相当一部分人认识不足,关注甚少,更有一部分教师固守传统的教学模式,对"慕课"等新型教学模式内心存有较强的"抵触"情绪。[①] 相比于研究型综合大学,应用型大学的这种"抵触"情绪更是普遍存在。与此同时,一些应用型大学在线开放课程建设存在制度供给不足,缺乏必要的激励机制等问题,使得不少教师主动参与在线开放课程建设的动力不足、积极性不高。

笔者认为,我国应用型大学在线开放课程建设之所以滞后,与其理论研究不足不无关系。尽管近年来针对在线开放课程建设问题进行研究的人员越来越多,其研究成果的数量也快速增长,例如,据笔者查阅中国知网,在"篇名"栏目下,以"在线开放课程"为关键词进行查阅,发现2010年仅有1篇、2011年仅有3篇,而2017年、2018年已分别达138、258篇,2019年1月至8月中旬已达171篇,但是,通过对这些文献进行进一步查阅分析后会发现,许多文献资料要么是针对在线开放课程建设进行的一般性研究,要么是针对一些研究型综合大

---

① 吴钟鸣,陈小虎,冯年华.应用型本科高校在线开放课程建设的思考与实践[J].中国大学教学,2016,3(58).

学在线开放课程建设进行专门性研究,而针对应用型大学在线开放课程建设的研究成果并不多,应用型大学在线开放课程不仅研究的论文数量偏少,而且理论研究成果的质量也不够理想。总体来看,目前我国关于在线开放课程的理论研究未能对应用型大学在线开放课程建设提供科学、有效的理论指导,应用型大学在线开放课程建设的理论研究还具有很大的发展空间。

三、多维发展:应用型大学在线开放课程建设的基本路径

面对在线开放课程建设的存在问题,应用型大学必须秉持改革创新的基本理念,不断转变观念,消解抵触情绪,在此基础上多维度地积极探讨应用型大学在线开放课程建设的基本路径。

(一) 理性应对,走融合发展之路

不论是支持,还是抵触,大规模、多元化在线开放课程建设的汹涌浪潮对应用型大学带来的变革是毋庸置疑的。这种变革主要表现在以下两个方面:

一是,应用型大学将面临课程建设方向和侧重点的改革调整。面对精品在线开放课程数量的持续增加和运行效果的不断显现,应用型大学传统的以课堂教学为核心的课程建设方向和侧重点必将进行改革调整:一方面,对一些基础类、通识类课程,将弱化、消减其传统的课堂教学而强化新型的在线教学;另一方面,那些具有地方性、行业性的特色专业课程将成为应用型大学课程建设的重中之重课程。

二是,应用型大学的教师队伍可能面临分化。基于在线开放课程的快速而广泛的应用,应用型大学的教师队伍可能分化为传统课程教师与在线开放课程教师。传统课程教师将仍然采取有限的课堂教学模式实施教学(含实验和实训),而在线开放课程教师将主要承担对本校的特色性专业课程进行在线课程的制作、更新,以及承担在线开放课程运行时的教学管理、辅导答疑、交流互动、教学考核等在线课程的组织实施工作。[①]

任何事物都具有两面性,应当说大规模在线开放课程的建设浪潮给应用型大学带来的这一变革,既是挑战也是机遇。那么,当下究竟如何应对这一变革?我们认为,采取传统课堂教学与在线开放教学相融并存的混合式教学模式,将可能成为应用型大学教学模式变革的理性选择。

---

① 田勤思,曹杰,黄志玉,何小松.应用型本科院校在线开放课程建设与改革的策略研究[J].重庆科技学院学报(社会科学版),2016,11(110).

高校课程与教学新业态的探索性研究

从在线开放课程的应用程度分析,在线开放课程主要可分为辅助性在线学习课程、混合性在线学习课程、独立性在线学习课程三大类。一是辅助性在线学习课程。它以传统课堂授课为主,学生在线自主学习为补充,经传统考核方式获得学分的课程。二是混合性在线学习课程。即学生按照教学计划在线学习课程教学内容,在此过程中教师再利用传统课堂组织学生答疑交流等方式进行教学的课程。三是独立性在线学习课程。即学生不再需要参与传统课堂上听课,而是完全通过在线自主学习的方式完成所有学习任务的课程。学生不仅可以在线完成作业、参与讨论交流和教师答疑,而且可以在完成线上学习任务后,通过参与线上、线下、线上线下相结合等考核方式来取得学分。

由于在线开放课程还处于发展的初级阶段,因此,应用型大学应坚持新型在线开放课程教学与传统课堂教学相融合的建设发展路径。笔者认为,当下我国应用型大学在线开放课程建设应重点选择辅助性在线学习课程、混合性在线学习课程,随着条件的逐渐成熟加大独立性在线学习课程的比重。总而言之,应用型大学要提升自身的教学质量、提高学生的学习效果,就必须顺应现代信息社会的发展趋势,基于课程的不同特点变革传统的教学模式,走融合建设发展之路,实现传统课堂教学和在线开放课程教学两者的优势互补。

(二)凝心聚力,走内涵发展之路

借用形式逻辑关于概念的内涵与外延两个基本特征,学校的发展包括内涵发展和外延发展两方面。就应用型大学在线开放课程建设而言,内涵发展可从以下几方面展开:

一是,强化在线开放课程教学团队建设。为推动在线课程建设工作的有效开展,应用型大学应充分发挥在线开放课程教学团队的集体智慧,做到分工明确、优势互补、各司其职,必须以课程为基础设置教学团队,遴选高水平团队带头人全面负责在线开放课程的规划与建设,由课堂教学经验丰富的教师负责在线开放课程的具体制作,由较高信息化水平的教师负责在线开放课程的技术保障,其他教师按照要求参与线上与线下学生的学习指导。

二是,加强日常管理与教师培训。一方面应用型大学应重视对在线开放课程教学团队的管理,配备专门人员,强化日常教学管理,确保在线开放课程的正常运行;另一方面应用型大学应鼓励应用型大学教师参与现代信息技术等业务培训,以提升教师信息化素养和应用大数据技术实施教学的意识和能力。

三是,完善绩效考核机制。事实上,教师不论进行课程的具体制作,还是承担课程的具体实施,其工作量均大大超出传统课堂教学的工作量。因此,为充分调动应用型大学教师进行在线开放课程建设的积极性,有关行政教育主管部门和学校应强化制度建设,出台相关制度保障在线开放课程建设的顺利进行。为进一步激发教师参与在线开放课程建设的内驱力,学校应将在线开放课程的建设与运行作为学校教学改革的重点项目进行扶持,项目建设成果应作为教师评优晋职的重要指标之一。

(三)立足自身,走特色发展之路

应用型大学应当努力建设符合应用型专门人才培养目标的在线开放课程,并逐步培育和形成符合应用型大学自身特点的在线开放课程体系,为此,应用型大学建设在线开放课程必须立足自身特点,走特色发展之路。地方性、实践性是应用型大学的基本特点,因此,应用型大学在进行在线开放课程建设时应当以此为切入点,从自身实际出发,围绕应用型人才培养目标,注重通过传授实践性教学内容为地方社会经济事业发展服务;注重通过实践性教学环节、教学方法和教学手段培养学生的实践能力;注重通过选择能够充分体现学校实力、具有地方或行业特色的优势课程进行重点建设、优先建设。

(四)开放合作,走协同发展之路

应用型大学进行在线开放课程建设应秉持开放合作的基本理念,合理利用外部资源,采取多种方式进行相互交流借鉴,合作共建,共同推进在线开放课程建设。为此,一是强化优势互补,应用型大学之间可积极推动成立应用型大学在线开放课程建设联盟。通过建立校际联盟,清晰界定各院校之间的协作关系,例如,在院校联盟内部建立完善的学分互认机制,以提升应用型大学上线课程总量、选课率和课程教学质量。二是充分利用研究型综合大学的优势资源带动应用型大学在线开放课程建设的快速发展,应用型大学也可以有选择地与一些研究型综合大学成立校际在线开放课程建设联盟。三是进一步拓展学习者的范围,应用型大学可强化与相关社会组织的协作共建,使在线开放课程不仅面向在校大学生,而且面向广大的社会学习者。

"互联网+"时代基于 OBE 理念的
混合式教学研究

——以生物化学课程为例

董玉玮①　邵　颖　李　文

近年来,随着国内外对在线开放课程的开发应用和研究不断深入,在线开放课程学习走向后 MOOC 时代。哈佛大学、麻省理工学院等全球顶尖名校以及我国许多高校都已利用线上课程学习资源开展线下面对面授课的混合式教学,探索在线教学的入口和与线下对接的问题②。混合式教学能够借助技术(互联网、移动客户端、课程内容)对在线开放课程功能进行倒置,从而引发传统教学结构的变革,改变传统授课"一言堂"的局面,实现个性化教学③。

2013 年,我国加入了《华盛顿协议》,成为该协议签约成员,这标志着具有国际实质等效的工程教育专业认证的帷幕在我国已经拉开。工程教育专业认证遵循一个基本的理念,即持续改进。这种理念对引导和促进混合式教学改革、培养高质量工程教育人才至关重要。目前国内尚缺少基于持续改进的生物化学混合式教学的系统研究。

"互联网+"时代的在线开放课程混合式教学是有效提升学生学习效果的较好方式④。本课程团队以《生物化学》课程为实践对象,通过合理利用互联网手段,探索适用于应用型本科院校的在线开放课程混合式教学模式和持续改进策略,灵活应用多种教学方式如翻转课堂、讨论式、启发式和互动式相结合、教学平台与课堂教学、专业教育和实际应用相结合、翻转课堂和能力培养相结合等,形成了基于成果导向教育(Outcome based education,OBE)理念的混合式

①　作者简介:董玉玮,博士,徐州工程学院副教授,研究方向:在线开放课程建设与混合式教学。

②　张成龙,李丽娇,李建凤.基于 MOOCs 的混合式学习适应性影响因素研究——以 Y 高校的实践为例[J].中国电化教育,2017,(4):60-66.

③　郭庆梅,宋艳梅,万鹏,等.《药用植物学》混合式教学模式改革的研究与探索[J].中国实验方剂学杂志,2017,(16):4-7.

④　王萍霞."互联网+"时代高校思想政治理论课混合式教学模式探析[J].广西社会科学,2017,(4):211-214.

教学模式,基本形式见图1。其核心是:① 创新性提出历时性学习法,结合导学图、学习任务单等资源,培养学生具备系统、工程、实践与科技进步的观念;② 线上设置前沿进展、考研专栏,拓宽学生国际视野,提高文献阅读能力,设置典型例题,增强学生应用能力,引入科学家治学精神,将人文思政蕴含于知识点中,设立复杂工程问题模块,差异化设置必做和选做区,拓宽学生解决问题能力;③ 线下设置课前检测和月度测验,量化翻转课堂成绩评定,提高学生掌握基础知识和解决复杂问题的能力,凸显应用型高校人才培养特点;④ 采用问卷星发放调查表,建立学生评价;⑤ 根据督导组、校外专家意见,建立同行评价。按照工程认证要求,建立支撑毕业要求指标点的自我评价(达成度评价)。

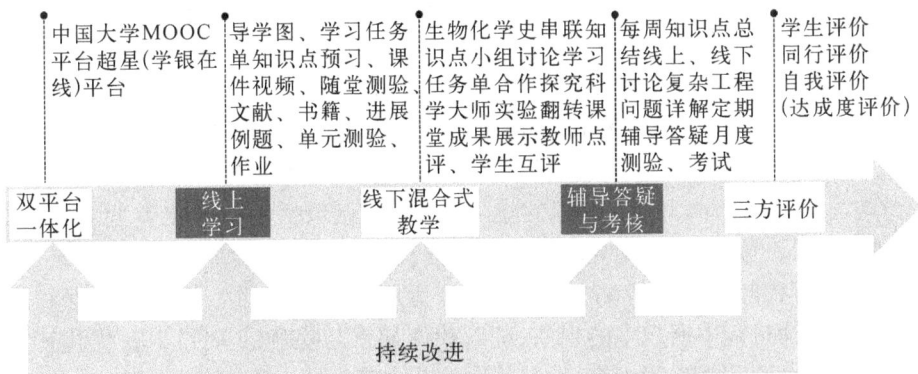

图1 基于 OBE 理念的生物化学课程混合式教学模式

一、依托在线开放课程平台,创新混合式教学

(一) 平台基本构成要素

在教学理念上,坚持"大应用观"强化应用型人才培养。以知识传授、能力培养、实践教育三位一体的教学模式,运用现代教育技术和手段,培养学生具备良好的专业素养和综合素质,拥有运用知识分析解决实际问题的能力[①]。建设的《生物化学》江苏省在线开放课程,基本框架包括课程简介、教学大纲、教学时间安排、知识重难点、相关推荐材料等内容。知识点以 8—20 分钟的微视频片段和多媒体课件为主,穿插随堂测验、作业、习题等,学习周期中还包含讨论、交

---

① 时春风.基于微课的应用型本科"翻转课堂"教学模式探索与实践[J].教育现代化,2016,(14):735 - 741.

流互动、作业互评、在线考试等教学环节,让学习者突破了学习的时间与空间限制,实现不同时空的人群在同一平台学习,充分发挥学习者的自主性和能动性,保证了在线教学的质量①。

(二) 差异化设置知识点

本课程知识点设置体现应用型本科院校特色,总体原则是:降低结构生物化学比重,弱化分子生物学内容,以区别高层次、综合类院校;强化代谢生物化学地位,突出食品科学与工程专业类专业属性,有利于后续专业课程学习,以区别生物类专业院校;控制总学时数量,教学时长和难度适中,能够满足、适应同等层次同等水平学习者的需要,使学习者在本课程考核合格后就能掌握必备相关专业知识用于后续学习与工作中。知识点选取原则为:① 适当降低结构生物化学比重,重点介绍氨基酸、肽、蛋白质、核酸、酶的结构、生理功能;蛋白质、核酸一级结构与高级结构的关系;蛋白质物质结构与功能之间的关系。② 侧重代谢生物化学内容,以有利于食品科学与工程专业食品微生物学、食品化学、食品营养学、食品毒理学等后续课程的学习,教学重点包括生物氧化类型、作用机制;糖酵解、三羧酸循环、糖异生和脂肪酸 β-氧化、脂肪酸合成、氨基酸分解、核苷酸合成等代谢途径关键酶及生理意义,运用结构和代谢生物化学原理和方法,理解生命过程中所发生的现象、理解代谢异常与疾病的关系。③ 优化知识点内容,整合酶和维生素内容,拆分代谢调节内容至四大代谢各个章节。

(三) 历时性角度开展混合式教学

一方面利用在线开放课程平台,在线下潜心实践常规混合式教学,通过创新教学方法,组织学生参与交流、讨论,以现场答疑、互动的方式解决学习中的疑难问题,让学生拥有学习的自主权和参与权,实现"以学生为中心"的工程教育理念。另一方面探索并创新混合式教学,从历时性角度,以生物化学史和科学大师经典实验串联线上平台知识点,无缝对接线上线下学习,由学习者根据混合式教学课程大纲(表1),以小组形式在课堂上合作探究并再现生物化学经典实验过程,加深对知识点的理解,避免传统混合式教学中学习者讲解时,对知识点的简单复述,使学习者自我锻炼生物化学逻辑思维能力。查阅的资料不同于传统教学中的参考教材,而是主要以经典书籍、文章的形式呈现,可读性很强,如托马斯·哈格的《20世纪的科学怪杰鲍林》、詹姆斯·沃森《双螺旋》、郭保

---

① 石玲.SPOC模式在高校教学中的应用——以工程图学课程为例[J].黑龙江高教研究,2016,(11):164-166.

章的《20 世纪化学史》等,其目的是激发学生学习兴趣和主动性,拓宽知识面。按照布鲁姆教育目标分类体系,设置半任务、半开放式问题,融入课程思政内容,全面提升学生综合能力。

表1 混合式教学课程大纲(部分知识点)

知识单元	线上知识点	知识与能力学习(数字对应布鲁姆教育目标分类体系等级)	人文思政	查阅资料	混合式教学形式和学时		
					线下教师授课	线下翻转课堂	线上自学
蛋白质化学	氨基酸的两性解离	理解:如何计算半胱氨酸的等电点?应用:酸性、碱性氨基酸等电点计算有什么简便方法?	毛泽东在《矛盾论》中谈到:"世界上一切事物无不具有两重性。"氨基酸就是一种具有酸碱两性的化合物,这种特性对于生物体有什么作用呢?请预习1.2氨基酸的两性解离。	全俊《在炼金术之后:诺贝尔化学奖获得者100年图说》中关于弗雷德里克·桑格的介绍。	1		
	氨基酸的化学性质	理解:Sanger 试剂有什么作用?应用:弗雷德里克·桑格的故事对你有什么启示。分析:外层空间陨石含有的左旋氨基酸多于右旋,而地球生物只用左旋者,是巧合吗?	历史上两次获得诺贝尔奖的人少之又少,弗雷德里克·桑格就是其中之一,而且是两次在同一领域——化学方面获得诺贝尔奖,今后可能很难再见到了。他曾经奋斗十年研究并发明了氨基酸测序技术,他说:"每个人都在寻找真理,但是我们需要一些能证明它是真理的证据。"请预习 1.3 氨基酸的化学性质。		0.5		

二、开展比较教学研究,打造混合式教学"金课"

按照混合式教学"金课"的"两性一度"标准,在校内开展混合式与传统教学比较式研究,获得了富有价值的实践结果。① 高阶性:建设适用于应用型本科高校的混合式教学模式。突出代谢生物化学地位,有利于食品科学与工程专业类

高校课程与教学新业态的探索性研究

其他专业课程学习,以区别医学类专业院校。为零散知识点设立导学图、知识难点课件设立 key map,突出整体观,提高学生综合分析问题能力;重要知识点以动画视频、课件图示呈现,易于掌握;设置优秀学习成果展示、前沿进展、英文文献阅读与选做等教学环节,拓宽学生视野,形成积极向上的学习氛围。② 创新性:运用历时性教学法引入科学大师研究历史,结合线上设置的启发式讨论题和每周总结,将人文素养蕴含于每个知识点的学习中,培养学生素质全面发展。应用翻转课堂,增强团队意识和表达能力。教学安排上,学生在线上学习知识点内容,完成随堂测验、单元作业等内容;线下男生、女生搭配分组合作,每组 5—6 人,探究学习任务单,根据知识点问题开展翻转课堂教学,教师现场点评,教师和学生手机端共同评分;在线及时答疑与互动,线下小组讨论,教师定期辅导。③挑战度:线下引入前测和后测环节,掌握学生学习动态,巩固学习效果。前测环节重点反映学生学习的主动性和基础知识背景,使教师及时判断学生对新知识的掌握情况;后测环节则侧重解决有一定难度的与生活、生产、前沿联系紧密的现象和问题,突出应用型本科院校人才培养的特点,培养学生解决复杂工程问题的能力。

(一)重视移动客户端在混合式教学中的应用

统计使用在线课程平台方式(图 2),结果表明:混合式教学班学生使用移动客户端比例远高于电脑,传统教学班电脑网页版使用比例高于移动客户端。主要原因是,传统教学班学生尚未养成在线学习的习惯,基本是随意选择任意一种方式,尤其是在休闲浏览电脑网页时,顺便登录平台查看。而手机上网方式则更受混合式教学班欢迎。目前在高校中普遍限制学生使用手机,目的是防止学生注意力不集中。但是在混合式教学中,我们采用了宜疏不宜堵的原则,将签到、讨论、提问等环节在移动客户端完成,既促进学生养成手机在线学习的习惯,也方便教师根据实时统计,及时了解学生学习情况,持续改进教学。实践表明,这种方式学生普遍接受较好,也有效防止了课堂上随意玩手机的习惯。

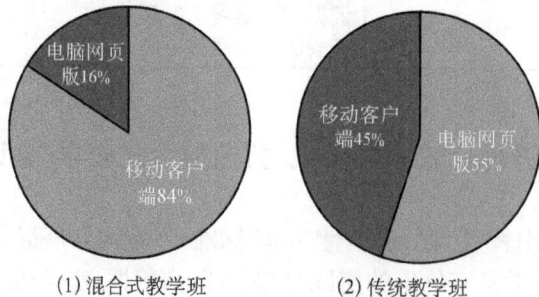

(1)混合式教学班　　　　　(2)传统教学班

图 2　在线课程平台方式使用方式

(二)混合式教学中学生自主学习意识明显增强

统计学生观看在线课程平台知识点视频时长(图 3)和访问次数(图 4),结果表明:混合式教学班观看时长和访问次数远高于传统教学班,平均观看时长约 6 小时,最长约 14 小时,单日访问量较高日期多出现在周末和授课日(周一、周三)前一天,非授课日(周四、周五)访问量较少;传统教学班观看时长和访问次数高低无明显规律性。说明混合式教学班学生能根据课程安排,自主进行在线学习,主动性和积极性明显提高。

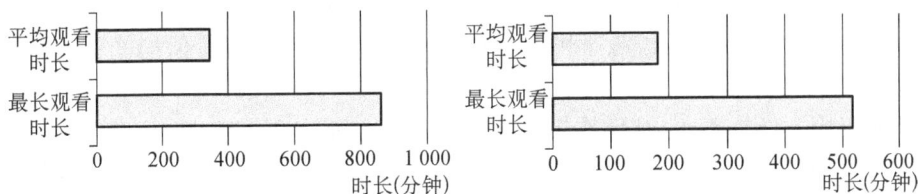

图 3 在线课程平台知识点视频观看时长

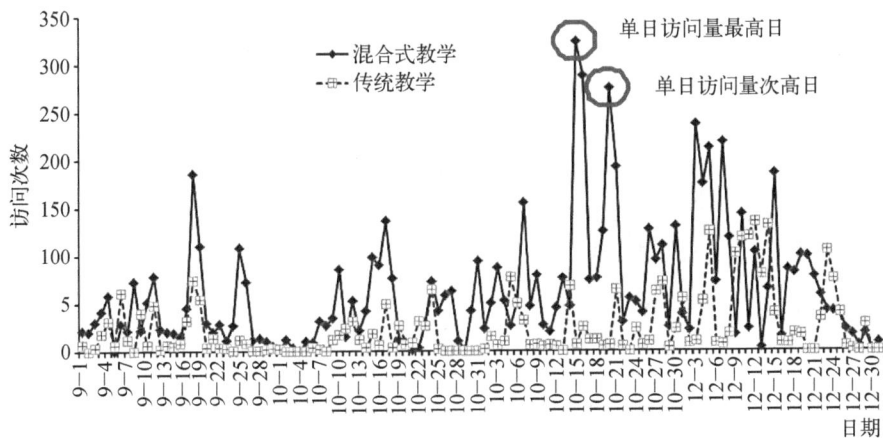

图 4 在线课程平台访问次数

三、打造多方面综合评价体系,持续改进混合式教学

(一)建立指标点达成度评价

期末总评成绩按平时成绩和试卷成绩根据工程认证毕业要求指标点综合

评定,包括平时考核和期末考试两部分,各占 50%,60 分以上为及格。平时成绩中线上单元测验占总成绩 10%,单元作业占 5%,线上讨论占 5%,线下月度测验占 10%,翻转课堂资料展示占 5%,翻转课堂汇报占 15%。翻转课堂汇报成绩依据课堂问答、小组汇报和讨论情况,由教师和学生在超星教学手机端评分,所得平均分作为小组所有成员得分。期末考核为闭卷考试,试题对应毕业要求指标点。

达成度显示,混合式教学班各指标点的评价值都在 0.6 以上,表明学生较好达到了毕业要求的标准;各指标点的平时考核分值与支撑分值的比值均在 0.85 以上,说明学生平时在观看课程视频、线上测验、月度测验、翻转课堂互动等方面,完成质量较高。传统教学班毕业要求各指标点达成度评价值均低于传统教学班,主要原因是由于缺少翻转课堂互动、课程访问等环节,学生在平时知识积累和巩固方面较薄弱,对疑难问题分析与剖析方面能力不够,学习主动性与积极性方面有欠缺,应在教学中增加定期课后答疑、随堂小测验等巩固知识环节,改进教学方法,调动学生学习兴趣。

(二)建立学生问卷调查评价

每学年发放修订后的学生问卷调查表(表 2),全面了解学生对混合式教学的评价,制定相应措施不断改进教学效果[①]。

表 2　学生问卷调查表

调查内容	非常赞同/%	赞同/%	基本赞同/%	不赞同/%
是否赞同采用混合式教学方式	91.82	8.18	0	0
在线学习资料形式丰富,包括课件、视频、测验、作业、讨论等	95.45	4.55	0	0
能自主安排学习,如学习时间、内容、强度等	86.36	7.27	6.36	0
在线学习任务能通过自学完成	79.09	9.09	10.00	1.82
学习任务单有利于自主学习、提高学习主动性	86.36	9.09	4.55	0

---

① 陈雅.基于混合式学习的任务驱动式教学[J].中国成人教育,2017,(2):84-87.

调查内容	非常赞同/%	赞同/%	基本赞同/%	不赞同/%
学习任务单中的书籍和文章有利于知识点掌握	90.00	4.55	5.45	0
小组协作中,能很好地与他人合作,对所学知识的掌握更全面、更深入	75.45	18.18	3.64	2.73
对课前所学知识的掌握情况满意	82.73	4.55	10.91	1.82
混合式教学有利于生物化学逻辑思维能力训练	85.45	7.27	7.27	0
混合式教学有利于提高生物化学学习兴趣	77.27	12.73	10.00	0
相比传统课堂,混合式教学更能提升自学能力	84.55	10.91	4.55	0

问卷调查表结果显示,大多数学生能够接受混合式教学,并较好完成了任务式学习内容,个别学生在完成在线学习任务、小组协作和课前知识掌握方面存在不足,可在定期辅导课中有针对性地解决。

(三) 建立视频课、公开课与教学督导组评价

汇总并分析三方面的评价信息:① 利用校内录播教室,录制翻转课堂和传统教学授课视频并上传至在线开放课程平台,观看者可根据视频内容,为授课教师提供教学质量评价;② 课程团队教师每学年开设一次全校范围的公开课,并积极参加各类在线开放课程评比、微课教学比赛,在实践中锻炼队伍,收集各方面的评价;③ 校内教学督导组不定期进行听课,反馈教学评价信息。根据评价内容,确定共性问题,集体研讨改进措施。例如在公开课后,有教师和学生反映,在由学生讲解知识点内容时,没有在线视频中教师讲得精彩,没有参与讲解的学生课后仍需要通过看视频重新学习。为解决这项普遍存在的问题,我们探索尝试为学生开书单,精选可读性强的书籍并形成学习任务单,从兴趣入手,扩大学生生物化学背景知识面,培养学习的内驱力,站在科学大师的角度理解知识点,收到了较好的教学效果。

四、混合式教学下一步改进内容

进一步在应用型本科高校或同类专业中制定并实施本课程学分互认政策，结合历时性教学法和学习任务单，树立高校学生工程和实践观念，示范混合式教学公开课，形成良好的线上线下混合式教学改革经验向同类高校推广。建立高校联络员，听取各高校意见和建议，持续改进本课程。线下引入奖励机制，建立稳定、完善的学生助教团队，参与混合式教学改革。进一步优化线上学习页面，提供优质学习体验。

高职院校教师课堂教学幸福感提升系统模型研究

鲁少勤①

一、引　言

幸福感是指人类基于自身的满足感与安全感而主观产生的一系列欣喜与愉悦的情绪，这种情绪来源于人们内心的满足感、快乐感、安全感和自我价值实现。幸福已经成为衡量人们生活质量和生活水平的重要指标，也是所有人共同追求的目标。在大力发展现代职业教育的今天，中国政府对高职教育提出了新的要求："到 2020 年，形成适应经济发展方式转变和产业结构调整要求、体现终身教育理念的现代职业教育体系，满足人民群众接受职业教育的需求，满足经济社会对高素质劳动者和技能型人才的需要"[1]，而课堂教学活动正是高职教育的主要内容，教师与学生更是高职教学的主导与主体，在这其中，课堂教学的幸福感更是高职院校教师职业幸福感的重要组成部分。教师课程教学的幸福感不仅影响着学校教师团队的稳定，更与课堂教学质量、教师的个人发展和身心健康、学生的学习效果等多个方面直接相关。

近年来，在教师课程教学幸福感方面，国内外众多学者已经开展了相关研究。Hassenzahl 提出，幸福感可通过赋予用户一种积极体验来获取。[2]曾云认为应从社会层面、高校层面以及教师个人三个方面采取措施，增强青年教师职业认同感，提升其职业幸福感。[3]李明琦提出从学生管理、人文关怀和管理制度三个方面，提升高职教师的职业幸福感。[4]以上关于教师课程教学幸福感的研究，都是采用逻辑思辨的方式，存在着一定的狭隘性，导致了理论与教师教学实际的脱节。本文从课堂教学环境、教学主体和教学影响三个维度，对影响教师课程教学幸福感的因素进行分析，并利用层次分析法对各个影响因素进

① 作者简介：鲁少勤，男，汉族，江苏常州人，常州信息职业技术学院人力资源处副处长、副教授、高级工程师，研究方向为高职教育、企业信息化。

行权重排序,根据重要性程度设计了高职院校教师课堂教学幸福感提升系统模型。

二、高职院校教师课堂教学幸福感的影响因素

2018 年 11 月,中国政府发布了《国家职业教育改革实施方案》,高等职业教育承担着为国家培养高素质技术技能复合型人才的任务,在国民教育体系中扮演着非常重要的作用。截至 2019 年 6 月 5 日,全国高职高专院校共计 1 423 所,在校学生约 1 133.7 万人,高职教师约为 64 万人。[5]高职院校教师作为高职教育的实施者,教师课堂教学的幸福感能够更好地教育学生,激发学生的学习热情,提升高素质人才培养的水平和质量。

(一)教师课堂教学幸福感的三个维度

通过调研问卷、个别访谈和数据调查三种方法,对高职院校教师课程教学幸福感及影响因素进行调查。在中国知网中输入"幸福感、高职、课堂教学"三个关键词,共检索出 82 篇文章,主要涉及课堂教学方式、课堂驾驭能力等。在文献调查的基础上,通过"简道云"发布《高职教师课堂教学幸福感调查问卷》并对教师进行个别访谈,利用回收的 132 份问卷与 42 名教师的访谈结果,对课程教学幸福感的因素进行数据分析,得出了课堂教学环境、教学主体和教学影响 3 个维度,以及教学硬件环境、网络教学平台、学校管理制度、教师本身、授课对象、教学方式、教学内容、课堂教学的考核与评价等 8 个影响因素,如表 1 所示。

表 1　课堂教学幸福感维度和影响因素

课堂教学幸福的维度	教学环境	教学主体	教学影响
影响因素	硬件环境	教师本身	教学方式
	学校管理制度	授课对象	教学内容
	网络教学平台		对教师的考核与评价

教师在课堂教学中的幸福感也称为教师主体幸福,其主要来源于学校管理制度环境对教学行为的支撑、教师自身对课堂教学行为的感受,以及课堂教学行为给教师所带来的后续影响。而教师课堂教学行为的幸福感受取决于课堂教学环境、教学主体和教学影响 3 个维度的综合影响。

（二）课堂教学幸福感影响因素的重要性程度

对高职教师课堂教学幸福感的 3 个维度和 8 个影响因素,利用 AHP 模糊评价法进行无量纲化处理,把 3 个维度作为一级评价指标,8 个影响因素作为二级指标,根据评价指标隶属度函数构建模糊矩阵 R,各指标的标准化采用如下公式。

$$r(i,j) = t(i,j)/(t_{\max}(i) + t_{\min}(i)) \tag{1}$$

$$r(i,j) = [(t_{\max}(i) + t_{\min}(i)) - t(i,j)]/(t_{\max}(i) + t_{\min}(i)) \tag{2}$$

式(1)是针对正向影响因素评价指标进行无量纲处理,指标值越大,表示对教师课堂教学的幸福感影响越好。式(2)是针对反向影响因素评价指标进行无量纲处理,指标值越大,表示对教师课堂教学的幸福感影响越差。两个式中,$t(i,j)$ 为评价指标值,$t_{\max}(i)$,$t_{\min}(i)$ 分别表示第 i 个评价指标的最大值和最小值,其中,i,j 表示课堂教学幸福感的二级影响因素指标,其值小于等于 3。

模糊矩阵 $R=(r(i,j))$,根据每个影响因素评价指标的标准差 $s(i)$,构造课堂教学幸福感的判断矩阵 U,使用的公式(3)如下所示。

$$u_{ij} = \begin{cases} \dfrac{s(i) - s(j)}{s_{\max} - s_{\min}}(u_m - 1) + 1, & s(i) > s(j) \\ \left[\dfrac{s(j) - s(i)}{s_{\max} - s_{\min}}(u_m - 1) + 1\right]1, & s(i) < s(j) \end{cases} \tag{3}$$

式(3)中,计算每个标准差 $s(i)$ 在最大标准差 $s_{\max}$ 和最小标准差 $s_{\min}$ 中的比值,根据 9 标度法,得出判断矩阵 U 的每个 u_{ij},其中 u_m 表示第 i 个影响因素指标对于第 j 个影响因素指标的重要性程度[6]。

根据对高职教师课堂教学幸福感的调查结果,对 3 个维度指标和 8 个二级影响因素指标构造的判断矩阵,利用模糊 AHP 进行计算,得到各个影响因素对课堂教学幸福感的影响权重,结果如表 2 所示。

表 2　各影响因素对课堂教学幸福感的影响权重

影响因素	教学环境 0.207 1	教学主体 0.472 3	教学影响 0.320 6	影响总排序	CIF(n)
硬件环境	0.264 9			0.054 9	
制度环境	0.514 2			0.106 5	0.002 6
网络教学平台	0.220 9			0.045 7	

高校课程与教学新业态的探索性研究

续　表

影响因素	教学环境 0.207 1	教学主体 0.472 3	教学影响 0.320 6	影响总排序	CIF(n)
教师本身		0.570 6		0.269 5	0.001 8
学生		0.429 4		0.202 8	
教学方式			0.197 7	0.063 4	0.005 6
教学内容			0.378 4	0.121 3	
考核与评价			0.423 9	0.135 9	

从表2可以看出,在8个影响因素中,教师本身、学生、对教师的考核与评价、教学内容和制度环境对高职教师课堂教学幸福感的影响较大,其权重依次为:0.269 5、0.202 8、0.135 9、0.121 3和0.106 5,而硬件环境、网络教学平台和教学方式对教师课堂教学幸福感的影响较少,其比重依次为0.054 9、0.045 7和0.063 4。

三、提升教师课堂教学幸福感的途径和措施

教师课堂教学的幸福感是多种因素共同作用的结果,是建立在对教师的人文关怀和培养学生浓厚学习兴趣之上的,给学生独立自主的人格、独立思考的思维和独立的学习活动,同时也促进教师和学生之间平等、自由的思想和精神交流,让教师和学生都作为主体进行教学活动的展示、交流和创造,从而提升教师课堂教学的幸福感和教学的质量。基于表2的结果分析,可以从以下三个方面来提升高职教师课堂教学的幸福感。

(一)构建积极稳定的外部教学环境

在社会层面,高职教育是作为高等教育的一个类型,而不是高等教育的一个层次,需要加大对职业教育的宣传和投入,改变全社会对职业教育的认识和态度,为职业教育营造一个良好的社会环境,公正客观地对待高职院校以及高职院校的教师和学生,营造尊师重教的社会氛围。在政府管理部门层面,加大对高职教育院校科研、教学的支持力度。提升高职院校的教学环境、教学条件,为高职院校毕业生提供平等的就业创业条件和机会,加大对高职院校的经费扶持力度,提高高职院校教师的职业优越感和成就感。[7]在高职院校自身的管理层面,建立科学合理的教师管理制度和课堂教学硬件环境,从制度上将教师作

为学校管理的主人和教书育人的主体,同时还要加大对教师的业务培训和心理疏导,给予教师更多的精神和物质奖励,使其具有较好的经济收入和职业成就感。同时通过建造智慧教室、智能校园和网络课程教学平台等软硬件系统,为教师的课堂教学提供完备的环境支撑。

(二)营造和谐的课堂教学氛围

教师要具有社会责任感、教育使命感、家长期待感和学生渴求感,课堂教学充满激情,明确自我定位,对自我进行良好的认知和评价,树立正确的职业观,爱岗敬业,以培养国家所需的技术人才为己任,不断提升教师自身的个人修养。同时在面对工作压力时,能够控制自己的情绪,进行自我调节,增强岗位适应能力,逐渐培养自己积极乐观向上的人格品质,主动解决自身所面临的问题和困难,通过教师自身的言传身教来影响受教育者的积极言行。另外,在教学进程中,根据职业岗位和技能设计教学情境与学习任务,引导学生通过协作式的技能训练来获得职业岗位所需的知识技能。推进教师与学生之间相互尊重、相互理解,通过教师与学生顺畅地交流沟通,营造和谐的课堂教学氛围。

(三)选择合适的教学方式和教学内容

课堂教学前,根据工作岗位的技术技能需求整合课程内容,树立正确的教学理念,领悟课堂教学的艺术和技巧,以技术应用为指导进行教学内容的设计,把握好知识要点、能力要求、教学难点和教学重点等来进行课堂教学活动。[8]在课堂教学活动的过程中,教师需要针对不同的课程学习内容、不同授课对象自身的特点,设计符合学生认知规律和职业成长过程的教学活动,采用恰当的教学方法和教学形式,如情景模拟、任务驱动、MOOC、SPOC 等,构造出和谐宽松的课堂学习环境,引导学生自己主动学习,积极参与课堂教学互动活动,形成教师和学生共同参与、共同主导的课堂教学活动,从而激发高职学生的学习主动性和积极性。高职院校教师通过重构教学内容,运用合适的教学方法和教学手段,能够更好地提升课堂教学效果,从而也能更好地提升教师的职业成就感和幸福感。

四、教师课堂教学幸福感提升系统模型设计

根据表 2 中各影响因素对课堂教学幸福感的影响权重,结合每个影响因素的权重和其所隶属的 3 个维度,对高职教师课堂教学幸福感影响因素进行分

析,构建了一个课堂教学幸福感提升系统模型,具体包括教学环境、教学主体和教学影响,教师课堂教学幸福感提升系统模型如图1所示。

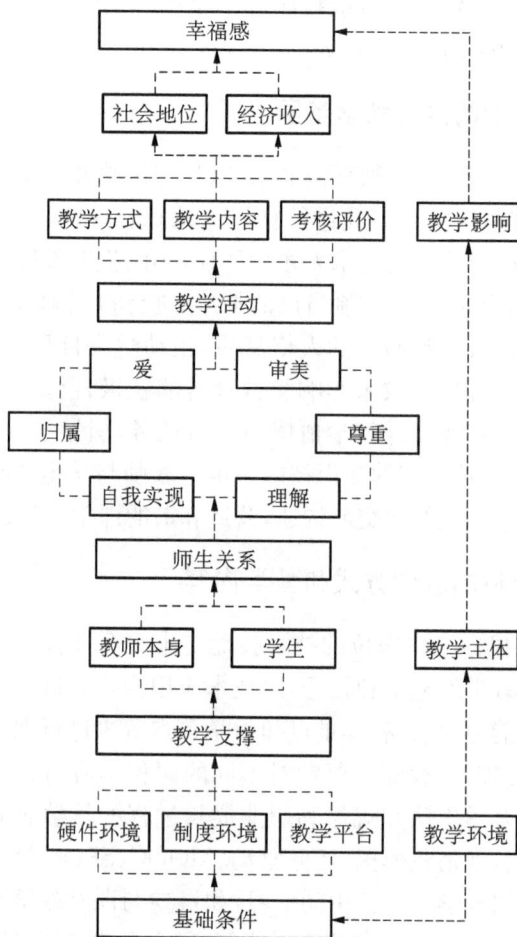

图1 课堂教学幸福感提升系统模型

在课堂教学环境方面,教学硬件基础、教学氛围和教学平台等因素反映出学校课堂教学的硬件条件、制度环境和重视程度,是教学幸福感的基础。幸福的课程教学要有社会对教师教学活动的高度认可,学校配有完备的制度环境和硬件条件,同时还有基于信息化环境的教学平台支撑。

在教学主体方面,主要包括教师本身和学生两个影响因素,课堂教学中教师本身的幸福感包括教师自我价值实现的幸福、审美幸福、认识与被理解的幸福、自尊幸福、归属与爱的幸福这五个因素,体现在教师从事课堂教学活动对自身幸福感的影响。在课堂教学中学生的因素，主要体现在课堂融洽顺畅的交流沟通、和谐的师生关系。

在教学影响方面，主要表现在课堂教学对教师的影响，包括教学方式、教学内容和对教师的教学评价。调查结果表明，通过信息化教学方法和手段，如MOOC、翻转课堂、理实一体化教学、模块化教学等，能够改变传统的教学方式，充分激发学生的学习兴趣，对课堂教学效果的提升有很大的促进作用。另外，教学内容的难易程度和学生对学习内容的掌握程度也影响着教师课堂教学的幸福感，对于熟悉的课程教学内容，教师的幸福感较高，反之，相对陌生和难度较大的课程，则教师课堂教学的幸福感较低。[9]另一方面，对教师课堂的教学考核与评价也是影响幸福感的重要因素，考核结果与教师的经济收入、职称评审和受尊重程度相关，同时课堂教学活动中多个参与评价主体也影响评价考核指标的结果，如学生评价、督导评价、教学方式等，它直接影响教师教学工作的热情和教师幸福感的提升。

满足课堂教学环境、教学主体和教学影响3个维度，可以有效地提升教师课堂教学的幸福感。教师课堂教学幸福感提升系统模型设计的目标在于通过创造、改良教学环境、主体和环境资源，有意识地增加教师的主观幸福感，通过课堂教学主体之间的交互体验，体现有意义且积极的课堂教学感受，来积极地促进整个高职教育质量和教师主观幸福感的提升。

五、结束语

本文从高职院校教师课堂教学幸福感的内涵出发，结合教师对课堂教学幸福感的评价，提出了影响课堂教学幸福感的3个维度、8个影响因素。同时，利用模糊AHP对课堂教学幸福感各影响因素进行评价，并根据各影响因素权重排序结果，构建了基于3个维度、8个影响因素重要性的课堂教学幸福感提升系统模型，在对各影响因素分析的基础上，有针对性地提出了提升课堂教学幸福感的方法和措施，为政府教育部门、高职学校对提升课堂教学水平和教师幸福感提供了理论模型和实现路径。

参考文献：

[1] 教育部.国家中长期教育改革和发展规划纲要（2010—2020 年）[DB/OL]. http://old. moe. gov. cn/publicfiles/business/htmlfiles/moc/info _ list/201407/xxgk _ 171904. html, 2010 - 7 - 29.

[2] HASSENZAHL M. Experience Design：Technology forAll the Right Reasons[M].

California：Morgan & laypool，2010.

［3］曾云，王林.地方高校青年教师职业幸福感提升策略分析［J］.智库时代，2019(27)：105.

［4］李明琦.北京高职教师职业幸福感调查与提升策略分析［J］.北京农业职业学院学报，2019,33(03)：64－70.

［5］教育部.中国教育概况［DB/OL］.http://www.moe.gov.cn/jyb_sjzl/s5990/201810/t20181018_352057.html,2018－10－18.

［6］金菊良，魏一鸣，丁晶.基于改进层次分析法的模糊综合评价模型［J］.水利学报，2004(03)：65－70.

［7］张爽.积极心理学视角下高职院校教师职业幸福感的提升途径研究［J］.大众科技，2018,20(05)：118－120.

［8］闫荣霞.高校课堂教学中师生幸福感研究［D］.西南大学,2010.

［9］蔡莎.职业院校大数据时代信息化教学中的困惑和变革［J］.教育现代化,2017,4(38)：284－285.

海外学习经历对学生院校满意度的影响

——基于某"双一流"高校本科生的混合研究①

汪卫平　　杨启光②

一、引　言

在全球化及学生海外学习日益突出的时代背景下,中国一流高校鼓励本科生海外学习交流的成效显著,越来越多学生拥有海外学习背景,然而忽视了对学生海外学习效果的评价。实际上,国外早已开展了多种形式的探索③。如美国国际教育协会推动的海外学习评价项目(Study Abroad Evaluation Project)以及各高校开展的"海外学习经历分享会"(Unpacking your Study Abroad Experience),澳大利亚教学委员会推动的"把海外学习经历带回家"项目,更有专门杂志(Frontiers the Interdisciplinary Journal of Study Abroad)刊发学生海外学习的相关研究。总体来看,当前关于海外学习的研究仍有以下两方面不足:

第一,海外学习经历的评价,既有研究主要关注海外学习对学生的学业表现④、

---

① 本文系国家社科基金教育学一般课题"面向人类命运共同体的学生全球流动能力发展研究"[BDA180027]成果。

② 作者简介:汪卫平,复旦大学高等教育研究所博士研究生;杨启光,江南大学人文学院教授。

③ 杨启光. 海外学习能为全球职业能力"加分"[N]. 中国教育报,2019 - 06 - 14(6).

④ Luo J, Jamieson-Drake D. Predictors of Study Abroad Intent, Participation, and College Outcomes[J]. Research in Higher Education, 2015, 56(1):29 - 56;Cardwell, Paul James, Does studying abroad help academic achievement? [J].European Journal of Higher Education. 2019, 9(1):1 - 17.

毕业期望①、就业表现②、跨文化能力③、外语学习能力④、全球视野和世界公民意识⑤,或是对个人祖国态度和身份认同⑥的影响,而没有关注他们对国内外一流大学人才培养差异的反馈。而这些反馈可以帮助我们,回答"与世界一流大学本科教育的差距到底在哪"⑦,以及对中国一流本科教学改革的国际性变化与吸收海外经验⑧的理性判断具有的参考价值。而学生院校满意度正好可以担起学生反馈和体验的任务。院校满意度是反映学生对高校学习经历和高校教育价值的主观体会和认知的多维性概念,它是大学判断教学功能实现程度的重要指标,也是为提升教学质量提供信息资源和方向指导⑨。而且中国院校满意度调查注重学生对学校教育服务质量的评价,指标更注重客观性⑩,因此更能反映学生对大学教育的需求程度,以及学校本科教学实际水平。

第二,海外学习经历对学生院校满意度的影响,目前尚无文献涉及。虽有文献发现海外经历使人"越出国越理解祖国",但该结论是否适用大学教育的学生院校满意度,却无法得知。李忠路等人发现,学生刚出国时对中国社会发展和未来前景的评价会降低,但随时间推移,评价又会逐渐上升⑪。郭殊等人也发

---

① Witkowsky, Patty & Mendez, Sylvia L. Influence of a Short-Term Study Abroad Experience on Professional Competencies and Career Aspirations of Graduate Students in Student Affairs[J]. Journal of College Student Development, 2018, 59(6):769 - 775.

② Jacobone V, Moro G. Evaluating the impact of the Erasmus programme: skills and European identity[J]. Assessment & Evaluation in Higher Education, 2015, 40(2):309 - 328.

③ Salisbury M H, An B P, Pascarella E T. The Effect of Study Abroad on Intercultural Competence among Undergraduate College Students [J]. Journal of Student Affairs Research and Practice, 2013, 50(1):1—20.

④ Cubillos J H, Chieffo L, Fan C. The Impact of Short-Term Study Abroad Programs on L2 Listening Comprehension Skills[J]. Foreign Language Annals, 2008, 41(1):157 - 186.

⑤ Han D, Zweig D. Images of the World: Studying Abroad and Chinese Attitudes towards International Affairs[J]. China Quarterly, 2010, 202(202):290 - 306.

⑥ Dolby N. Encountering an American Self: Study Abroad and National Identity[J]. Comparative Education Review, 2004, 48(2):150 - 173.

⑦ 教育部高等教育教学评估中心. 我们离一流本科还有多远? ——《中国本科教育质量报告》解读 [EB/OL]. (2017 - 10 - 16)[2019 - 07 - 12] http://edu. people. com. cn/n1/2017/1016/c367001 - 29588492.html.

⑧ 别敦荣,齐恬雨. 国外一流大学本科教学改革与建设动向[J]. 中国高教研究,2016,(7):7 - 13.

⑨ 鲍威. 高校学生院校满意度的测量及其影响因素分析[J]. 教育发展研究,2014(3):22 - 29.

⑩ 郑雅君,熊庆年."高校学生满意度"再认识[J]. 江苏高教,2016,(4):56 - 60.

⑪ Zhonglu Li, Shizheng Feng. Overseas Study Experience and Students' Attitudes toward China: Evidence from the Beijing College Students Panel Survey[J]. Chinese Sociological Review, 2017,(1): 1 - 26.

现留学反而激发他们更强烈的爱国意识①。海尔(Hail)等人对在美国的中国留学生的调查发现,当外国学生对中国时事有偏见和攻击性的看法,会激起他们的爱国情怀②。琼斯(Jones)对留学国外的美国学生的调查结果同样让人诧异③。她的研究发现海外学习交流经历降低了威胁感知,但并不能促进国际社会共享感。

关注有海外学习经历的学生主要有两点原因。一方面,社会比较理论(Social Comparison Theory)已证实,任何个人评价总是基于参照的群体标准,进而对不同层次(个人、组织、国家、文化)的相似或差异做出自我评价、情感或行为改变。向上与向下比较是两种基本形式。前者是与更高标准进行比较,是属于比较者认知自我与组织的一种积极视角。他们重视相似点的差异,以期待获得与参照标准相同水平④。因此,有国外一流大学学习经历的学生,他们对国内外大学教学差异有深刻认识⑤,其院校满意度评价也更可能联结起国内与国外大学的体验。另一方面,关注有海外学习经历学生本身就有重要意义。一是海外留学归国学生对国内发展起着重要影响⑥,他们在教育、科技、外事部门担任要职的比例在增加⑦。二是海外学习经历对学生个性养成有积极影响,海外学习的学生更成熟,更会用不同视角看待问题⑧。

因此,本研究将回答以下三个问题:① 海外学习经历对学生院校满意度有何影响? ② 为什么有海外学习与交流经历的学生与没有海外学习经历的学生之间,在院校满意度上有显著差异? ③ 在学习和生活差异方面,海外学习经历是否能增进他们对国内外本科教学评价的跨文化理解? 了解海外学习对学生

---

① 郭殊,等.海外留学青年爱国意识状况的实证研究——基于欧美日韩等国留学生的问卷调查分析[J].中国青年研究,2014,(9):49-54.

② Hail, Henry Chiu. Patriotism abroad: Overseas Chinese students' encounters with criticisms of China[J]. Journal of Studies in International Education,2015, 19(4): 311-326.

③ Jones C W. Exploring the Microfoundations of International Community: Toward a Theory of Enlightened Nationalism[J]. International Studies Quarterly, 1957, 58(4):682-705.

④ Gerber J P, Wheeler L, Suls J. A Social Comparison Theory Meta-Analysis 60+ Years on[J]. Psychological Bulletin, 2018, 144(2): 177-197.

⑤ 李思思,任沁沁."外国月亮并不更圆"——中国大学生赴美学习体验跨国教育[EB/OL]. (2015-08-20) [2018-10-26] http://education.news.cn/2015-08/20/c_1116323033.htm.

⑥ Hao X, Yan K, Guo S, et al. Chinese returnees' motivation, post-return status and impact of return: A systematic review[J]. Asian and Pacific Migration Journal, 2017, 26(1):143-157.

⑦ Li, C. The Status and Characteristics of Foreign-Educated Returnees in the Chinese Leadership [J]. China Leadership Monitor, 2005,(16), 1-21.

⑧ 汪卫平,杨菲,牛新春.本科教学质量提升:基于海外交流经历学生的视角[J].苏州大学学报(教育科学版),2019,7(01):108-121.

院校满意度的影响,既可对海外学习的效果进行评价,为后续本科生海外学习政策提供改进思路,推动本科生海外学习经验内化为自身的成长收获;也可透过学生体验了解世界一流大学本科教育本质,为一流本科教育提供参考。

二、研究设计

×大学作为一所在全球享有盛誉的一流综合性大学,在推动本科生海外学习与交流方面在全国乃至全球都具有一定的典型意义。当前×大学已经与30个国家和地区的200多所世界著名大学、科研、教育机构签订了300多份学术交流协议,每年参加海外交流的学生超过2 600人次。×大学发布的《2020一流本科教育提升行动计划》提到"争取每年提供的海外学习交流机会(人次数)达到每个年级本科生人数的一倍左右"。

本研究所使用数据包括两部分:一是×大学2017本科生满意度调查产生的1 695份问卷。因变量是以教学培养、学习状态、学术环境、校园生活、顶峰体验五个维度的满意度(表1)。其中教学培养满意度包含课程体系、课程质量、修读计划、师资力量等7个二级指标;学术环境满意度包含信息化建设、图书馆、教学实践设施等11个二级指标;学习状态满意度包含自主探究学习、学业指导、合作学习、实习实践;校园生活满意度包含生活保障体系、学生园区和学生工作等6个二级指标;顶峰体验指的是顶尖大学带来的异于高中及其他高校的学习体验,其包含知名教授接触、科研参与等5项指标。核心自变量为是否参与海外学习;协变量包括户籍、绩点、录取方式、年级、民族、性别、学科。二是学校外事处提供的从2014—2019年的1 401份学生提交的海外学习交流心得文本。由于本文都是历届学生主动分享,因此其内容丰富且真实。我们主要采用质性研究的主题分析法[①],通过人工逐一核对的方法,分步从原始材料提取和编码最终使用的主题。

表1 变量基本信息统计

变量	样本量	比例(%)	均值	标准差	最小值	最大值
因变量						
教学培养	1 686		71.505	15.939	0	100
学术环境	1 681		73.362	15.177	0	100
学习状态	1 680		68.236	17.076	0	100

---

① Braun V, Clarke V. Using thematic analysis in psychology [J]. Qualitative Research in Psychology, 2006, 3(2):77-101.

变量	样本量	比例(%)	均值	标准差	最小值	最大值
校园环境	1 680		68.747	17.834	0	100
顶峰体验	1 679		74.978	16.639	0	100
核心自变量						
海外学习(无)	1 525	78.49	.215	.411	0	1
协变量						
户籍(城镇)	1 539	75.11	.249	.432	0	1
绩点	785		3.235	.411	1.07	3.91
录取方式(统招)	1 693	61.43	.386	.487	0	1
民族(汉)	1 694	61.00	.109	.311	0	1
性别(男)	1 692	89.14	.566	.496	0	1
学科(人文社科)	1 686	43.38	.558	.497	0	1
年级(低年级)	1 695	44.19	.39	.488	0	1

注:左列的括号内为百分比参考类

三、研究结果

(一) 海外学习经历对学生大学院校满意度的影响如何?

基于多元线性回归(表 2)中,只考虑海外学习时,除学习状态满意度,其他维度均存在显著差异,即有海外学习经历的学生,满意度都显著低于没有海外学习经历的学生。接着,在控制其他因素(户籍、绩点、录取方式、民族、性别、学科、年级)后,有海外学习经历的学生,他们对教学培养、学术环境、校园环境方面的评价仍低于没有海外学习经历的学生。在顶峰体验维度上,有海外学习经历学生的评价仍更高,这可归因于海外学习使学生接触知名教授以及科学研究的机会更多,自身在其中收获也更多,但是不存在统计显著性。最后,较为诧异的是,在学习状态维度,有海外学习经历的学生对自身的学习评价却更低。虽然这一差异统计上并不显著,但仍可部分意味有海外学习经历的学生,在亲历了国外大学学习模式后,他们对自身的探究性学习、合作性学习状态的要求会更高,因此对此项指标的评价会相对较低。严格来说,这也是一种向上比较的形式。但不可否认的是,海外学习经历对个体的自主探究性学习能力的提升作用仍是很明显的。学生个人特征方面,绩点越高的学生在学习状态和顶峰体验上的满意度更高;而理工医药学生的院校满意度显著高于人文社科学生。

表 2 学生满意度的多元线性回归

因变量 \ 自变量	海外学习	户籍	绩点	录取方式	民族	性别	学科	年级	常数项	R^2
教学培养	-3.945***								72.378***	0.011
	(0.967)								(0.449)	
教学培养	-4.343***	-2.264	2.328	0.221	-1.444	2.118	3.084***	3.386***	63.781***	0.041
	(1.669)	(1.597)	(1.740)	(1.364)	(2.203)	(1.358)	(1.398)	(1.446)	(6.085)	
学术环境	-3.650***								74.218***	0.010
	(0.926)								(0.429)	
学术环境	-5.442***	-0.774	0.247	0.214	-1.613	1.453	6.041***	-2.094	71.018***	0.072
	(1.512)	(1.447)	(1.577)	(1.236)	(1.996)	(1.230)	(1.267)	(1.310)	(5.514)	
学习状态	1.986*								67.811***	0.002
	(1.055)								(0.489)	
学习状态	-0.489	-4.297***	7.668***	-0.233	-0.851	-0.084	1.319	-2.562	45.555***	0.042
	(1.819)	(1.741)	(1.897)	(1.487)	(2.402)	(1.480)	(1.525)	(1.577)	(6.635)	
校园环境	-2.315***								69.246***	0.003
	(1.093)								(0.507)	
校园环境	-5.682***	-0.619	2.129	-0.497	-1.488	0.818	7.769***	0.665	59.017***	0.058
	(1.827)	(1.748)	(1.905)	(1.493)	(2.412)	(1.486)	(1.531)	(1.583)	(6.662)	
顶峰体验	3.234***								74.275***	0.006
	(1.025)								(0.475)	
顶峰体验	1.700	-2.434	4.433***	-1.626	-1.121	1.903	3.103***	1.484	58.744***	0.030
	(1.766)	(1.688)	(1.840)	(1.443)	(2.329)	(1.436)	(1.479)	(1.529)	(6.434)	

注：*、**、***分别表示在10%、5%和1%的水平上显著。括号内为参照组。

再者,虽然多元线性回归确认了在教学培养、学术环境和校园环境三个维度,有海外学习经历学生比没有海外学习经历的学生评价显著低。但这并不是因果关系的探讨,而且也有"影响效应累加预设、平均效果和共线性"的三类风险[1]。而倾向值匹配(PSM)能控制样本的自选择偏差以及遗漏变量带来的内生性问题,是一种能识别变量间因果关系的反事实估计,被认为是观察性研究逼近随机试验的常用手段。所以我们将引入倾向值匹配来确认,在教学培养、学术环境和校园环境三维上,海外学习经历与满意度评价之间是否存在因果关系。

具体过程如下:第一步,基于二项 logit 模型估计样本中每个学生参与海外学习的概率,也就是倾向值。第二步,基于该倾向值,我们从参与海外学习的学生和未参与海外学习的两个群体中,分别采用近邻匹配、半径匹配、核心匹配三种常见方法,找到倾向值最相近的个案组成匹配样本。第三步,基于匹配样本进行因果系数估计。在匹配好的样本中,比较有和没有海外学习经历的学生平均满意度差值,就可以估计海外学习经历对满意度的影响。第四步,进行均衡检验。基于新生成的匹配样本,估计参与和未参与海外学习的两组群体在所有协变量的分布是否达到均衡。

研究结果显示(表 3),通过三种匹配方法均证实,出国学习经历对教学培养、学术环境、校园环境满意度上均有因果关系,海外学习经历会降低学生对院校满意度的评价。其中,海外学习经历会导致学生教学培养满意度得分显著下降 3—5 分左右,会使学术环境满意度得分显著下降 3.96—4.58 分左右,会使校园环境满意度下降 4.41—5.52 分左右。

表 3　倾向值匹配的结果

结果变量	匹配方法	有海外学习经历	无海外学习经历	因果关系系数	标准误	T 值
教学培养	邻近匹配	148	447	−5.272	2.759	−2.25**
	半径匹配	146	426	−3.550	1.888	−1.89*
	核心匹配	148	447	−3.006	1.954	−1.68*
学术环境	邻近匹配	148	447	−3.960	1.663	−1.84*
	半径匹配	146	426	−4.515	1.749	−2.62***
	核心匹配	148	447	−4.585	1.699	−2.79***

---

① 胡安宁.倾向值匹配与因果推论:方法论述评[J].社会学研究,2012,(1):221-242.

续　表

结果变量	匹配方法	有海外学习经历	无海外学习经历	因果关系系数	标准误	T 值
校园环境	邻近匹配	148	447	−5.523	2.689	−2.11*
	半径匹配	146	426	−4.536	1.987	−2.10**
	核心匹配	148	447	−4.417	2.021	−2.14**

注:(1) 由于我们用没有出国学习的人去匹配有海外学习经历的人,因而关注点是有海外学习经历的学生(即接受了某种"处理"的人),因而此处因果关系系数即"受到处理的个体的平均处理效果(ATT)。(2) $*p<0.1$, $**p<0.05$, $***p<0.01$。(3) 半径匹配 0.01,邻近匹配采用 1 对 1 匹配。(4) 标准误采用反复抽样(bootstrap)500 次得到。(5) 平衡性检验也通过。

最后,我们对教学培养、学术环境以及校园环境三个维度下单个指标继续分析。通过多元线性回归分析发现,在教学培养维度,他们对教师给分公正性、师生互动、师资力量、课程质量、课堂体系设计的评价也都显著低于没有海外学习经历的学生。其中,在修读计划指标上,海外学习的学生与没有海外经历的学生之间的评价差异最大(7 分)。在学术环境维度,有海外学习经历的学生对学校和院系的教学管理、教学实践基地、书院生活的评价都显著较低。尤其是在书院生活指标,参与海外学习的学生,满意度评价与没有参与学生间的差距最大(6 分)。在校园满意度上,他们对体育场馆及配套设施、宿舍及生活园区的评价则相对较低。

(二) 为什么有海外学习经历的学生对学校的满意度会更低?

海外学习经历会使学生降低其对学校的满意度,这种影响是通过什么机制实现? 社会比较理论的向上比较给予我们的启发:有海外学习经历的学生对国内本科教学、学术、校园评价较低的原因,是他们识别了国外一流大学课堂教学的差异而所做的向上比较。所以,接下来我们将通过质性文本做进一步核实。

1.国外更强调高阶思维和深度学习,提升学业挑战度

本科生课业压力很大,收获却很充实,是所有学生都反馈的主题。学习密度变高,但同时知识的广度变小,同一个知识在不同的课程里都有用到,但是可以用不同的角度来理解。这也是我之前很少体会到的感觉,就是通过在一门课上得到的启发去理解另一门课相似的知识内容(多伦多大学)。将学业任务分配到平时,而不是期末考试。就某一门课来说,有 lectures, homework, projects, labs, quizzes 等。一学期有三次考试,两个 midterm,一个 final exam。要在一门课程中取得优异的成绩,整个学期需要不懈地努力(德州大学

奥斯汀分校)。我每门课都有 2 次期中一次期末,而且比例相当;且都有数量不等的大小 quiz。每周我都要经历 2—3 次 quiz,可以说也带来了不小的压力,但学得更扎实透彻(加州伯克利分校)。在 X 时更像是一学期学习两次,期中一次期末一次。但在 UBC,只要有一周落下了学习进度,课业压力便会骤然上升。每周都充斥着 quiz,assignment,tutorial 或者 lab。另一方面,在这样循序渐进的学习方式下,我的确觉得对知识的掌握度较国内更高也更扎实(英属哥伦比亚大学)。

布置大量课前阅读。通常要提前在周末阅读完几十页的教材、实验内容、report guide,观看教学视频,完成预习报告和记录本上的 MSDS。这和国内简单快速的实验预习(通常只有几页纸的实验内容)完全不同。每节实验课最后的 15 分钟 quiz 小测也令人头疼,出题范围很广,角度可能会较偏,如果预习不全面的话,quiz 的分数会很难看。国内实验课的重点除了实验本身就是实验报告了,满满 7—8 页的实验报告是常态。而在这门课上,实验报告大多是填空,最后的 discussion 要求短小精练,几排字就够了,如果超过页数限制还会扣分(加州圣迭戈分校)。文科课程 reading materials 非常多,虽然每周上课的时间并不长,但看完必读的材料要占据很多时间。这样的课时设置其实也是给我们很好的机会去深入研究某几个领域,去阅读大量文献并做出自己的思考,而不像在 X 比较泛泛的学习很多门课程(墨尔本大学)。

严格的课后作业要求。每周同一门课要上两到三次,这一点与 X 大相径庭;虽然一学期总的教学周少于 X,但教学内容甚至可能更为丰富。通常每天都要复习当天内容,补充笔记,也要准备明天的课(加州圣克鲁兹分校)。相比动辄十几门课的国内,课时数短了不少,但课程任务还是很重的,每次上课前都要读 reading,写一下自己的思考(马里兰圣玛丽学院)。课堂虽然没有特别苦,但课后如山的阅读是需要非常多时间去完成的。在写论文时,需要在图书馆查阅大量的文献(剑桥大学)。教授的风格就是每个星期都不会让你闲着,一星期三节课,每星期都要有作业,有三次期中考试和一次期末考试,任务不算轻。教授对论文的要求很高,将一篇论文分为四个阶段(定题、初步跑数据、初稿和定稿),每个阶段都要去单独和教授聊(北卡教堂山)。

培养学生批判性思维和科研基础能力。他们课堂中对于自由平等的交流的鼓励,以及对学生 critical thinking 的培养,更有不同的文化与价值观在个体层面上的交流与互通(加州圣迭戈分校)。Julia 告诉我们,在进行写作时,每个词句的选择都应该力求精确,每个 Example,Experience 都要起到论证观点的作用。我从来不知道从一个段落或者一个句子甚至一个单词能够蕴含这么多背后的意义。当天晚上第一次着手分析的我仿佛发现新大陆般激动。越是分析得深入,越是发觉有无限的隐含意义存在其中,每条批注都可以洋洋洒洒地分析很多(耶鲁大学)。

高阶课程激发学习积极性。在×是没有 A+这种评分的,这也是我这 4 年里唯一的 A+。这相当于附加分的制度我觉得对于我们的大学还是有一定借鉴意义的。在大家的满分都是 4.0 的情况下,由于×老师的 A 基本是给满分的,对于一些特别努力,表现特别优秀的同学,和其他 30%的同学同样拿 A,应该说并不能体现出其中的差异。一个 GPA 4.3 的 A+,相当于溢出了满分,我想对于优秀同学的积极性是极大的鼓励(约翰霍普金斯大学)。

2. 国外更注重个性化学业辅导,关注学生成长与收获

学术写作和教学管理上有辅助平台。我最受益的就是写作了,我的课程中,要求我写各种形式的作业,有 summary、interview、review、article analysis 和 research proposal,作为占比比较高的作业还有比较完整的 research paper。教授还会发网站和 YouTube 上面的视频给我们看,让我们学习,甚至如何进行文献检索,引用格式如何都会在课堂上进行演示。我都会写完初稿之后利用助教的 office hour 去请求批改(加州尔湾分校)。该结论也符合 Wang Q 等人的判断,他们基于科廷大学的中国学生调查发现,教师辅导是影响学生满意度的关键因素[1]。

教授或助教有专门辅导制度。每门课都有助教指导的时间,大家可以到指定教室去找助教提问,我基本上每门课的 oh 都去过,真的挺有用的。除了 oh,有的课还有助教授课的 tutorial,手把手教我们怎么写作业(多伦多大学)。每个教授有 office hour,相当于答疑时间,在 office hour 你可以将不懂的问题提出,完全不用担心问题太简单、教授不愿意讲(加州圣巴巴拉分校)。Writing 课老师,每两周有一次半小时 one-to-one conference,交流一些关于最近写的 paper 怎么修改的意见。甚至还把我的 paper 打印出来在上面直接修改。这些在国内感觉都是从来没有想过的,和老师的关系更像是朋友(密歇根大学)。

学术写作和交流课程(Academic writing and communication skills)不仅教学术写作,也教如何呈现和交流。就话题从搜集资料,到反复的论文修改,到最后用演讲的方式呈现出来的整个过程让我收获良多,对写作其他课程的报告也

---

[1]　Wang Q, Taplin R, Brown A M. Chinese student's satisfaction of the study abroad experience [J]. International Journal of Educational Management, 2011, 25(3):265-277.

很有帮助(西澳大利亚大学)。教授本人隔周会和学生进行至少半小时的面对面写作辅导,从大到立意、结构,小到用词、学术规范,从每个与写作有关的方面给学生的文章提出建议。同时,隔周还会与 student tutor 见面,在和教授进行讨论的基础上进一步对文章进行修改(圣玛丽文理学院)。

3. 国外教学管理精细化和学术规范严谨

公开透明课程评分标准和教学安排。值得羡慕的是透明公开的评分标准。第一堂课,所有老师都会仔细说明大纲里的考核标准,每个部分的百分比以及评分标准都写得清楚明白,得到分数后学生也可以进一步询问老师标准,老师把论文 outline 的给分标准写在了 ppt 上(加州大学圣芭芭拉分校)。教授通常会发一份 Syllabus,全面而细致地介绍本学期的授课内容,精确到每一节课做什么,需要准备什么,甚至作业都是提前布置的(加州圣克鲁兹分校)。所有的阅读材料/ppt 都会陈列在 gauchospace 上,所有作业要求和评分标准都明明白白写在 word 文档里。教授和助教分工明确,教授负责答课程方面的疑,助教负责解答作业相关的问题(加州圣芭芭拉分校)。

教授对学生指导很负责和仔细。期中和期末前夕,教授会在周五晚上额外安排两个小时的 review session,用来讲解 sample 上的题目。助教也很负责,每次 quiz 都由助教负责(加州尔湾分校)。老师和助教会在讨论课指导你如何写论文,有任何问题也都可以邮件或者课后问,或者与他们约定时间面对面讨论。每篇论文都会有很详细的评语与分数,会告诉你在论文结构、内容上有什么好的或者待完善的地方,对于期末的最后成绩也是有据可依,这些就已经是在×大多数课上都没有的待遇了(墨尔本大学)。一拿到成绩就可以去问助教要进一步反馈。每篇文章助教都会耐心跟我讲哪些地方写得比较好,哪些地方需要改进(加州大学)。教授都会开设 office hour 专门答疑,大家热情很高,我去了几次,无一不是人满为患(加州伯克利分校)。

注重学术规范和学术态度。虽说在×学习也要遵守学术规范,但当你真的在国外大学学习的时候,还是能感受到他们在这方面的严肃态度(加州圣克鲁兹)。在课程论文的写作规范上,与国内"认真写了就拿高分"不同,国外的论文写作,尤其对于大三大四的高年级学生,非常注重问题的提出,你需要提出一个前人可能不曾重点论述过的问题,然后就这个问题提出你的解答和思辨过程(多伦多大学)。

国内高校在引进世界一流大学教学形式,但似乎并没有完全消化。如从牛津、哈佛引进的书院制,本土化也依然任重而道远①。上文提及书院生活,在课题组 2014—2019 年四次调查中×大学的书院生活的学生评价都是最低的,而且有无海外学习经历学生的评价差异也最为明显。又如助教制度,×助教的主要职责是改作业和答疑,奥斯汀的助教当然也要做这两项工作,但我觉得他们最重要的作用是反馈。奥斯汀的作业上交后助教会改出分数和错误的地方,学生可以拿着作业去 office hour 讨论,直到错误完全更正。或者跟助教互通邮件。奥斯汀的助教比国内的助教与学生之间交流得更多。但是我们学期末打完分后助教就不回邮件了,有点令人生气(得克萨斯州奥斯汀分校)。

(三)海外学习经历能增进学生对国内外大学差异的跨文化理解吗?

虽然在满意度数值方面,海外学习经历使学生的院校满意有所下降,但是利用学生海外学习心得,我们发现海外学习经历对学生满意度评价的影响具有混合性质。一方面他们认可国外本科教学的经验和做法,但同时他们也增进了对国内外大学教学的差异以及背后文化多元性的理解。

置身处地在国外后,他们更能理解国内外大学课堂的差异。他们并不是像我原来想象的那样,非常地热衷于参与课堂讨论。课程前半段有很大一部分都在讲解理论模型,课堂会沉闷一点,到了课程后半段,气氛才会非常活跃(加州圣克鲁兹)。教授会针对一个同学的不理解之处慢慢地讲,直到他懂,即使是一个很简单的点,可能全班只有那么一个人不懂。这样的教学方式也有利有弊,弊是课程进度很慢,一个学期的课程量也远少于国内同样的课程(得克萨斯州奥斯汀分校)。老师提问相关理论的前提是什么,他们就这个单词的含义就争论了四十分钟,然而事后证明这个争论对复习的内容本身没多大意义(加州圣克鲁兹分校)。他们也对知识生成和学习方式的跨文化理解能力增强。获得更多知识的角度,前一种方法(国内)应该有明显优势的。不过据我了解,在进行数学科研的过程中,因为我们将要研究的东西是找不到现成答案的,所以更多时候需要我们花大量的时间思考一个问题,这就需要我们拥有长时间思考一个难题的耐力,以及独立解决问题的思维方式与能力,这时第二种(国外)学习方法就体现出了它的优势(加州伯克利分校)。

国内研究型大学在课堂教学上与世界一流大学的差距在缩小。习题课教室是专门的,四周都有白板。我感受到了×课程设置与国际的接轨,这门课程十分类似于我在×修读的媒介技术导论。老师每周会布置给我们一定数量的

---

① 高靓.住宿学院:舶来的是"花枪"还是良方[N].中国教育报,2012-09-30(2).

阅读文献,并在下节课开展讨论,这一授课模式和×的授课模式如出一辙,这实际上给了我对×更大的信心(科隆大学)。大部分涉及高端一点仪器的本科生实验都是只能看着,连做 XRD 也只能看着。相比而言,在×,我们在近代物理实验课上就可以亲手操作很多仪器了(新南威尔士大学)。

中国顶尖大学学生在国外课堂经过适应阶段,也能融入到课堂讨论中,并获得非常好的成绩,这一定程度上从中国学生的视角打破了西方社会对"中国学习者"(Chinese learner)的刻板印象[①]。从他们提出的问题来看,70%的问题证明他们基础课学得不扎实。从老师公布的得分结合考试难度来看,他们的成绩也低于国内的水平。从授课内容来看,国外大学同类型课的难度远低于国内。授课方式上,由于近年来×对于本科生教育的重视,对教师的考评逐渐严格。念 PPT 和教材的老师已经几乎绝迹,所以个人认为讲课水平上二者几乎没有差异(加州戴维斯分校)。在教育学原理课上,我和其他三名同学合作完成了一个演讲。在准备过程中可以看出杜克和×学生相比,还是欠缺了认真务实的精神。在最后一次综合讨论的时候,一名同学甚至迟到一个多小时(杜克大学)。国内学生的数理基础要远远优于美国学生,尤其对于来自×的我们,学习从来都是我们的强项。另一方面,许多在他们看来习以为常的东西对我们而言又是如此的陌生(加州圣克鲁兹)。

对西方社交与礼貌的深层理解。同学与老师给人一种亲近的"疏离感"。一方面,美国教育注重交流,认为外向和擅长与人打交道是成熟的标志,这与东方人认为内敛和冷静是一个成熟的人的品质所不同。另一方面,这种问候似乎只停留在表面,第一次见面时似乎能与你谈得很好,但是下次见面,仿佛按了reset 按键(加州戴维斯分校)。因为从小接受西化教育比较多,觉得血统纯正的中国学生有些死板、无趣。但到了温哥华之后,却反而有些厌倦这样的社交方式。因为我渐渐发现:举着一瓶 Tequila 在一间什么都没有的 leisure room里自嗨,实在是有些傻得冒气,我们喝完跳完闹完,然后呢(英属哥伦比亚大学)。最后,海外学习也使自我身份的认同感加强。我强烈地意识到我和他们有多么的不一样,我以这种不一样为骄傲。我强烈地渴求学习中国传统文化的精华,我觉得那是永远属于我的一部分的东西。有时候美国同学讲起美国音乐会头头是道,问起中国的艺术时我却不知道从何开口,这让我感到羞愧和不足。这激励了我去学习和表达自己的文化(加州洛杉矶分校)。

---

① Wu, Qi. Re-examining the "Chinese learner": a case study of mainland Chinese students' learning experiences at British Universities[J]. Higher Education, 2015, 70(4):1-14.

四、结论与讨论

（一）结　论

　　基于双一流×大学本科生满意度调查的数据以及海外学习心得,本文对海外学习经历与学生的院校满意度评价进行了深入分析。我们发现,第一,海外学习经历会使学生对学校教学培养、学术环境、校园环境等维度的满意度评价分数降低 3—5 分左右。第二,该影响主要通过,他们基于国内外本科教育差异的向上比较实现,因而更认可国外本科教育在个性化学业辅导、高阶思维和学习策略培养的特色,且其国际视野、语言能力、自主独立、成熟思维也获得了成长。当然,国内外课堂教学差异的部分原因也来自学生自身学习方式和习惯差异。如南京大学吕林海[①]和清华大学史静寰教授[②]分别基于 SERU 和 NSSE 问卷发现,中外研究型大学本科生的深层学习、全球化经历、学习投入、课堂沉默、学业挑战度等维度的差异,背后也有中外教育理念和处世哲学的区别。因此,高校在进行教学组织和内容改革时,也要考虑文化习惯差异,不能简单地基于国际比较而展开经验学习。第三,虽然海外学习经历显著下降了学生的院校满意度评价,但这种向上比较中也包含了认知自我与组织的一种积极视角,即他们通过与国外一流大学的向上比较,而希冀国内的本科教学也有相应的提升,而不是单一的"羡慕"而已。因此,海外经历仍部分增进了他们对国内外大学差异的跨文化理解,修正了部分学生之前"国外月亮比较圆"的单一认知,也部分支持了"越出国越理解祖国"[③]的观点。

（二）讨　论

　　美国《外交政策》杂志在 2015 年对在美中国留学生的调查也发现,虽然多数人表示对美国的尊重增加,但并非意味着对中国开始抵触。加州大学黄海峰教授的解释也道出了社会比较对在跨文化接触中态度变动的影响。他认为"当留学生把对美国的抽象了解转化为具体经历时,好感会增加。当他们发现曾经

---

　　①　张红霞,吕林海.如何走出"中国学习者悖论"——中西方教育哲学的双重价值及其统合[J].探索与争鸣,2015,(10):87-93.

　　②　张华峰,史静寰.走出"中国学习者悖论"——中国大学生主体性学习解释框架的构建[J].中国高教研究,2018,304(12):39-46.

　　③　蔡连玉,Anthony Welch.中国留学研究生在澳大利亚遭遇了什么:学术与文化适应的叙事研究[J].外国教育研究,2019,46(6):89-104.

对美国过于浪漫主义的想象,以及对自我原本生活嫌弃的态度,在看到真实美国并非像听说那样闪闪发光时,会发生反转。同时,信息流动和观点交融,让部分留学生深深认同国内发展"①。本文发现也支持该结论,虽然学生有基于本科教学的向上比较,但同时也有跨文化的理解能力。此外该结论也意味着,鼓励本科生海外学习与交流(国际组织实习),不仅可以推动其能力与个性成长、参与国际竞争,而且会使学生提高对祖国和学校的理解能力,重塑文化认同与国家自信。

在超越教育的文化层面,亨廷顿在文明冲突论中有一个著名论断:跨文化交流往往强化了国家认同,加深了人们之间的差异意识,激发了相互的恐惧,而不是培养了共同的社区意识②。本研究结论从个体层面也为该论断提供一个有力的注脚。海外学习经历,虽然使他们对学校教学、学术和校园环境更为不满,但一定程度还是强化了学生的文化认同。正如有人提到"不同文化相遇的时候,冲突会让人意识到自己的文化位置,反过来加强自己原有的文化属性。比如说你在遇到一群不喜欢吃红烧肉的人之前,并没有意识到自己有多么爱吃红烧肉,但在你遇到之后,你反而意识到了自己对红烧肉坚韧不拔的爱,从而吃得更多"(英属哥伦比亚大学)。

(三) 政策启示

第一,关注海外学习经历学生的反馈,从中提取教学改革线索。基于文化差异,探索师生互动、学业挑战度、个性化学业辅导、高阶思维和深度学习策略等方面改革。对从国外引入的教学实践,要鼓励有跨文化经历学生参与,重视该群体的反馈。第二,引导学生海外学习体验的深度挖掘,避免停留在"旅行感悟"的浅层③分享。克缇加斯特(Kortegast)等人证实海外经历不会自动转换为学习成果,为其提供结构性机会分享海外体验,才能让其从中获益④。当前国内对归国学生的教育主要是经验交流会和撰写心得文本两种形式。后续可引入研讨会、工作坊(埃默里大学 The Experience)、讲座、研讨课程(达特茅斯学院

---

① Tea Leaf Nation Staff. Do years studying in America change Chinese hearts and minds [EB/OL]. (2015 - 12 - 07) [2019 - 07 - 27]. https://foreignpolicy. com/2015/12/07/do-years-studying-in-america-change-chinese-hearts-and-minds-china-u-foreign-policy-student-survey/.

② [美] 塞缪尔·亨廷顿. 文明的冲突与世界秩序的重建[M]. 周琪等译, 北京:新华出版社,1998.

③ Forsey M, Broomhall S, Davis J. Broadening the Mind? Australian Student Reflections on the Experience of Overseas Study[J]. Journal of Studies in International Education,2012,16(2):128 - 139.

④ Kortegast C A, Boisfontaine M T. Beyond "It Was Good": Students' Post-Study Abroad Practices for Negotiating Meaning[J]. Journal of College Student Development, 2015, 56(8):812 - 828.

College Course 21），让学生在反思和讨论中收获与成长，引导其形成跨文化理解能力。第三，在鼓励学生海外学习交流基础上，加强对海外学习经历影响评价。总体来看，国内高校学生海外学习的实践处于"增加机会"阶段，下一步需迈入"关注效果"阶段。借鉴海外学习经历评估的经验①，对学生学业表现、就业表现、跨文化能力、外语学习能力、全球视野和世界公民意识、祖国态度和国家身份的认同进行评价。于此可以参考欧盟"伊拉斯谟影响研究"（The Erasmus Impact Study）、佐治亚大学系统（GLOSSARI）、明尼苏达大学（SAGE），以及加州社区学院系统（CCC SOAR）项目等。

---

① 陶敏.海外学习结果评估：来自美国高校的经验启示[J].煤炭高等教育，2014,(3):37-40.

高校辅导员职业发展探析:心理资本的视角^①

王中教^②

世界多元文化的冲击,互联网＋、自媒体的发展等现实性境遇给我国高校思想政治教育工作带来严峻的挑战,对高校辅导员的职业发展提出了更高的要求。国家和政府高度重视高校思想政治教育工作,并出台了一系列政策文件促进辅导员的职业发展,在机遇与挑战共存的时代,辅导员职业发展规划是美好的,路径是多元的,前景是光明的,但归根结底辅导员职业发展最终要靠辅导员个体的内源性发展,心理资本关注人的积极心理品质,注重个体竞争优势的开发,引入心理资本的理论探讨高校辅导员职业发展有助于激发辅导员个体发展的内驱力,使辅导员职业发展的应然变为实然。

一、心理资本的理论与高校辅导员职业发展

(一) 心理资本的意蕴

心理资本最初源于"经济学",经济学家 Goldsmith(1997)认为心理资本同财力资本、人力资本和社会资本三大资本对组织绩效和个体工作动机具有重要的影响,甚至是超越前三者的重要资本,他认为心理资本是个体在长期的自我发展中和经过系统的教育所形成的能够影响个体工作动机、工作态度和工作绩效的稳定的心理特质和心理倾向,通过对心理资本的开发可以促进个体幸福感的提升。[1]Luthans(2004)综合人力资本、社会资本、积极心理学与积极组织行

① 基金项目:本文系作者主持的 2019 年中国高等教育学会"高校辅导员队伍建设与发展研究"专项课题资助项目"基于文化视野的新时代大学生发展自觉"(项目批准号:2019FDYYB09)、2018 年江苏高校哲学社会科学研究项目"高校转专业学生的'三元文化冲突'及自觉"(项目批准号:2018SJSZ434)、2017 年江苏省教育科学"十三五"规划课题学生资助专项课题重点资助项目"家庭经济困难学生心理资本的培育"(项目编号:X‐a/2016/01)的阶段性研究成果。

② 作者简介:王中教,南京师范大学教育科学学院博士生,常熟理工学院讲师,主要研究方向为教师发展、学生发展。

研究生论坛

为学的相关理论提出了被学界广为接受的心理资本概念,认为心理资本是个体获得的具有耐久性和相对稳定的内隐的积极心理品质,是打造个体竞争优势和促进个人成长与绩效的核心心理因素,外显为符合积极组织行为的标准,包含自信、希望、乐观和复原力四个维度,是可以通过经验掌握或成就表现、替代学习或模仿、社会说服、生理和心理的觉醒来开发的。[2]

近十年来,经济学界、管理学界、心理学界对心理资本进行了积极有益的探讨,目前对于心理资本的概念界定主要有特质论、状态论和综合论。特质论是指心理资本作为包含个体先天形成的心理特征和后天习得的较为稳定、具有耐久性的心理特质而存在;状态论是指心理资本区别于情绪和情感的情境性,带有积极、努力、动机、坚持的状态性,可以通过干预和开发提升的,是特定的积极心理状态;综合论认为心理资本是兼具特质性和状态性的心理素质综合体,包含希望、乐观、自我效能、积极归因、心理韧性的积极心理品质综合体[3]。

在以往研究中,研究者提出了积极心理资本结构的二维说、三维说、四维说、多维说。二维划分的代表人主要有:Goldsmith(1997)认为心理资本由控制点和自尊两个维度构成;魏荣和黄志斌(2008)[4]将心理资本分为显性心理资本和潜在心理资本两个维度;柯江林(2009)[5]则将心理资本分为事务型(自信勇敢、乐观希望、奋发进取与坚韧顽强)和人际型(谦虚诚稳、包容宽恕、尊敬礼让与感恩奉献)。心理资本三维划分的主要有 Luthans(2005)[6]、仲理峰(2007)[7],他们认为心理资本是由希望、乐观、坚韧性三个符合积极组织行为标准的构念组成。四维划分是目前学界普遍认可的理论,宋洪峰和茅天玮[7]、王雁飞等[8],他们认为心理资本是由自我效能/自信、希望、乐观和坚韧性四个维度组成。多维结构说认为除了传统的思维结构以外还包括认知层面的创造力和智慧、情感层面的幸福感、沉浸体验和幽默、社会层面的感恩、宽恕和情绪智力,以及更高层次的精神性、真实性和勇气[9],也有我国学者把本土气息的优良心理品质纳入到心理资本的范畴。心理资本是一个不断发展变化的概念,只要能对个体产生积极影响的心理品质都可以纳入到心理资本的范畴,这也是当前心理资本结构研究的一个趋势。目前学术界还在不断深入研究心理资本的内涵与外延,对于心理资本的要素构成依然处于探讨深化阶段。

(二)高校辅导员职业发展的蕴涵

根据中国职业规划师协会的定义:职业发展是组织用来帮助员工获取目前及将来工作所需的技能、知识的一种规划。实际上,职业发展是组织对企业人力资源进行的知识、能力和技术的发展性培训、教育等活动①。高校辅导员职业发展首先是辅导员作为"人"的发展,其次是辅导员作为一种"职业"的发展。人的全面发展是马克思主义的一个基本观点,辅导员作为"人"的发展就是尊重辅导员个体的生命价值、个性以及各种需要,重视辅导员个体自我意志获得自由体现,促进辅导员各种才能和潜在能力获得充分发展,使其社会关系获得高度丰富等。[10]辅导员作为"职业"的发展,就是辅导员在自觉自为的自我发展基础上,结合高校对辅导员职业发展的相关要求不断实现自身职业的专业化、职业化、社会化和知识化的过程。因此,辅导员职业发展包含辅导员的个人发展、专业发展、组织发展和"社会"发展。个人是指高校辅导员自身的身心健康的发展、人际关系的发展以及不断自我实现的发展;专业发展包括专业技能、职业能力、科研水平、职业成长的发展(涵盖职业生涯的发展和师德的发展),是一个教育理念不断提炼、教育知识不断丰富、工作技能不断提高、学术水平不断提升的过程;组织发展包括针对个人的、政策的、组织机构的发展[11];"社会"发展一方面是指辅导员个体的社会适应性发展,另一方面是指辅导员社会活动的发展(高校辅导员本身是培养社会人的教育实践活动,并担负着主流价值观的宣扬和主流政治意识的传播),此外也包括辅导员个体在社会团体中的作用发挥以及服务地方经济、社会发展的能力的提升。

二、高校辅导员职业发展存在的问题

(一) 职业认同偏低

高校辅导员职业认同是指辅导员对所从事职业的感知和评价,在职业发展过程中逐步形成的职业态度、职业情感和职业归属感,既有"过程"亦有"状态"。辅导员职业认同越高,对辅导员的职业认识越清晰,职业情感投入越多,职业归属感越高,其工作满意度越高,而现实情况是辅导员职业认同感普遍偏低。具体表现在:第一,自我认同低,辅导员经常处理事务性工作,在琐碎的事情中认为自己整天在做无意义事情,低成就感造成了对自身价值的怀疑与否定。第二,自我角色定位偏颇,虽然国家从顶层设计层面,明确了辅导员工作职业,确定了辅导员职业身份,提升了辅导员队伍的整体素质,满足了辅导员群体的职业期待,[12]但现实层面上辅导员在不同角色切换:"联络员""消防员""维稳员""组织和指挥员""安全员""推销员""咨询员""帮扶员""讨债员""助管员",这些多元的角色定位,造成辅导员自我角色定位偏颇,对职业的无限期待消弭在有限精力下。第三,社会认同度低,对没有接触过辅导员职业的人来说,不知道"辅导员"为何物;辅导员的工作具有价值隐含性、长期性等特点,这使得辅导员工作的成效容易被社会所忽视;[13]再加上辅导员的工作环境、收入待遇和职业发展空间等现实问题造成了其社会地位偏低。第四,职业归属感低,虽然国家相关政策文件规定辅导员是教师和干部的双重身份,但现实中双层晋升的瓶颈依然没有打破,"青春饭"的恐慌在辅导员群体中蔓延,不少辅导员把"辅导员"作为一个跳板,缺乏持久的职业归属。

(二)职业倦怠凸显

高校辅导员职业倦怠是指辅导员个体在长期持久的工作压力下,对其所从事的职业缺乏兴趣和动力,导致身心疲惫,总体上呈现出情感耗竭(emotional exhaustion)、玩世不恭(cynicism)和低成就感(inefficiency)的状态。[14]具体表现为:第一,情绪衰竭和生理耗竭:缺乏工作活力和工作热情,经常性感到焦虑,经常有负面情绪,常感到身心俱疲,烦躁易怒,常有无助感、空虚感、绝望感,同时在生理上伴有极度疲劳、失眠贪睡、经常性头痛等症状。第二,工作上敷衍了事:消极被动地接受工作,缺乏工作创新,对工作的新要求抱有抵触心理和厌倦情绪;对学生持冷漠态度,缺乏爱心与耐心,经常迁怒于学生,对学生事务的处理采用简单粗暴的方式;对学校组织的技能培训、专题学习等活动态度行为消极,不愿参加学校组织的各类社会活动,逃避人际交往,拒绝合作。第三,低成就感:自我效能感低,缺乏自信,缺乏工作斗志,丧失工作积极性和工作信心,认为很多事情并不是自己所能把控。

(三)职业能力断层

职业能力是辅导员个体从事"辅导员职业"为提高职业活动成效和岗位胜任力所应具备的多重能力的复合叠加。教育部《高等学校辅导员职业能力标准(暂行)》的通知中明确规定了辅导员的职业功能有思想政治教育、党团和班级建设、学业指导、心理健康教育与咨询、理论和实践研究等九项功能,对辅导员职业能力提出了明确规定。但现实情况是辅导员的招聘门槛往往注重学历而非专业,辅导员队伍整体上缺乏专业背景、专业技能、专业素养和专业情感;[15]尚没有"辅导员专业",即使相关专业毕业的辅导员缺乏入职后系统的专业能力培训,工作的开展往往凭借个人经验而非专业知识、专业能力;职业化的辅导员队伍必然是一支专业全面、各有侧重、专长互补、结构合理、功能优化、自身激励的专业化团队[18],但现实情况是辅导员职业定位不清、职业能力不精,往往"眉毛胡子一把抓",缺乏核心职业能力和核心职业素养的提升;职业化的辅导员应该具有较强稳定性的队伍,应具有一定数量职业能力专精尖的长期、执著地从事辅导员职业的专家型辅导员,而现实情况是辅导员是"跳板""青春饭""铁打的营盘流水的兵",好不容易培养出的业务强、技能精的辅导员离开辅导员队伍后需要再重新对新辅导员进行培养。总之,辅导员的专业能力和职业能力断层现象严重,辅导员的专业化发展和职业化发展还有很长一段路要走。

(四) 职业价值迷惘

辅导员职业价值,简言之就是辅导员这一职业对于辅导员主体的意义,它体现了对辅导员职业稳定的职业信念,对辅导员职业属性和功能的认知与评价,对职业与主体发展需要满足情况的整合性理解和认识倾向。明晰的职业价值是辅导员职业发展的重要内驱力,不仅影响个体的职业行为、职业态度、职业绩效,而且会影响个体的职业选择和职业发展。从顾雪英(2001)[16]职业价值结构的构成因子上来看,辅导员职业价值迷茫主要体现在:缺乏和谐的人际关系,工作中各自为政,学术上各自为战,缺乏团队意识和合作意识;在学校中、社会上,社会地位较低,薪资福利处于学院底层,虽然自认为对学校发展贡献很大,但却不被学生、专业教师、领导认同,义利观不平衡;工作考核重显性轻隐性、重结果轻过程,工作自主性决策不强,职务晋升以提拔为主、公开竞聘为辅,再加上事务性工作带来的低成就感,使辅导员个体逐渐失去挑战性;工作本身的程序化、常规化较强,且一些辅导员职业倦怠严重,缺乏创新意识和求新精神;辅导员工作对象主要是学生,学生的发展是长期的、结果是隐性的发展历程,且有些学生的改变,辅导员感到力不从心,职业成就感不强。此外辅导员职业价值迷惘还表现在,职业归属感不强、自我认同度低、自我满意度不高、自认为创造性低、职业体认和自我体认不高。

三、基于心理资本干预的高校辅导员职业发展

从某种程度上来说,辅导员职业发展所存在的四个问题也正是辅导员职业发展蕴涵所应解决的问题,职业认同所对应的是个人发展,职业倦怠所对应的是组织发展,职业能力所对应的是专业发展,职业价值所对应的是"社会"发展。

而辅导员职业发展的蕴涵与心理资本的内涵也存在着一定的逻辑一致性和义理可能性。

(一)加强自我效能/自信的提升,提高职业认同,促进辅导员个人发展

1. 自我效能/自信

班杜拉的社会认知理论认为,自我效能是个体基于自我认知,在特定情境中激发个人成就动机,调动自身资源并采取积极的行动过程中所秉持的对自我能力的肯定态度和对自己是否能获得成功所持有的信念(或信心)。有自我效能感的人往往具有较高的目标、喜欢挑战性的工作、高度自我激励、坚持不懈的努力、有效解决各种困难。辅导员的职业发展首先是辅导员作为人的发展,辅导员个人发展就是辅导员自觉、自为的个体生命发展,包含自身的身心健康的发展、自我实现的发展以及不断自我超越的生命运动,更多的表现出自主性、选择性和创造性等辅导员作为人的主体性特性。

2. 路径分析

加强自我效能/自信的提升,促进辅导员个人发展就是:首先,辅导员要意识到自身是辅导员职业发展的主体,是辅导员职业发展的内因和根本,只有辅导员自觉、自主,把自己当成自己的主人才能对个人发展有更好的体悟与感知,才能充分发挥自身的主观能动性实现自己的长远发展。其次,辅导员要意识到辅导员作为"人"的主体性发展最重要的是生命的发展,辅导员的发展不仅仅是职业生涯的开始与结束,而在于生命的完美旅程,不仅要在职业上有所发展,更要关注自身的身心健康,既要有健康均衡的身体,又要有高尚完整的人格、伟大可贵的精神、博大典雅的情怀、坚定崇高的信念,要不断地展现生命的长度、深度和广度。再者,辅导员要善于自我调整,辅导员要给自己设立明晰的目标,通过不断成功获得成功体验;多向榜样人物学习,通过观察学习获得替代经验;给自己积极的自我暗示,提高自身心理和情绪的唤醒水平;在不断的自我挑战中寻求自我超越,不断激发个体成就动机;坚持不懈的努力,适时调整个体发展路线。

(二)加强乐观品质的开发,缓解职业倦怠,促进辅导员组织发展

1. 乐观

乐观是个体拥有的积极的心理优势,是对未知事件或已发生事情的积极心

理倾向。不同的学者有不同的解读,有人认为它是一种心理特质,代表的理论有天生论、神经生物学论;也有人认为它是一种心理状态,代表的理论有学习论、解释风格理论。曾任美国心理协会主席的 Martin Seligman 认为乐观是一种解释风格或归因风格,乐观源于积极的归因,悲观源于消极的归因,无论是积极的归因和消极的归因都和自身因素与外部因素有着密切的关系。组织需要乐观的员工,同样乐观的员工与组织的发展密切相关。Luthans(2007)[27]认为,乐观的组织领导者有利于员工的积极归因(即乐观的形成);乐观可以通过在工作场所的开发得以提升;乐观的组织不仅可以提升自身的竞争优势,还可以促进组织领导者、组织成员、组织本身不断重塑自我、挑战自我。

2. 路径分析

第一,打造针对个人的组织发展,培养积极的解释风格,具体包含两个层次的含义:一是辅导员队伍的组织领导者、管理者的组织发展;另一个是辅导员自身作为学生组织、学生活动的"领导者""管理者"的组织发展,既要注重领导方式、管理方法、决策能力、团队管理、沟通协调等一般领导、管理知识技能的发展,也要着重发展情绪创造力、多变环境的领导力、形势发展的前瞻力和突发事件的管理力。第二,打造针对政策的组织发展,建立良好的社会支持系统,主要是面向影响辅导员职业发展的组织机制、组织政策、组织制度,目标在于调整和变革不利于辅导员乐观品质养成的组织机制,设置激励辅导员发展的组织政策,制订包容过去、珍惜现在并能帮助辅导员寻找未来机会的制度规范。第三,打造针对组织结构的发展,积极调整辅导员应对策略,就是要厘清辅导员工作职责,构建积极有效的组织结构,保证辅导员队伍的稳定性、持续性和确定性;借鉴国内高校学生事务管理的先进经验,建立学生事务服务中心,有效缓解辅导员的事务性工作压力,提高其乐观水平。

(三) 加强希望水平的提高,提高职业能力,促进辅导员专业发展

1. 希望

希望领域公认的理论创建者 Rick Snyder 认为希望包含了认知因素和动机因素,是后天习得的关于目标的个体思维和行为倾向,是个体在追求成功的路径(实现目标的计划)和动因(指向目标的能量水平)交互作用所产生体验的基础上,所形成一种基于内在成功感的积极动机状态。[18]已有研究表明希望对个体的发展具有重要的预测作用,希望有利于成功机率的提高和成就动机的激

发；[19]希望对生活满意度、生活质量能够产生积极的影响；[20]希望有利于促进个体的心理健康和生理健康；[21]希望和工作场所的绩效存在着正向关系；希望水平高的个体往往采取积极的应对方式和归因方式。虽然外在的因素一定程度上可以促进辅导员专业发展，但内在的自觉自为才是辅导员专业发展的根本动力，希望水平的提高则为辅导员内在的自觉自为提供原生动力，因此希望水平的提高可以促进辅导员的专业发展。

2. 路径分析

首先，加强辅导员专业发展的目标设置，建立目标导向的辅导员专业发展体制，无论是辅导员个体还是学校组织，要把专业发展目标内化为辅导员个体自身发展目标，内化的个体自身发展目标才可以提高辅导员的动机水平，帮助辅导员做出正确的发展选择，提高辅导员的努力程度和坚持不懈的程度。其次，要对目标进行分解，宏观目标的实现是个长期的过程，遥不可及的成功会引发希望水平的退化，而目标的分解则有利于希望的可实现化，当具体的、有挑战性的、可实现的分解目标达成以后，可以进一步激发辅导员的兴奋度和探索精神。再者，提高辅导员的参与度，一方面指辅导员将专业发展融入学校发展中的参与度，另一方面指辅导员在学生发展中的参与度。学校发展中的参与度可以增强辅导员个体的工作满意度和组织承诺，学生发展中的参与度可以在教学相长中提升成就动机和心理契约。最后，重视辅导员培训，通过入职培训，提高辅导员专业技能、专业知识、专业理念的科学化；通过专题培训，促进辅导员核心专业能力和核心专业素养的提升；通过分层培训，满足不同层级辅导员的发展需求。

（四）加强心理韧性的培养，增强职业价值，促进辅导员"社会"发展

1. 心理韧性

心理韧性也称心理复原力、心理弹力、抗逆力，是指个体在遭受挫折、面对压力、身陷逆境或重大打击时进行主动适应和自我调整的特性。[22]目前学界对心理韧性的概念界定主要有能力性定义：个体所具备的能力或特质；过程性定义：个人与环境互动的动态历程；结果性定义：一种正向适应的结果。心理韧性的开发可以帮助辅导员坚定职业信念增强职业价值，反过来职业价值和职业信念可以帮助辅导员提高自己克服困难的能力，指导和塑造辅导员的认知、情绪和行动。心理社会适应和发展功能对心理韧性具有重要的影响作用，[23]而职业

价值的社会性以及辅导员在学生道德教育、价值观念形成中所扮演的角色,[24]让我们看到加强心理韧性的培养,增强职业价值,促进辅导员"社会"发展的内在逻辑义理。

2. 路径分析

第一,关注心理韧性资产的策略。就辅导员的"社会"发展而言,心理韧性的资产包括个体社会服务力的提升(知识经验、专业技能、综合能力)和社会资本的构建(良好的人际关系、广阔的社会网络),这样一方面增强辅导员的社会适应性,另一方面提高自身的社会地位。第二,关注心理韧性内在保护因素的策略。心理韧性的内在保护因素主要有自我效能、自尊、积极情绪、问题解决、自我控制能力和人际互动能力,辅导员"社会"发展可以使辅导员在与社会环境互动的过程中促进挫折情境应对方式的提高、维持个体良好的适应性、促进自身的积极发展。第三,关注心理韧性外在保护因素的策略。辅导员心理韧性的外在保护因子主要有家庭社会经济地位、社会支持系统、社会资源等,[25]科研成果的转化、"社会兼职"的酬劳可以一定程度上提高辅导员家庭经济收入;团队协作的"社会服务"活动、社会团体中的人脉有利于辅导员社会支持系统的构建;服务地方经济、社会发展的活动可以帮助辅导员社会资源的丰富。第四,关注心理韧性过程的策略。心理韧性过程是指辅导员在处理危害因素时,通过对心理韧性资产的甄别,而采取的有效的适应体系和程序,即"处理性应对方式"。辅导员要有强烈的社会责任感、富有断鳌立极的创新意识、拥有凿险缒幽的学术勇气、要有服务社会的自觉、要增强文化自觉、坚定文化自信,在"社会"发展中,采取积极性应对,以提高心理韧性并实现自我超越。

参考文献:

[1] Goldsmith, A. H, Veum, J. R., & WILLIAM DARITY JR. The impact of psychological and human capital on wages[J]. Economic Inquiry, 1997, 35(4): 817.

[2] Luthans F, Luthans K. W, Luthans. B. C. Positive psychological capital: beyond human and social capital[J]. Business Horizons, 2004, 47(1): 46.

[3] 许萍.心理资本:概念、测量及其研究进展[J].经济问题,2010,(2):35.

[4] 魏荣,黄志斌.企业科技创新团队心理资本结构及开发路径[J].中国科技论坛,2008,(11):63.

[5] 柯江林,孙健敏,李永瑞.心理资本:本土量表的开发及中西比较[J].心理学报,2009,(9):877-878.

[6] Luthans. F, Avolio. B. J, Walumbwa F. O, et al. The Psychological Capital of

研究生论坛

Chinese Workers：Exploring the Relationship with Performance［J］.Management and Organization Review，2005，1(2)：252.

［7］仲理峰.心理资本对员工的工作绩效、组织承诺及组织公民行为的影响［J］.心理学报,2007,(2):330.

［7］宋洪峰,茅天玮.心理资本量表在大学生群体中的修订与信效度检验［J］.统计与决策,2012,(21):107.

［8］王雁飞,吴茜,朱瑜.心理资本与变革支持行为的关系——变革开放性和工作自主性的作用研究［J］.心理科学,2016,(4):906.

［9］熊猛,叶一舵.积极心理资本的结构、功能及干预研究述评［J］.心理与行为研究,2016,(6):843.

［10］高国希,刘承功,陈郭华.如何认识辅导员职业发展与职业生涯规划［J］.思想理论教育导刊,2009,(6):116.

［11］秦冠英.20世纪70年代美国高校组织发展的基本历程、类型和启示［J］.大学教育科学,2015,(3):92.

［12］郑育琛.高校辅导员职业认同与路径选择的质性研究［J］.思想理论教育,2016,(11):108.

［13］朱俊英,王群.加强高校辅导员自我认同的研究［J］.思想理论教育,2015,(10):109.

［14］张坤,余苗.高校辅导员职业倦怠现状调查与分析［J］.大学教育科学,2016,(5):84.

［15］赵水民,原广华,吉意斌.高校辅导员队伍职业化建设的内涵标准［J］.东北农业大学学报(社会科学版),2010,(3):68.

［16］顾雪英.职业价值结构初探［J］.心理学探新,2001,(1):61.

［17］Luthans F，Youssef.C.M，Avolio.B.J.Psychological capital：Developing the human competitive edge.［J］.Journal of Asian Economics，2007，8(2):316.

［18］刘孟超,黄希庭.希望:心理学的研究述评［J］.心理科学进展,2013,(3):550.

［19］韩小琼,严标宾,郑雪.希望的研究进展［J］.自然辩证法通讯,2010,(5):108.

［20］叶绿,王斌,刘尊佳,等.教练员-运动员关系对运动表现满意度的影响——希望与运动投入的序列中介作用［J］.体育科学,2016,(7):42.

［21］谢丹,赵竹青,段文杰,等.希望思维在临床与实践领域的应用、特点与启示［J］.心理科学,2016,(3):742.

［22］吕小康.心理韧性提升的具身认知途径:西方经验与本土反思［J］.南京师大学报(社会科学版),2015,(4):119.

［23］席居哲,左志宏.Wuwei.心理韧性研究诸进路［J］.心理科学进展,2012,(9):1428.

［24］吴海荣.全球化背景下马来西亚学校道德教育的困境和出路［J］.当代教育科学,2016,(4):53.

［25］曹如军.高校教师社会服务能力:内涵与生成逻辑［J］.江苏高教,2013,(2):81.

大学生学习自由度现状研究

——以江苏师范大学为例

雷绍广①

一、引　言

(一) 大学生学习自由的概念

学术界普遍认为,高等教育中学习自由思想来源于威廉·洪堡倡导的学术自由原则,他在创办柏林大学时推崇将自由思想贯穿于教学、研究以及学生的学习之中②。之后,美国在高等教育改革中沿袭了这一思想,并通过实行选修制和学分制将这一理念的精髓进一步扩大,因而也逐渐为世界各国大学所接受。关于学习自由的概念内涵,国内外学者从不同的视角进行了剖析。德国哲学家费希特主张学术自由就是"教的自由"和"学的自由",而学的自由是指学生在专业学习上拥有探讨、怀疑、反对和批评的自由,选择教师和学习什么的自由,参与教育管理评议的自由③。英国哲学家罗素认为学习自由应该包括学与不学的自由、学什么的自由以及观点的自由三个方面。美国教育家布鲁贝克则强调,学习自由包括学什么的自由,什么时间学和怎样学的自由,以及形成自己思想的自由④。美国实用主义哲学家杜威认为学习自由就是学生在力所能及和别人允许的范围内去探索什么事情能做、什么事情不能做的自由。国内学者的研究中,周光礼教授认为学习自由主要来源于宪法受教育权中的教育选择自由权,

① 作者简介:雷绍广,江苏师范大学教育科学学院高等教育学研究生。
② 李茂科.论大学学习自由的演进以及学生管理的转向[J].湖南师范大学教育科学学报,2007(3):63-66.
③ 孙平.论西方学习自由的历史演进[J].扬州大学学报(高教研究版),2011(1):38-41.
④ 约翰·S.布鲁贝克.高等教育哲学[M].王承绪译.杭州:浙江教育出版社,1998.

包括择校的自由、选专业的自由、选课的自由、上课的自由以及参与讨论及表达意见的自由五个方面①。也有学者认为,学生的学习自由包括接受高等教育的自由、转学和转专业的自由、选课与听课的自由、讨论和质疑的自由以及对知识灵活掌握和创新的自由五个方面②。石中英教授对学习自由进行了深入的研究,认为学生在整个学习活动中自主思考和采取行动的内在思想和外在行为状态,以及与之相关并支持这种状态的一系列权利,并认为学习自由具体包括学与不学或继续与中止自己学习生涯的自由,选择适合于自己发展倾向的学校、班级和教师的自由,选择课程内容的自由,质疑教师观点或教材观点的自由,作为平等的一员参与课堂教学并受到同等对待的自由,参与讨论和决策一切有关自己的学习事务等在内的十项自由权利③。

国内外学者对学习自由的研究中都强调了选择自由、学习方式自由以及思想自由,而在具体包含的内容上则各有侧重。笔者认为,这三方面的自由仍是当前本科教育中学生学习自由的主要内涵,但在具体包含的内容上,选择自由主要涉及学生二次选专业的自由、选课的自由和选择教师的自由;学习方式自由包括学生在学习中学与不学、什么时间学的自由,即免修的自由、学习场所和学习时间上的自由;思想自由则主要表现在学生课程学习中的表达自由。

(二)学习自由度研究的必要性

赋予学生一定的学习自由是激发学生内在的学习动力、调动学生学习积极性和热情,从而提升学习质量的有力保证。但学习自由是有一定限度的,正如雅斯贝尔斯所说的一样,完全的自由如同童话一般,在现实生活中是不存在的④。在承认学生拥有学习自由的同时,也要考虑到这种自由会受到教师、学生以及学习纪律等多方面因素的影响,是有一定限度的。缺乏必要的学习自由与毫无限度的学习自由都无法激发学习的内在动力,不仅不利于学生的成长与发展,更是不符合高等教育的发展规律。为探究适度的学习自由,如何充分调动本科生的学习积极性与自主性,本文拟以江苏师范大学为例,通过对该校本科生二次专业选择、课程选择、教师选择、学习方式以及课堂学习中学生的表达自由进行研究,揭示该校自由度现状对学生学习发展的影响,并为该校构建合适

① 马廷奇,张应强.学习自由的实现及其制度建构——兼论创新人才的培养[J].教育研究,2011(8):50-54.

② 王安忠.谈大学生的学习自由[J].教育探索,2011(9):26-27.

③ 石中英著.教育哲学导论[M].北京:北京师范大学出版社,2002.

④ 雅斯贝尔斯.雅斯贝尔斯哲学自传[M].王立权译.上海:上海译文出版社,1989.

的学习自由度提出相应的改进之策。

二、江苏师范大学本科生的学习自由度研究

（一）二次专业选择自由

由于我国高等教育中实行分专业培养的模式,招生录取阶段就确定了考生的发展方向,因而在校大学生的专业选择往往只能通过二次专业选择,即转专业来体现。自 2005 版的《普通高等学校学生管理规定》明确提出学校可根据社会对人才需求情况的发展变化和学生的需求,适当调整学生所学专业。批准学生转专业的需求后[①],转专业不仅成了满足学生发展的基本保障,更成了部分高校招生时吸引人才的重要举措。

自 2014 年实施全校范围的转专业以来,江苏师范大学在五年的转专业实践探索中取得了重大的成效。首先,在转专业人数上,该校先后满足了 1 390 位本科生的转专业需求,转专业人数由最初的 54 人急速增加至 2019 年的 424 人,这一数据也说明该校在逐渐放宽学生的转专业自由。其次,在转专业条件上,该校转专业相关文件中规定:学生对某个专业领域具有浓厚的兴趣和潜质,已修读课程全部合格,平均学分绩点≥2.0(所修科目平均分≥70),无处分,原则上均可提出转专业申请[②]。作为衡量学生学习能力的基本标准,2.0 的学分绩点要求不仅是对学生的一种激励,也是为了衡量学生转专业后能否较好地适应后续学习的重要标准。从基本的学分绩点要求和无处分的纪律要求可以看出,该校宽松的转专业要求,满足了全校大部分非定向类本科生自由转专业的需求。最后,在转专业后的学习安排上,该校要求各学院要密切关注转专业学生的学业成长与发展,各学院也通过适时开展主题会议给予转专业学生学业和心理发展上的指导,适当安排相应的补修课程弥补其在专业教育中的缺失,必要时成立新的班级、制定特定的教学计划等具体措施全面保障转专业学生的学习与成长。

从转专业的人数、基本条件和转专业成功后的学习保障措施上来看,江苏师范大学为该校本科生提供了充分的二次专业选择自由,但过度充分的选择自

---

① 普通高等学校学生管理规定[中华人民共和国教育部令第 21 号],[2018 - 12 - 21].[EB/OL].
http://www.moe.gov.cn/srcsite/A02/s5911/moe_621/200503/t20050325_81846.html.

② 江苏师范大学本科生转专业管理办法(2017 年修订).[2019 - 05 - 25].[EB/OL]. http://www.
jsnu.edu.cn/a1/42/c11461a237890/page.htm

由后也暴露出一些转专业成功的学生学习不适应的问题。笔者通过调查发现，部分转专业成功的学生仅是一时兴起，缺乏对专业的充分了解与必要的学习准备，最终产生了转专业成功后的学习不适应、学习成绩不佳等负面效应。同时，为了避免有限的教育资源出现二次浪费的现象，该校转专业条例中也规定"转专业成功者不可放弃，且有过一次转专业经历的学生不能再次申请转专业"，这也使得部分未慎重决定转专业的同学没有了退路，增加了其今后发展的不确定性。

（二）课程选择与教师自由

课程选择自由通常是指学生有权根据社会需求和自我的知识、能力结构的需要，选择与专业配套的课程结构，学校不仅应配备导师给予选课指导，而且应尽可能开出更多的课程供学生选择。江苏师范大学的课程分为必修课、选修课两类，其中选修课主要是一些深入研究的课程和扩大知识视野的课程，包括专业选修课程和博雅课程。为拓宽学生的知识视野，江苏师范大学规划了教师素养、科学素养、体育与公共卫生、人文素养以及艺术素养五大类660多门博雅课程，但在实际教学中仅开设了130多门选修课。从选修课的开设总数来看，120门选修课显然不能满足全校18 000多名本科生的选课需求，同时该校规定人文社科、理工科、艺术类学生必须要在非本专业所属学科领域中的其他两大类课程中各修读2学分，这又使得学生在具体课程类型内的选择范围进一步缩小，学生个性化发展的需求得不到切实的保障。简而言之，该校在博雅课程开设方面的数量不足，使得学生课程选择自由大大受限，自由发展的需要得不到真实满足。

教师选择自由通常是指学生根据自身的实际情况，选择适合自己的教师教授进行课程学习。学校规定专业课和专业选修课由各学院分管本科教学的相关教师根据本院师资的基本情况和学生培养方案的要求，酌情安排各课程的授课教师，因而在专业必修课教学中没有赋予学生选择教师的自由，学生仅在专业选修课中拥有一定的选择权。在博雅课程方面，教师根据学校博雅课开设指导目录并结合自己的研究所长填写开课申请并提交相关材料，教务部门通过审核教师的材料并对结合教师的教学情况决定教师开课情况。选修课开课前，教务部门会将本校教师开设的选修课以及网络选修课的基本情况进行公示，学生依据自己的兴趣和授课教师的基本情况进行选择。目前，参与该校博雅课教学的教师仅有26位，且同一类型的博雅课仅由一位教师进行授课，学生选择的余地较少；同时，剩余的100多门博雅课为校外教师讲授的网络博雅课，且每门课也仅提供某位教师的授课资源,学生事先无法得知该课程的授课教师基本情况,因而也无教师选择自由可言。博雅课授课教师少,网络课自行进行组织学习、无监督条件下完成考核等现实情况的存在,使得网络博雅课更受学生的青睐,学生更加无视自己的教师选择自由权。该校专业课与专业选修课授课教师由学院教务决定、博雅课程教师参与授课程度不高等情况的存在,使得该校本科生在教师选择上的自由也受到较大的限制。

总体而言,该校教师在课程教学尤其是博雅课的授课中的参与度不高、学校的重视程度不够使得学生在课程选择自由和教师选择自由上的自主权无法得到具体保障。这不仅不利于激发学生自主学习的内在动力,同时博雅课程教学与考核中缺乏必要监督情况的存在,也会使得选修课成为"水课",学生的知识能力得不到切实的提升。

(三) 本科生的学习方式自由

关于学习方式的选择自由,有学者认为"学生有权在规定的学分标准或学习年限内,根据自身情况,自主决定学习方式;在学习过程中,学生有权根据自己的知识基础、自学能力和教师的教学水平,决定听课或免听"[1],简言之,学习方式选择自由包括选择学习场所、学习时间的自由以及学习过程中,修习课程和免修、免听课程的自由两方面构成。

在课程修习自由方面,江苏师范大学的学分制管理办法规定:前一学期课程平均学分绩点不小于 2.5 的本科生即可向学院申请免修,经学院免修考试合格的学生可获得免修;为了使学有余力的学生能提前毕业,该校还为前一学年平均学分绩点大于或者等于 2.5 的本科生提供了提前修读高年级课程的自由。转专业的本科生若在原专业已修读合格的课程中,课程名称、课时、学分、课程性质与新专业的课程相同或相近,经专业学院认定可冲抵对应课程学分[2]。在课程修习方面,该校不仅为学有余力的同学开辟了免修和先修的途径,帮助其更好地规划自己的学业生涯;同时也结合到转专业学生群体的切实需要,抵消相应的选修学分,让其拥有更多可支配的学习时间,因而该校在课程修习方面赋予了学生较大的选择自主权。在学习场所和学习时间的选择自由方面,该校的宿舍空间和布局能够满足其学习的基本需求,但校图书馆生均用地面积不足、校内自习室较少、学生自由研讨场所申请困难、缺少夜间开放的学习场所等

① 侯志军,徐绍红.大学生学习权的内涵、价值与实现[J].现代大学教育,2012(6):98 - 103,113.
② 江苏师范大学全日制本科学分制实施方案(2019 年修订).[2019 - 8 - 25].[EB/OL].http://phy.xznu.edu.cn/1f/f1/c5601a270321/page.htm

研究生论坛

问题的存在,不仅不能满足学生个性化的学习需求,甚至连学生基本的学习保障都成了难题。

总体而言,该校给予了学生充足的课程修习自由,能够让不同学生依据自己的学习情况合理地规划自己的学业生涯;但在学习场所和学习时间方面,由于该校基础设置的不完善以及后勤管理方面的不足,较大地限制了学生的学习方式选择上的自由。

(四)思想表达自由

思想自由主要是通过学生在课程教学中进行独立思考、参与讨论并自由表达自己观点的行为,即课程教学中的思想表达自由来体现的。江苏师范大学鼓励各学院积极开展教学改革,在专业课教学中多采用讲授与讨论相结合的形式,部分专业课教师在授课时也更倾向于采用小组探究的形式开展教学,学生主导课堂教学,教师在其中更多地扮演指导者角色。这种探究式的学习给予了小组中各成员充分的思想表达自由,激发了其学习的积极性与热情,更利于其创造性思维的培养。

在公共基础课、专业选修课与博雅课教学中,大都是采用"大课讲授"的形式,即参与学习的人数在 40 人以上甚至超过 100 人,课堂教学中以老师的讲授为主、学生的参与度不高。这种灌输式的讲授课传授的是程序性的低阶知识,不仅无法保障学生思想表达自由权,更不利于培养学生解决复杂问题或完成复杂任务所需的高阶能力[1]。江苏师范大学多数课程采用"大课讲授"的教学现状,也直接造成了学生思想表达自由权得不到良好的保障,不仅会使得学习的积极性和热情受到打击,更不利于该校课程质量的提升。

三、江苏师范大学本科生学习自由的提升路径

上述研究表明,江苏师范大学本科生课程修习方面拥有较合理的自由度的同时,也面临着二次专业选择自由过度,课程选择与教师选择、学习时间与学习场所,以及思想表达自由的相对缺失等方面的问题。基于此,全面考察转专业申请者的需求与兴趣、提升后勤服务管理质量、加大选修课建设力度、深化课程教学改革、鼓励教师参与课程授课等措施是进一步提高本科生的学习自由度,促进其自由发展的有效途径。

---

① 李志义.《水课》与《金课》之我见[J]. 中国大学教学,2018(12):24-29.

(一) 全面考察转专业申请者的需求与兴趣

中国青年网的一份调查显示,约有 44.5% 的学生入学前很少了解或不了解自己的专业[①];同时,入学初期的本科生由于接受的大都是通识类的教育,对本专业的知识了解不多,因而常常会产生一些专业认知上的偏差,加上父母和身边同学的鼓动,他们常会在专业选择上有所动摇——甚至为了就业前景的考虑放弃自己感兴趣的专业。学生的需求和兴趣是激发其学习主观能动性的必要条件,很大程度上影响着转专业本科生今后的学习适应性,甚至是今后的学业成长与发展。因此,为保证本科生转专业决定的科学合理性,全面考察转专业申请者的需求与兴趣是必不可少的。目前,江苏师范大学转专业制度中基本的绩点要求和无处分的纪律规定给了本科生充足的转专业自由,这也造成了转专业申请者的基本条件之一——"对某个专业领域具有浓厚的兴趣和潜质"方面的考察落不到实处。基于此,学校一方面可以通过必要的访谈与职业兴趣测试,全面了解转专业申请者的需求与兴趣;另一方面也在入学初期开展有关"专业介绍"的讲座与课程学习,加强本科生的专业认知,使其更明确自己的兴趣与需求。

(二) 提升后勤服务管理质量

江苏师范大学本科生学习时间与学习场所上的受限,主要源于学校基础建设上的不足与后勤保障方面的投入不到位,而在后勤经费投入有限的情况下,提升服务管理质量是改善学生学习环境、提升学生学习自由的有效途径。具体而言,学校可以通过改造校内闲置与老旧建筑、增加流动自习教室数量等措施扩大师生学习活动的场所,满足更多本科生对学习场所的需求;通过延长自习室开放时间、开设通宵自习室等途径满足学生学习时间上的个性化需求;通过简化闲置教室申请审批手续,改造学校餐厅以及其他闲置公共场所等方式给予学生更多学术研讨的空间,为学生提供更多学习时间和学习场所上的自由。

(三) 加大选修课程的建设力度

有学者指出,学习课程的自由在大学生学习自由中居于核心地位[②],而满足课程选择自由,就必须要满足学生多样性的课程选择需求。目前,江苏师范大学博雅类选修课数量不足、质量不佳的现状显然不能满足学生课程选择自由的

---

① 刘博超. 高校转专业为何那么难[N]. 光明日报,2016-07-10(4).
② 李均. 论"学习自由"[J]. 高等教育研究,2000(3):15-18.

需求。因此,江苏师范大学应积极响应国家的号召——淘汰"水课"、打造"金课"①,加大选修课程建设力度。具体而言,学校可以通过增加教师的课时津贴、安排教授给本科生上课、奖励与职称适当向教学岗倾斜等政策,鼓励更多教师参与选修课的授课,打造一支老中青结合的教师队伍,使该校博雅类选修课在数量与质量上得到切实提升,满足学生个性化的课程选择自由的同时,也满足学生的教师选择自由。

(四)改进课堂教学形式

江苏师范大学现存的课堂教学形式仍是以教师的讲授为主,学生仍是倾听者和知识的被动接受者,这种传统的教学方式忽视了学生的主体性地位与思想表达自由,不利于调动学生学习的积极性、主动性。本科课程教学中应当充分认识到学生的自主性、能动性与创造性,通过营造自主学习、合作学习与探究学习的教学环境②,为满足学生思想表达自由提供可能。具体而言,学校可以在专业选修课和博雅课教学中采用大班授课、小班教学与一对一答疑相结合的形式,通过大班授课传授学生必要的基础知识,并在每周一对一答疑的时间,与学生就"大班授课"中的疑义进行深入探讨;通过小班教学的形式让学生形成学习小组,围绕自己的学习课题与教师和学生进行深入探讨,充分表达自己的思想观点。

四、总　结

学习自由是有限度的,适度的学习自由能最大限度地激发学生的内在学习动力,促进其学业的成长与发展。高校在学生学习自由度满足与否、合适是否以及如何改进等问题上的思考与回应,往往能反映出一个学校基础建设、师资力量以及办学水平的真实状况。因此,提供学生必要的学习自由并努力使其达到合适的程度,不仅是贯彻"以生为本"理念,全面服务学生发展的重要体现,更是衡量高校健康发展与否的有效指标。高等教育后大众化阶段,高校在国家教育方针指导下培养社会所需的各类人才时,不仅要以教育政策法规作为教育改革的准绳,更应考虑以生为本的理念,尊重学生主体性地位,在赋予学生合适的学习自由度,调动其内在学习动力的过程中,最大限度地发展其潜能,提升人才培养的效率与质量。

---

① 教育部关于狠抓新时代全国高等学校本科教育工作会议精神落实的通知. [2019 - 05 - 25]. [EB/OL]. http:// www.moe.gov.cn/srcsite/A08/s7056/201809/t20180903_347079.html.

② 徐学福主编. 教学论[M]. 人民教育出版社,2012:72 - 74.

大学生课堂"消极沉默"的心理机制及应对策略

鹿秀颖①

一流本科教育是"双一流"建设的重要基础和基本特征,一流的大学离不开一流的本科。培养创新型人才不仅是高等教育的重要目标,更是当前社会的迫切要求。目前,高教实践领域围绕本科教育中的招生选拔模式、人才培养模式、创新创业教育、教学质量保障等方面开展了一系列的改革实践,但归根到底,一流本科教育的目标只能通过高质量的教学过程来实现②。课堂教学是我国大学育人的主要场域,积极主动参与课堂表达(包括回答老师的问题和向老师提出问题),是大学生勇于创新的一个重要表现,也是打破师生互动失衡、提升课堂价值的重要手段,更是高效课堂的一个重要表征。随着教育研究和实践的发展,学生主动分享个人观点的价值受到重视,但在现实的高校课堂教学中,学生缄口不言、保持沉默的现象却广泛存在:面对老师的课堂提问,主动回答者寡,质疑老师授课当中可能存在的问题或向老师提出问题者更是鲜见。学者吕林海指出"沉默"是中国教育文化中的一个独特印记,是中国课堂中的一种独有"教育事实"③。2018年,有学者对分布于研究型大学、教学研究型大学和教学型大学三类高校,涵盖了经济、管理、理工、政法等多个学科领域的560名学生进行过调查,结果显示,各类高校课堂沉默者所占比例都在56%以上,而且教学研究型大学的课堂沉默现象最为严重④。就像张楚廷先生所说的:"中国大学普遍的沉闷状态是令人忧郁的,课堂本是一个应激起大脑风暴的地方,但是它寂静得令人可怕。"⑤因此,深度剖析课堂沉默现象的成因,充分发挥学生在课堂教学中的能动性,打破课堂沉默是教学过程不断反馈和调整的长期性问题。

① 作者简介:鹿秀颖,江苏师范大学高等教育学专业研究生。
② 汤俊雅.我国一流大学本科教学改革与建设实践动向[J].中国高教研究,2016(07):1-6.
③ 吕林海.中国大学生的课堂沉默及其演生机制——审思"犹豫说话者"的长成与适应[J].中国高教研究,2018(12):23-30.
④ 张林,温涛,张玲.大学生课堂沉默的阻力与动力机制研究——基于560份调查问卷的实证[J].西南师范大学学报(自然科学版),2019,44(03):156-162.
⑤ 张楚廷.大学里,什么是一堂好课[J].高等教育研究,2007(3):73-76.

315

一、概念界定:明课堂"消极沉默"的内涵

"沉",在词源上解释即没于水中,与《战国策·秦四》中"决晋水以灌晋阳,城不沉者三板耳"意义一致;"沉"作形容词,意为深,曹植的《吁嗟篇魏》中有"自谓终天路,忽然下沉渊"。"默"即有静默,不语之意。"默"也作"嘿",意为昏黑,唐郑还古《博异志》"遵言与仆等隐大树下,于时昏晦,默无所睹"。从词源上看"沉"和"默"没有实质的关联,"沉默"一词最早出自五代王定保《唐摭言·升沉后进》"二公沉默良久,曰:'可於客户坊税一庙院'"。《现代汉语词典》中,沉默作动词指不说话,不出声,如沉默良久;作形容词指不爱说笑的,如温柔沉默。沉默是交际主体所呈现出来的无声且无固定语义的非言语交际行为,课堂沉默则可特指在课堂教学情境中,教师与学生在进行交往过程中呈现的"无语"状态。教育学界对课堂沉默的关注来自外语"哑巴课堂",但由于这种现象在诸多课堂的普遍存在并影响着教育教学质量,逐渐引起研究者们更为广泛的关注。叶立军等人把教师发出问题信息,学生由于信息接收不畅、信息理解出现偏差、困难或者根据现有信息无法做出判断等原因表现出长时间的"无语状态"的现象定义为"课堂沉默"[1]。滕明兰则认为,大学生课堂沉默是指"学生个体在课堂教学活动中,在思维、情感和行为等层面所表现出来的一种对教学内容与要求不关联、不参与的心理状态与行为[2]。综上所述,本研究中的大学生课堂沉默是在高校课堂教学中,大学生所表现出的持续时间较长的无声状态,包括思想、情感和行为上的沉默。

随着研究的不断深入,因学生在课堂保持沉默带来的课堂效果不同,又可将课堂沉默分为"积极沉默"和"消极沉默"。积极沉默多表现为学生或专注于倾听或沉浸于思考,自主进行知识构建的主动学习状态,也有学者将这类课堂积极沉默称为课堂"静默"[3],意指学生课堂积极进行静思默想。应当承认,课堂积极沉默是处于一种沉思、体验、建构的状态,在外部言语上表现为主动沉默,内心却在不断进行着思考与自我对话,因而对构建高质量的课堂教学发挥着不可替代的作用。课堂消极沉默则是学生在课堂中不思考、不倾听、不配合甚至不接收知识的散漫状态,又可分为思想上和行为上的消极沉默,思想消极沉默表现为学生课堂精神涣散、思维冷淡、漠不关心、无精打采,行为消极沉默多表

---

① 叶立军,彭金萍.课堂沉默现象的成因分析及其对策[J].教育理论与实践,2013(17):44-46.

② 滕明兰.大学生课堂沉默的教师因素[J].黑龙江高教研究,2009(4):146-148.

③ 孟蕊蕊.课堂无声现象的理性审视[J].教学与管理,2019(17):1-3.

现为学生沉迷手机、蒙头大睡、遇到提问沉默不语。学者赵明鸿认为,我国课堂沉默现象主要以消极沉默为主①。课堂消极沉默是从基础教育、职业教育到高等教育等不同的教育阶段彰显出的共性,与学前教育相对比可知,随着受教育程度的不断提高,相应的课堂上呈现出消极沉默的现象也就越多。学生掌握知识一般包括教师讲解(输入)到学生理解(吸收)再到知识运用(输出)的过程。根据学者文秋芳的输出驱动假设理论,没有输出,即使有高质量的输入,知识习得效率也是有限的②。课堂消极沉默使得学生远离"输出"这一基本过程,这不仅不利实现学生自身知识结构的构建,也不利于教师通过学生的反馈来实现知识"输入"的优化。

事实上,课堂消极沉默的表现不仅是学生话语上的缄默,更是其心灵上的封闭。课堂"消极沉默"主要涉及到学生"不会说""不敢说"和"不愿说"的三种状态。"不会说"往往由教师的不合理提问或学生能力、知识不足而造成;"不敢说"和"不愿说"都肯定了学生有能力发言的事实,"不敢说"表现的是一种畏惧心理,多由学生担心课堂表达会带来不好的效果所致,如:学生若回答问题错误则可能会受到嘲笑而选择保持沉默不答。而"不愿说"多受学生认为课堂表达价值大小影响,如:学生若感觉回答问题对自己来说发言无用,没有意义则可能会选择保持沉默。因而,在对课堂"消极沉默"进行更为细致化划分的基础上,有针对性地对不同类型的"消极沉默"进行原因分析并提出应对措施是有必要的。而相对于"不会说"这一类型的沉默,出于动机性的"不愿说"和"不敢说"类型的沉默的成因更为复杂和难以消除,也更值得对其进行研究。

二、成因剖析:理课堂"消极沉默"的内因

大学生课堂"消极沉默"的表现不仅仅传达了丰富的非话语信息,还可以反映大学生的心理活动。课堂"消极沉默"受诸多因素影响,如文化、课堂环境、教师等,但从学生心理层面来说,往往是人格特质、心理状态和驱动动机交互作用的结果。

(一)人格特质因素

人格特质是一种能使人的行为倾向表现出一种持久性、稳定性、一致性的心理结构,是人格构成的基本因素。大学生自身的责任意识、性格类型、情绪稳

---

① 赵明鸿.课堂沉默现象的教育考察与文化探源[J].教学与管理,2018(27):87-89.
② 文秋芳.输出驱动假设与英语专业技能课程改革[J].外语界,2008(2):2-7.

定性等特质都影响着课堂学习状态。如果这些人格特质是积极的,就可能形成积极的课堂气氛,促进课堂学习的进行,反之,消极的人格特质则往往产生课堂"消极沉默"。

1. 责任意识

根据《现代汉语大词典》的解释,责任意识即自觉做好分内事的心情①。责任意识是一种自觉意识,反映一种是否有意愿自觉主动地做好分内分外一切有益事情的倾向。现代认知观把学习看作知识建构过程,学生由被动接受者变成主动建构者。维斯塔(Vesta)也认为,教育心理学中认知运动的一个重要方面是,认识到在学习过程中,学习者作为一个积极的参与者出现②。责任意识较强的学生能够愿意积极参与课堂,主动承担课堂任务。而责任意识较弱的学生对教师提问多是事不关己的态度,不会产生有回答问题的责任的紧迫感。只有在教师点名的情况下,才会认为回答问题是分内的事,否则会选择沉默的方式应对。

2. 性格类型

内倾型和外倾型是瑞士精神分析派学者卡尔·古斯塔夫·荣格(Carl Gustav Jung)首次提出的性格类型。荣格认为人与人之间存在着个性差异,人的各种显著的特征综合起来,构成了不同的类型。他把弗洛依德(Freud)的"力比多(libido)"观点加以改造,使"力比多"不只限于性本能和欲望所具有的能量,而成为能在生长、生殖及一切活动中得到表现的个体生命力,然后根据"力比多"的外冲和内倾来划分外倾型和内倾型。一般而言,外倾型性格的学生随和性高,在课堂中表现更为活跃,能够积极配合教学活动,勇于向老师提问或主动回答问题,即使回答错误也能够很快调整好心态。而内倾型性格的学生愿意独处,课堂表现沉闷不言,被教师点名则会慌张不已,一旦回答的不好,失败的经历会强化他们沉默的意识,削弱他们课堂表现的主观能动性。

3. 情绪稳定性

情绪是以主体的需要、愿望等倾向为中介的一种心理现象。积极情绪是一种良性的、建设性的心理准备状态,可以提升个体注意的范围和认知灵活度,而消极情绪常常伴随着一言不发、无精打采等外在状态。在课堂中,如果学生积

---

① 阮智富,郭忠新.现代汉语大词典:下[Z].上海:上海辞书出版社,2009.
② Di Vesta[1989] In Wittrock, M. L.[ED]The Future of Educational Psychology. 1999:39 - 54.

极情绪唤起不足或消极情绪持续存在,其课堂行为就会受到自我情绪抑制。此外,情绪稳定性即人的情绪状态随外界(或内部)条件变化而产生波动的情况也会在很大程度上影响学生的课堂表现。情绪稳定性较高的学生不易为一般情景引起强烈的情绪反应,或引起的情绪反应较为缓慢,抗压能力较强,遇到各种情况表现较为一致。而情绪稳定性较低的学生情绪容易出现起伏,处于消极情绪体验概率较大,并易受其影响,课堂活动的参与积极性减少。

(二)心理状态因素

学生内心心理活动影响支配着外在行为,不同的心理状态在很大程度上影响学生课堂发言的积极性与参与度,进而影响课堂教育教学效果与质量。

1. 责任分散

法国人马克斯·瑞格曼(Ringelman)通过对被测者单独拔河和参与集体拔河的拉力进行测量发现,集体拔河人数增加,被测者的个人拉力减少。同样,社会心理学家拉塔奈(Latanay)曾在个体独自的情况下和在不同群体规模的情况下测查个体鼓掌和欢呼的声音强度也发现,与个体独自情况相比,个体的声音强度(鼓掌声和欢呼声)是随着群体规模的增大而减弱的。当个体被要求单独完成任务时,责任感就会很强,做出积极反应,而若是被要求群体共同完成,个体的责任感会减弱,面对困难往往会选择退缩,群体人数越多个人出力越少的现象,称为"责任分散"效应。在课堂中,教师针对全班同学进行提问,学生的责任意识会下降,评价焦虑较低,因而选择主动回答的动力也较低,即使有能力作答也不会主动回答,除非被教师点名。

2. 从众心理

从众心理是个体普遍具有的心理现象,即受他人或外界环境影响,而使自身的行为方式符合公众或大多数人的预期[①]。大多情况,从众发生于一种心理氛围中。在课堂中,许多学生认为自己能够得到班集体认可的一个条件,是与其他同学保持言行一致,否则,很有可能遭受大家的孤立。这种"孤立"同学的现象无论是在小学还是大学都依然存在。面对教师的提问,大家都保持沉默时,自己也会保持默不作声的状态,与大家保持一致。如果是被老师点名,学生的"被孤立"担心则会减弱,因而课堂主动表达的学生是少之又少。此外,若自

① 殷杰,邓霜,贺岭峰.学生课堂沉默的个体心理因素分析[J].教学与管理,2016(36):74-76.

研究生论坛

己问题或意见与大家不一致,但出于占用过多课堂公共时间而带来被认为是自私等消极评价的担心,此时会出现自我压抑的心理,会跟随大家的意见或保持沉默。

3. 侥幸心理

侥幸心理为意外地、偶然地获取某种未料想到的利益或免于某种可能的不幸,而寄希望于各种疏漏,忽略事物自身的规律和性质,根据自我需要和喜好企求非分的投机心理模式。心理学研究表明,侥幸心理是人人都会具有的不同程度的消极心理意识,是人的一种自我保护的本能意识,反映于人的各类思维活动中。大学课堂教学多是班级授课,特别是公共课还存在合班上课的情况。课堂有限的教学时间使得教师只能选择一位或几位同学回答,因而绝大部分的学生都会存在这样一种侥幸心理:班级这么多学生,老师不会提问到自己,因而形成这个问题"事不关己"的心理反应与在课堂上"高高挂起"的行为取向。

(三)学习动机因素

动机是激发和维持有机体的行动,并将使行动导向某一目标的心理倾向或内部驱力①,被称为是决定行为的内在动力。个体的动机影响其执行任务的愿望强烈程度,学生在课堂中趋向沉默不语或者趋向积极发言都可以看作是动机驱使的表现②。

1. 成就目标

德维克(Dweck)的成就目标理论将人的能力观分为能力增长观和能力实体观③。能力增长观的学生通常表现出一种积极的、适应的动机模式,寻求挑战,着重于提高自身的理解力和竞争力,是"任务卷入型"学习者,称为"掌握目标"型。通常情况下,这类学生有着更为积极的课堂表现。但是当课堂任务难度较低或不能够激发其学习动机时,学生表现出"不屑"进行课堂回答。如选择考研的学生在大三大四课堂时间里,会"两耳不闻课堂事"沉迷于自己的功课复习。而持有能力实体观的学生倾向于将成败归结于自身能力,评价成就的依据是自身表现,重视对能力的解释和社会性比较,属于"自我卷入型"学习者,称为"表现目标"型。此类学生又可以细分为成绩趋近目标型(performance-

---

① 林崇德等. 心理学大辞典[M]. 上海:上海教育出版社,2003.
② 张东海. 大学生课堂动机性沉默的影响因素及其效应[J]. 教育发展研究,2019,39(1):40-46.
③ 冯忠良,伍新春,姚梅林,等. 教育心理学[M]. 北京:人民教育出版社,2010.

approach goal)和成绩回避目标型(performance-avoidance goal)。成绩趋近目标的学生关注表现得优于他人,成绩回避目标的学生则避免表现得比他人差,指向于对能力的消极判断。面对教师的提问,如若自己不能给予正确完美的回答,则宁愿选择不说,以此避免给人不好的印象或让他人认为自己的能力不足。

2. 自我价值

美国教育心理学家马丁·科温顿(Covington)提出的学习动机的自我价值理论认为自我价值的需要是所有个体所具有的一种基本需要,当自我价值受到威胁时,人类将竭力维护,将自我接受作为最优先的追求。他把这种保护和防御以建立一个正面自我形象的倾向就是自我价值动机[1]。个体价值的主要衡量依据是在竞争中获取成功的能力,自我价值感与其能力密切联系。按照有能力就意味着有价值的逻辑,学生课堂中也要保持积极的有关能力的自我形象就不难理解。一旦认为课堂发言不利维护原本形象时,如问题回答错误则会担心别人认为自己能力不足,主动回答若是给予答案质量不高则会担心别人认为自己没有自知之明等[2],此时参与的积极性会大幅减弱。除非是简单问题并确保自己具有完美的答案才会选择发言,这也是科温顿所提出来的学生进行自我保护的方法之一即"保证成功"策略。目标简单,逃避困难,确保成功,以此维护良好的自我形象。这种自我保护策略可以缓解学生一时的羞耻感或焦虑情绪,但长远来看则不利学生真正的学习[3]。

三、策略分析:探课堂"消极沉默"的应对

(一) 培育完善人格策略

1. 增强学生的责任意识

黑格尔说:"道德之所以是道德,全在于具有知道自己履行了责任这样一种意识。"[4]责任意识是一种重要的社会品质,它体现个人对自己和他人、对家庭和

① 陈琦,刘儒德. 教育心理学[M].北京:北京师范大学出版社,2001.

② 祝振兵,陈丽丽,金志刚. 大学生课堂沉默的影响因素分析——基于内隐理论的视角[J].大学教育科学,2017(6):50-56.

③ [美] Martin V. Covington &Karen Manheim Teel. 学习障碍的消除策略[M].伍新春等译. 北京:中国轻工业出版社,2002.

④ [德] 黑格尔. 精神现象学[M].北京:商务印书馆,1979.

研究生论坛

集体、对国家和社会所负责任的认识、情感和信念,以及与之相应遵守规范、承担责任和履行义务的自觉态度。马克思指出:人是一切社会关系的总和。人的本质使得人的价值在社会关系中得以实现。不论人是否能意识到,作为现实、确定的人,就存在使命、任务、责任。在社会对于人才素质日益提高的今天,责任心是更为重要的人格特质。责任意识的增强不仅仅能够提高学生课堂发言的积极性,自觉主动承担课堂任务,更重要的是能够塑造学生对他人、集体负责的品格,使学生获得自我学习与合作学习的能力,在未来的道路上成长、成才。2017 年 4 月,《中长期青年发展规划(2016—2025 年)》中明确指出"引导广大青年增强使命意识和责任意识",并把它作为新时代我国青少年发展的最终目标和要求。对于高校教师来说,传统的理论说教课程,责任教育填鸭式的灌输已经不能满足当前的教育状况,要通过加强理想信念教育、情境再现等方式,唤起大学生的主观诉求,实现其真正内心的认同。教师可以通过创新课堂,创设真实事件,模拟责任行为发生的真实场景,对大学生进行现场训练。通过真实情景的实践,大学生的责任意识和责任行为都得到现实的实现,为日后真实的情景积攒经验。

2. 成为学生的心理辅导员

性格是一个人在面对现实的稳定的态度,以及与这种态度相应的、习惯化了的行为方式中表现出来的人格特征,性格一经形成便具有较强的稳定性。性格并无孰好孰坏之分,针对不同的学生的课堂表现,教师要理性看待,并用心去贴近温暖学生,主动了解学生的性格特征,迎合学生的心理,通过参与多方面的学习和培训增加心理辅导技能,在成为学生的心理辅导员基础上,逐步打造高质量的课堂教学。在课堂提问技巧优化方面,教师不仅要通过长时间的备课上课听课,积累教学经验,总结教学规律,提高提问技巧水平,遵循学生的最近发展区,要有一定难度,但不能超出学生的认知水平,否则容易影响学生的学习热情。同时也要多关注不同性格类型学生的心理状态,例如针对性格内倾型的学生,可以采用循序渐进并以鼓励为主的提问方式。尽可能地实现高质量的、有效的课堂提问,保证学生广泛参与到课堂中来,发挥课堂提问促进教学的重要功能。

3. 激发学生的积极情绪

人的情绪是人对客观事物的态度的体验,影响着工作、学习、生活的质量和效率。在课堂教学这一环境中,学生的情绪直接影响其积极性与表达欲,积极情绪能够带来良好的能动效应。苏霍姆林斯基说:"如果教师不去设法在学生身上形成情绪高涨、智力振奋的内部状态,那么知识只能引起一种冷漠的态度,而不动感情的脑力劳动只会带来疲劳。"因此,教师学会运用多种方式激发学生的积极情绪至关重要。首先,积极的情绪产生积极的情感,教师需要注意发挥积极情绪相互感染的作用,产生教师与学生情绪上的共鸣。赞可夫的心理学实验证明,教师的良好情绪会使学生精神振奋,不良情绪会抑制学生的智力活动。其次,注意制定明确的目标和合理的课堂任务,问题设计需具有适当难度和挑战性的,以此激发学生付出努力的热情与高涨的情绪,最终获得成就感。此外,教师要以饱满的热情上课,运用表情来调控学生的课堂情绪也是必不可少的,包括肢体表情、言语表情以及面部表情等。最后,要注重学生消极情绪的处理,帮助学生及时摆脱消极情绪,使其全身心投入课堂。

(二)优化课堂心理策略

1. 营造求知的课堂气氛

课堂气氛是指课堂里某些占优势的态度与情感的综合状态,具体而言,是课堂活动中师生相互交往所表现出来的相对稳定的知觉、注意、情感、意志和思维等心理状态。它是课堂教学活动顺利进行的心理基础,也是进行创造性教学的必要条件。积极的良好的课堂气氛,会给教师和学生愉悦氛围的刺激,使师生双方精神焕发,思维活跃,有效促进课堂教学。大学的课堂应当追求形成求知、探索的课堂气氛,形成班级成员良性竞争的氛围。在此环境中,学生的"争强"意识与责任意识就会增强,每个人都愿意争取发言与表现的机会,都会无负担地主动参与到课堂教学活动中去。高校教师拥有一定的知识占有程度及掌握一定的教学艺术,理论素养及学术能力要远高于学生的现有水平,课堂中要通过不断地发问进行互动,吸引学生的注意力,提升学生的参与度,避免出现"埋头读 PPT"的现象。如若教师在课堂上拥有绝对的话语权,学生依旧只是知识的被动接收者,其主体地位及问题意识容易丧失。当然,需要教师注意的是,求知气氛里的学生"积极沉默"的巨大作用。根据西方学者比格斯(Biggs)和沃特金斯(Watkins)提出的中国学习者悖论(the Paradox of the Chinese Learner),即中国学生在数学成绩国际比较和国际奥林匹克数学竞赛中,表现均优于西方学生[①],沉默和思维并不是对立存在,技术上和方法上的"打破沉默"没有触及价值之根本,如何激活大学生的思维、打开大学生的心灵,才是真正的、永恒的教学之道,高校课堂应

① 范良火,黄毅英,蔡金法. 华人如何学数学[M].南京:江苏教育出版社,2005.

当也必须是充满"思考"求知课堂。此外,良好课堂气氛的营造仅靠教师努力远远不够,学生自身需要通过预习、课外学习等方式,带着问题走进教室,在教师的引导下,逐步进入求知的状态,共同打造高质量的课堂教学。

2.鼓励自信的课堂心态

自信心是指对自己的行为目的具有明确深刻的自我认识,积极而有计划地组织实施自己的行为,从而实现预定目的的心理状态。从价值层面看,自信心是一个人对自我价值的表达,也是对自身智慧、能力的认识和充分估计。从需要理论来看,自信是人的一种内在的基本需要。欲克服学生课堂中的从众心理,增强其自信心是重要的前提。在课堂中教师充分发挥学生的主体意识,把课堂还给学生,如可以采用以小组展示等方式来锻炼学生的综合能力、语言逻辑组织表达能力及团队协作能力,调动其参与课堂讨论的主动性以增强学生的主体意识。在学生准备以及展示的过程中,尊重学生的学习热情,肯定学生的点滴进步,帮助学生建立自信心。此外,应鼓励学生要对自己的所知与所能充满信心,对自己所想的或所做的不怀疑,敢想敢说,在课堂上不应该因为别人的沉默不言就压抑内心,更不能害怕自己可能会得到消极评价就质疑自身相比于中学教师,大学教师给予了足够的自由,大学生的学习取决于自身。缺乏自信的前提往往是未对问题有完整的掌握,或对问题所涉及的知识缺乏基本的了解。因此,要在课前做好准备工作,课上积极参与,锻炼与提升自己的能力,要不断增强自己的学习力,拓宽知识面,丰富自身认知,以获得更多的知识。同时,要经常给予自己积极的自我心理暗示,以此强化自信心。

3.创建良好的心理环境

课堂心理环境是课堂教学中影响学生认知效率的师生心理互动环境,它由教师教的心理环境和学生学的心理环境共同构成。就教学而言,课堂教学要取得高效益,营造出良好的课堂教学心理环境是重要的环节。良好的课堂心理环境不仅有利于促进教师与学生、学生与学生之间的心理和情感的交融,还有利于克服学生在课堂上出现的侥幸心理。只有这样才能充分发挥学生积极性、能动性和创造性,保证学生在课堂提问中有广泛的参与度。创建良好的课堂心理环境,首先,教师要以身作则,发挥师表的影响力。在课堂中处处严格要求自己,用自身威望影响学生。如不拖堂、不迟到早退、认真备课等;其次,教师教学要有情有趣,调动学生的内动力。采用多种教学方式,灵活运用教学艺术,唤起学生的求知热情,使学生感到教师知识的渊博,产生崇敬之情。最后,要进行教学管理民主,建立良好的师生关系。融洽的师生关系是拉近学生和老师在课堂上的距离,创建良好的课堂心理环境的核心。和谐的师生关系有助于为师生提供一种心情舒畅、气氛融洽的心理环境,培养学生健康健全的心理品质,同时能更好地发挥学生的主体作用,提升学生人才培养的质量。

(三)调节学习动机策略

1. 提高学生的成就动机

成就动机是指一个人所具有的试图追求和达到目标的驱力,是建立在需要基础上,激励自我成就感、获得幸福感和荣誉感的心理机制,是决定成败与否的关键因素。阿特金森(Atkinson)的冒险偏好模型认为,中等难度的目标更有利于激发成就动机,过高或者过低的目标难度都达不到激励的效果。成就期望水平是对成功可能性的主观估计,当成功与失败的机会越接近 50%,个体的成就动机就越高,这种成功概率为 50% 的任务给予个体一定的挑战性。因此,从动机上激发学生课堂表达积极性,需要教师提供更多具有一定程度挑战性的任务目标,促进成就动机的提高。如果课堂提问的难度较大,学生回答接近失败的机率远大于 50%,则会挫伤学生的积极性;难度太低学生回答接近成功的机率远小于 50%,则激发不了学生的发言兴趣。这就要求教师通过分析当前学习任务的难度、呈现方式和任务结构是否符合学生的能力水平和应对方式,进而根据实际情况调整教学活动。基于大学生有独立学习的能力以及不断完善的自我意识,教师可以适当提高问题的开放程度,进而提高学生参与的积极性。如开展头脑风暴,激发学生对问题的兴趣,调动其主动参与的积极性。

2. 培养正确的能力观念

能力是完成一项目标或者任务所体现出来的综合素质,能力是学生学习的重要的因素。学生的能力观是学生对其自身能力和智力所持有的一种无意识的信念。学生自我价值保护的形成在很大程度上受其消极的能力观念的影响,消极的能力观念认为人的能力是固定不变的,成功是由于能力的展现而不是努力的结果,注重采用各种方式以维持良好的能力自我形象。积极的能力观使学生对学习保持一种积极乐观的态度。教师应该教给学生一种积极乐观的态度,保持能力的增长观。一方面让学生意识到能力是一种用来解决问题的资源,能力并不是一成不变的,可以随着知识和经验的增加而增加,大学是学生各方面能力增长的关键时期。其次,让学生知道能力是有多个维度、多种形式的,根据加德纳(Gardner)的多元智力理论,人的智力是由八种智能构成的:语言技巧智能、逻辑分析智能、艺术智能、身体运动智能、空间智能、人际交往智能、自我认识智能、自然观察者智能。所有的学生都或多或少地有不同方面的专长,人的成功在于充分发挥自己的优势智能,扬其所长,避其所短。应鼓励学生尽可能多地运用这些能力,同时对多种能力形式进行奖励,尽可能多地运用已有的、发展最好的能力。

硕士生学业成就的影响因素分析

——基于筛选理论和教育公平理论视角

陈晓梅[①]

一、问题的提出

自 1999 年高校扩招后,高等教育规模增长迅速,研究生招生规模和范围也在逐渐扩大,截止 2018 年我国研究生招生人数已突破 85 万人[②]。但是,研究生的培养质量并未随着数量的增加而有显著性的提高。并且,在我国高校的后扩招时代,就业环境变化迅速,中国大学生的就业市场呈现较明显的劳动力供给过剩的趋势,"过量教育"和"文凭膨胀"使雇主不断提升教育门槛,增加了大学毕业生找工作的难度[③]。相较于研究生教育质量,用人单位更加相信高考的公平性和含金量,因此,用人单位从看重求职者的最高学历转向看重其第一学历,第一学历可以帮助用人单位更加有效率地选拔人才。硕士生第一学历是否与其读研期间的学业成就甚至是之后的生涯发展有所关联?当前的社会普遍看法是:第一学历类型为"双一流"高校硕士生要比第一学历为其他类型高校硕士生的能力与水平要高,然而"高分低能"现象在社会中频繁出现,似乎又在反驳上述观点。

国内针对生源结构对硕士生学业成就影响因素的探讨开展了诸多研究,大致可分述为以下几个方面:第一,关于硕士生第一学历或本科毕业院校与其学业成就的关系的研究。浙江大学李华静分别就本科毕业院校与硕士生的原学历与其学位论文质量的关系做了实证研究,研究表明原同等学力硕士生与原本

---

① 作者简介:陈晓梅,江苏师范大学高等教育学专业研究生。
② 国家统计局[EB/OL].[2019-4-10].http://www.stats.gov.cn/.
③ 刘劲宇,谢丽萍,张靖,陈虹.本科毕业生起薪的学校和家庭影响因素比较分析——基于人力资本理论、筛选理论和社会资本理论视角[J].高教探索,2017(10):109-114.

科学历硕士生的学位论文平均成绩无显著性差异①。但是,也存在不同的研究结果,如:姜华(2015)在研究中发现本科毕业于"985"高校的博士生科研产出在平均意义上高于"211"高校的博士生,却低于普通高校的博士生②。王子成通过研究表明同等学力人员录取后在研究生学习期间的学习成绩、科研能力、毕业论文水平等方面不如本科毕业考上研究生者③。第二,关于硕士生入学方式与其学业成就关系的研究,郭丛斌研究得出考研学生发表论文数明显高于保研学生④;李彩丽⑤、李华静⑥的研究结论与之不同都表明免试生的学位论文平均成绩高于统考生的学位论文平均成绩。第三,硕士生的考生身份即是否为应届生与其学业成就之间的关系,研究结果显示应届生与非应届生在论文质量上存在显著差异,应届生的论文质量要高于非应届生⑦。

本研究基于筛选理论的观点:学历是个人能力的反映,雇主凭借学历确定求职者的能力,⑧拟解决以下问题:"第一学历越好的硕士生是否其硕士期间的学业成就越高?"第一学历就是能力代表的相关理论是否得到实际的数据支持?生源结构中的哪些因素是硕士生学业成就的影响因素?最后,依据教育公平理论,为本研究的结论提出有针对性的建议。

二、研究设计

(一) 数据来源

本研究中采用的数据为 J 大学近三年已毕业的学术型硕士生为研究样本。通过样本高校 J 大学的研究生信息管理系统,收集 2014—2016 级学术型硕士生招生录取数据和在校三年的学业成就数据,剔除掉一部分信息不完整的无效样本后,最终共收集了 2014 级、2015 级和 2016 级硕士生共 1 543 名作为研究样

① 李华静.硕士生招生有关因素与学位论文质量关系的实证研究[D].浙江大学,2005:45-46.
② 姜华.高校博士研究生科研产出影响因素的实证分析[J].科学决策,2015(07):79-94.
③ 王子成.严格控制同等学力考生的入学比例[J].高等工程教育研究,1996(01):77-78.
④ 郭丛斌,闵维方,刘钊.保研学生与考研学生教育产出的比较分析——以北京高校硕士研究生为例[J].教育研究,2015,36(03):47-55.
⑤ 李彩丽,缪园.硕士生生源质量与学位论文成绩的相关性分析——基于中国科学院某研究所计算机科学与技术学科的实证研究[J].学位与研究生教育,2009(09):8-11.
⑥ 李华静.硕士生招生有关因素与学位论文质量关系的实证研究[D].浙江大学,2005:45.
⑦ 郭海燕,张志斌.生源差异如何影响博士学位论文质量?——基于全数据的研究[J].研究生教育研究,2019(02):43-49.
⑧ 柯佑祥.教育经济学[M].武汉:华中科技大学出版社,2009:24-26.

本。其中，2014级硕士生528人，2015级硕士生509人，2016级硕士生506人；从学科类别来分，本研究将其划分为理工学科类共597人，人文社会学科类（含文学、历史学、哲学、艺术学、教育学、经济学、管理学、法学）共946人。

（二）研究假设

硕士生作为一支不可忽视的科研力量，其对科学研究领域的发展也发挥着十分重要的作用。但是硕士阶段的研究能力是否与之前的教育经历有必然的联系，相关研究指出硕士生的毕业院校对学术论文的发表影响不大[①]。这也主要是由本科教育与硕士教育本质区别所决定的，二者的本质性区别在于研究性与创造性。本科教育的培养目标主要强调课程的学习，注重某个专业领域知识的系统传授；研究生培养目标中对硕士生的要求是必须在本专业方面掌握坚实的基础理论和系统的专门知识，具有从事科学研究、教学工作或者独立担负专门技术工作的能力[②]。因此，在本科阶段，学生接受科研训练的机会相对较少，在科研成果这个创造性的成果比较上，大家几乎处于同一起点，第一学历"双一流"高校硕士生并不占优势。由此，提出假设1。

假设1：不同第一学历硕士生在科研成果上不存在显著性差异。

毕业论文质量同样也是衡量硕士生培养质量的一个重要标志，作为硕士生学习与研究过程的最终产品，也是硕士生创新力的一种体现，毕业论文的质量，与研究生过程性的产出——科研成果应有较高的一致性。因此，提出假设2。

假设2：不同第一学历的硕士生在毕业论文成绩上不存在显著性差异。

（三）变量测量

1. 自变量测量

本研究旨在考察硕士生生源结构与硕士生学业成就之间的关系，基于所获取到的相关数据信息，本研究将自变量总结为：性别、考生来源、婚姻状况、政治面貌、考试方式、专业一致性以及第一学历。对于第一学历的类型划分，综合相关文献以及J大学硕士生本科来源院校的具体实况，本研究拟将第一学历分为"双一流"高校、省属重点高校及省部共建高校、省属普通高校、独立学院及民办高校、高职高专五大类。

① 葛慧.某学院硕士研究生生源特点分析及其与培养质量关系的研究[D].复旦大学,2013.
② 孙绍荣.高等教育方法概论[M].上海：华东师范大学出版社,2002:117-120.

2. 学业成就测量

在高等教育内涵式发展背景下,学生的学业成就在一定程度上体现着高等教育的质量,通过对学生学业成就的测量和评定进而对培养质量进行内部保障是一个重要的研究领域。[①] 本研究参照已有研究的测评指标,且针对研究对象学术型硕士生的特殊性,合理全面进行确定评测指标。将硕士生学业成就的指标分为两大类,分别是科研成果和学位论文成绩。对于学术型硕士生来说,科研能力是其教育最重要的培养目标,科研能力则反映为其科研成果的产出情况,《中国科学院科学技术研究成果管理办法》将科研成果定义为"在科学研究活动中取得的,通过观察试验和辩证思维活动取得的,并经过同行专家评议、鉴定或者以其他方式得到认可的,具有一定学术价值或实用意义的结果"。考虑到硕士生科研成果测量指标的代表性、完整性以及可获得性,本研究将硕士生论文的发表、硕士生科研获奖情况、硕士生专利获得的情况作为科研成果的量化子指标。对于各量化子指标以《J 大学研究生学业成果奖励办法》中对研究生学术论文和发明专利等实施的奖励办法为主要参考依据,并根据相关科研赋分标准的文献对各指标进行赋分。

三、硕士生学业成就的影响因素分析

(一) 科研成果的影响因素分析

在分析科研成果的影响因素时,除基本的生源结构各因素可能影响科研成果,不同的学科其科研成果的产出也是存在巨大差异的,学科类别同样也是分类变量,因此通过设置虚拟变量来说明,将人文学科作为参照组,理工科表示为:$DX_1=1$,其他为 0,社会学科表示为:$DX_2=1$,其他为 0。因此,科研成果的回归模型表示为:

$$Y = \beta_0 + \beta_1 SEX + \beta_2 DLY + \beta_3 DM + \beta_4 DZ + \beta_5 DFS + \beta_6 DZY + \beta_7 DE + u \tag{1}$$

通过建立回归模型(1)后,将所有解释变量带入模型进行分析,回归分析结果见表 1。B 为原始回归系数,Beta 为标准化的回归系数,表中,模型总结表中

[①] 张万朋,柯乐乐. 基于德尔菲法和层次分析法的研究生学习成果评价研究——以教育经济与管理专业为例[J]. 现代大学教育,2018(01):93-99.

得出模型调整后的 R^2 值为 0.096，Durbin-Watson 值为 1.571，残差间是相互独立的，不存在残差序列相关。方差分析表中 F 值为 16.227，显著度 Sig 值小于0.001，回归方程通过显著度检验，各解释变量与被解释变量之间具有显著的线性关系。从表 1 的模型中可以看出对于科研成果有显著性影响的只有性别和学科这两项指标。在控制其他因素后，男性比女性在科研成果的平均值上要高3.107，理工学科学生比人文社会学科的科研成果平均值要高 12.769，理工科较人文社会学科更容易产出科研成果，这也是由理工科的科研不受研究样本的空间属性的限制，在国外期刊上发表论文也较其他学科容易。同时，可以看出第一学历对于科研成果也是不存在显著性影响的。

表1　模型1多元线性回归方程系数表（因变量：科研成果）

解释变量	非标准化系数		Sig.
	B	标准误	
性别（女＝0）	3.107	1.137	.006
考生来源（非应届生＝0）	2.023	1.400	.149
婚姻状况（未婚＝0）	2.959	3.680	.421
政治面貌（非党员＝0）	.029	1.189	.981
考试方式（统考＝0）	1.047	2.315	.651
专业一致性（一致＝0）	1.623	1.164	.164
第一学历			
（高职高专＝0）			
双一流	−.195	4.507	.966
省重点	1.688	2.812	.548
普通本科	1.503	2.864	.600
独立学院	−1.083	2.838	.703
学科（人文社会学科＝0）	12.585	1.089	.000
常数	3.455	.2.613	.186
样本量	1513		
调整后 R^2	.098		

（二）毕业论文成绩的影响因素分析

由于论文成绩为非连续性变量，而是具有等级的一个类别变量，因此在对论文成绩进行回归时，将选用有序 logistic 回归模型进行分析。有序 logistic 回归(ordinallogisticregression)适用于因变量呈现等级或程度差别的资料，它是基于累计概率构建的回归模型。① 设因变量 Y 是一个等级变量，包括 g 个分类（Y 取值为 $1,2,\cdots g$），另有影响 Y 取值的 m 个自变量 $X_1,X_2,\cdots X_m$，则有序 logistic 回归模型可表示为：

$$\ln\left(\frac{P(Y\leqslant j)}{1-P(Y\leqslant j)}\right)=\beta_{0j}+\beta_1 X_1+\beta_2 X_2+\cdots+\beta_m X_m \qquad (2)$$

对于有序 logistic 回归因变量 Y 赋值时一般将专业是哪个最不利的等级赋予最小值，最有利的等级赋予最大值，在对盲审成绩进行赋值时，将 3 分以下赋值为"1"，3—3.33 分赋值为"2"，3.67—4 分赋值为"3"，为检验该等级分组是否合理，进行平行线检验，结果为 $p=0.729$，p 值大于 0.05，说明各回归方程相互平行，可以使用有序 logistic 方程进行分析，回归结果见表 2。

表 2 模型 2 有序 logistics 回归模型统计描述（因变量：盲审成绩）

		估计	标准误	df	显著性
阈值	[盲审成绩=1]	−1.957	.644	1	.000
	[盲审成绩=2]	1.274	.652	1	.014
位置	[性别=0]	−.082	.111	1	.467
	[性别=1]	0[a]	.	0	.
	[考生来源=0]	−.415	.144	1	.004
	[考生来源=1]	0[a]	.	0	.
	[婚姻状况=0]	.343	.380	1	.367
	[婚姻状况=1]	0[a]	.	0	.
	[政治面貌=0]	−.175	.121	1	.146
	[政治面貌=1]	0[a]	.	0	.
	[入学方式=0]	−.061	.232	1	.068

---

① 虞仁和.SPSS18 及其医学应用[M].长沙:中南大学出版社,2012.

	估计	标准误	df	显著性
［入学方式＝1］	0ᵃ	.	0	.
［专业一致性＝0］	.220	.119	1	.065
［专业一致性＝1］	0ᵃ	.	0	
［第一学历＝1］	−.412	..466	1	.376
［第一学历＝2］	.175	.290	1	.546
［第一学历＝3］	−.139	.296	1	.640
［第一学历＝4］	−.031	.293	1	.916
［第一学历＝5］	0ᵃ	.	0	.
平行线检验				.041
模型拟合信息				.001

连接函数：Logit。a. 因为该参数是冗余的，所以将其置为 0。

　　模型拟合信息的结果是对模型中所有自变量的偏回归系数是否全为 0 的似然比检验。P(Sig.)<0.001，说明至少一个变量系数不为 0，且具有统计学显著性，拟合包括性别、第一学历等各自变量的模型的拟合优度好于仅包含常数项的无效模型，即模型整体有意义。阈值对应的盲审成绩＝1，盲审成绩＝2 的两个估计值分别是本次分析中拆分的两个二元 logistic 回归的常数项。位置中的各自变量对应的参数估计值为各自变量的估计值。从结果中可以看出对盲审成绩有显著影响的因素（p<0.05）只涉及考生来源这一个因素。对于各分类变量来说，由于 SPSS 以较高赋值水平的自变量为参照水平（参照水平回归系数＝1）。考生来源＝0（非应届生）的系数估计值为−0.415，因此，不同考生来源的 OR 值为 exp（−0.415）＝0.66。非应届生的盲审成绩比应届生的盲审成绩要差。盲审成绩至少优一个等级的可能性，非应届生是应届生的 0.66 倍。

　　对答辩成绩进行赋值，由于答辩成绩不合格仅一人，将其与合格分为一类，赋值"1"，良好赋值为"2"，优秀赋值为"3"。在使用有序 logistic 回归的前提条件是各个回归方程在多维空间中相互平行，因此，经过对自变量的多重共线性检验，答辩成绩的回归分析最后去除婚姻状况这个自变量，由模型拟合优度 P(sig.)<0.001，说明模型拟合度较好，模型整体有意义。平行线检验结果为 p=0.102，p 值大于 0.05，各回归方程相互平行，可以使用有序 logistic 方程进行分析，回归结果见表 3。

研究生论坛

表3　模型2有序 logistics 回归模型统计描述（因变量：答辩成绩）

		估计	标准误	df	显著性
阈值	[答辩成绩＝1]	−.1.44	.825	1	.861
	[答辩成绩＝2]	3.148	.830	1	.000
位置	[考生来源＝0]	−.492	.142	1	.001
	[考生来源＝1]	0ª	.	0	.
	[政治面貌＝0]	−.093	.120	1	.442
	[政治面貌＝1]	0ª	.	0	.
	[入学方式＝0]	−.133	.232	1	.565
	[入学方式＝1]	0ª	.	0	.
	[专业一致性＝0]	.241	.119	1	.042
	[专业一致性＝1]	0ª	.	0	
	[第一学历＝1]	−.519	.465	1	.265
	[第一学历＝2]	−.151	.288	1	.600
	[第一学历＝3]	−.315	.294	1	.283
	[第一学历＝4]	−.241	.290	1	.405
	[第一学历＝5]	0ª	.	0	
平行线检验					.102
模型拟合信息					.002

连接函数：Logit。a. 因为该参数是冗余的，所以将其置为0。

　　阈值对应的答辩成绩＝1，答辩成绩＝2的两个估计值分别是本次分析中拆分的两个二元 Logistic 回归的常数项。位置中的各自变量对应的参数估计值为各自变量的估计值。从结果中可以看出对答辩成绩有显著影响的因素（$p<0.05$）为考生来源以及专业一致性。

　　考生来源＝0（非应届生）的回归系数是−0.492，因此，不同考生来源的 OR 值为 exp（−0.492）＝0.611。说明非应届生的组比应届生组的答辩成绩要差。答辩成绩至少优一个等级的可能性，非应届生是应届生的0.611倍。专业一致性＝0（非跨专业）的回归系数是0.241，因此，不同专业一致性的 OR 值为 exp（0.241）＝1.273。说明非跨专业组比跨专业组的答辩成绩要高。答辩审成绩至少优一个等级的可能性，非跨专业的硕士生是跨专业硕士生的1.273

倍。性别、第一学历、婚姻状况、政治面貌、入学方式对于答辩成绩没有显著性影响。

四、结论与启示

筛选理论认为教育的作用不在于提高人的认知能力,而仅是对不同能力的人进行筛选,不同的学历为雇主识别求职者的能力提供了一种"信号",雇主通过"信号"来识别求职者的能力并选择适当能力的求职者。在高等教育进入后大众化阶段的今天,受过高等教育人群的不断扩充,人们教育水平的提高,使得雇主对教育文凭的要求也相应提高,对于求职者进行更加过度化的筛选。因此,第一学历成为筛选人才的另一新标准。在同等学历的求职者中,雇主会更加倾向于选择第一学历更出色的,甚至一些企业雇主在招聘时直接对求职者的第一学历也进行了限定,只有达到相应学历水平和相应第一学历的要求才有资格进入选拔。这是因为,在雇主看来,在同等学历水平的条件下,第一学历越好,所具备的能力也更高。而本研究的结果显示:在硕士生生源结构的因素中,被认为能够反映硕士生能力的第一学历因素与硕士生在校期间的学业成就并无相关关系。因此,每个社会成员在享受公共教育资源时都应受到公正和平等的对待,促进教育的公平,即教育起点公平、教育过程公平以及教育结果公平。因此,本研究建议:

第一,招生单位科学评价生源质量,保证教育起点公平和过程公平。一方面,研究生招生单位首先应该树立科学的生源质量观,对于生源质量的评价不能唯第一学历论,不能对第一学历为非"双一流"高校、省重点高校以及第一学历为高职高专的硕士生有所偏见,第一学历仅是考生高考成绩优劣的反映,并不能反映其经过大学三四年培养后的能力与水平。并且,逐步建立一套科学的生源质量的有效评价机制,生源质量评价不能仅仅局限在研究生招生环节,仅利用招生数据进行评价,而是应该拓展到硕士生教育培养的全部环节和整个过程,以其最终的培养结果进行反馈性评价,这样才能形成全过程闭环评价。[①] 这个全过程的闭环评价包括整体性评价、个体性评价、反馈性评价三个方面。另一方面,各招生单位要重视差异,落实个性化人才培养。不同硕士生的教育背景、个性特点、知识结构以及职业目标都各不相同,在科研训练方面,虽然不同第一学历硕士生在科研成果上并没有显著性差异,但是有研究结果表明第一学

---

① 魏峻,姬红兵,纪树东.机会公平视角下的研究生复试工作再认识[J].研究生教育研究,2017(03):31-34.

历为非"双一流"高校的硕士生在对研究氛围、研究设施、技能发展以及科研经历总体满意度的感知都要显著高于第一学历非"双一流"高校的硕士生。[①] 相较于第一学历"双一流"高校的硕士生,第一学历非"双一流"高校的硕士生在本科阶段或者高职高专阶段接触科学研究的机会较小,甚至根本没有机会参与研究项目。因此,对于不同特点的硕士生可以分配不同的研究任务,并不断提炼和掌握各项专项能力:如语言表达能力、写作能力、数据处理能力等,帮助改进和完善硕士生科研经历。对于第一学历"双一流"高校的硕士生则要激发他们参与科研主动进行研究的兴趣和动力。作为高校,要始终以创新能力培养为目标要求,根据不同第一学历类型的硕士生的特点制订科学的培养计划,落实个性化人才培养。

第二,社会各单位消除就业上的第一学历歧视,促进教育结果公平。一方面,要重新制定评价人才的标准,评价人才的标准有多种,学历只是其中的标准之一,而不应该成为唯一标准。用人单位要树立正确的人才观,要以动态客观的眼光去评价选拔人才,在用人单位招聘研究生人才时,研究生在校期间的成就表现、毕业院校的培养质量、是否发表过高水平期刊论文、毕业论文质量如何以及求职者在应聘时的个人表现等指标与个人能力的相关性要比第一学历是否为"双一流"院校更强,更适合作为筛选和评价指标。另一方面,用人单位消除传统偏见,重视学历更应重视学力,要以选人才代替选学历,真正实现"不拘一格降人才"的选才思想,要以教育的"质量"来评价求职者而不是根据教育的"场所"来评价,在选聘时应该考虑的是求职者能否胜任这个工作,以及让他做这个工作是否能够最大限度地发挥他的能力。

---

① 陆根书,刘秀英.优化研究生科研经历提高研究生教育质量——基于陕西省高校2017年度毕业研究生的调查分析[J].研究生教育研究,2019(01):19-26.

后 记

　　江苏省高等教育学会2019年学术年会围绕"高等教育现代化:高质量教学与学生发展"的主题,吸引了300余位代表莅会。会议收到学术论文180余篇,《江苏高教评论2019》从中择优遴选了部分论文。年会共设有开幕式、主旨学术报告、书记校长论坛、特邀学术报告、研究生论坛、专题分论坛等28场次报告,《江苏高教评论2019》在有限篇幅内展示了部分报告的菁华。江苏省高教学会会长丁晓昌教授对论文的评选和全书的编撰提出了重要的指导意见。江苏省高教学会秘书处组织学会成员力量形成了论文评审专家组。借此机会,衷心感谢专家评委的无私奉献和热忱工作,他们是:学会学术委员会副主任委员、南京大学龚放教授,学会学术委员会副主任委员、南京师范大学胡建华教授,学会学术委员会委员、学会副秘书长、江苏省教育科学研究院高教所所长宋旭峰教授,《江苏高教》执行副主编沈广斌编审等。

　　全书由江苏省高教学会秘书长、南京信息工程大学高教所所长吴立保教授统稿。江苏省高教学会副秘书长黄榕博士具体负责书稿的汇编,江苏省高教学会秘书处赵亚萍等参与了书稿的整理与联络工作。

　　本次年会承办单位江苏建筑职业技术学院对本书的出版给予了大力支持,在此表示衷心感谢!

江苏省高等教育学会

2019年12月

后
记